国家社会科学基金项目资助（18BGL070）

城市社会经济资源对独立董事治理的影响机理研究

影响机理研究

周军◎著

中国财富出版社有限公司

图书在版编目（CIP）数据

城市社会经济资源对独立董事治理的影响机理研究 / 周军著 . --北京：中国财富出版社有限公司，2024.10. --ISBN 978-7-5047-8234-2

Ⅰ . F279. 246

中国国家版本馆 CIP 数据核字第 2024VQ0256 号

策划编辑	孟　杨	责任编辑	敬　东　张　婷	版本编辑	李　洋
责任印制	尚立业	责任校对	庞冰心	责任发行	董　倩

出版发行	中国财富出版社有限公司			
社　　址	北京市丰台区南四环西路 188 号 5 区 20 楼		邮政编码	100070
电　　话	010 - 52227588 转 2098（发行部）		010 - 52227588 转 321（总编室）	
	010 - 52227566（24 小时读者服务）		010 - 52227588 转 305（质检部）	
网　　址	http://www.cfpress.com.cn	排　　版	宝蕾元	
经　　销	新华书店	印　　刷	北京九州迅驰传媒文化有限公司	
书　　号	ISBN 978-7-5047-8234-2/F · 3732			
开　　本	710mm×1000mm　1/16	版　　次	2025 年 1 月第 1 版	
印　　张	26.25	印　　次	2025 年 1 月第 1 次印刷	
字　　数	414 千字	定　　价	88.00 元	

党的二十大提出"健全资本市场功能，提高直接融资比重"。在此背景下，我国将有更多的优质企业成为公众公司，这将催生公司对独立董事的巨大需求。作为社会精英群体和稀缺人才资源的独立董事，主要集中在我国社会经济资源丰富的城市，而在社会经济资源相对匮乏的城市，本地合格的独立董事人选捉襟见肘。虽然城市社会资源对当地公司的生存与发展至关重要，但是我国城市社会经济资源的分布却很不均衡，如何让社会经济资源匮乏城市的公司发展好，对于实施党的二十大提出的"促进区域协调发展"战略至关重要。在这种背景下，城市社会经济资源状况如何影响公司治理行为，以及这种治理行为又将产生怎样的治理后果，亟待来自实践的检验。

城市社会经济资源是影响当地上市公司独立董事选聘的重要因素。社会经济资源丰富城市的上市公司会更多地选聘本地独立董事，而社会经济资源匮乏城市的上市公司不得不选聘更多的异地独立董事，独立董事的地理位置的差异会产生不同的公司治理后果。独立董事地理位置的影响因素及治理后果是近年来独立董事治理领域的新兴研究问题。关于独立董事治理问题的文献浩如烟海，现有研究表明独立董事能在公司中发挥治理作用，其作用发挥程度的不同主要与独立董事个人特征、专业背景、独立董事兼任、薪酬激励等方面有关，且治理后果尚未形成一致结论。大量文献从微观层面出发研究独立董事治理问题，而从宏观层面研究独立董事治理，现有文献尚未进行深入探讨。然而，每个公司都面临一个特定的宏观环境，公司为了持续健康发展必须主动去适应外部宏观环境，公司行为在很大程度上受到外部宏观环境的约束，公司治理行为同样受其影响。基于此，本书针对中国企业外部宏观环境的特殊性和复杂性，以城市社会经济资源为切入点，研究城市社会经济资源丰富程度将如何影响上市公司对本地或异地独立董事的选择，在此基础上，进一步研究独立董事地理位置对公司治理后果的影响。

第一，本书探讨了城市社会经济资源对于独立董事地理位置的影响，并进一步探讨其产生的治理后果。研究结果表明：①相较于社会经济资源匮乏城市，社会经济资源丰富城市的上市公司独立董事本地率会更高。社会经济资源匮乏城市的上市公司不得不选聘更多的异地独立董事。在会计专业的独立董事的样本中，该结论依然成立。②社会经济资源丰富城市的上市公司相对于社会经济资源匮乏城市的上市公司会有更高的盈余质量，上市公司股价崩盘的风险将更低，分析师在进行分析预测时将拥有更小的误差，有更高的有效投资效率，同时，社会经济资源匮乏城市的上市公司相较于社会经济资源丰富城市的上市公司将拥有更高的风险承担水平。

第二，本书以2007—2021年中国A股上市非金融类公司为样本，以应计盈余管理的绝对值和真实盈余管理的绝对值来度量公司的盈余管理程度，以独立董事的本地率作为独立董事地理位置的代理变量，实证检验了城市社会经济资源视角下独立董事地理位置对盈余管理的影响。基于理论分析与实证验证，得出如下研究结论：①在全样本下，独立董事本地率越高，应计盈余管理、真实盈余管理程度越低，即公司独立董事本地率对分公司盈余质量有显著的正向影响。②在社会经济资源匮乏城市的样本下，独立董事本地率越高，越能促进公司盈余质量。在社会经济资源丰富城市的样本下，独立董事本地率越高越能抑制盈余管理，而对应计盈余管理无显著影响。③本书采用了Heckman两阶段回归缓解潜在的内生性问题，主要回归结果不变，即独立董事本地率越高，应计盈余管理、真实盈余管理程度越低的结果稳健，验证了本地独立董事有助于提高公司盈余质量的研究假设。④根据异质性分析可知，相对于未开通高铁组，开通高铁组样本中，独立董事本地率越高，对应计盈余管理的抑制作用越明显，而对于真实盈余管理的抑制作用两组样本无显著差异，相对于新冠肺炎疫情发生后组，新冠肺炎疫情发生前组样本中，独立董事本地率对应计盈余管理的抑制作用更加明显，而对于真实盈余管理的抑制作用两组样本无显著差异。⑤本书通过会计专业独立董事地理位置对公司盈余质量影响的研究发现，相比异地会计专业独立董事，本地会计专业独立董事对公司盈余质量的促进作用更强，且任期与兼任对于会计专业独立董事本地率对公司盈余质量的促进作用没有显著影响。

第三，本书以 2007—2021 年中国 A 股上市公司为研究样本，从城市社会经济资源的视角，通过实证检验独立董事地理位置对公司股价崩盘风险的影响，实证检验发现如下：①在全样本下，独立董事本地率越高，越能抑制公司股价崩盘风险。在社会经济资源丰富城市的样本下，高独立董事本地率对公司股价崩盘风险有显著的抑制作用。在社会经济资源匮乏城市的样本下，独立董事本地率与公司股价崩盘风险的相关关系不显著，这说明在社会经济资源匮乏城市的样本下，高独立董事本地率对公司股价崩盘风险的抑制作用不明显；②本书通过变更股价崩盘风险的度量方式进行了稳健性检验，并采用了 Heckman 两阶段回归、PSM 倾向得分匹配法缓解潜在的内生性问题，主要回归结果不变，即独立董事本地率越高，越能够抑制公司股价崩盘风险的结果稳健，验证了本地独立董事有利于抑制股价崩盘风险的研究假设。③根据异质性分析可知，相对于未开通高铁组、新冠肺炎疫情发生后组样本，在开通高铁组、新冠肺炎疫情发生前组的样本中，上市公司高独立董事本地率对股价崩盘风险的抑制作用更加显著。④本书通过进一步研究会计专业独立董事地理位置对股价崩盘风险的影响发现，与异地会计专业独立董事相比，本地会计专业独立董事对公司股价崩盘风险的抑制作用更强，且在会计专业独立董事任期小于 36 个月组和兼任组中，相比异地会计专业独立董事，本地会计专业独立董事能够对公司股价崩盘风险起到更加显著的抑制作用。

第四，本书以 2007—2021 年中国 A 股上市公司为研究样本，从城市社会经济资源的视角，通过实证检验独立董事地理位置对分析师预测的影响，实证检验发现如下：①在全样本下，独立董事本地率越高，分析师预测误差、分析师预测分歧度越小，即公司独立董事本地率对分析师预测质量有显著的正向影响。②在社会经济资源丰富城市的样本下，高独立董事本地率对分析师预测质量有显著的促进作用。在社会经济资源匮乏城市的样本下，独立董事本地率与分析师预测质量的相关关系不显著，这说明在社会经济资源匮乏城市的样本下，独立董事本地率对分析师预测质量无显著影响。③本书采用了 Heckman 两阶段回归、PSM 倾向得分匹配法缓解潜在的内生性问题，主要回归结果不变，即独立董事本地率越高，分析师预测误差、分析师预测分歧度越小的结果稳健，验证了本地独立董事有助于提高分析师预测质量的研究假设。④根据异质性分析可知，相对于未开通高铁组、新冠肺炎疫情发生后组样本，开通高铁组、新冠肺炎疫情发生前组样本中，高独立董事本地率对分析师预测质量的促进作用更加明显。独立董事兼任具有调节作用，兼任会削弱独立董事本地率对分析师预测质量的正向影响。⑤本书通过会计专业独立董事地理位置对分析师预测质量影响的研究发现，相比异地会计专业独立董事，本地会计专业独立董事对分析师预测质量的促进作用更强，且在会计专业独立董事任期小于或等于 36 个月组，本地会计专业独立董事对分析师预测质量的促进作用更加显著。

第五，为探讨城市社会经济资源视角下独立董事地理位置对企业投资效率的影响，本书选取 2007—2021 年的中国 A 股上市公司 30151 条数据作为研究样本。实证检验发现如下：①在全样本下，独立董事本地率越高，企业的非效率投资越少，企业的投资效率越高，即高公司独立董事本地率对企业投资效率有显著的促进作用。②在社会经济资源丰富城市的样本下，高独立董事本地率对企业投资效率的提升作用显著。在社会经济资源匮乏城市的样本下，高独立董事本地率与企业投资效率的相关关系不显著，这说明在社会经济资源匮乏城市的样本下，高独立董事本地率对企业投资效率的提升作用不显著。③本书通过变更股价崩盘风险的度量方式进行了稳健性检验，并采用了 Heckman 两阶段回归、PSM 倾向得分匹配法缓解潜在的内生性问题，主要回归结果不变，即独立董事本地率越高，非投资效率越低的结果稳健，验证了本地独立董事有助于促进投资效率的研究假设。④根据异质性分析可知，在全样本下，相对于未开通高铁组，开通高铁组样本中，高独立董事本地率对企业投资效率的提升作用更显著。相对于新冠肺炎疫情发生后组，新冠肺炎疫情发生前组样本中，高独立董事本地率对企业投资效率的提升作用更加明显。⑤本书通过会计专业独立董事地理位置对企业投资效率影响的研究发现，相对于异地会计专业独立董事，本地会计专业独立董事对企业投资效率的促进作用更强，且在会计专业独立董事开通高铁组、任期小于或等于 36 个月组、疫情发生后组和非兼任组，本地会计专业独立董事对企业投资效率的促进作用更加显著。

第六，为探讨城市社会经济资源视角下独立董事地理位置对企业风险承担的影响，本书以 2007—2022 年中国资本市场 A 股非金融类上市公司为研究样本。实证检验发现如下：①在全样本下，独立董事本地率的提高会对企业的风险承担产生抑制作用。②在社会经济资源匮乏城市样本下，高独立董事本地率对企业风险承担水平有显著的抑制作用。在社会经济资源丰富城市样本下，独立董事本地率与企业风险承担水平没有显著的相关关系，说明在社会经济资源丰富城市的样本下，独立董事本地率对企业风险承担水平没有显著影响。③在变更企业风险承担水平的度量方式进行稳健性检验，并使用 Heckman 两阶段回归和 PSM 倾向得分匹配法缓解可能的内生性问题后，主要回归结果保持不变，即独立董事本地率越高，越会抑制企业风险承担水平的结果稳健。④根据异质性分析可知，相比于未开通高铁组，开通高铁组样本中，高独立董事本地率对企业风险承担水平的抑制作用更显著。⑤根据调节效应分析可知，独立董事兼任会削弱高独立董事本地率对企业风险承担水平的抑制作用。⑥本书通过会计专业独立董事地理位置对企业风险承担水平影响的研究发现，相对于异地会计专业独立董事，本地会计专业独立董事对企业风险承担水平的抑制作用更强。此外，相比于任期大于 36 个月，会计专业独立董事任期小于 36 个月时，本地会计专业独立董事对企业风险承担水平的抑制作用更显著。相比于未开通高铁，高铁开通后，本地会计专业独立董事对风险承担水平的抑制作用更显著。兼任削弱了本地会计专业独立董事对企业风险承担水平的负向影响。⑦本省异地会计专业独立董事和外省异地会计专业独立董事对企业风险承担水平的影响没有显著差异。⑧社会经济资源丰富城市的上市公司的本地独立董事比社会经济资源匮乏城市的上市公司的本地独立董事更能提高风险承担水平；而社会经济资源匮乏城市的上市公司的异地独立董事比社会经济资源丰富城市的上市公司的异地独立董事更能提高风险承担水平。

本书的研究具有一定的研究价值和影响：一方面，在理论层面，本书丰富了独立董事治理、盈余管理、股价崩盘风险、分析师预测、投资效率和风险承担六个方面的文献。独立董事治理是一直是公司治理领域的热点话题，已有研究主要从独立董事比例、独立董事专业背景、独立董事个人特征、独立董事社会网络和独立董事薪酬等方面探讨独立董事治理的影响因素，鲜有对公司外部宏观环境因素的关注。本书提供了城市社会经济资源对独立董事治理后果影响的经验证据，发现了公司选聘本、异地独立董事的重要影响因素，为今后的研究提供了重要的控制变量，减少研究中的"内生性"问题；本书提供了关于独立董事地理位置在盈余管理、股价崩盘风险、分析师预测、投资效率和风险承担中发挥重要影响作用的证据，对盈余管理、股价崩盘风险、分析师预测、投资效率和风险承担影响因素文献进行了新的补充。本书对独立董事地理位置的度量方式在以往文献的基础上进行了改善与细化，度量的对象不再是某一特定专业背景的独立董事，扩展到董事会中全体独立董事，独立董事地理位置的判断从省细化到地级市，使该指标的度量更全面和精准。

另一方面，本书的研究具有一定现实参考价值。本书的研究结果说明，社会经济资源丰富城市上市公司更多地聘请本地独立董事，社会经济资源匮乏城市上市公司不得不更多地聘请异地独立董事。然而，相对于异地独立董事，本地独立董事更能抑制公司盈余管理、降低公司股价崩盘风险、提高分析师预测水平和提升企业投资效率。同时，相对于本地独立董事，异地独立董事有利于提高企业风险承担水平。这些实证结果，在社会经济资源地区分布不均衡的宏观环境下，对上市公司独立董事的合理选聘提供了一定参考，对实现党的二十大提出的"促进区域协调发展"战略和促进我国资本市场的高质量健康发展都有一定的现实意义。

本书是在国家社科基金项目《城市社会经济资源对独立董事治理的影响机理研究（18BGL070）》的基础上形成的。周军负责本书框架设计、书稿撰写、修改和定稿；杨茗协助周军进行书稿设计和修改工作；第 5 章书稿由高世源撰写，第 6 章书稿由李博撰写，第 7 章书稿由高赫撰写；硕士研究生李笑语、狄晓菲、韩芳、林沐阳、许媛媛、郑明洪、廖怡宁、李晓彤、孙越、楼弘茜、张钰璇、宋妍佳在文献整理、数据收集与实证研究上做了大量工作，付出了大量时间和精力，在此一并表示衷心的感谢。虽然课题组做了很大的努力，但由于我们的研究水平和数据资料可获取性有限，书中难免存在错漏之处，恳请广大读者批评指正。

周军

2024 年 10 月

C ONTENTS 目录

第6章　城市社会经济资源视角下独立董事地理位置对　*263*
投资效率的影响研究

第7章　城市社会经济资源视角下独立董事地理位置对　*317*
企业风险承担的影响研究

第 1 章

绪

论

城市社会经济资源对独立董事治理的影响机理研究

1.1　研究背景与意义

1.1.1　研究背景

独立董事在董事会中具有重要地位，其在监督公司管理层、保护中小股东利益等方面发挥重要作用（Fama 和 Jensen，1983），独立董事制度是完善公司治理结构、提高公司治理水平的重要举措。据万得数据库统计，截至 2023 年 4 月，上市公司数量已突破 5000 家，新三板挂牌企业数量超过 6000 家。党的二十大提出"健全资本市场功能，提高直接融资比重"。在此背景下，我国将有更多的优质企业成为公众公司，这将催生企业对独立董事的巨大需求。作为社会精英群体和稀缺人才资源的独立董事，主要集中在我国社会经济资源丰富的城市，而在社会经济资源相对匮乏的城市，本地合格的独立董事人选捉襟见肘。城市社会资源虽然对当地企业的生存与发展而言是至关重要的，但是我国城市社会经济资源的分布却很不均衡，如何让社会经济资源匮乏城市的企业发展好，对于实施党的二十大提出的"促进区域协调发展战略"显得至关重要。在这种背景下，城市社会经济资源状况是如何影响公司治理行为，以及这种治理行为又将产生怎样的治理后果，亟待来自实践的检验。

独立董事制度通常被认为是公司内部治理中最重要的制度安排之一，肩负着保护中小投资者切身利益的重要职责。随着公司治理制度的不断完善，独立董事在董事会的作用不断加强，从而引发学术界不断探究独立董事的治理效果及其影响机理。如何能有效提升独立董事的治理水平，仍然是当今公司治理研究中的重要课题。众多学者对独立董事治理领域的研究成果丰硕且广泛，现有文献的研究主要集中在独立董事治理的影响因素与独立董事治理的经济后果两方面。从独立董事治理的影响因素来看，主要包括独立董事独立性（李维安和徐建，2014；汪青松和罗娜，2022）、政治联系（全怡等，2017；申晨，2023）、声誉（Fich E M 和 Shivdasani，2007；Ertimur Y 等，2012）、个体特征（高凤莲和王志强，2016）、职业背景（Defond M L 等，2005；孙光国和陈思阳，2022）、社会网络（Larcker D F 等，2010；陈运森和谢德仁，2011；鲁乔杉等，2022）和地理邻近性（罗进辉和黄泽悦，2017）；从独立董事治理的经济后果来看主要涉及公司绩效（Liu Y 等，2015）、会计信息质量（Klein A，2002）、企业投资效率（胡诗阳和陆正飞，2015；郝颖等，2022）、高管薪酬业绩敏感性（罗进辉，2014）、创新效率（胡元木和纪端，2017）、代理成本（叶康涛等，2007）等方面。另外，对于独立董事选聘，现有文献进行了少量探索性研究。1992 年美国国家董事协会的调查表明，提名委员会完全由外部董事担任这一提议，被大多数 CEO 反对，CEO 不愿意放弃对董事选择过程的控制（Johnson J L，1996）。崔凯和孙慧琳（2005）研究表明，大股东在很大程度上决定了独立董事的选任，独立董事在这样的选聘机制下很难保持独立性。孙亮和刘春（2014）研究了公司为什么聘用异地独立董事这一问题，研究发现，公司之所以聘用异地独立董事，在于弱化独立董事的监督职能而强化其咨询职能，并且民营企业为强化咨询而聘请异地独立董事的动机更强，而位于市场化程度较高地区的公司为弱化监督而聘请异地独立董事的需求更大。然而，鲜有文献从公司外部宏观环境视角研究独立董事治理的影响因素，这个角度的研究主要集中在公司治理的其他方面。La Porta 等（1999）最早提出法律体系对公司治理的重要影响，并在对多个国家的实证研究中发现，投资者法律保护程度越高，其上市公司股权集中度越低。

樊纲等学者（2003）研究开发了“中国各地区市场化进程相对指数”，该指数在公司治理相关研究中得到了广泛应用，主要包括公司治理结构（夏立军和陈信元，2007）、管理者薪酬（江伟，2011；蒋涛和刘梦宁，2022）、代理成本（雷光勇和范蕾，2009）、会计信息披露（黎文靖和路晓燕，2007）等领域。市场化进程指标在文献中主要作为控制变量或调节变量使用，而其他作为外部宏观指标。总体来看，公司治理的研究在学术界有着很高的关注度，现有文献对公司治理的影响因素及经济后果进行了积极的探究，为后续研究提供了微观层面的重要理论基础。然而，每个公司都面临一个特定的宏观环境，公司为了持续健康发展必须主动去适应外部宏观环境，公司行为在很大程度上受到外部宏观环境的约束，公司治理行为同样受其影响。我国社会经济资源分布不均衡，有的城市社会经济资源丰富，拥有大量合格的独立董事人才，同时中国社会关系的构建与互动是依着"差序格局"来运作的，当地上市公司可以主要选聘本地人才担任独立董事。而当城市的社会经济资源相对匮乏，本地合格的独立董事人才不足，当地上市公司不得不从外地聘请独立董事。客观上，本地独立董事和异地独立董事在精力、信息、声誉和独立性等履职关键要素上可能存在较大不同，这将导致本地、异地独立董事在治理的经济后果产生显著差异。因此，本研究将从城市社会经济资源状况这一宏观视角着手，以独立董事选聘研究对理论创新的需求为导向，以城市社会经济资源对独立董事的影响为切入点，较全面地探讨这种影响所产生的经济后果，试图打开独立董事治理问题的"黑箱"，为独立董事治理问题的理论与实践提供经验证据。

1.1.2 研究意义

本研究具有一定的理论意义和现实意义：一方面，在理论层面，本研究丰富了独立董事治理、盈余管理、股价崩盘风险、分析师预测、投资效率和风险承担六个方面的文献。独立董事治理一直是公司治理领域的热点话题，已有研究主要从独立董事比例、独立董事专业背景、独立董事个人特征、社会网络和独立董事薪酬等方面探讨独立董事治理的影响因素，鲜有对公司外部宏观环境因素的关注。本研究提供了城市社会经济资源对独立董事治理后果影响的经验证据，发现了公司选聘本、异地独立董事的重要影响因素，为今后的研究提供了重要的控制变量，减少研究中的"内生性"问题；

本研究提供了关于独立董事地理位置在盈余管理、股价崩盘风险、分析师预测、投资效率和风险承担中发挥重要影响作用的证据，对盈余管理、股价崩盘风险、分析师预测、投资效率和风险承担影响因素文献进行了新的补充。本研究对独立董事地理位置的度量方式在以往文献的基础上进行了改善与细化，度量的对象不再是某一特定专业背景的独立董事，扩展到董事会中全体独立董事，独立董事地理位置的判断从省细化到地级市，使该指标的度量更全面和精准。

另一方面，本研究具有一定现实意义。研究结果说明，社会经济资源丰富城市上市公司更多地聘请本地独立董事，社会经济资源匮乏城市上市公司不得不聘请更多的异地独立董事。然而，相对于异地独立董事，本地独立董事更能抑制公司盈余管理、降低公司股价崩盘风险、提高分析师预测水平和提升企业投资效率。同时，相对于本地独立董事，异地独立董事有利于提高企业风险承担水平。这些实证结果，在社会经济资源地区分布不均衡的宏观环境下，对上市公司独立董事的合理选聘提供了一定参考，对实现党的二十大提出的"促进区域协调发展战略"和促进我国资本市场的高质量健康发展都有一定的现实启示意义。

1.2 研究思路与方法

1.2.1 研究思路

本研究从总体上遵循"问题界定—文献回顾—理论分析与假设提出—实证检验—结论建议"的研究思路，通过理论分析构建本课题研究的理论框架并提出研究的基本假设；利用经验数据进行实证研究，得出相关研究结论；最后为独立董事治理理论研究和实践提供必要的参考和启示。从结构上看，研究工作分为研究设计、理论分析与假设提出、实证研究、成果总结四个阶段。首先是研究设计阶段，主要通过对研究背景的梳理和相关文献的回顾与分析，对研究的主要概念和问题进行界定，对上市公司相关数据进行收集与整理。在此基础上，从研究的总体思路、研究的内容与结构、研究方法三方面对研究方案进行整体设计。其次是理论分析假设提出阶段，利用相关理论基础，分析独立董事治理的作用机制，然后基于作用机制，构建基本理论分析框架，提出研究假设。接下来是实证研究阶段，依据基本假设—模型建立—非参数检验—相关分析—实证分析—稳健性检验—进一步研究的路线，进行大样本实证检验。最后是成果总结阶段，首先总结研究成果；然后充分挖掘研究结论和经验证据的政策意蕴，为独立董事治理研究与实践提供必要的理论支持和实践指导。

1.2.2　研究方法

本研究总体上采取从理论到现实，由现象到本质的研究路径，具体运用规范分析和实证研究相结合，逻辑推理和统计计量分析相结合的研究方法。首先在借鉴国内外相关理论研究和实践的基础上，采用规范研究方法（逻辑演绎）进行理论分析，分析独立董事治理的作用机制，提出研究假设。然后采取实证研究方法，合理选择城市社会经济资源状况、独立董事本地和异地情况、治理效果、高铁开通、新冠肺炎疫情（以下简称疫情）发生等变量，采用科学的方法进行赋值，综合运用相关性分析、依据研究目的，分别构建Logit模型和多元回归模型，采用倾向得分匹配法、工具变量两阶段回归缓解内生性问题，选择中国非金融类A股主板上市公司为样本，验证本课题理论假设的合理性和科学性。

1.3 研究内容与框架

　　本书一共包括 8 章，各章主要内容安排如下：第 1 章为绪论。该章节首先介绍了本研究的背景，并基于研究背景引出了研究意义，其次阐述了本研究的思路、研究方法和研究内容，最后总结了创新点。第 2 章为城市社会经济资源对独立董事地理位置的影响及治理后果研究，具体包括引言、文献综述、理论分析与研究假设、实证研究设计、实证结果讨论及分析、进一步研究以及本章研究结论 7 部分。第 3 章为城市社会经济资源视角下独立董事地理位置对盈余管理的影响研究，具体包括引言、文献综述、理论分析与研究假设、实证研究设计、实证结果讨论及分析、进一步研究以及本章研究结论 7 部分。第 4 章为城市社会经济资源视角下独立董事地理位置对股价崩盘风险的影响研究，具体包括引言、文献综述、理论分析与研究假设、实证研究设计、实证结果讨论及分析、进一步研究以及本章研究结论 7 部分。第 5 章为城市社会经济资源视角下独立董事地理位置对分析师预测的影响研究，具体包括引言、文献综述、理论分析与研究假设、实证研究设计、实证结果讨论及分析、进一步研究以及本章研究结论 7 部分。第 6 章为城市社会经济资源视角下独立董事地理位置对投资效率的影响研究，具体包括引言、文献综述、理论分析与研究假设、实证研究设计、实证结果讨论及分析、进一步研究以及本章研究结论 7 部分。第 7 章为城市社会经济资源视角下独立董事地理位置对企业风险承担的影响研究，具体包括引言、文献综述、理论分析与研究假设、实证研究设计、实证结果讨论及分析、进一步研究以及本章研究结论 7 部分。第 8 章为本研究的结论。该章概述了本书的主要研究结果，并对本研究的局限性和未来研究方向进行阐述，同时总结了本书的研究启示。图 1-1 是全书研究框架。

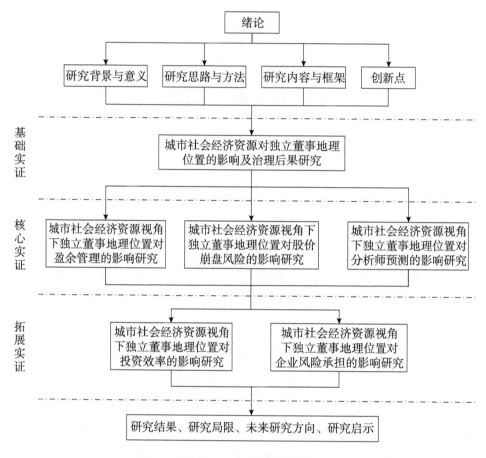

基
础
实
证

核
心
实
证

拓
展
实
证

图 1-1　全书研究框架

1.4　创新点

　　本研究的创新性体现在以下两个方面：一方面，现有文献主要从微观层面研究独立董事治理的影响因素，虽然已有部分文献关注了外部宏观环境因素对公司治理的影响，但主要局限于将法治环境、市场化进程等宏观环境因素指标化，作为实证模型中的控制变量使用，缺乏对宏观环境因素影响公司治理的作用路径研究，而本课题则较早地关注了社会经济资源对独立董事治理影响的可能路径，有助于推动学术界从宏观环境层面认识独立董事治理问题，从而形成宏观环境影响独立董事治理的理论基础。另一方面，在涉及独立董事治理问题的实证研究文献中，已有研究更关注公司特征与独立董事个体特征变量，忽略了社会经济资源与人文环境等重要宏观环境变量，造成了较为严重的"内生性"问题。鉴于公司治理在很大程度上内生于公司所处的外部宏观环境，本课题从社会经济资源出发，研究城市社会经济资源状况如何作用于独立董事选聘，进而对独立董事治理效果产生什么样的影响，本课题将丰富独立董事治理研究中的关键内容，更好地避免在独立董事治理问题研究上的"盲人摸象"。

第 2 章

城市社会经济资源对
独立董事地理位置
的影响及治理
后果研究

2.1　引言

在公司治理中，独立董事制度是一项十分重要的制度安排，独立董事可以对经理人进行监督，参与企业的经营决策，有助于减少代理冲突，从而起到保护中小股东利益的重要作用（Fama 和 Jensen，1983；Adams 等，2010），提升独立董事的治理效果可以为企业目标的实现、中小投资者切身利益的保障、资本市场的正常运转保驾护航。大量文献从微观层面出发研究独立董事对公司绩效（Liu Y 等，2015；朱艳，2019）、会计信息质量（Klein，2002；李明娟和孙琦，2017；郑春美等，2021）、大股东掏空（叶康涛等，2007；毛建辉，2018；赵琳和李竹梅，2020）等治理行为的影响，但是对于从宏观层面研究公司治理行为，现有文献尚未进行深入探讨。合格的独立董事主要集中在社会经济资源比较丰富的城市，而在我国社会经济资源分布不均，由此导致部分城市社会经济资源相对匮乏，对于身处某一特定的外部宏观环境中的企业来说，社会经济资源的影响，对其生存与发展是至关重要的。在此背景下，城市社会经济资源是如何影响企业独立董事的选聘行为，又将给企业带来怎样的治理后果，亟待进行深入的探讨。

基于此，本章利用 2007—2021 年中国 A 股上市公司数据，实证检验了城市社会经济资源对上市公司独立董事地理位置的影响。研究发现：上市公司所在地社会经济资源丰富程度与独立董事本地率在 1% 水平上显著正相关，即相较于社会经济资源匮乏城市，社会经济资源丰富城市的上市公司独立董事本地率会更高。这表明，社会经济资源匮乏城市的上市公司不得不选聘更多的异地独立董事。在会计专业的独立董事的样本中，该结论依然成立。此外，本研究认为城市社会经济资源丰富程度会产生一定公司治理后果。可能的影响路径之一是城市社会经济资源将影响上市公司对于独立董事的选聘行为，社会经济资源丰富城市的上市公司会更多地选聘本地独立董事，而社会经济资源匮乏城市的上市公司不得不选聘更多的异地独立董事，独立董事的地理位置的差异会产生不同的公司治理后果。我们进一步研究发现，社会经济资源丰富城市的上市公司相对于社会经济资源匮乏城市的上市公司会有更高的盈余质量，上市公司股价崩盘的风险将更低，分析师在进行分析预测时将拥有更小的误差，有更高的有效投资效率，同时，社会经济资源匮乏城市的上市公司相较于社会经济资源丰富城市的上市公司将拥有更高的风险承担水平。

本章的研究可能有以下贡献：第一，本章研究结果表明城市社会经济资源丰富程度是影响上市公司独立董事选聘的重要因素，提供了宏观因素对公司治理行为影响的证据，拓宽了现有文献关于独立董事治理的研究视角。第二，本章的研究针对中国企业外部宏观环境的特殊性和复杂性，从城市社会经济资源为切入点，提供了外部宏观环境对微观主体的影响路径的一种可能解释，即城市社会经济资源将影响上市公司对于独立董事的选聘行为，社会经济资源丰富城市的上市公司会更多地选聘本地独立董事，而社会经济资源匮乏城市的上市公司不得不选聘更多的异地独立董事，独立董事的地理位置的差异会产生不同的公司治理后果，有助于深化对上市公司独立董事选聘行为及其后果的认识，对公司治理实践具有一定的启示。第三，通过研究城市社会经济资源丰富程度对上市公司独立董事选聘的影响和相应的公司治理后果，为今后的研究提供了重要的控制变量，减少研究中的"内生性"问题。

2.2　文献综述

2.2.1　外部宏观因素对公司治理的研究

目前，基于外部宏观因素的视角来研究独立董事治理的文献仍然很少，已有研究主要集中在制度层面、市场层面、政策层面和文化层面。在制度和市场层面，Porta 等（1998）首先指出了公司治理结构会显著受到国家的法律体系的影响，并且通过实证研究表明，一个国家的法律保护水平与其企业的股权集中度之间存在显著的负相关关系（Porta 等，1999）。樊纲等（2003）率先提出的"中国各地区市场化进程相对指数"迅速被广泛引用到上市公司治理结构（夏立军和陈信元，2007），管理层薪酬及晋升（江伟，2011；张霖琳，2015），大股东掏空（雷光勇，2009），信息披露（黎文靖，2007）等公司治理领域中。余泳泽等（2023）认为为了统一大市场建设，需要构建以信用为基础的新型市场监管机制，企业信息公示制度的实施缓解了信息不对称，会显著影响企业行为选择，降低企业被处罚的可能性，促进企业成长。

在政策方面，目前文献主要集中在地方领导变更、产业政策、货币政策、环境规制。当面对政策不确定性时，如地方领导变更，当地的首次公开募股（IPO）数量就会减少（Çolak 等，2017），上市公司会提高盈余管理程度来降低未来可能增加的政策性成本（陈德球和陈运森，2018）。产业政策会对企业的投融资、研发、风险承担产生影响。对于民营企业、处于金融市场欠发达地区和没有政治关系的企业而言，当地政府所推行的产业政策使其融资约束更加严重（张新民等，2017）；对于受到产业政策扶持的技术人员比例高和经营风险大的企业，在政策的激励下，企业会更优先选择研发投资（谭劲松等，2017）；产业政策对企业的风险承担的作用主要有两种途径——政府补贴和贷款支持，因此对于没有得到产业政策扶持的企业而言，它们有着更高的风险承担（张娆等，2019）。再者，货币政策会影响企业对宏观经济的感知，当货币政策不确定增加，企业会持有更多的现金来规避现金流短缺的风险（Wang X 和 Han H，2023）；当实施稳健的货币政策时，企业的预期会变得乐观，越乐观，企业的投资和融资行为就会越多（张成思等，2021）。对于宏观政策——环境规制，张爱美（2021）研究其能否通过约束管理者的环境治理行为对公司治理产生影响，结果表明环境规制可以降低代理成本，从而能够对公司绩效产生积极影响。

在文化方面，董事会中的民族文化多样性会对以托宾 Q 值和投资回报率衡量业绩的公司产生负面影响（Frijns 等，2016）。Adnan 等（2018）研究发现企业的社会责任报告的数量和质量会受到国家文化的影响，而良好的公司治理有助于减轻文化对社会责任报告的不利影响。在我国，深受儒家文化影响，倡导重家族、重血缘的家族企业创始人，其家族主义文化观念会影响企业上市前的"去家族化"治理改革，改革越不彻底，上市后公司绩效和收入增长率就越低（吴超鹏等，2019）。

2.2.2　关于独立董事对公司治理的研究

关于独立董事对公司治理的研究，目前主要从其治理作用和影响因素两大方面进行研究。独立董事在公司治理中的作用，一般分为咨询和监督两大职能。上市公司存在许多委托代理问题，为了防止信息优势者的自利行为，需要独立董事去监督（Becht 等，2003）。聘请独立董事的初衷是希望他们能够履行其极为重要的监督职能（彭真明等，2003；李海舰和魏恒，2006；陈运森和谢德仁，2011）；而独立董事也能为企业带来丰富的知识，降低企业的经营风险，发挥咨询的功能（叶康涛等，2007），刘浩等（2012）、胡元木（2012）发现拥有银行背景或者技术背景的独立董事，通常扮演的是咨询角色。

通过对现有文献进行梳理，独立董事对公司治理的效果主要涉及以下几个方面：第一，企业价值与业绩。企业聘请独立董事是希望充分发挥董事会的治理效应，实现企业价值的提升，Liu Y 等（2015）发现中国市场上独立董事对公司经营业绩的积极影响；在我国家族企业中，独立董事的数量提高会不断改善企业的业绩（朱艳，2019）；而实施多元化经营的企业，通过聘请行业专长型独立董事能够抑制多元化折价，充分发挥咨询、监督职能（张斌，2022）。第二，高管薪酬激励。高管薪酬作为一种激励手段，在民营上市公司中，在相同的薪酬水平下，聘请的明星独立董事的社会知名度与企业的高管薪酬与业绩敏感性存在显著的负相关关系（罗进辉，2014）；在国有企业中，董事会中的本地独立董事数量与高管的薪酬水平、薪酬业绩敏感性呈现负相关关系（罗进辉等，2018）。此外，高塬和马连福（2022）表明独立董事相互之间通过共享信息来增强对高管自利行为的抑制能力，有效降低了高管薪酬。第三，大股东掏空。大股东掏空是一种侵害中小股东利益的行为，叶康涛等（2007）未能发现独立董事比例与大股东资金占用之间存在显著相关关系。而基于独立董事声誉，发现独立董事声誉可以抑制大股东掏空行为（毛建辉，2018），同时也会受到独立董事的"标签特征"，如学术背景、法律背景、性别等的影响（赵琳和李竹梅，2020）。第四，会计信息质量。会计信息质量于投资者而言是至关重要的，Klein（2002）发现董事会独立性与异常应计项目之间存在负相关关系，李明娟和孙琦（2017）发现会计背景独立董事的占比、薪酬与会计信息质量呈正相关关系。从内部控制有效性的角度出发，郑春美等（2021）发现财会背景独立董事占比越大，兼职同行业、同类型公司、亲自与会次数越多，会计信息质量相对较高。第五，企业投融资与技术创新。公司治理会影响企业的投融资行为，从而可能间接对企业的创新产生影响。胡诗阳（2015）发现控股股东董事和非控股股东董事都对过度投资具有明显的抑制作用；而德才兼备、独立诚信、专业性强等特点的学者型独立董事，对投资效率有着显著的正向促进作用（徐建玲等，2023）。关于技术创新，胡元木和纪端（2017）、刘中燕（2021）一致认为拥有技术背景的独立董事能够对企业的创新有显著的正向影响。

从影响独立董事发挥治理作用的因素来看，现有文献主要涉及以下八个方面：

（1）独立性

它是独立董事制度的灵魂，也是保证该制度真正发挥作用的重中之重（谭劲松，2003）。外部董事比例的增加会影响公司价值，代理冲突加剧的公司倾向于聘请专业独立董事，以改善公司治理及代理问题（Lefort 和 Urzua，2008）。李维安等（2014）研究了总经理继任对战略变化的影响，发现独立董事的独立性可以抑制前者对后者的影响，对总经理变更过程中损害公司业绩的行为发挥监督职能。此外，独立董事独立性越强，股价崩盘风险系数越小（徐晓俊，2020），提高董事会的独立性，也可以提高企业的业绩（邓文文，2015）。

（2）声誉

公司财务欺诈行为会对董事的声誉产生影响，Fich 和 Shivdasani（2007）发现在发生财务欺诈诉讼后，外部董事在被诉公司董事会中的离职率并没有出现异常，但独立董事接受处罚后其所担任的其他董事职位数量却大幅下降（辛清泉等，2013）。胡晨（2018）研究发现声誉机制保证了独立董事职责的发挥，提高了公司的治理水平，从而提升了公司价值。

（3）职业背景

银行、政治、教育、法律等职业背景都会影响独立董事的治理作用。胡振华和郅维嘉（2017）发现银行背景的独立董事整体上不发挥监督作用；而拥有政治背景和不同教育背景的独立董事对公司发布企业社会责任报告产生了积极影响（Fernández 等，2018）。当公司有着较多的法律诉讼、股利分配、股权转让以及资产收购等活动时，其更愿意聘请法律独立董事，主要出于咨询动机，而并非监督动因（何威风和刘巍，2017）。焦小静（2021）发现多元化职业背景的独立董事能够加快资本结构的调整速度；当公司的自由现金流较为充足时，其调整的作用更显著，但当管理层权力较大时则会被弱化。

（4）个体特征

高凤莲和王志强（2016）注意到独立董事的异质性对治理效应的影响，发现独立董事社会资本与公司委托代理成本存在负相关关系，即独立董事拥有越多的社会资本，公司的委托代理成本越低。而对于企业会计信息透明度，独立董事若拥有政治关联、金融背景，或者是连锁独立董事，都能显著提升企业的会计信息透明度，技术型独立董事并未体现出该作用。

（5）政治联系

聘请不同地方的独立董事将会获取不同的政治资源，比如企业想降低违规风险、进行股权再融资或者进入高壁垒的行业，那么聘请北京的独立董事会有一定的帮助（全怡等，2017）；而聘请具有地方政治背景的独立董事，有助于降低企业舞弊的可能性，且更有可能同时拥有监管机构的工作经验和金融/会计/法律专业知识（Kong 等，2019）。此外，张俊芝和谷杉杉（2020）研究发现，拥有一定政治背景的独立董事会提高企业的风险承担能力，继而对公司的长期绩效提升具有促进作用。

（6）社会网络

网络中心度越高的独立董事，其所在公司的投资效率越高，其治理作用越好（陈运森等，2011）。孙懿珊等（2022）研究发现在高融资约束的条件下，独立董事网络通过企业内部控制质量和外部投资效率这两个关键途径对企业价值的提升效果更加显著。

（7）地理距离

地理距离会影响独立董事履行职能，罗进辉等（2017）认为独立董事与任职公司之间的距离远近程度会对独立董事发挥监督职能产生影响。当独立董事所在位置距离公司总部较远时，其出席会议的次数较少，发表反对意见也越少，企业会有更多的盈余管理（Quan Y 和 Zhang W，2021），公司的违规倾向和违规频率越高，企业的绩效水平越高（原东良和周建，2021）。

（8）兼任

在我国乃至世界资本市场，独立董事在多家上市公司任职是一种普遍的现象（Ferris 等，2003；魏刚等，2007；蔡春等，2017）。独立董事兼任是否会影响独立董事履行职能？Hauser（2018）认为董事会任命的减少，可能与企业拥有更高的盈利能力以及董事加入董事会委员会相关；独立董事兼任席位越多，独立董事监督效率越低（李志辉等，2017），而基于同行业联结的背景下，马玥（2021）发现独立董事同业兼任能提升公司的盈余质量。

2.2.3 关于独立董事地理位置的研究

关于独立董事地理位置的研究，不同地理位置的独立董事会给企业带来不同的资源，并且会有不同的履职效果。Masulis 等（2012）发现公司聘请外籍的独立董事时，外籍独立董事可以提供更多高质量、有效的建议，有助于加快公司拓展海外业务的进程；同时，与资本市场发达国家相比，在资本市场不发达且国内合格人才资源匮乏的国家，企业更愿意通过聘请外籍独立董事来促进企业国际化（Miletkov 等，2017）。但是，由于聘用外籍独立董事，其与公司之间的距离将会增加，导致独立董事的监督成本也随之增加；在精力有限的前提下，外籍独立董事出席董事会会议的次数将会减少，从而不能及时有效地获得公司内部信息，导致独立董事监督失败。（Hahn 和 Lasfer，2016）。

基于上市公司广泛存在异地独立董事的现象，国内学者主要围绕异地独立董事展开研究。孙亮和刘春（2014）认为，公司聘用异地独立董事属于公司主动弱化监督和强化咨询的产物，并且民企因强化咨询而聘请异地独立董事的需求更大，而居于市场化程度较高地区的公司因弱化监督而聘请异地独立董事的动机则更强。此外，两权分离度也会影响独立董事的选聘，两权分离度越高的公司越倾向于聘任异地独立董事（林雁和曹春方，2019），相较于异地独立董事，本地独立董事可以获得更多信息，监督能力会更强，因而能够有效约束管理层的行为，抑制高管薪酬水平（罗进辉，2018）。

从上述内容中，我们可以明显观察到，目前的学术文献对于独立董事在治理中的作用及其影响因素进行了深入的分析，为未来的相关研究提供了宝贵的理论支撑；另外，在特定的外部宏观经济背景下，环境的变化可能会对企业的生存和成长产生影响。因此，公司治理在很大程度上是与公司所处的宏观外部环境紧密相关的。目前的研究主要集中在个体和微观层面，探讨独立董事在公司治理中的角色，而在宏观层面，研究主要集中在制度、市场、政策和文化等方面对企业行为的影响，而对其他宏观因素的研究则相对缺乏。更具体地说，有两个迫切需要研究的问题：第一，哪些外部宏观环境因素会影响独立董事治理作用？除了上述外部宏观因素外，目前的研究很少考虑到外部的人文环境、社会人才资源、社会公共资源、自然资源禀赋等重要的城市社会经济资源，因此，研究影响独立董事治理的外部宏观环境是完善独立董事研究的一个重要方面。第二，我们将要探讨外部宏观环境是如何对独立董事的治理能力产生影响的。目前的研究文献主要集中在独立董事与公司的个体特性上，或者独立董事的个人行为如何影响公司的治理效率。然而，这些个体特性或公司行为大多是独立董事或公司受到外部宏观经济环境的直接影响。所以从外部宏观环境到治理效果之间有一个影响传导的过程，而这一过程仍然处于"黑箱"状态。因此，对这两个议题的深度探讨可能成为提升独立董事治理能力的关键。

在本章中，我们试图从中国的国情出发，对这两个问题进行探讨。考虑到中国企业身处外部宏观环境的特殊性和复杂性，本章将以城市社会经济资源为切入点，研究城市社会经济资源丰富程度将如何影响上市公司对本地或异地独立董事的选择；在此基础上，进一步研究独立董事选聘结果对公司治理后果的影响，试图部分解开独立董事治理问题的"黑箱"，为独立董事与公司治理的理论研究和实践指导提供证据支撑。

2.3 理论分析与研究假设

公司内部存在一系列委托代理关系，并相应产生了两类代理冲突（Bebchuk 和 Fried，2003，Jiang 等，2010）。独立董事作为社会的精英，参与公司的战略决策，发挥监督和咨询职能，缓解代理冲突，维护上市公司整体利益，保护中小股东合法权益（Hillman 和 Dalziel，2003；Fama 和 Jensen，1983）。证监会新发布的《上市公司独立董事管理办法》公告中，明确规定上市公司独立董事占董事会成员的比例不得低于三分之一，且至少包括一名会计专业人士。由此可见，为了满足监管及公司自身健康可持续发展的需求，公司需要聘请一定数量的独立董事。而我国幅员辽阔，每个城市都有其独特的社会经济资源，但受到复杂深刻的历史、政策、地理位置等影响，我国城市经济发展水平失衡（刘治彦和付晓东，2010），各城市间可能在教育、医疗、交通、人口总量、自然资源及环境等方面存在差异（姜怀宇等，2005），故各城市社会经济资源丰富程度也有所不同。根据马太效应，社会经济发展水平高的城市，往往会拥有更为丰富的人才资源，反之亦然。企业的生存与发展处在一个特定的外部宏观环境中，企业为趋利避害势必会为适应其所处环境做出选择，相应地，企业选聘独立董事的行为也必然会受外部宏观环境的影响。

在社会经济资源丰富的城市，人才济济，考虑到社会关系、信息和精力等方面的影响，公司更倾向于选聘本地独立董事。首先，中国传统社会中关系的构建与互动是依着"差序格局"来运作的（费孝通，2016），尽管受到血缘、地缘、经济、文化等诸多因素的影响，每个人都在以自己为中心结成自己专属的社会网络中工作和生活（周军，2019）；社会网络能够促进信息和资源的流通，提升企业资源和信息获取、协调控制和环境应变能力（彭正银和廖天野，2008）。由此，本地独立董事相较于异地独立董事对于企业而言会拥有先天的优势，其自身在当地拥有的社会网络将利于企业以更低成本、更快速度进行信息资源的协调流通。其次，本地独立董事对于任职公司信息的直接取得同样有着天然的优势。例如，由于地理的邻近，本地独立董事不仅可通过公开或非公开的形式获得信息，还可通过实地观察、出席董事会会议等方式及时了解公司内部重要的、准确的、高质量信息，有益于提高决策的质量和及时性，成为真正的监督者（Coval和 Moskowitz，1999；黄芳等，2016）；同时，独立董事具有"信号传递"作用，可以将获得的重要信息传递给其他主体（王钰等，2021）。最后，在精力有限的情况下，地理距离是影响独立董事精力分配的重要因素。全怡和陈冬华（2016）研究发现，独立董事在空间距离较近、交通成本较少的公司中会投入相对较多的精力，从而本地独立董事能够有效参与公司治理。因此结合上述几个方面得出，企业聘用独立董事时会优先考虑聘用本地独立董事。

在社会经济资源匮乏的城市，本地人才匮乏导致本地独立董事无法满足公司治理的监管要求，再者外在环境对人才具有导向作用，所以企业不得不聘用异地独立董事。一方面，具有关键性资源，外部关系网络较强，专业性技能较强以及从业经验丰富的人才更易获得独立董事的职务（Omer 等，2020）。由于社会经济资源的分布不均，资源匮乏的城市发展相对滞后，社会经济资源匮乏的城市具有明显的劣势，当本地的独立董事供给无法满足企业的招聘需求时，抑或本地独立董事所能带来的技术、信息等关键资源不及异地独立董事时，企业会选择聘请异地独立董事。另一方面，外部宏观环境在人才聚集中起到一定的导向作用，高端人才在选择工作岗位时会优先选择经济发达地区，因为可以为个人提供更大的发展空间，因此社会经济资源匮乏的城市很难成为高端人才的最优选择，这将导致处在社会经济资源匮乏城市的上市公司难以在本地找到合适的高端人才担任独立董事，从而不得不选择异地人才担任独立董事（申富平等，2007）。

基于上述分析，城市社会经济资源的丰富程度是影响当地上市公司聘请本地或异地独立董事的一个重要宏观因素。城市社会经济资源越丰富，越能满足当地上市公司选聘本地独立董事的需求；而城市社会经济资源越匮乏，当地上市公司选聘本地独立董事的需求越无法满足，从而不得不聘请异地独立董事。因此，本研究提出如下假设：

H1：上市公司所在地的社会经济资源丰富程度与独立董事本地率正相关。

2.4　实证研究设计

2.4.1　样本选择

本研究以 2007—2021 年中国 A 股上市的公司为样本，为了确保实证结果的准确性，研究样本按照下列标准选取并处理：首先，金融保险业公司的财务数据特征与其他行业差别较大，予以剔除；其次，剔除 ST、*ST 公司样本减少经营状况不健康的公司数据影响；同时剔除变量数据有缺失值的公司样本；最后，为了减小异常值对结果的影响，本研究对所有公司的连续变量进行了 1% 的缩尾处理。经过筛选，最终得到公司年度观测的样本——37863 例。本研究所需的上市公司的注册地、办公地，以及所有独立董事的工作地等信息，均通过手工收集、整理得来，其余数据来源于 CSMAR 数据库、Wind 数据库。本研究运用 Stata 16.0 进行数据的分析处理。

2.4.2　变量定义

（1）被解释变量

为检验上市公司办公所在地的社会经济资源丰富程度对独立董事选聘的影响，本研究选择上市公司聘用的全部独立董事中本地独立董事所占比例，即独立董事本地率作为衡量指标。独立董事本地率为该公司当年聘请本地独立董事占当年聘请全部独立董事的比例，用 *LR* 表示，可以较为直观地展现公司聘请本、异地独立董事情况。

（2）解释变量

通过查阅相关文献，本研究采用两个指标来描述社会经济资源丰富程度，分别是 *District* 和 *GDP*，作为离散变量和连续变量来进行衡量。根据我国行政区划，城市可分为直辖市、副省级省会、计划单列市、普通省会和其他地级市、省直辖县级市，其中前四者因为行政区划优势，会集中本地区最为丰富的经济、文化、教育、医疗、交通等资源，对人才聚集的导向效应得以更好发挥，由此我们将直辖市、副省级省会、计划单列市、普通省会这四类归为社会经济资源丰富城市，其他城市为社会经济资源匮乏城市。如果属于社会经济资源丰富城市，则 *District* 取 1，否则 *District* 取 0。除了根据我国行政区划对城市社会经济资源丰富程度进行区分，城市 *GDP* 的高低也可以从宏观上反映一个地区经济发展水平，而社会资源丰富程度往往与地区经济发展水平相一致，故我们借用各城市 *GDP* 的数值来进行研究，同时为使数据更加集中在中间区域，从而减小极端值的影响，我们取各城市 *GDP* 自然对数作为连续变量来衡量不同城市社会经济资源丰富程度，以此来加强实证结果的可靠性。

（3）控制变量

本研究参考孙亮和刘春（2014）的研究，控制了可能影响独立董事选聘的公司财务和公司治理等方面的变量，具体包括公司性质（*SOE*），若公司为国有企业取 1，否则为 0；公司规模（*Size*），等于年末公司总资产自然对数；总资产收益率（*ROA*），等于公司当年年末净利润与总资产之比；资本结构（*Lev*），等于公司当年年末总资产中负债所占的比例；公司成长性（*Growth*），等于营业收入增长率；公司年龄（*Age*）为公司上市年限；销售净利润率（*NetProfit*），等于公司年末净利润与销售收入净额之比；董事会规模（*Board*），等于董事会人数；董事会独立性（*Bratio*），等于独立董事人数在董事会中的占比；机构投资者持股（*INST*），等于机构投资者持股占流通股比例之和；股权集中度（*Top1*）等于第一大股东年末持股比例，并加入行业（*Industry*）和年份（*Year*）作为虚拟变量进行研究。同时为更好探究公司代理问题对于独立董事选聘的影响，本研究加入第一

类代理冲突（*Cps*）和第二类代理冲突（*Sep*）两个控制变量，分别等于 *CEO* 年
度报酬占金额最高的前 3 名高管报酬之和的比例和终极控制人控制权与现金流权
之间的差值。上述变量的定义详见表 2-1。

表 2-1　　　　　　　　　　　主要变量具体定义及度量

变量类型	变量名称	变量符号	变量定义
被解释变量	独立董事本地率	*LR*	上市公司聘请本地独立董事比例
解释变量	资源丰富程度	*District*	社会经济资源丰富地区为 1，否则为 0
		GDP	上市公司注册地城市 GDP 自然对数
控制变量	公司性质	*SOE*	上市公司国有企业取值为 1，否则为 0
	公司规模	*Size*	年末公司总资产的自然对数
	总资产收益率	*ROA*	公司当年年末净利润与总资产之比
	资本结构	*Lev*	公司当年年末总资产中负债所占的比例
	公司成长性	*Growth*	营业收入增长率
	公司年龄	*Age*	样本年度-上市年份+1
	销售净利润率	*NetProfit*	公司年末净利润与销售收入净额之比
	董事会规模	*Board*	董事会人数
	董事会独立性	*Bratio*	独立董事人数在董事会中的占比
	机构投资者持股	*INST*	机构投资者持股占流通股比例之和
	股权集中度	*Top*1	第一大股东年末持股比例
	第一类代理冲突	*Cps*	CEO 年度报酬占金额最高的前 3 名高管报酬之和的比例
	第二类代理冲突	*Sep*	终极控制人控制权与现金流权之间的差值
	行业	*Industry*	虚拟变量
	年份	*Year*	虚拟变量

2.4.3 研究模型

为了验证假设,本研究建立以下模型来探究城市社会经济资源对独立董事选聘的影响:

$$LR_{i,t} = \beta_0 + \beta_1 Resources_{i,t} + \beta_2 Controls_{i,t} + \varepsilon_{i,t} \qquad (2.1)$$

其中,LR 为被解释变量公司独立董事本地率;$Resources$ 为上市公司所在地社会经济资源丰富程度,包含了 $District$ 和 GDP 两个指标,其中 $District$ 为社会经济资源丰富程度的离散指标,GDP 为社会经济资源丰富程度的连续指标;$Controls$ 为控制变量,已在上表中列示,本研究将是否加入两类代理冲突作为对照组进行分别回归以探究代理冲突对独立董事选聘的影响。

2.5 实证结果讨论及分析

2.5.1 描述性统计

表 2-2 报告了主要变量的描述性统计。其中独立董事本地率(LR)在全样本中的均值为 0.448,表明了在全样本公司中独立董事本地率平均值为 44.8%;同时样本公司中也存在独立董事本地率(LR)为 0 或 1 的情况,即全部聘请本地独立董事或异地独立董事。根据前文所述,我们将城市按行政区划进一步区分为直辖市、副省级省会、计划单列市、普通省会以及其他地级市和省直辖县级市,前四者为社会经济资源相对丰富的城市,其余为相对匮乏地区,我们对此进行了初步的分析分别计算各类型地区公司平均独立董事本地率,结果见表 2-3,社会经济资源丰富的城市独立董事本地率普遍高于社会经济

资源匮乏的城市，且差异十分明显。通过初步计算分析，社会经济资源丰富城市独立董事本地率全部高于59%，而社会经济资源匮乏城市则难以达到前者的一半，由此初步验证了假设结论，即社会经济资源丰富的城市，独立董事本地率更高。

表 2-2 主要变量描述性统计

变量	观测数	均值	标准差	最小值	P25	中位数	P75	最大值
LR	37863	0.448	0.394	0	0	0.333	0.750	1
District	37863	0.626	0.484	0	0	1	1	1
GDP	37863	8.798	1.163	4.803	8.010	8.882	9.752	10.67
Size	37863	22.10	1.289	19.43	21.16	21.90	22.82	26.45
Lev	37863	0.424	0.208	0.027	0.257	0.417	0.581	0.927
ROA	37863	0.044	0.066	−0.382	0.016	0.042	0.076	0.258
NetProfit	37863	0.071	0.181	−1.575	0.026	0.072	0.139	0.565
Growth	37863	0.183	0.414	−0.654	−0.013	0.119	0.286	3.931
Top1	37863	0.347	0.149	0.0800	0.230	0.326	0.449	0.758
SOE	37863	0.363	0.481	0	0	0	1	1
INST	37863	0.365	0.239	0	0.151	0.363	0.554	0.889
Board	37863	8.610	1.702	5	7	9	9	15
Bratio	37863	37.43	5.342	25	33.33	33.33	42.86	60
Age	37863	10.45	7.349	1	4	9	16	29

数据来源：作者根据 Stata 16.0 计算整理。

表 2-3 各行政区划独立董事本地率

城市类型	社会经济资源丰富城市				社会经济资源匮乏城市	
注册地城市类型	直辖市	副省级省会	计划单列市	普通省会	其他地级市	省直辖县级市
独立董事本地率（%）	78.00	72.94	62.29	59.56	22.00	9.51

数据来源：作者根据 Stata 16.0 计算整理。

2.5.2 相关性分析

表 2-4 为对上述数据进行相关性分析的结果。可以看出被解释变量独立董事本地率（LR）与两个解释变量资源丰富程度 $District$ 和 GDP 在 1% 水平上显著相关，由此可以继续进一步进行多元回归分析。同时在分析结果中，解释变量 $District$ 和 GDP 与被解释变量 LR 的相关系数分别为 0.572 和 0.485，均为正数，可以初步推断社会资源丰富程度与独立董事本地率正相关。同时在被解释变量与控制变量方面，被解释变量独立董事本地率（LR）与公司规模（$Size$）、公司成长性（$Growth$）、董事会规模（$Broad$）、公司年龄（Age）显著负相关，与销售净利润率（$NetProfit$）、股权集中度（$Top1$）、公司性质（SOE）、董事会独立性（$Bratio$）显著正相关。

2.5.3 多元回归分析

表 2-5 列示了模型的回归结果，其中，列（1）和列（2）的解释变量为 $District$，列（3）和列（4）的解释变量则为 GDP，被解释变量都是独立董事本地率（LR）。列（1）和列（3）中仅控制了行业和年度固定效应，没有加入公司层面的控制变量，回归结果中 $District$ 的回归系数为 0.456，GDP 的回归系数为 0.188，且都在 1% 水平上显著，说明公司所在地社会经济资源丰富程度对独立董事本地率有显著为正的影响。列（2）和列（4）分别在列（1）和列（3）的基础上加入了公司层面的控制变量，回归结果显示，$District$ 的回归系数为 0.453，GDP 的回归系数为 0.188，依旧都在 1% 水平上显著为正。

根据回归结果，本部分选取的两个解释变量均与被解释变量呈现显著正相关。由此假设得以验证，即上市公司所在地社会经济资源丰富程度与独立董事本地率正相关。

表 2-4

主要变量相关性分析结果

	LR	District	GDP	Size	Lev	ROA	NetProfit	Growth	Top1	SOE	INST	Board	Bratio	Age
LR	1	—	—	—	—	—	—	—	—	—	—	—	—	—
District	0.572***	1	—	—	—	—	—	—	—	—	—	—	—	—
GDP	0.485***	0.635***	1	—	—	—	—	—	—	—	—	—	—	—
Size	-0.026***	0.067***	0.097***	1	—	—	—	—	—	—	—	—	—	—
Lev	-0.008	0.062***	-0.050***	0.485***	1	—	—	—	—	—	—	—	—	—
ROA	0	-0.018***	0.009	-0.032***	-0.389***	1	—	—	—	—	—	—	—	—
NetProfit	0.029***	0.012***	0.023***	0.011**	-0.322***	0.804***	1	—	—	—	—	—	—	—
Growth	-0.018***	0.004	-0.009*	0.042***	0.028***	0.242***	0.186***	1	—	—	—	—	—	—
Top1	0.060***	0.048***	0.006	0.186***	0.047***	0.137***	0.121***	0.019***	1	—	—	—	—	—
SOE	0.080***	0.088***	-0.089***	0.329***	0.299***	-0.107***	-0.039***	-0.053***	0.233***	1	—	—	—	—
INST	0	0.064***	0.043***	0.460***	0.215***	0.053***	0.052***	0.013**	0.297***	0.343***	1	—	—	—
Board	-0.049***	-0.006	-0.106***	0.255***	0.166***	0.002	0.017***	-0.010*	0.030***	0.283***	0.187***	1	—	—
Bratio	0.028***	0.034***	0.071***	0.014**	-0.019***	-0.019***	-0.012***	0.002	0.037***	-0.070***	-0.034***	-0.484***	1	—
Age	-0.018***	0.053***	-0.016***	0.398***	0.362***	-0.230***	-0.150***	-0.062***	-0.064***	0.416***	0.354***	0.117***	-0.017***	1

注：***、**、* 分别代表在 1%、5% 和 10% 水平上显著。

数据来源：作者根据 Stata 16.0 计算整理。

表 2-5　　　城市社会经济资源丰富程度与独立董事本地率的多元回归分析结果

	（1）	（2）	（3）	（4）
	LR	LR	LR	LR
District	0.456***	0.453***	—	—
	（135.115）	（134.744）	—	—
GDP	—	—	0.188***	0.188***
	—	—	（127.324）	（126.109）
Size	—	-0.012***	—	-0.023***
	—	（-6.571）	—	（-12.560）
Lev	—	-0.047***	—	0.016
	—	（-4.204）	—	（1.438）
ROA	—	-0.153***	—	-0.133***
	—	（-3.292）	—	（-2.855）
NetProfit	—	0.075***	—	0.072***
	—	（4.552）	—	（4.489）
Growth	—	-0.016***	—	-0.012***
	—	（-3.577）	—	（-2.638）
Top1	—	0.098***	—	0.094***
	—	（7.891）	—	（7.392）
SOE	—	0.072***	—	0.095***
	—	（16.608）	—	（21.173）
INST	—	-0.039***	—	-0.040***
	—	（-4.575）	—	（-4.549）
Board	—	-0.012***	—	-0.010***
	—	（-9.959）	—	（-8.418）
Bratio	—	-0.001***	—	-0.001*
	—	（-3.448）	—	（-1.647）
Age	—	-0.003***	—	-0.000
	—	（-9.962）	—	（-1.434）

续　表

	（1）	（2）	（3）	（4）
	LR	*LR*	*LR*	*LR*
_ *cons*	0.206***	0.592***	-0.892***	-0.368***
	(12.833)	(14.778)	(-44.854)	(-8.826)
Year	Yes	Yes	Yes	Yes
Industry	Yes	Yes	Yes	Yes
N	37863	37863	37863	37863
adj. R^2	0.336	0.349	0.292	0.308
F	667.751	565.303	610.388	509.440

注：***、**、*分别代表在 1%、5% 和 10% 水平上显著。

数据来源：作者根据 Stata 16.0 计算整理。

2.5.4　加入代理冲突控制变量描述性统计

在加入第一类代理冲突（*Cps*）和第二类代理冲突（*Sep*）后，匹配数据部分存在缺失值，为保证回归结果的准确性，本研究在原样本数据中进一步剔除 2237 条缺失数据，样本容量缩减为 35626 条，具体数据详见表 2-6。

表 2-6　　加入代理冲突控制变量的主要变量描述性统计

变量	观测数	均值	标准差	最小值	P25	中位数	P75	最大值
LR	35626	0.449	0.394	0	0	0.333	0.750	1
District	35626	0.623	0.485	0	0	1	1	1
GDP	35626	8.796	1.161	4.803	8.011	8.882	9.742	10.67
Size	35626	22.08	1.284	19.43	21.14	21.89	22.81	26.45
Lev	35626	0.422	0.207	0.027	0.256	0.415	0.578	0.927
ROA	35626	0.044	0.065	-0.382	0.016	0.042	0.077	0.258
NetProfit	35626	0.073	0.178	-1.575	0.026	0.073	0.140	0.565
Growth	35626	0.184	0.411	-0.654	-0.011	0.121	0.287	3.931
*Top*1	35626	0.350	0.147	0.080	0.234	0.329	0.450	0.758

变量	观测数	均值	标准差	最小值	P25	中位数	P75	最大值
SOE	35626	0.361	0.480	0	0	0	1	1
INST	35626	0.363	0.239	0	0.148	0.360	0.552	0.889
Board	35626	8.607	1.691	5	7	9	9	15
Bratio	35626	37.38	5.289	25	33.33	33.33	42.86	60
Age	35626	10.30	7.321	1	4	9	16	29
Cps	35626	0.330	0.108	0	0.292	0.342	0.384	0.664
Sep	35626	5.024	7.545	0	0	0	8.654	31.18

数据来源：作者根据 Stata 16.0 计算整理。

2.5.5　加入代理冲突控制变量相关性分析

加入两类代理冲突的相关性分析结果见表 2-7。在加入第一类代理冲突（Cps）和第二类代理冲突（Sep）后，被解释变量独立董事本地率（LR）与两个解释变量 $District$ 和 GDP 依旧在 1%水平上显著正相关，原假设初步结论不变。同时，被解释变量独立董事本地率（LR）与第一类代理冲突（Cps）在 10%水平上呈现显著相关，与第二类代理冲突（Sep）在 1%水平上显著相关，两者系数均为负，由此可以初步得到代理冲突与独立董事本地率呈现负相关。

2.5.6　加入代理冲突控制变量多元回归分析

表 2-8 为加入两类代理冲突后的数据回归结果。在被解释变量与解释变量方面，没有加入公司层面的控制变量时，回归结果中 $District$ 的回归系数为 0.458，GDP 的回归系数为 0.188，且都在 1%水平上显著，说明公司所在地社会经济资源丰富程度对独立董事本地率有显著为正的影响；加入了公司层面的控制变量后，回归结果显示，$District$ 的回归系数为 0.454，GDP 的回归系数为 0.188，依旧都在 1%水平上显著为正。此次回归结果与不加入两类代理冲突作为控制变量的回归结果结论一致，可再次印证结论，即上市公司所在地社会经济资源丰富程度与独立董事本地率正相关，假设得以验证。

城市社会经济资源
对独立董事治理的影响机理研究

表 2-7　　加入代理冲突控制变量的主要变量相关性分析结果

	LR	District	GDP	Size	Lev	ROA	NetProfit	Growth	Top1	SOE	INST	Board	Bratio	Age	Cps	Sep
LR	1	—	—	—	—	—	—	—	—	—	—	—	—	—	—	—
District	0.576***	1	—	—	—	—	—	—	—	—	—	—	—	—	—	—
GDP	0.486***	0.636***	1	—	—	—	—	—	—	—	—	—	—	—	—	—
Size	-0.026***	0.067***	0.100***	1	—	—	—	—	—	—	—	—	—	—	—	—
Lev	-0.007	0.065***	-0.045***	0.489***	1	—	—	—	—	—	—	—	—	—	—	—
ROA	-0.004	-0.022***	0.008	-0.038***	-0.394***	1	—	—	—	—	—	—	—	—	—	—
NetProfit	0.027**	0.009*	0.023***	0.007	-0.324***	0.800***	1	—	—	—	—	—	—	—	—	—
Growth	-0.018*	0.004	-0.008	0.041***	0.030*	0.243***	0.187***	1	—	—	—	—	—	—	—	—
Top1	0.060***	0.057***	0.013*	0.188***	0.045***	0.134***	0.120***	0.018***	1	—	—	—	—	—	—	—
SOE	0.076***	0.092***	-0.086***	0.340***	0.304***	-0.114***	-0.044***	-0.056***	0.222***	1	—	—	—	—	—	—
INST	0.002	0.066***	0.045***	0.459***	0.216***	0.049***	0.048***	0.012***	0.292***	0.348***	1	—	—	—	—	—
Board	-0.053***	-0.008	-0.110***	0.254***	0.168***	-0.002	0.010	-0.012***	0.031***	0.296***	0.186***	1	—	—	—	—
Bratio	0.032***	0.034***	0.075***	0.011*	-0.024***	-0.013***	-0.005	0.004	0.040***	-0.077***	-0.035***	-0.483***	1	—	—	—
Age	-0.017***	0.053***	-0.014***	0.403***	0.365***	-0.233***	-0.153***	-0.065***	-0.064***	0.426***	0.356***	0.123***	-0.025***	1	—	—
Cps	-0.010*	-0.032***	-0.025***	-0.095***	-0.045***	0.043***	0.041***	-0.009*	-0.035***	-0.066***	-0.020***	-0.053***	-0.004	-0.016***	1	—
Sep	-0.081***	-0.065***	-0.091***	0.058***	0.060***	0.020***	-0.005	0.001	0.142***	-0.092***	0.201***	0.052***	-0.077***	0.089***	0.036***	1

注:***、**、* 分别代表在 1%、5% 和 10% 水平上显著。
数据来源:作者根据 Stata 16.0 计算整理。

表 2-8　加入代理冲突控制变量的城市社会经济资源丰富程度与独立董事

本地率回归结果

	（1）	（2）	（3）	（4）
	LR	LR	LR	LR
District	0.458***	0.454***	—	—
	（131.723）	（130.640）	—	—
GDP	—	—	0.188***	0.188***
	—	—	（123.375）	（121.769）
Size	—	-0.013***	—	-0.024***
	—	（-6.655）	—	（-12.609）
Lev	—	-0.046***	—	0.015
	—	（-4.009）	—	（1.259）
ROA	—	-0.163***	—	-0.144***
	—	（-3.394）	—	（-2.999）
NetProfit	—	0.075***	—	0.069***
	—	（4.427）	—	（4.111）
Growth	—	-0.015***	—	-0.011**
	—	（-3.306）	—	（-2.386）
Top1	—	0.098***	—	0.100***
	—	（7.586）	—	（7.536）
SOE	—	0.063***	—	0.090***
	—	（13.607）	—	（18.586）
INST	—	-0.024***	—	-0.029***
	—	（-2.751）	—	（-3.212）
Board	—	-0.012***	—	-0.011***
	—	（-9.549）	—	（-8.551）
Bratio	—	-0.001***	—	-0.001*
	—	（-2.861）	—	（-1.661）

续　表

	（1）	（2）	（3）	（4）
	LR	LR	LR	LR
Age	—	−0.003***	—	−0.000
	—	（−8.985）	—	（−0.960）
Cps	—	0.019	—	0.005
	—	（1.191）	—	（0.288）
Sep	—	−0.001***	—	−0.001***
	—	（−5.531）	—	（−4.273）
_cons	0.205***	0.600***	−0.896***	−0.336***
	（12.162）	（14.068）	（−42.520）	（−7.552）
Year	Yes	Yes	Yes	Yes
Industry	Yes	Yes	Yes	Yes
N	35626	35626	35626	35626
adj. R^2	0.340	0.353	0.292	0.308
F	640.708	522.259	573.934	461.326

注：***、**、*分别代表在1%、5%和10%水平上显著。
数据来源：作者根据 Stata 16.0 计算整理。

对于新加入的控制变量，回归结果在表2-8中列示。结果显示，第一类代理冲突（Cps）对于被解释变量独立董事本地率（LR）影响不显著，第二类代理冲突（Sep）被解释变量独立董事本地率（LR）在1%水平上呈现显著负相关。由此可以进一步得出结论，代理冲突中具体是第二类代理冲突与独立董事本地率呈负相关关系。

在加入新的控制变量后，两个解释变量 District 和 GDP 仍与被解释变量 LR 在1%水平上呈现显著正相关，并不影响原结论的成立，由此再次验证假设。

2.5.7　稳健性检验

与其他专业背景的独立董事相比，会计专业背景的独立董事对于上市公司财务信息披露有更专业的理解和判断，且会计专业独立董事通常会在公司审计委员会中任职，在多个方面往往更能发挥治理作用。作为上市公司聘请的独立董事中具有代表性的群体，本研究将进一步精准选择样本，选取公司聘请的会计专业独立董事本地或异地情况作为新的被解释变量替换原实证分析中的独立董事本地率来进行回归分析，以验证原结论稳健性。

我们选择上市公司是否选聘本地独立董事作为独立董事选聘结果的衡量指标，即会计专业独立董事的日常工作地与上市公司的注册地是否一致，用 *Local* 表示。*Local* 为离散变量，若会计专业独立董事的日常工作地与上市公司的注册地一致则变量取 1，不一致则取 0。解释变量、控制变量与原回归一致。我们在原数据的基础上进一步筛选会计专业独立董事，得到了 27440 条样本数据。

表 2-9 为参照原回归模型进行的多元回归分析结果。从被解释变量和解释变量方面来看，没有加入公司层面的控制变量时，回归结果中 *District* 的回归系数为 1.295，*GDP* 的回归系数为 0.577，且都在 1% 水平上显著，说明上市公司所在地社会经济资源丰富程度越高，越可能选择本地会计专业独立董事；加入了公司层面的控制变量后，*District* 的回归系数为 1.302，*GDP* 的回归系数为 0.580，依旧都在 1% 水平上显著为正，结论依旧成立，且验证了原回归结论的稳健性。同时，在控制变量方面，第一类代理冲突（*Cps*）回归系数为负但对被解释变量影响不显著；第二类代理冲突（*Sep*）与被解释变量会计专业独立董事是否本地（*Local*）呈现 1% 水平显著负相关，也再次验证了原回归结论。

表 2-9　　　　　　　　　　　稳健性检验

	(1)	(2)	(3)	(4)
	Local	*Local*	*Local*	*Local*
District	1.295***	1.302***	—	—
	(71.507)	(71.267)	—	—
GDP	—	—	0.577***	0.580***
	—	—	(66.140)	(65.348)

续　表

	（1）Local	（2）Local	（3）Local	（4）Local
Size	—	−0.054***	—	−0.087***
	—	(−5.792)	—	(−9.183)
Lev	—	−0.183***	—	0.003
	—	(−3.299)	—	(0.062)
ROA	—	−0.425*	—	−0.383*
	—	(−1.845)	—	(−1.671)
NetProfit	—	0.288***	—	0.270***
	—	(3.521)	—	(3.241)
Growth	—	−0.058***	—	−0.042**
	—	(−2.788)	—	(−2.005)
Top1	—	0.284***	—	0.257***
	—	(4.496)	—	(4.069)
SOE	—	0.165***	—	0.255***
	—	(7.291)	—	(11.092)
INST	—	−0.124***	—	−0.133***
	—	(−2.847)	—	(−3.089)
Board	—	−0.012*	—	−0.010
	—	(−1.902)	—	(−1.598)
Bratio	—	−0.000	—	0.001
	—	(−0.127)	—	(0.427)
Age	—	−0.010***	—	−0.003**
	—	(−6.713)	—	(−2.126)
Cps	—	−0.032	—	−0.079
	—	(−0.415)	—	(−1.037)
Sep	—	−0.004***	—	−0.003***
	—	(−3.548)	—	(−2.865)

续　表

	（1）	（2）	（3）	（4）
	Local	*Local*	*Local*	*Local*
_cons	-0.758***	0.549**	-4.234***	-2.488***
	(-8.843)	(2.570)	(-40.987)	(-11.356)
Year	Yes	Yes	Yes	Yes
Industry	Yes	Yes	Yes	Yes
N	27440	27440	27440	27440
PseudoR^2	0.168	0.177	0.151	0.160

注：***、**、*分别代表在 1%、5%和 10%水平上显著。

数据来源：作者根据 Stata 16.0 计算整理。

2.6　进一步研究

根据前文实证分析，得到上市公司所在地社会资源丰富程度与独立董事本地率正相关的结论。本地独立董事与异地独立董事在信息、精力等方面履职能力不尽相同（Malloy，2005；Bae 等，2005；黄芳等，2016），总的来说，本地独立董事会因地理上的优势而获得更多信息，同时在精力有限的情况下投入更多的精力在任职公司上。由此，本地独立董事往往可以更好地发挥监督职能，从而产生更为积极的效果。独立董事制度作为公司治理不可或缺的一部分，社会宏观环境在影响公司选聘独立董事的情况下，也将进一步影响独立董事选聘后的治理后果。本研究认为可能的影响路径之一是城市社会经济资源将影响上市公司对于独立董事的选聘行为，社会经济资源丰富城市的上市公司会更多地选聘本地独立董事，而社会经济资源匮乏城市的上市公司不得不选聘更多的异地独立董事，独立董事的地理位置的差异会产生不同的公司治理后果。为进一步探究城市社会经济资源对于独立董事治理后果的影响，本章将从盈余管理、股价崩盘风险、分析师预测、投资效率和风险承担五方面来探究城市社会经济资源产生的治理后果。

2.6.1 盈余管理

公司盈余信息能直观反映企业盈利能力、偿债能力等财务信息，是债权人作出信贷决策、投资者作出投资决策的重要依据。现有结果已经证实，高质量的盈余信息能够降低信息供需双方的信息不对称程度，进而提升上市公司的资本配置效率（夏立军和鹿小楠，2005）。为验证对于公司盈余质量的影响，我们将选用我国 A 股上市公司 2017—2021 年的数据作为样本，将公司应计盈余管理（AbsDA）作为被解释变量，其定义方式为修正的 Jones 盈余管理模型的残差的绝对值，故应计盈余管理越大，说明盈余管理越大。同时继续将 District 和 GDP 作为解释变量来研究其影响。

在控制变量方面，参照黄海杰等（2016）、孙国光等（2015）、周美华等（2018）的研究，我们将选取公司规模（Size）、资产负债率（Lev）、现金流比率（Cashflow）、营业收入增长率（Growth）、是否国有企业（SOE）、是否四大（Big4）、账面市值比（BM）、上市年限（ListAge）、第一大股东持股比例（Top1）、总资产增长率（AssetGrowth）、两职合一（Dual）、是否亏损（Loss）、董事人数（Board）进行回归分析。其中，现金流比率（Cashflow）为公司经营活动产生的现金流量净额与公司总资产的比值；是否四大（Big4）定义为若公司经由四大（普华永道、德勤、毕马威、安永）审计，取值为 1，否则取 0；账面市值比（BM）为账面价值与总市值的比值；两职合一（Dual）定义为若董事长和总经理是一个人则取 1，否则为 0；是否亏损（Loss）即公司当年的利润小于 0 则取 1，否则取 0；董事人数（Board）为董事会人数的自然对数。由此建立如下回归模型，替换被解释变量和控制变量。

$$AbsDA_{i,t} = \beta_0 + \beta_1 Resources_{i,t} + \beta_2 Controls_{i,t} + \varepsilon_{i,t} \quad (2.2)$$

表 2-10 为多元回归分析的结果。其中离散型解释变量 District 回归系数为

负，可以看出解释变量 *District* 对于被解释变量公司应计盈余管理（*AbsDA*）在 1%的水平上显著负相关，对另一个连续性解释变量 *GDP* 结果不显著。这一定程度上可以说明社会经济资源丰富城市的上市公司相对于社会经济资源匮乏城市的上市公司有更高的盈余质量。

表 2-10　　　城市社会经济资源丰富程度与盈余管理的多元回归分析结果

	（1）	（2）	（3）	（4）
	AbsDA	*AbsDA*	*AbsDA*	*AbsDA*
District	−0.002**	−0.002***	—	—
	（−2.513）	（−2.808）	—	—
GDP	—	—	−0.000	−0.000
	—	—	（−1.522）	（−0.270）
Size	—	−0.001***	—	−0.001***
	—	（−2.753）	—	（−2.753）
Lev	—	0.027***	—	0.027***
	—	（12.832）	—	（12.792）
Cashflow	—	−0.104***	—	−0.103***
	—	（−13.655）	—	（−13.597）
Growth	—	0.007***	—	0.007***
	—	（5.901）	—	（5.905）
AssetGrowth	—	0.024***	—	0.024***
	—	（15.499）	—	（15.499）
Loss	—	0.034***	—	0.034***
	—	（25.285）	—	（25.277）
Board	—	−0.009***	—	−0.009***
	—	（−5.661）	—	（−5.592）
Dual	—	−0.000	—	−0.000
	—	（−0.305）	—	（−0.345）

续　表

	（1）	（2）	（3）	（4）
	AbsDA	AbsDA	AbsDA	AbsDA
Top1	—	0.000	—	−0.000
	—	（0.061）	—	（−0.037）
BM	—	−0.006***	—	−0.006***
	—	（−17.450）	—	（−17.380）
SOE	—	−0.005***	—	−0.005***
	—	（−7.004）	—	（−7.152）
ListAge	—	0.001***	—	0.001***
	—	（2.655）	—	（2.632）
Big4	—	−0.002	—	−0.002
	—	（−1.303）	—	（−1.458）
_cons	0.082***	0.104***	0.085***	0.104***
	（23.153）	（12.837）	（20.896）	（12.685）
Year	Yes	Yes	Yes	Yes
Industry	Yes	Yes	Yes	Yes
N	34025	34025	34025	34025
adj. R^2	0.041	0.147	0.041	0.147
F	31.314	67.807	31.064	67.673

注：***、**、*分别代表在1%、5%和10%水平上显著。

数据来源：作者根据Stata 16.0计算整理。

2.6.2　股价崩盘风险

金融市场的稳定运行是一个国家经济稳定增长的必然要求，而股价崩盘，即股价在短时间内剧烈下跌现象，是系统性金融风险的严重隐患，股价暴跌不仅会使大量投资者蒙受重大损失，更有甚者会导致市场资源配置失效，阻碍实体经济的正常运转。为验证对于股价崩盘的影响，被解释变量我们将选取股价负收益偏态系数（NCSKEW）和收益上下波动比率（DUVOL）来度量公司股价崩盘风险。两个被解释变量均属于负向指标，*NCSKEW* 的值越大，意味着负收益偏态系数越大，股价崩盘风险越高；*DUVOL* 的值越大，代表收益率的分布越左偏，股价崩盘风险越大，具体说明参考第 4 章。解释变量与原回归一致，选取离散变量 *District* 和连续变量 *GDP*。在控制变量方面，控制了财务层面、治理层面及市场与个股层面可能会影响股价崩盘的三类变量，具体包括：公司规模（*Size*）、资产负债率（*Lev*）、资产收益率（*ROA*）、营业收入增长率（*Growth*）、上市年限（*ListAge*）、股权集中度（*Top*10）、股票收益波动率（*Sigma*）、市场周平均收益率（*Ret*）、账面市值比（*BM*）、月超额换手率（*Dturn*）、应计盈余管理（*AbsDA*）、总资产周转率（*ATO*）、管理层女性比例（*Female*）、机构投资者持股（*INST*）、应收账款占比（*REC*）、董事会规模（*Board*）、固定资产占比（*FIXED*）。其中股权集中度（*Top*10），等于当年年末公司前十大股东的持股数量占公司总股数的比例；股票收益波动率（*Sigma*），等于公司 i 在第 t 年周收益率的标准差；市场周平均收益率（*Ret*），等于股票 i 在第 t 年的平均周收益率；月超额换手率（*Dturn*），第 t 年股票 i 的月均换手率与 $t-1$ 年股票 i 的月均换手率的差值；总资产周转率（*ATO*），等于每年营业收入与平均资产总额的比值；管理层女性比例（*Female*），等于管理层女性人数除以管理层总人数；应收账款占比（*REC*），等于年末应收账款净额与总资产的比值；固定资产占比（*FIXED*），等于年末固定资产净额与总资产的比值。由此建立如下回归模型，其中 *Crashrisk* 分别采用滞后一期（$t+1$）的 *NCSKEW* 和 *DUVOL* 来衡量。

$$Crashrisk_{i,\ t+1} = \beta_0 + \beta_1 Resources_{i,\ t} + \beta_2 Controls_{i,\ t} + \varepsilon_{i,\ t} \qquad (2.3)$$

表 2-11 为城市社会经济资源丰富程度与被解释变量 *NCSKEW* 的回归结果。可以较为直观地看出离散变量 *District* 与连续变量 *GDP* 在加入控制变量后与被解释变量 *NCSKEW* 分别在 5% 和 1% 水平上呈现负相关。根据定义，*NCSKEW* 的值越大，意味着负收益偏态系数越大，股价崩盘风险越高，由此可以得出社会经济资源匮乏城市的上市公司相较于社会经济资源丰富城市的上市公司可能会有更高的股价崩盘风险。

表 2-11　城市社会经济资源丰富程度与股价负收益偏态系数的多元回归分析结果

	（1）	（2）	（3）	（4）
	NCSKEW	NCSKEW	NCSKEW	NCSKEW
District	-0.016*	-0.021**	—	—
	(-1.776)	(-2.308)	—	—
GDP	—	—	-0.001	-0.011***
	—	—	(-0.253)	(-2.694)
Size	—	-0.004	—	-0.003
	—	(-0.799)	—	(-0.624)
Lev	—	0.018	—	0.014
	—	(0.593)	—	(0.445)
ROA	—	0.279***	—	0.275***
	—	(3.150)	—	(3.110)
Growth	—	-0.005	—	-0.006
	—	(-0.468)	—	(-0.509)
ListAge	—	-0.071***	—	-0.073***
	—	(-8.660)	—	(-8.853)
Top10	—	-0.007	—	-0.006
	—	(-0.196)	—	(-0.173)
Sigma	—	-1.910***	—	-1.923***
	—	(-6.372)	—	(-6.415)
Ret	—	11.044***	—	11.063***
	—	(15.636)	—	(15.664)
BM	—	-0.030***	—	-0.030***
	—	(-4.883)	—	(-4.939)
Dturn	—	-0.006	—	-0.005
	—	(-0.546)	—	(-0.504)

续 表

	(1)	(2)	(3)	(4)
	NCSKEW	NCSKEW	NCSKEW	NCSKEW
AbsDA	—	0.218***	—	0.218***
	—	(2.792)	—	(2.801)
ATO	—	-0.032***	—	-0.031***
	—	(-2.993)	—	(-2.916)
Female	—	0.110***	—	0.112***
	—	(2.609)	—	(2.648)
INST	—	0.087***	—	0.087***
	—	(3.730)	—	(3.729)
REC	—	0.158***	—	0.164***
	—	(3.027)	—	(3.127)
Board	—	-0.037*	—	-0.038*
	—	(-1.658)	—	(-1.698)
FIXED	—	-0.009	—	-0.012
	—	(-0.288)	—	(-0.367)
_cons	-0.029	0.153	-0.030	0.211*
	(-0.817)	(1.233)	(-0.646)	(1.672)
Year	Yes	Yes	Yes	Yes
Industry	Yes	Yes	Yes	Yes
N	28689	28689	28689	28689
adj. R^2	0.039	0.061	0.039	0.061
F	41.915	41.964	41.825	41.993

注:***、**、*分别代表在 1%、5%和 10%水平上显著。

数据来源:作者根据 Stata 16.0 计算整理。

表 2-12 为城市社会经济资源丰富程度与被解释变量收益上下波动比率（DUVOL）的回归结果。根据图表可以得出相似的结论。相似地，DUVOL 的值

城市社会经济资源
对独立董事治理的影响机理研究

越大，代表收益率的分布越左偏，股价崩盘风险越大，离散变量 *District* 与连续变量 *GDP* 在加入控制变量后与被解释变量 *DUVOL* 分别在 10% 和 1% 水平上显著相关，且系数均为负。由此进一步验证了相较于社会经济资源匮乏城市的上市公司，社会经济资源丰富城市的上市公司股价崩盘风险会更低。

表 2-12　城市社会经济资源丰富程度与收益上下波动比率的多元回归分析结果

	(1)	(2)	(3)	(4)
	DUVOL	*DUVOL*	*DUVOL*	*DUVOL*
Source	-0.009	-0.012*	—	—
	(-1.510)	(-1.914)	—	—
GDP	—	—	-0.001	-0.008***
	—	—	(-0.556)	(-2.988)
Size	—	-0.019***	—	-0.018***
	—	(-5.398)	—	(-5.171)
Lev	—	-0.003	—	-0.006
	—	(-0.136)	—	(-0.297)
ROA	—	0.167***	—	0.164***
	—	(2.920)	—	(2.868)
Growth	—	-0.008	—	-0.008
	—	(-1.124)	—	(-1.178)
ListAge	—	-0.054***	—	-0.055***
	—	(-9.971)	—	(-10.156)
*Top*10	—	-0.001	—	0.000
	—	(-0.044)	—	(0.008)
Sigma	—	-1.524***	—	-1.531***
	—	(-7.758)	—	(-7.797)

续 表

	(1)	(2)	(3)	(4)
	DUVOL	DUVOL	DUVOL	DUVOL
Ret	—	7.007***	—	7.019***
	—	(14.821)	—	(14.853)
BM	—	−0.008**	—	−0.008**
	—	(−2.091)	—	(−2.160)
Dturn	—	0.004	—	0.004
	—	(0.508)	—	(0.544)
AbsDA	—	0.093*	—	0.093*
	—	(1.811)	—	(1.801)
ATO	—	−0.024***	—	−0.023***
	—	(−3.356)	—	(−3.274)
Female	—	0.078***	—	0.081***
	—	(2.856)	—	(2.962)
INST	—	0.069***	—	0.069***
	—	(4.454)	—	(4.473)
REC	—	0.144***	—	0.149***
	—	(4.186)	—	(4.326)
Board	—	−0.024*	—	−0.025*
	—	(−1.661)	—	(−1.718)
FIXED	—	−0.004	—	−0.008
	—	(−0.202)	—	(−0.355)
_cons	−0.011	0.506***	−0.004	0.548***
	(−0.427)	(6.146)	(−0.138)	(6.553)
Year	Yes	Yes	Yes	Yes
Industry	Yes	Yes	Yes	Yes
N	28689	28689	28689	28689
adj. R^2	0.047	0.070	0.046	0.070
F	47.600	46.990	47.539	47.093

注:***、**、*分别代表在1%、5%和10%水平上显著。

数据来源:作者根据 Stata 16.0 计算整理。

2.6.3 分析师预测

伴随着我国的资本市场的快速发展，投资者对信息质量的要求不断提高，分析师们依靠公开和私有信息来预测公司状况并传递信息，作为上市公司与投资者之间的一个重要的信息媒介，分析师的预测是投资者在资本市场中进行投资的重要依据，准确的盈余预测可以缓解上市公司与市场之间信息不对称的问题，进而有利于我国资本市场的整体运行，对维护资本市场的稳定发挥着积极作用。对于分析师预测的研究，被解释变量我们选取分析师预测误差（FORRER），该指标为分析师对公司盈利预测值的平均误差程度，等于分析师预测的平均每股盈余与公司实际每股盈余差值的绝对值同公司实际每股盈余绝对值的比值，具体说明参考第5章。在解释变量方面，依旧与前文一致，选取离散变量 District 和连续变量 GDP。在控制变量方面，主要控制公司特征和公司治理方面的变量，主要包括机构分析师数量（Number）、公司规模（Size）、资产负债率（Lev）、总资产净利润率（ROA）、净资产收益率（ROE）、总资产周转率（ATO）、流动比率（Liquid）、应收账款占比（REC）、固定资产占比（FIXED）、营业收入增长率（Growth）、是否亏损（Loss）、董事人数（Board）、两职合一（Dual）、第一大股东持股比例（Top1）、是否国有企业（SOE）、公司成立年限（FirmAge）、是否四大（Big4）、审计费用（AuditFee）。其中机构分析师数量（Number），是当年预测该公司盈利能力的分析师数量；流动比率（Liquid），等于当年公司流动资产/流动负债；审计费用（AuditFee），等于审计费用取自然对数。按照以下模型，我们进行多元回归分析。

$$FORRER_{i,t} = \beta_0 + \beta_1 Resources_{i,t} + \beta_2 Controls_{i,t} + \varepsilon_{i,t} \qquad (2.4)$$

表2-13为城市社会经济资源丰富程度与分析师预测的多元回归结果。鉴于被解释变量 FORRER 为负向指标，即其数值越大，分析师的预测精度就会越低，回归结果中解释变量 District 和 GDP 的回归系数均为负，未加入控制变量前，两个解释变量均与被解释变量 FORRER 呈现 1% 水平显著的负相关关系；加入控制变量后，解释变量 District 与被解释变量 FORRER 在 10% 水平上呈现显著负相关。

这一定程度上说明了相较于社会经济资源匮乏城市的上市公司，分析师对社会经济资源丰富城市上市公司的预测精度会更高，进而社会经济资源丰富城市的上市公司与市场之间的信息不对称问题可以得到更好的缓解。

表 2-13　城市社会经济资源丰富程度与分析师预测误差的多元回归分析结果

	（1）	（2）	（3）	（4）
	FORRER	*FORRER*	*FORRER*	*FORRER*
District	−0.203***	−0.050*	—	—
	（−3.329）	（−1.736）	—	—
GDP	—	—	−0.165***	−0.009
	—	—	（−6.220）	（−0.705）
Number	—	−0.002***	—	−0.002***
	—	（−10.477）	—	（−10.483）
Size	—	−0.083***	—	−0.082***
	—	（−3.608）	—	（−3.566）
Lev	—	−0.128	—	−0.136
	—	（−0.918）	—	（−0.975）
ROA	—	−2.321***	—	−2.324***
	—	（−5.180）	—	（−5.184）
ROE	—	2.250***	—	2.249***
	—	（9.172）	—	（9.169）
ATO	—	−0.113***	—	−0.112***
	—	（−3.306）	—	（−3.274）
Liquid	—	0.005	—	0.004
	—	（0.737）	—	（0.672）
REC	—	0.620***	—	0.617***
	—	（3.877）	—	（3.846）

续　表

	（1）	（2）	（3）	（4）
	FORRER	*FORRER*	*FORRER*	*FORRER*
FIXED	—	-0.338***	—	-0.328***
	—	(-3.127)	—	(-3.027)
Growth	—	-0.246***	—	-0.247***
	—	(-7.339)	—	(-7.346)
Loss	—	1.793***	—	1.792***
	—	(16.386)	—	(16.382)
Board	—	-0.037	—	-0.035
	—	(-0.553)	—	(-0.519)
Dual	—	-0.044	—	-0.044
	—	(-1.522)	—	(-1.513)
Top1	—	0.191**	—	0.189**
	—	(2.186)	—	(2.156)
SOE	—	-0.025	—	-0.029
	—	(-0.750)	—	(-0.875)
FirmAge	—	-0.052	—	-0.052
	—	(-1.403)	—	(-1.394)
Big4	—	-0.097**	—	-0.099**
	—	(-2.137)	—	(-2.179)
AuditFee	—	0.160***	—	0.159***
	—	(5.699)	—	(5.627)
_cons	1.809***	0.266	2.894***	0.303
	(6.449)	(0.701)	(8.517)	(0.783)
Year	Yes	Yes	Yes	Yes
Industry	Yes	Yes	Yes	Yes

续　表

	（1）	（2）	（3）	（4）
	FORRER	*FORRER*	*FORRER*	*FORRER*
N	28789	28789	28789	28789
adj. R^2	0.014	0.787	0.015	0.787
F	27.460	264.955	27.348	265.193

注：***、**、*分别代表在1%、5%和10%水平上显著。

数据来源：作者根据 Stata 16.0 计算整理。

2.6.4　投资效率

投资活动是上市公司的一项关键性活动，对公司的生存和发展有着重要的影响，合理的投资决策可以降低公司成本，提高公司收益，维持公司的可持续发展。本部分我们研究独立董事治理后果中企业投资效率的影响。为保证数据一致性，我们在 CSMAR 数据库中选取 A 股上市公司 2017—2021 年的数据作为样本，经过剔除异常值、缺失值等一系列数据处理，选取企业当年的投资效率（*InvResid*）作为被解释变量，指标具体等于现金流量表中的构建固定资产、无形资产和其他长期资产所支付的现金减处置固定资产、无形资产和其他长期资产收回的现金净额加购买子公司及其他营业单位所支付的现金减处置子公司及其他营业单位所收到的现金减当期折旧费用后的资金，除以总资产。本研究对计算得出的回归残差值取绝对值，以衡量企业总体的投资效率水平，残差的绝对值越大，意味着非效率投资的程度越高，即投资效率越低，具体说明参考第6章。同时选取公司规模（*Size*）、资产负债率（*Lev*）、上市年限（*ListAge*）、产权性质（*SOE*）、成长性（*Growth*）、股权集中度（*Top*10）、管理层持股比例（*Mshare*）、营运能力（*ATO*）、是否亏损（*Loss*）、两职合一（*Dual*）、董事会规模（*Board*）、现金流比率（*Cashflow*）作为控制变量，其中管理层持股比例（*Mshare*）为年末管理层持股占公司总股份的比重，按照如下模型进行回归分析。

$$InvResid_{i,t} = \beta_0 + \beta_1 Resources_{i,t} + \beta_2 Controls_{i,t} + \varepsilon_{i,t} \qquad (2.5)$$

表 2-14 为该多元回归分析的回归结果。不加入控制变量的情况下，离散变量 *District* 和连续变量 *GDP* 均在 5% 水平上与被解释变量 *InvResid* 呈现负相关关系，可以初步说明社会经济资源丰富的城市投资效率会更高。加入控制变量后，连续变量 *GDP* 与被解释变量 *InvResid* 在 1% 水平上呈现显著负相关关系，进一步验证了社会经济资源丰富城市的上市公司相较于社会经济资源匮乏城市的上市公司而言，非效率投资程度更低，有效投资效率更高。

表 2-14　城市社会经济资源丰富程度与投资效率的多元回归分析结果

	(1)	(2)	(3)	(4)
	InvResid	*InvResid*	*InvResid*	*InvResid*
District	−0.001**	−0.001	—	—
	(−2.158)	(−1.186)	—	—
GDP	—	—	−0.001**	−0.001***
	—	—	(−2.385)	(−3.232)
Size	—	−0.001***	—	−0.001***
	—	(−3.501)	—	(−3.292)
Lev	—	0.003*	—	0.003
	—	(1.704)	—	(1.541)
ATO	—	−0.010***	—	−0.010***
	—	(−13.151)	—	(−13.067)
Cashflow	—	0.003	—	0.002
	—	(0.628)	—	(0.576)
Growth	—	0.032***	—	0.032***
	—	(15.116)	—	(15.096)
Loss	—	0.003***	—	0.003***
	—	(2.676)	—	(2.673)

续　表

	（1）	（2）	（3）	（4）
	InvResid	*InvResid*	*InvResid*	*InvResid*
Board	—	−0.005***	—	−0.005***
	—	(−2.802)	—	(−2.862)
Dual	—	0.002***	—	0.002***
	—	(2.595)	—	(2.718)
*Top*10	—	0.020***	—	0.020***
	—	(8.501)	—	(8.567)
SOE	—	−0.007***	—	−0.007***
	—	(−10.373)	—	(−10.368)
ListAge	—	−0.004***	—	−0.004***
	—	(−6.103)	—	(−6.193)
Mshare	—	−0.006***	—	−0.006**
	—	(−2.717)	—	(−2.566)
_*cons*	0.053***	0.085***	0.057***	0.090***
	(18.847)	(12.745)	(16.607)	(13.255)
Year	Yes	Yes	Yes	Yes
Industry	Yes	Yes	Yes	Yes
N	30151	30151	30151	30151
adj. R^2	0.033	0.121	0.033	0.121
F	29.473	43.294	29.209	43.328

注：***、**、*分别代表在 1%、5% 和 10% 水平上显著。

数据来源：作者根据 Stata 16.0 计算整理。

2.6.5　风险承担

公司风险为公司选择那些预期收益和预期现金流充满不确定性的项目时所需承担的风险，企业风险承担行为是一项高风险行为，对公司的生存和发展有着重要影响。针对风险承担的后果研究，被解释变量 *Risk* 代表企业的风险承担水平，借鉴余明桂等（2013）以及何瑛等（2019）的研究，本章采用盈余波动性即企业在观测时段内的 ROA 波动程度来衡量企业的风险承担水平，ROA 波动性越大代表企业风险承担水平越高，具体说明参考第 7 章。控制变量分为两方面，第一，公司特征方面包括公司规模（$Size$）、资产负债率（Lev）、总资产净利润率（ROA）、现金流比率（$Cashflow$）、固定资产占比（$FIXED$）、产权性质（SOE）、营业收入增长率（$Growth$）、公司成立年限（$FirmAge$）；第二，公司治理方面的控制变量包括董事人数（$Board$）、两职合一（$Dual$）、第一大股东持股比例（$Top1$）、管理层持股比例（$Mshare$）、管理层前三名薪酬（$TMTPay1$），其中管理层前三名薪酬（$TMTPay1$），等于上市公司前三名高管薪酬总额的自然对数。在解释变量定义不变的情况下，按照如下模型进行回归分析。

$$Risk_{i, t} = \beta_0 + \beta_1 Resources_{i, t} + \beta_2 Controls_{i, t} + \varepsilon_{i, t} \tag{2.6}$$

表 2-15 为城市社会经济资源丰富程度与企业风险承担水平的多元回归分析结果。可以较为直观地看出，离散变量 $District$ 和连续变量 GDP 与被解释变量 $Risk$ 在不加入或加入控制变量的情况下均在 1% 水平上呈现显著负相关关系。鉴于被解释变量 $Risk$ 为正向指标，数值越大相应表示企业风险承担水平越高，由此两个解释变量的回归系数为负可以得出结论，相较于处于社会经济资源丰富城市的上市公司，处于社会经济资源较匮乏城市的上市公司会具备更高水平的风险承担能力。而根据前文主回归所得到的结果，社会经济资源丰富城市的上市公司更倾向于聘请本地独立董事，社会经济资源较匮乏城市的上市公司不得不倾向于聘请异地独立董事，异地独立董事可能会对公司的风险承担水平产生积极影响。

表 2-15　城市社会经济资源丰富程度与企业风险承担水平的多元回归分析结果

	(1)	(2)	(3)	(4)
	Risk	*Risk*	*Risk*	*Risk*
District	-0.003***	-0.002***	—	—
	(-5.396)	(-4.681)	—	—

续　表

	(1)	(2)	(3)	(4)
	Risk	Risk	Risk	Risk
GDP	—	—	−0.001***	−0.001***
	—	—	(−5.866)	(−4.079)
Size	—	−0.003***	—	−0.002***
	—	(−9.753)	—	(−9.668)
Lev	—	−0.002	—	−0.003*
	—	(−1.465)	—	(−1.653)
ROA	—	−0.237***	—	−0.237***
	—	(−32.375)	—	(−32.343)
Cashflow	—	0.033***	—	0.033***
	—	(8.599)	—	(8.625)
FIXED	—	−0.015***	—	−0.015***
	—	(−9.442)	—	(−9.406)
Growth	—	0.004***	—	0.004***
	—	(5.810)	—	(5.791)
Board	—	−0.005***	—	−0.005***
	—	(−4.786)	—	(−4.775)
Dual	—	0.001	—	0.001*
	—	(1.544)	—	(1.661)
Top1	—	−0.014***	—	−0.014***
	—	(−9.879)	—	(−9.780)
SOE	—	−0.007***	—	−0.008***
	—	(−15.179)	—	(−15.462)
FirmAge	—	0.001	—	0.001
	—	(1.050)	—	(1.090)
Mshare	—	−0.005***	—	−0.004***
	—	(−3.644)	—	(−3.445)

	(1)	(2)	(3)	(4)
	Risk	*Risk*	*Risk*	*Risk*
*TMTPay*1	—	0.002***	—	0.002***
	—	(4.149)	—	(4.263)
_cons	0.050***	0.113***	0.058***	0.117***
	(23.141)	(18.821)	(21.602)	(19.482)
Year	Yes	Yes	Yes	Yes
Industry	Yes	Yes	Yes	Yes
N	32394	32394	32394	32394
adj. R^2	0.062	0.199	0.062	0.199
F	58.829	82.344	58.864	82.245

注：***、**、*分别代表在1%、5%和10%水平上显著。

数据来源：作者根据 Stata 16.0 计算整理。

2.6.6　进一步研究小结

综合来看，城市社会经济资源丰富程度的不同，在一定程度上会影响该城市上市公司产生不同的治理后果。社会经济资源丰富城市的上市公司相较于社会经济资源匮乏城市的上市公司会有更高的盈余质量，更低的股价崩盘风险，分析师对社会经济资源丰富城市上市公司的预测精度会更高，同时社会经济资源丰富城市的上市公司相较于社会经济资源匮乏城市的上市公司的非效率投资程度更低，有效投资效率更高。另外，相较于处于社会经济资源丰富城市的上市公司，处于社会经济资源较匮乏城市的上市公司会具备更高水平的风险承担能力。

根据主回归得出的结论，处于社会经济资源丰富城市的上市公司更倾向于聘请本地独立董事，而处于社会经济资源较匮乏城市的上市公司则不得不聘请异地独立董事。社会宏观环境在影响公司选聘独立董事的情况下，也将进一步影响独立董事选聘后的治理后果，即独立董事的地理位置的差异会产生不同的公司治理后果。

2.7 本章研究结论

　　本章探讨了城市社会经济资源对于独立董事地理位置的影响，并进一步探讨其产生的治理后果。研究结果表明，第一，相较于社会经济资源匮乏城市，社会经济资源丰富城市的上市公司独立董事本地率会更高。社会经济资源匮乏城市的上市公司不得不选聘更多的异地独立董事。在会计专业的独立董事的样本中，该结论依然成立。第二，社会经济资源丰富城市的上市公司相对于社会经济资源匮乏城市的上市公司会有更高的盈余质量，上市公司股价崩盘的风险更低，分析师在进行分析预测时拥有更小的误差，有更高的有效投资效率，同时，社会经济资源匮乏城市的上市公司相较于社会经济资源丰富城市的上市公司将拥有更高的风险承担水平。本研究认为可能的原因之一是城市社会经济资源将影响上市公司对于独立董事的选聘行为，社会经济资源丰富城市的上市公司会更多地选聘本地独立董事，而社会经济资源匮乏城市的上市公司不得不选聘更多的异地独立董事，独立董事的地理位置的差异会产生不同的公司治理后果。

　　本章可能的研究贡献主要在于：第一，本章研究结果表明城市社会经济资源丰富程度是影响上市公司独立董事选聘的重要因素，提供了宏观因素对公司治理行为影响的证据，拓宽了现有文献关于独立董事治理的研究视角。第二，本章的研究针对中国企业外部宏观环境的特殊性和复杂性，以城市社会经济资源为切入点，提供了外部宏观环境对微观主体的影响路径的一种可能解释，即城市社会经济资源将影响上市公司对于独立董事的选聘行为，社会经济资源丰富城市的上市公司会更多地选聘本地独立董事，而社会经济资源匮乏城市的上市公司不得不选聘更多的异地独立董事，独立董事的地理位置的差异会产生不

同的公司治理后果，有助于深化对上市公司独立董事选聘行为及其后果的认
识，对公司治理实践具有一定的启示与现实意义。第三，通过研究城市社会经
济资源丰富程度对上市公司独立董事选聘的影响和相应的公司治理后果，为今
后的研究提供了重要的控制变量，减少研究中的"内生性"问题。

第 3 章

城市社会经济资源视角下独立董事地理位置对盈余管理的影响研究

3.1　引　言

　　盈余管理是指管理者运用会计手段或者安排交易改变财务报告进而调整利润，从而操纵公司经营业绩以实现自身效用最大化的行为。盈余管理主要有两种计量方式（Kothari，2005；Roychowdhury，2006；Cohen 等，2018；胡奕明和唐松莲，2008），其中运用会计手段改变财务报告称为应计盈余管理，安排交易改变财务报告则是真实盈余管理（黄华等，2020）。股东与管理者权力分离为盈余管理提供了制度"温床"，而在信息不对称条件下管理者的私利动机则进一步导致盈余管理行为的发生（何威风等，2019）。作为公司操纵盈余的重要手段，它不仅会导致会计信息失真，损害投资者利益，而且会降低资源配置效率，制约资本市场健康有序发展（陈述等，2022）。因此，如何抑制管理者盈余管理行为、提高盈余质量是公司治理的重要目标。

　　独立董事制度是公司治理的重要制度安排，其初衷是为公司引入具有独立性的第三方帮助股东监督管理层，缓解委托代理问题（黄芳和杨七中，2016）。盈余管理作为委托代理问题的表现形式之一，其与独立董事之间的关系也受到了国内外学者们的关注。然而目前理论界对独立董事与盈余管理之间关系的研究大多集中在独立董事人口特征（Adams 和 Ferreira，2009；Huang 等，2012；罗栋心等，2020；Wallach 和 Kogan，1961；Thorne 等，2003；Krishnan 和 Parsons，2008）、个人背景（王凯等，2016；刘浩等，2012；胡元木等，2016；曹洋和林树，2011；Carcello 等，2006；胡奕明和唐松莲，2008；Yun 和 Shin，2004；Aier 等，2005；Easterbrook，1984）、规模（Fama 和 Jensen，1983；Davidson 等，2005；Peasnell，2000；王凤华和张晓明，2010；李延喜和董文辰，2009）等方面，对独立董事地理位置对盈余管理影响的研究十分有限。

然而，独立董事地理位置对于盈余管理的影响是非常值得关注的。独立董事的各类履职要素均与其地理位置息息相关，进而影响独立董事对管理层的盈余管理行为的监督与约束。首先，独立董事地理位置会影响其信息的获取。相比于本地独立董事，异地独立董事由于空间距离的限制及当地社会关系网络的局限，在信息获取上的优势显然较弱（Coval 和 Moskowitz，2001；周泽将等，2021；Alam 等，2014）。因此，对盈余管理的约束或抑制作用有限。其次，独立董事地理位置还会通过影响履职精力（全怡和陈冬华，2016；周军，2019；曹春方等，2017；谭劲松，2003）、独立性（黄海杰等，2016）等方面，影响对盈余管理的抑制作用。此外，不同社会经济资源城市的上市公司聘用本地和异地独立董事的情况不同，对盈余管理的影响也不同。因此，本研究从城市社会经济资源视角切入，探究独立董事地理位置对盈余管理的影响。

基于此，本章以 2007—2021 年中国 A 股上市公司为研究样本，采用独立董事本地率作为独立董事地理位置的代理变量，应计盈余管理和真实盈余管理作为公司盈余质量的代理变量，实证检验了独立董事地理位置对公司盈余质量的影响。本章实证研究发现：第一，在全样本下，独立董事本地率与应计盈余管理在 1% 水平上显著负相关，独立董事本地率与真实盈余管理在 1% 水平上显著负相关，独立董事本地率越高，应计盈余管理、真实盈余管理程度越低，即公司独立董事本地率对分公司盈余质量有显著的正向影响。第二，在社会经济资源匮乏城市的样本下，高独立董事本地率与应计盈余管理在 1% 水平上显著负相关，独立董事本地率与真实盈余管理在 5% 水平上显著负相关，这说明在社会经济资源匮乏城市的样本下，高独立董事本地率对公司盈余质量有显著的促进作用。在社会经济资源丰富城市的样本下，独立董事本地率与真实盈余管理在 1% 水平上显著负相关，与应计盈余管理的相关关系不显著，这说明在社会经济资源丰富城市的样本下，高独立董事本地率对真实盈余管理有显著的抑制作用，而对应计盈余管理无显著影响。第三，本章采用了 Heckman 两阶段回归缓解潜在的内生性问题，主要回归结果不变，即独立董事本地率越高，应计盈余管理、真实盈余管理程度越低的结果是稳健的，验证了本地独立董事有助于提高公司盈余质量的研究假设。第四，根据异质性分析可知，相对于未开通高铁组，开通高铁组样本中，高独立董事本地率对应计盈余管理的抑制作用更加明显，而对于真实盈余管理的抑制作用两组样本无显著差异，相对于疫情发生后组，疫情发生前组样本中，高独立董事本地率对应计盈余管理的抑制作用更加明显，而对于真实盈余管理的抑制作用两组样本无显著差异。第五，本章通过会计专业独立董事地理位置对公司盈余质量影响的研究发现，相比异地会计专业独立董事，本地会计专业独立董事对公司盈余质量的促进作用更强，且任期与兼任对于高会计专业独立董事本地率对公司盈余质量的促进作用没有显著影响。

　　本章的研究可能有以下贡献：第一，本章所发现的高独立董事本地率对于公司应计盈余管理和真实盈余管理的抑制作用，对公司盈余质量影响因素研究进行了有益补充（Adams 和 Ferreira，2009；Huang 等，2012；胡元木等，2016；胡奕明和唐松莲，2008），从独立董事地理位置角度为抑制公司的盈余操纵和保护中小投资者利益提供了新思路。第二，本章对独立董事地理位置的度量方式进行了改善与细化，独立董事是否本地的判断精确到地级市，同时，考虑到独立董事地理位置的治理后果会受到高铁开通和疫情发生的可能影响，本章进一步在此情境下实证检验了独立董事地理位置对公司盈余质量的影响，提供了独立董事地理位置治理后果的新经验证据，丰富了独立董事地理位置相关的实证研究。第三，本章区分了社会经济资源丰富城市和社会经济资源匮乏的城市，分别检验了两类城市上市公司独立董事地理位置对公司盈余质量的不同影响，检验发现社会经济资源匮乏城市样本下，高独立董事本地率对应计盈余管理和真实盈余管理均有显著抑制作用，在社会经济资源丰富城市样本下，高独立董事本地率对真实盈余管理有显著抑制作用，而对应计盈余管理无显著影响，本章所提供的实证证据，有一定实践指导和决策参考意义。

　　本章的后续安排如下：第二部分为文献综述，第三部分为理论分析与研究假设，第四部分为实证研究设计；第五部分为实证结果讨论及分析；第六部分为进一步研究，第七部分为本章研究结论。

　　总体而言，本章的研究框架如图 3-1 所示：

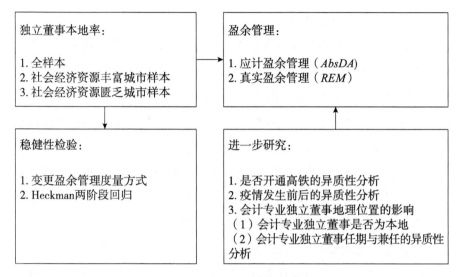

图 3-1　第三章研究框架

3.2　文献综述

目前理论界已经对盈余管理这一话题进行了详尽的研究，本章主要从盈余管理影响因素和独立董事对盈余管理的影响两个方面对现有文献进行梳理，并以此作为本章的理论支撑。

3.2.1　关于盈余管理影响因素的研究

盈余管理作为会计学研究领域的热点话题，一直以来受到各国学者们的广泛关注，其相关文献研究相当丰富，目前对盈余管理的影响因素研究大体可以分为公司内部因素和公司外部因素两大视角。

对于公司内部因素对盈余管理的影响，主要从内部控制、公司高管、董事会特征和其他因素对现有文献进行梳理。

第一,在内部控制对盈余管理的研究方面,现有研究普遍认为两者之间呈负相关关系(吴益兵,2012;付颖赫,2015)。内部控制缺陷会增强企业的盈余管理程度(郭兆颖,2020),即内部控制缺陷与企业的盈余管理程度存在正相关关系(叶建芳等,2012)。另外,内部控制信息披露的主动性和披露质量与盈余管理也呈负相关关系(李媛媛和李东伟,2019),对于未披露内部控制审计报告的公司而言,披露内部控制审计报告公司的盈余管理程度更低(雷英等,2013)。佟岩和徐峰(2013)研究发现了内部控制效率与盈余管理之间存在动态依存关系,即高效率的内部控制能够抑制公司的盈余管理,同样高水平的盈余管理程度也能够抑制内部控制效率。从盈余管理的衡量指标上看,自Roychowdhury(2006)等研究真实盈余管理以来,应计盈余管理和真实盈余管理的影响因素一直是研究的热点问题,现有研究中内部控制对两者的影响没有得到一致的结论。部分学者认为,高质量内部控制既能够抑制公司的应计盈余管理,又能够抑制公司的真实盈余管理(方红星和金玉娜,2011;胡明霞,2018;陈汉文等,2019)。部分学者认为,内部控制能够显著抑制公司的应计盈余管理,但与真实盈余管理无显著相关性(杨七中和马蓓丽,2014;胡曲应和卢晓明,2016;范经华等,2013)。

第二,在公司高管对盈余管理的影响研究方面,现有研究主要集中在高管个人特征、高管变更和高管薪酬三个方面。首先,高管个人特征又可细分为高管性别、高管背景。在高管性别方面,现有研究尚未形成一致的结论。万宇洵和肖秀芬(2012)在进行高管身份特征与盈余管理之间关系的研究时发现两者之间不存在显著关系。周泽将和修宗峰(2014)研究发现女性高管与盈余管理程度呈正向关系,且女性关键高管(董事长和总经理)正向调节了两者的关系。杜兴强等(2017)研究发现女性高管比例与盈余管理并非简单正相关或者负相关关系,只有在女性高管的比例达到某一数值,两者之间的负相关关系才较为显著。在高管背景方面,杜勇等(2018)基于烙印理论,研究发现 CEO 的海外经历与企业盈余管理呈显著负向关系。袁蓉丽等(2021)从董事个人特征角度出发,研究发现董事的信息技术背景对盈余管理具有抑制作用。其次,在高管变更方面，现有研究发现，大股东与高级管理人员的变更提升了企业的盈余管理程度（朱红军，2002）。具体而言，在 CEO 变更的当年，上市公司会进行负向盈余管理调减利润（杜兴强和周泽将，2010；苏文兵等，2013），且在该过程中上市公司仅存在应计盈余管理行为，不存在真实盈余管理行为（林永坚等，2013），在 CEO 变更的次年，上市公司会进行正向盈余管理调增利润，该过程既有应计盈余管理又有真实盈余管理行为（林永坚等，2013）。姜付秀等（2013）研究发现 CEO 与 CFO 任期交错能够抑制公司盈余管理程度。最后，在高管薪酬方面，本章主要从高管报酬水平、公司内部薪酬差距和高管薪酬激励三个方面对现有文献进行梳理。在高管报酬水平方面，现有研究基本达成一致的观点，即高管报酬水平与盈余管理呈正向关系（王克敏和王志超，2007；李延喜等，2007；周晖等，2010）。高管薪酬与会计业绩挂钩（Watts 和 Zimmerman，1978），高管为实现薪酬契约规定的绩效，有较强动机采取盈余管理行为（傅颀和邓川，2013）。在企业内部薪酬差距方面，现有研究尚未达成一致的结论。部分学者认为公司内部薪酬差距与盈余管理存在正相关关系（杨志强和王华，2014）。持该观点的学者认为公司内部薪酬差距过大可能促使低层级高管进行盈余管理串谋（Kini 和 William，2014），并且管理层很可能会为了寻求更高的薪酬而进行盈余操纵（谢德仁等，2012）。另外部分学者认为公司内部薪酬差距与盈余管理呈负相关关系（杨薇等，2019）。这部分学者认为公司内部薪酬差距较大时会引起分析师、媒体等外部媒介的关注，能够对企业发挥外部监督作用（Dyck 等，2010），从而能够提高公司的治理水平，抑制管理者的盈余管理行为（Miller，2006）。在高管薪酬激励方面，现有研究尚未形成一致的结论。部分学者认为两者存在正相关关系，即薪酬激励是管理层进行盈余管理的主要诱因之一（Healy，1985），薪酬激励强度越大，盈余管理程度越大（路军伟等，2015）。另外部分学者则持相反观点，如周晓苏和陈沉（2016）认为给予高管一定的薪酬激励，能够在一定程度上抑制其机会主义行为，从而提高企业的盈余质量。此外，罗宏等（2016）从薪酬攀比心理这一视角出发，研究发现高管薪酬比同行业可比公司高管薪酬的中位数低得越多，薪酬攀比心理就越严重，操纵盈余管理的程度越大，而这种正相关关系在公司高管内部薪酬差距较大时得到缓解。

第三，在董事会特征对盈余管理的影响研究方面，现有文献主要从董事会规模、是否两职合一、董事会活跃度三个视角进行展开，具体总结如下。首先，在董事会规模方面，现有研究认为董事会规模越大，其董事会成员背景越具有广泛性（谢绚丽和赵胜利，2011），具有财务专业背景的董事的可能性越大，从而可以更好地发挥监督作用（Xie 等，2003），使管理层做出更加全面客观的决策，抑制公司的盈余管理（姚宏等，2018）。其次，在领导结构方面，现有研究认为董事长与总经理两职合一，弱化了董事会的监督职能，使管理层更容易进行盈余管理（王建新，2007；王昌锐和倪娟，2012）。最后，在董事会活跃度方面，杨清香等（2008）研究发现，董事会会议频率与盈余管理呈显著正相关关系。Rose 等（2013）研究发现董事会讨论消息的透明度与盈余管理负相关，主要原因是迫于被公众识别的压力，持股董事会反对管理层的盈余管理行为。

第四，关于其他因素对盈余管理的影响，现有理论研究切入点各有不同。部分学者研究了公司战略对盈余管理的影响。如孙健等（2016）研究发现，战略激进的公司比战略保守的公司的盈余管理程度更高。闫焕民等（2020）将公司战略进一步划分为进攻型、分析型和防御型，研究发现战略越激进的公司越偏好应计盈余管理，而战略越保守的公司越偏好真实盈余管理。叶康涛等（2015）从战略差异度的视角分析，发现了战略差异度与应计盈余管理正相关，与企业的真实盈余管理负相关。部分学者探讨了研发投入对盈余管理的影响。如杜瑞和李延喜（2018）研究发现，企业研发投入对盈余管理行为的发生具有刺激作用，但这种盈余管理不会影响研发对企业价值的促进作用。更有学者研究了大股东减持对盈余管理的影响。如李梅等（2021）在研究大股东减持与盈余管理的内在联系时，以真实盈余管理和应计盈余管理两个指标度量盈余管理水平，并发现大股东减持与盈余管理成正向关系。此外，在引入分析师关注这一变量之后，大股东减持与应计盈余管理的正向关系弱化，大股东减持与真实盈余管理的正相关关系得以强化。

对于公司外部因素对盈余管理的影响，现有研究大多集中在外部监管、税收征管、政策制度等角度。第一，在外部监管对盈余管理的影响方面，媒体监督是公司外部主要监督主体之一，现有研究尚未形成一致的结论，部分学者基于"有效监督机制"，认为媒体监督能够提高会计信息质量（Comiran 等，2018），有效抑制公司的盈余管理程度（Haw 等，2004）。媒体报道可以通过信息传播机制和声誉机制发挥监督作用（醋卫华和李培功，2012），抑制公司的盈余管理（权小锋和吴世农，2012）。另一部分学者基于"市场压力机制"，认为媒体报道引起投资者异常关注（王福胜等，2021），这会对管理层造成外部市场压力（于忠泊等，2011），进而会产生更多盈余管理行为。另外，柳光强等（2021）研究发现，财政部会计信息质量随机检查能够显著抑制上市公司的应计盈余管理和真实盈余管理行为。第二，在税收征管对盈余管理的影响方面，现有研究认为税收征管能够有效抑制公司的盈余管理行为。税收征管会增加管理层进行盈余管理的所得税成本（叶康涛和刘行，2011），因此企业会减少盈余管理行为（Hanlon 等，2014）。另外，税收征管力度会增加企业避税的成本（范子英和田彬彬，2013），在税收征管力度较大时，企业通过盈余管理进行避税时带来的收益往往小于避税产生的成本，这时企业也会减少盈余管理行为（李青原和蒋倩倩，2020）。除了传统税收征管，近年来部分学者对于大数据税收征管对盈余管理的影响也做了相关研究，李增福等（2021）研究发现大数据税收征管主要通过提高企业信息透明度，进而降低企业盈余管理程度。孙雪娇等（2021）研究发现大数据税收征管还可以通过降低企业制度性交易成本、提高纳税遵从，从而降低企业的盈余管理程度。第三，关于政策制度对盈余管理的影响，目前理论界尚无定论。部分学者认为政策制度能够显著抑制公司的盈余管理行为。如钟静芳（2023）发现新租赁准则能够有效抑制盈余管理行为。黄俊等（2023）研究发现科创板注册制改革降低了企业盈余管理的动机。部分学者的观点与之相反。何威风等（2019）研究发现，对于央企而言，实施 EVA 业绩考核后会使其偏好应计盈余管理。陆瑶等（2017）研究了最低工资政策变动对盈余管理的影响，发现最低工资上调会降低企业的账面利润，显著提高盈余管理水平。

3.2.2　关于独立董事对盈余管理影响的研究

独立董事是公司治理的重要制度安排，独立董事特征也会影响公司盈余质量（周冬华和赵玉洁，2014）。本节主要从独立董事人口特征、个人背景、规模、地理位置四个方面对现有文献进行梳理。

独立董事人口特征包括独立董事的性别和年龄，具体总结如下。第一，在独立董事性别方面，现有研究关于其对盈余管理的影响并没有统一的结论。部分学者认为女性独立董事更能抑制盈余管理。在工作态度上，女性独立董事在董事会中的工作投入更多（Adams 和 Ferreira，2009），且女性独立董事在工作中更能保持独立性（Adams 等，2010），因此女性独立董事能更好地监督工作，抑制盈余管理。在道德规范上，女性比男性更加遵守道德规范，更难容忍机会主义行为（Ambrose 和 Schminke，1999；Thorne 等，2003；Krishnan 和 Parsons，2008），因此更能抑制盈余管理。金智等（2015）从心理学的视角，也认为女性独立董事比男性更有利于改善董事会的治理作用，进而防范盈余管理行为。另外部分学者认为女性独立董事更难抑制盈余管理。一方面，在中国传统文化的影响下，性别的差异逐渐成就了一种权力等级关系（Scott，1988），男性更倾向于领导，而女性更倾向于服从（王金玲，2005），因此女性独立董事更不容易纠察错误，对盈余管理的抑制作用更弱。另一方面，改革开放之后，女性地位虽然得到了提升（Cooke，2001），但是相比于男性，女性更为被动的特点（Wang，2005）也让其更容易成为"橡皮图章"，不利于抑制盈余管理。第二，在独立董事年龄方面，现有研究认为关于其对盈余管理的影响尚无定论。部分学者认为年长的独立董事更能抑制盈余管理。年长者更重视道德行为（Huang 等，2012）且更加厌恶风险（Carlsson 和 Karlsson，1970），因此为了维护职业声誉和规避法律风险，年长的独立董事在心态上更为保守和谨慎（Wallach 和 Kogan，1961）。因此年长的独立董事更能有效抑制管理层的盈余管理行为，发挥监督职能。另外部分学者认为年长的独立董事抑制盈余管理的作用较弱。因为体能下降、接受和学习新知识的能力下降、知识结构老化等原因（罗棪心等，2020），年长的独立董事更不能有效地发挥监督职能，发现管理层的盈余管理行为，因此抑制盈余管理的能力较弱。

独立董事的个人背景主要包括学者背景、财务背景及工作背景三个方面。第一，现有文献研究认为独立董事的学者背景会影响其监督能力（王凯等，2016；刘浩等，2012；胡元木等，2016；曹洋和林树，2011），进而提高公司的盈余质量。一方面，拥有学者背景的独立董事社会关系网络较为广泛且知识体系较为完整，因此不仅能获得更多的信息，还有足够的专业胜任能力（傅代国和夏常源，2014）。故其更能发现盈余管理手段，抑制盈余管理。另一方面，拥有学者背景的独立董事往往拥有较高的声誉和社会地位，这就意味着他们会受到更多的社会关注，声誉受损的成本会很高（向锐和宋聪敏，2019），因此他们会更谨慎履职，抑制企业盈余管理。第二，现有文献研究认为具有财务背景的独立董事拥有较完善的专业知识，能够缓解信息不对称，从而抑制管理层的盈余管理行为（Carcello 等，2006；胡奕明和唐松莲，2008；Yun 和 Shin，2004）。一方面，拥有财务背景的独立董事对管理层进行盈余操纵的手段更为了解（Xie 等，2003），且获取和理解某些复杂信息方面所耗费的时间和精力成本较低（Harris 和 Raviv，2008），对盈余管理的迹象更加警觉，因此能显著抑制盈余管理。如果没有财务背景的独立董事对管理层进行监督，那么管理层"钻漏洞"进行盈余管理的可能性会很大（Bushman 和 Smith，2001）。另一方面，具有财务背景的独立董事很可能对董事会议案表达异议态度（叶康涛等，2011），因此更能过滤管理层的盈余管理行为。第三，在工作背景方面，不同背景的独立董事对盈余管理的影响有所不同。如具有事务所工作背景的独立董事能够较好地发挥咨询和监督的智能，更能抑制公司的盈余管理（Aier等，2005；Easterbrook，1984）；具有行政背景的独立董事会因为独立性较差，导致对国有控股上市公司的盈余操纵行为监督力度不足（余峰燕和郝项超，2011），从而导致盈余质量较差；具有银行工作背景的独立董事能够为公司的信贷融资提供咨询，但是对盈余管理的监督力度较弱（刘浩等，2012）。

关于独立董事规模对盈余管理的影响，国内外学者的研究结论不尽相同。综观国外研究，大多数学者得出了比较一致的结论，即独立董事占董事会比例越高，越能有效监督董事会（Fama 和 Jensen，1983），越能抑制公司的盈余管理。Peasnell 等（2000）通过对英国 1993—1996 年 1928 家上市公司的实证研究发现独立董事比例越高，公司盈余管理发生率越低。Davidson 等（2005）使用 434 家澳大利亚上市公司数据研究独立董事比例与盈余管理之间的关系，发现两者之间存在显著的负向关系。Klein（2002）用操纵性应计利润的绝对值度量盈余管理，并发现独立董事的比例下降，公司的盈余管理水平会大幅提高。相对于国外研究，国内研究的结论则大不相同。部分学者认为独立董事占董事会比例越高，越具有"话语权"，因而越能抑制盈余管理。王凤华和张晓明（2010）以关联交易盈余管理为切入点，认为独立董事敢于直接对管理层的不当决策提出反对意见，因此能够有效抑制关联交易盈余管理行为。李延喜和董文辰（2009）则以独立董事的人数度量独立董事规模，得出独立董事人数与盈余管理显著负相关的结论。郑春美和李文耀（2011）通过实证研究发现，独立董事比例过低并不能显著抑制公司的盈余管理和财务违规行为，只有独立董事占比较高才能显著降低企业盈余管理的概率。另外部分学者得出了不同的结论。张逸杰等（2006）发现上市公司董事会中独立董事比例与盈余管理程度并非单纯正向或负向关系，两者之间存在 U 型曲线关系，且当独立董事比例为 25% 时，上市公司的盈余管理程度最低。而胡奕明和唐松莲（2008）通过对 2002—2006 年 1486 家上市公司的实证研究发现，独立董事的比例与上市公司的盈余管理行为之间并不存在显著的抑制作用。

独立董事地理位置是影响独立董事履职的重要影响因素（罗进辉等，2017；周军，2019）。然而，从盈余管理视角研究独立董事地理位置治理后果的文献凤毛麟角。黄芳和杨七中（2016）以财会专业独立董事是否本地作为自变量，研究发现上市公司本地独立董事更能抑制盈余管理。周泽将等（2017）以独立董事本职工作地与上市公司注册地是否同省作为是否本地的判断依据，研究表明独立董事本地任职可以显著抑制应计盈余管理，而对真实盈余管理的抑制作用不显著。

3.2.3　文献述评

本章主要从盈余管理的影响因素和独立董事对盈余管理的影响两方面出发，对国内外现有专家学者的相关研究进行了回顾和总结归纳，为本书对独立董事地理位置与公司盈余管理的相关研究提供了理论基础和研究方法。

从盈余管理影响因素的文献中可知，国内外学者对公司内部因素和公司外部因素进行了较为深入的分析，其中，公司内部因素对盈余管理的影响是学者们研究最广泛且最深入的因素，而公司内部因素中公司内部治理也是学者们研究较为深入的选题之一，学者们普遍认为董事会是公司治理的核心，与公司盈余操纵行为息息相关，这为本研究提供了充分的理论基础。

目前，学者们对独立董事的治理效果观点不一，独立董事治理的影响因素仍是研究的热点。独立董事地理位置是影响独立董事履职的重要因素，将直接影响治理的效果。独立董事地理位置对盈余管理的影响研究亟待深入，尤其是独立董事地理位置的度量需要进一步完善与细化。另外，我国大量城市高铁的开通，以及疫情的发生，是研究中不能忽视的外部宏观环境，现有文献主要从单一视角研究公司盈余管理，缺少外部宏观环境与内部公司治理的结合。

综上所述，本研究将在城市社会经济资源视角下，结合高铁开通和疫情的影响，研究独立董事地理位置与盈余管理的关系，以期探究独立董事地理位置的治理后果，同时丰富相关研究的经验证据。

3.3　理论分析与研究假设

盈余管理是管理层为了自身利益而操纵会计盈余，损害公司长期利益的行为（柳光强等，2021）。《国务院办公厅关于上市公司独立董事制度改革的意见》指出独立董事对上市公司及全体股东负有勤勉义务、忠实义务，并应在董事会中发挥参与决策、监督制衡、专业咨询作用。因此，独立董事具有监督管理层操纵会计盈余的义务（Fama 和 Jensen，1983）。但是独立董事在履行该义务的过程中也存在诸多困难，如信息获取不够、履职精力消耗等。而这些困难与独立董事与其履职公司距离的远近有密切关系（黄芳和杨七中，2016）。

首先，本地独立董事与其履职公司在地理位置上的邻近性，让其拥有了天然的信息优势（Coval 和 Moskowitz，2001），从而能够更有效地监督管理层操纵盈余的不当行为（周泽将等，2021）。第一，从获取信息的深度来看，相对于异地独立董事而言，本地独立董事能够更为便利和频繁地接触到公司的利益相关者（如员工、债权人等），从而能够更加及时地获取公司信息，尤其是一些非公开的内部消息，从而有助于独立董事发现管理者失职的证据，更好地发挥监督制衡的功能（Alam 等，2014）。而异地独立董事由于距离的隔绝，很难接触到公司的利益相关者，即便是能够接触到，也很难建立起足以让其获得内部信息的信任关系，因此很难获得非公开的内部消息（孙亮和刘春，2014）。第二，从获取信息的广度而言，独立董事需要对公司经营的方方面面进行了解，从而及时发现管理者的不当行为。本地独立董事更容易接触到公司的社会网络，从而可以从债权人、股东以及其他利益相关者的视角获悉公司经营环境和运营情况的变化，而不是仅局限于管理者向独立董事披露的单方信息（Coval 和 Moskowitz，1999）。第三，从获取信息的准确性和及时性来看，地理上的邻近性一方面降低了因异地信息传递而导致的信息扭曲风险，提高了信息的可靠性（董红晔，2016），另一方面缩减了信息传递的时间，减少了独立董事与管理层之间的沟通成本，提高了信息传递的及时性与利用信息进行监督的效率。因此，从信息维度来看，本地独立董事比异地独立董事更能发挥监督作用，抑制管理层的盈余管理行为。

其次，独立董事与履职公司在地理位置上的邻近性会减少履职时间成本，从而让独立董事能够集中精力投入对管理层盈余管理行为的监督。对于地理距离较远、交通不便利的公司而言，独立董事更倾向于对与其地理距离较近及交通较为便利的公司投入较多的精力（全怡和陈冬华，2016）。如果独立董事在董事会中能投入较多的精力，就越能够参与董事会的交流讨论，越能够充分掌握与公司决策相关的信息与细节，从而更充分地发挥其监督职能，抑制公司的盈余管理行为（周军，2019）。而异地独立董事因为空间距离的隔断，线下参加董事会的成本更高，因此他们缺席董事会的概率更高（曹春方等，2017），实地监督的力度不足，这制约了异地独立董事监督职能的发挥，也为管理层的盈余管理行为创造了监控"盲区"。因此，对于异地的独立董事而言，本地独立董事更具有精力上的优势以抑制公司的盈余管理行为。

综上，本研究认为相比于异地独立董事，本地独立董事在信息和精力上的优势更加明显，而且如果这些优势在独立董事履职要素的整体中占优，则本地独立董事更能抑制公司的盈余管理。在一个企业中，若本地的独立董事占全部独立董事的比例越高，即独立董事本地率越高，越能够抑制公司的盈余管理。基于此，本章提出研究假设：

H1a：独立董事本地率与盈余管理呈负相关关系。

然而，独立董事的独立性和声誉机制也是影响其履职的重要因素。如果独立董事与公司及其主要关联方之间存在密切关系，那么其独立性就会受到损失，进而损害独立董事的客观判断与科学决策（谭劲松，2003）。一方面，我国是典型的"熟人"社会，人际关系表现为以自己为中心的"差序格局"，并通过"亲缘""地缘"以及"物缘"等纽带形成的各种"关系"，这种关系也就成为很多人"便宜行事"的桥梁，催生各种不规范行为。另一方面，地理上的邻近性往往意味着本地独立董事和履职公司的管理层在相似的教育或者社会文化背景下成长，因此在为人处世方面会有诸多相同之处。在重复交往和频繁接触的不断催化下，独立董事对管理层很可能会更加"友善"，从而削弱独立董事的独立性（周军等，2019；周泽将等，2021）。因此，与异地独立董事相比，本地独立董事与管理层更容易发生"勾结"，进而催生"黑匣子"，企业盈余管理程度较高。

　　同样，声誉机制也会影响独立董事的履职效果。独立董事的声誉往往与其职业发展正相关，好的声誉对于独立董事而言就类似于一张能力名片，能够向外界传递良好的信号，促进其职业的发展（周军，2019）。反之，差的声誉则很可能给独立董事的职业生涯带来灭顶之灾。因此独立董事有动机来维护其声誉，且声誉越高的独立董事有更强的动机维护其声誉。基于此，高声誉的独立董事更能积极发挥治理作用，从而提高盈余质量（黄海杰等，2016）。相比于本地独立董事，异地独立董事不仅需要维护其在居住地的声誉，还要注意其在任职公司注册地的声誉。如果在异地任职时未能勤勉尽责，不仅会影响其异地声誉，还可能会影响其在居住地的声誉和事业发展。因此，在双重声誉的激励下，异地独立董事可能会比本地独立董事时更加努力工作，对管理层的监督和约束作用更强，提供决策建议时更加积极，从而更有利于抑制企业的盈余管理。

　　综上，相比于本地独立董事，异地独立董事有更强的独立性和更高的声誉，如果这些优势在独立董事履职要素的整体中占优，则异地独立董事比本地独立董事更能抑制公司的盈余管理。在一个企业中，若异地的独立董事占全部独立董事的比例越高，即独立董事本地率越低，越能抑制公司的盈余管理。基于此，本章提出研究假设：

　　H1b：独立董事本地率与盈余管理呈正向关系。

3.4　实证研究设计

3.4.1　样本选择

　　本章以 2007—2021 年中国 A 股上市非金融类公司为样本，为确保实证结果的客观性和准确性，研究样本按照下列标准进一步处理：①金融保险业公司的财务数据特征与其他行业差别较大，给予删除；②剔除 ST 公司样本；③剔除变量数据缺失的公司样本；④为了减小异常值对结果的影响，本章对所有公司的连续变量进行了上下 1% 的缩尾处理。经过筛选，最终得到公司—年度观测值的样本 31008 例。与前文保持一致，本章研究所需上市公司的注册地、办公地，以及所有独立董事的工作地、居住地等信息，均通过手工收集、整理得出，本章其余数据来源于 CSMAR 数据库、Wind 数据库。本章运用 Stata 16.0 进行数据的分析处理。

3.4.2 变量定义

（1）被解释变量

为检验上市公司独立董事地理位置对其盈余管理的影响，本章借鉴已有文献（Kothari，2005；Roychowdhury，2006；Cohen 等，2018；胡奕明和唐松莲，2008），选用应计盈余管理（AbsDA）和真实盈余管理（REM）来度量盈余管理程度。首先，在应计盈余管理指标的度量上，借鉴 Dechow 和 Sloan（1995）的研究，本章使用修正后的 Jones 模型来计算应计盈余管理的程度，运用式（3.1）对样本数据进行分年度和行业回归，将估计出来的回归系数代入式（3.2）估计得到上市公司每年的操控性应计利润（DA）。由于应计盈余管理具有正负方向性，本章以 DA 的绝对值作为应计盈余管理程度的指标，该值越大，说明上市公司的应计盈余管理程度越严重：其中 $TA_{i,t}$ 是上市公司 i 第 t 期的总应计利润，$Asset_{i,t-1}$ 是上市公司 i 第 $t-1$ 期期末的资产总额，$\Delta REV_{i,t}$ 是上市公司 i 第 t 期和 $t-1$ 期主营业务收入的变动额，$PPE_{i,t}$ 是上市公司 i 第 t 期期末的固定资产原值，$\Delta REC_{i,t}$ 是上市公司 i 第 t 期和第 $t-1$ 期应收账款的变动额。

$$\frac{TA_{i,t}}{Asset_{i,t-1}} = \alpha_1 \frac{1}{Asset_{i,t-1}} + \alpha_2 \frac{\Delta REV_{i,t}}{Asset_{i,t-1}} + \alpha_3 \frac{PPE_{i,t}}{Asset_{i,t-1}} + \varepsilon_{i,t} \quad (3.1)$$

$$DA_{i,t} = \frac{TA_{i,t}}{Asset_{i,t-1}} - \left(\widehat{\alpha_1} \frac{1}{Asset_{i,t-1}} + \widehat{\alpha_2} \frac{\Delta REV_{i,t} - \Delta REC_{i,t}}{Asset_{i,t-1}} + \widehat{\alpha_3} \frac{PPE_{i,t}}{Asset_{i,t-1}} \right)$$

$$(3.2)$$

其次，在真实盈余管理的度量上，本章用异常经营活动现金流（R_

CFO)、异常费用（R_DISX）和异常产品成本（R_PROD）三个指标来估计公司真实盈余管理程度，具体做法如下，首先分年度和行业回归估算出正常的经营活动现金流、正常费用和正常产品成本，然后用公司的实际值减预期值，差额即为异常值，分别算出异常经营活动现金流、异常费用和异常产品成本。

$$REM = R_{CFO} + R_{DISX} + R_{PROD} REM = R\_CFO + R\_DISX + R\_PROD \quad (3.3)$$

用式（3.3）计算出真实盈余管理，由于真实盈余管理也具有正负方向性，因此，本章以真实盈余管理的绝对值来衡量真实盈余管理程度，该值越大，说明上市公司的真实盈余管理程度越严重。

（2）解释变量

本章的主要解释变量为独立董事地理位置，与前文保持一致，本章采用独立董事本地率（LR）来衡量，即公司本地的独立董事人数与该公司独立董事总数的比值，其中本地独立董事是指独立董事居住地城市与上市公司注册地城市相同，反之则为异地独立董事。

（3）控制变量

参照以往文献（孙雪娇等，2021；袁蓉丽等，2021；郑登津等 2020；何威风等，2019；黄华等，2020），本章选取了公司规模（Size），等于公司当年年末总资产的自然对数；资产负债率（Lev），等于公司当年年末总资产中负债所占的比例；现金流比率（Cashflow），等于公司经营活动产生的现金流量净额与公司总资产的比值；营业收入增长率（Growth），等于公司当年营业收入对比前一年度营业收入的增长率；是否国有企业（SOE），若公司为国有控股企业取1，否则取0；是否四大（Big4），若公司经由四大会计师事务所（普华永道、德勤、毕马威、安永）审计为1，否则为0；账面市值比（BM），等于账面价值与总市值的比值；上市年限（ListAge），等于当年年份减去上市年份加1后取自然对数；第一大股东持股比例（Top1），等于当年年末公司第一大股东持股数量占公司总股数的比例；总资产增长率（AssetGrowth），等于公司当年总资产对比前一年总资产的增长率；是否两职合一（Dual），若公司董事长和总经理是一个人取1，否则为0；是否亏损（Loss），若公司当年的净利润小于0取1，否则取0；董事人数（Board），

城市社会经济资源视角下独立董事地理位置对盈余管理的影响研究

等于董事会人数的自然对数。最后,本章还控制了行业(*Industry*)和年份(*Year*)固定效应。本章主要变量的具体定义及度量详见表 3−1。

表 3−1   主要变量的具体定义及度量

变量类型	变量名称	变量符号	变量定义
被解释变量	应计盈余管理	*AbsDA*	修正的 Jones 盈余管理模型的残差的绝对值
	真实盈余管理	*REM*	用异常经营活动现金流(*R_CFO*)、异常费用(*R_DISX*)和异常产品成本(*R_PROD*)来计算
解释变量	独立董事本地率	*LR*	本地独立董事占所有独立董事的比例
控制变量	公司规模	*Size*	年末总资产的自然对数
	资产负债率	*Lev*	年末总负债/年末总资产
	现金流比率	*Cashflow*	公司经营活动产生的现金流量净额与公司总资产的比值
	营业收入增长率	*Growth*	本年营业收入/上一年营业收入−1
控制变量	是否国有企业	*SOE*	国有控股企业取值为 1,其他为 0
	是否四大	*Big*4	若公司经由四大(普华永道、德勤、毕马威、安永)审计为 1,否则为 0
	账面市值比	*BM*	账面价值与总市值的比值
	上市年限	*ListAge*	ln(当年年份−上市年份+1)
	第一大股东持股比例	*Top*1	第一大股东持股数量/总股数
	总资产增长率	*AssetGrowth*	本年总资产/上一年总资产−1
	是否两职合一	*Dual*	董事长和总经理是一个人取 1,否则为 0
	是否亏损	*Loss*	公司当年的净利润小于 0 取 1,否则取 0
	董事人数	*Board*	董事会人数的自然对数
	行业	*Industry*	证监会 2012 年行业分类,制造业取两位代码,其他行业用大类
	年份	*Year*	年份虚拟变量,属于该年份取 1,否则为 0

3.4.3 研究模型

借鉴以往文献（胡奕明和唐松莲，2008；周军等，2019；黄芳和杨七中，2016），本章建立模型（3.4）检验独立董事地理位置（*LR*）对盈余管理的影响，即上市公司所聘用的本地与异地独立董事在抑制公司盈余管理方面是否存在差异：

$$Y = \alpha_0 + \alpha_1 LR_{i,\,t} + \sum Control_{i,\,t} + \varepsilon_{i,\,t} \tag{3.4}$$

其中，模型（3.4）左侧的被解释变量（*Y*）表示盈余管理，具体包含应计盈余管理（*AbsDA*）和真实盈余管理（*REM*）两个指标；解释变量为独立董事地理位置，用独立董事本地率（*LR*）来衡量；*Controls* 为控制变量，包括公司规模（*Size*），资产负债率（*Lev*），现金流比率（*Cashflow*），营业收入增长率（*Growth*），是否国有企业（*SOE*），是否四大（*Big4*），账面市值比（*BM*），上市年限（*ListAge*），第一大股东持股比例（*Top*1），总资产增长率（*AssetGrowth*），是否两职合一（*Dual*），是否亏损（*Loss*），董事人数（*Board*）。

3.5 实证结果讨论及分析

3.5.1 描述性统计分析

表3-2报告了本章主要变量的描述性统计结果。应计盈余管理（*AbsDA*）和真实盈余管理（*REM*）是本章的主要被解释变量，其均值分别是 0.057 和 0.067，中位数分别是 0.04 和 0.047，与已有文献中的相关数据分布基本保持

一致。独立董事本地率（*LR*）是本章的主要解释变量，其样本均值为 0.446，表明研究期间上市公司聘请的独立董事中本地独立董事占比为 44.6%，其最大值和最小值分别是 1 和 0，这表明上市公司中独立董事可能全部为本地独立董事，也可能全部为异地独立董事，可知上市公司聘请的独立董事的地理位置差异较大。

在控制变量方面，公司规模（*Size*）的均值为 22.25，资产负债率（*Lev*）的均值为 0.45，现金流比率（*Cashflow*）的均值为 0.047，营业收入增长率（*Growth*）的均值为 0.181，是否国有企业（*SOE*）的均值为 0.405，即国有企业占总样本比例为 40.5%，是否四大（*Big4*）的均值为 0.06，即 6% 的上市公司是由四大会计师事务所审计的，账面市值比（*BM*）的均值为 1.087，上市年限（*ListAge*）的均值为 2.283，第一大股东持股比例（*Top1*）的均值为 34.2%，总资产增长率（*AssetGrowth*）的均值为 0.17，是否两职合一（*Dual*）的均值为 0.248，说明有 24.8% 的上市公司中董事长和总经理是一个人，是否亏损（*Loss*）的均值为 0.114，说明有 11.4% 的上市公司当年的净利润小于 0，董事人数（*Board*）的均值为 2.139。

表 3-2　　　　　　　　　　主要变量的描述性统计结果

变量	观测数	均值	标准差	最小值	P25	中位数	P75	最大值
AbsDA	31008	0.0570	0.0570	0.00100	0.0180	0.0400	0.0770	0.440
REM	31008	0.0670	0.0790	0	0.0210	0.0470	0.0880	2.659
LR	31008	0.446	0.396	0	0	0.333	0.750	1
Size	31008	22.25	1.289	19.41	21.33	22.07	22.98	26.59
Lev	31008	0.450	0.203	0.0440	0.292	0.448	0.603	0.927
Cashflow	31008	0.0470	0.0700	−0.243	0.00800	0.0460	0.0880	0.297
Growth	31008	0.181	0.443	−0.658	−0.0220	0.112	0.278	4.297
SOE	31008	0.405	0.491	0	0	0	1	1
Big4	31008	0.0600	0.238	0	0	0	0	1
BM	31008	1.087	1.244	0.0520	0.402	0.694	1.259	11.55
ListAge	31008	2.283	0.657	0.693	1.792	2.398	2.833	3.367

续　表

变量	观测数	均值	标准差	最小值	P25	中位数	P75	最大值
*Top*1	31008	0.342	0.148	0.0790	0.225	0.320	0.445	0.770
AssetGrowth	31008	0.170	0.359	-0.399	0.0110	0.0940	0.218	4.270
Dual	31008	0.248	0.432	0	0	0	0	1
Loss	31008	0.114	0.318	0	0	0	0	1
Board	31008	2.139	0.201	1.609	1.946	2.197	2.197	2.708

数据来源：作者根据 Stata 16.0 计算整理。

3.5.2　相关性分析

表 3-3 为本章主要变量的相关性分析结果。本章主要关注独立董事本地率（*LR*）与公司应计盈余管理（*AbsDA*）和真实盈余管理（*REM*）的关系。表 3-3 的相关性分析结果显示，本章的主要解释变量独立董事本地率（*LR*）与被解释变量应计盈余管理（*AbsDA*）和真实盈余管理（*REM*）的相关系数分别是-0.011 和 -0.015，均显著负相关，所以基于变量相关性分析结果，可以初步推断独立董事本地率（*LR*）与盈余管理之间存在显著负相关的关系。两个被解释变量应计盈余管理（*AbsDA*）与真实盈余管理（*REM*）之间的相关系数为 0.383. 且在 1% 水平上显著，说明本章用以反映公司盈余管理程度的两个变量之间相关性很强，一致性很高。在被解释变量与控制变量方面，资产负债率（*Lev*）、营业收入增长率（*Growth*）、总资产增长率（*AssetGrowth*）都与应计盈余管理（*AbsDA*）和真实盈余管理（*REM*）在 1% 水平上显著正相关，现金流比率（*Cashflow*）、是否四大（*Big4*）、账面市值比（*BM*）、董事人数（*Board*）则都与应计盈余管理（*AbsDA*）和真实盈余管理（*REM*）显著负相关，这些相关关系与假设 H1a 都一致。

表 3-3 同时也报告了本章各控制变量之间的相关性。结果显示各控制变量之间的相关性也较强，例如：公司规模（*Size*）与资产负债率（*Lev*）、现金流比率（*Cashflow*）、营业收入增长率（*Growth*）、是否国有企业（*SOE*）、是否四大（*Big*4）、账面市值比（*BM*）、上市年限（*ListAge*）等都在 1% 水平上显著正相

表 3-3　主要变量相关性分析结果

	AbsDA	REM	LR	Size	Cashflow	Lev	Growth	SOE
AbsDA	1	—	—	—	—	—	—	—
REM	-0.383***	1	—	—	—	—	—	—
LR	-0.011*	-0.015***	1	—	—	—	—	—
Size	0.071***	0.00800	0.019***	1	—	—	—	—
Cashflow	-0.176***	-0.020***	0.042***	0.050***	1	—	—	—
Lev	0.107***	0.084***	0.00800	0.445***	-0.168***	1	—	—
Growth	0.115***	0.235***	0.020***	0.044***	0.027***	0.030***	1	—
SOE	0.051***	0.00500	0.078***	0.281***	0.00400	0.260***	0.050***	1
Big4	-0.048***	-0.010*	0.00700	0.353***	0.077***	0.100***	0.00900	0.117***
BM	-0.051***	-0.017***	0.020***	0.614***	0.097***	0.523***	0.047***	0.263***
ListAge	0.010*	0.018***	0.033***	0.351***	0.029***	0.309***	0.066***	0.389***
Top1	0.036***	0.039***	0.073***	0.213***	0.085***	0.074***	0.026***	0.261***
Dual	0.016***	0.00100	0.014**	0.128***	0.017	-0.120***	0.015***	0.286***
Loss	0.185***	0.019***	0.017***	0.078***	0.179***	0.184***	0.182***	0.00300
Board	-0.058***	-0.015***	0.058***	0.234***	0.057***	0.149***	0.00900	0.268***
AssetGrowth	0.157***	0.291***	0.011**	0.095***	0.032***	0.032***	0.546***	0.053***
AbsDA	—	—	—	—				
REM	—	—	—	—				
LR	—	—	—	—				
Size	—	—	—	—				

续　表

	AbsDA	REM	LR	Size	Cashflow	Lev	Growth	SOE
Cashflow	—	—	—	—	—	—	—	—
Lev	—	—	—	—	—	—	—	—
Growth	—	—	—	—	—	—	—	—
SOE	—	—	—	—	—	—	—	—
Big4	1	—	—	—	—	—	—	—
BM	0.194***	1	—	—	—	—	—	—
ListAge	0.066***	0.288***	1	—	—	—	—	—
Top1	0.143***	0.116***	0.045***	1	—	—	—	—
Dual	0.051***	0.110***	0.209***	0.070***	1	—	—	—
Loss	0.038***	0.054***	0.085***	0.101***	0.00800	1	—	—
Board	0.089***	0.135***	0.118***	0.042**	-0.131***	0.042***	1	—
AssetGrowth	0.00700	0.044***	0.099***	0.041***	0.031***	-0.187***	0.00600	1

注：***、**、*分别代表在1%、5%和10%水平上显著。
数据来源：作者根据Stata16.0计算整理。

关；资产负债率（*Lev*）与现金流比率（*Cashflow*）、是否两职合一（*Dual*）在1%水平上显著负相关，相关系数分别是-0.168、-0.12，同时资产负债率（*Lev*）与营业收入增长率（*Growth*）在1%水平上显著正相关，相关系数为0.03；总资产增长率（*AssetGrowth*）与是否两职合一（*Dual*）在1%水平上显著正相关，相关系数为0.031，总资产增长率（*AssetGrowth*）则与是否亏损（*Loss*）在1%水平上显著负相关，相关系数为-0.187。是否两职合一（*Dual*）与董事会人数（*Board*）在1%水平上显著负相关，相关系数为-0.181。总体而言，本章控制变量之间不存在多重共线性的问题。

3.5.3 独立董事地理位置对盈余管理的影响

（1）单变量分析

本章首先通过单变量分析检验独立董事地理位置（*LR*）与公司盈余管理的关系，结果列示于表3-4中。具体地，本章按照上市公司的独立董事本地率（*LR*）是否高于同年度同行业所有样本公司的中位数将样本分为独立董事本地率低和独立董事本地率高两组，分别对两组样本的应计盈余管理（*AbsDA*）和真实盈余管理（*REM*）进行均值差异检验和中位数差异检验。

表3-4的检验结果显示，独立董事本地率较低公司的应计盈余管理（*AbsDA*）均值和中位数分别为0.058和0.041，真实盈余管理（*REM*）的均值和中位数分别为0.068和0.048；而在独立董事本地率较高的公司中，其应计盈余管理（*AbsDA*）均值和中位数分别为0.056和0.039，真实盈余管理（*REM*）的均值和中位数分别为0.066和0.046。无论是以应计盈余管理（*AbsDA*）还是真实盈余管理（*REM*）度量公司的盈余管理程度，独立董事本地率较高组公司的盈余管理程度的均值和中位数均低于独立董事本地率较低组，且差异检验结果显示，均值差异在5%水平上显著，中位数的差异在1%水平上显著。因此，单变量分析结果显示，独立董事本地率较高的公司其盈余管理程度较低，盈余质量较好，与本章研究假设H1a的预期一致。

表 3-4　　　　　　　　　　　独立董事本地率单变量分析

	独立董事本地率低		独立董事本地率高		差异检验	
	均值	中位数	均值	中位数	均值差异	中位数差异
AbsDA	0.058	0.041	0.056	0.039	0.002**	10.514***
REM	0.068	0.048	0.066	0.046	0.002**	6.670***
样本观测	16407		14601		—	

注：***、**、*分别代表在1%、5%和10%水平上显著。
数据来源：作者根据Stata 16.0计算整理。

（2）多元回归分析

由于单变量分析没有考虑其他因素对公司经营业绩的可能影响，因此本章将继续采用多元回归分析的方法，在控制一系列可能影响公司盈余管理的其他变量后，检验公司的独立董事本地率对公司盈余管理程度的影响。此外，基于城市社会经济资源视角，本章将城市社会经济资源分为社会经济资源丰富城市的上市公司样本和社会经济资源匮乏城市的上市公司样本，具体而言，若上市公司注册地城市为直辖市、副省级省会、一般省会、计划单列市以及经济强市苏州市，则认定为社会经济资源丰富城市；普通地级市和省直辖县级市等其他城市为社会经济资源匮乏城市。本章所采用的模型详见前文模型（3.4），回归结果如表3-5、表3-6所示。

表3-5为应计盈余管理（*AbsDA*）对独立董事本地率（*LR*）等变量分别在全样本、社会经济资源丰富城市、社会经济资源匮乏城市的上市公司进行OLS回归的结果。其中，列（1）和列（4）为全部样本的回归结果，列（2）和列（5）以社会经济资源丰富城市的上市公司为样本，列（3）和列（6）以社会经济资源匮乏城市的上市公司为样本。其中，列（1）、列（2）、列（3）中仅控制了行业和年份固定效应，没有加入公司层面的控制变量，回归结果显示，独立董事本地率（*LR*）的回归系数分别为-0.004、-0.004和-0.006，且都在1%水平上显著，这表明独立董事本地率（*LR*）对公司的应计盈余管理（*AbsDA*）有显著的抑制作用。列（4）、列（5）、列（6）分别在列（1）、列（2）、列（3）的基础上加入了公司规模（*Size*），资产负债率（*Lev*），现金流比率（*Cashflow*），营业收入增长率

（*Growth*），是否国有企业（*SOE*），是否四大（*Big*4），账面市值比（*BM*），上市年限（*ListAge*），第一大股东持股比例（*Top*1），总资产增长率（*AssetGrowth*），是否两职合一（*Dual*），是否亏损（*Loss*），董事人数（*Board*）等可能会影响公司盈余管理程度的控制变量。回归结果显示，在加入控制变量后，在全样本中，独立董事本地率（*LR*）与应计盈余管理（*AbsDA*）在 1%水平上显著负相关，这表明在全样本下独立董事本地率（*LR*）对应计盈余管理（*AbsDA*）有显著的抑制作用。在社会经济资源丰富城市的样本下，独立董事本地率（*LR*）与应计盈余管理（*AbsDA*）负相关关系不显著。在社会经济资源匮乏城市的样本下，独立董事本地率（*LR*）与应计盈余管理（*AbsDA*）在 1%水平上显著负相关，这表明在社会经济资源匮乏城市样本下独立董事本地率（*LR*）对应计盈余管理（*AbsDA*）有显著的抑制作用。这验证了本章研究假设 H1a。

同时，表 3-5 中的回归结果显示，在全样本下，公司规模（*Size*）、现金流比率（*Cashflow*）、是否国有企业（*SOE*）、账面市值比（*BM*）、董事人数（*Board*）的回归系数分别是−0.002、−0.09、−0.005、−0.006、−0.009，都在 1%水平上显著为负，即公司的资产规模、现金流比率、公司性质、账面市值比、董事人数等特征对公司的应计盈余管理（*AbsDA*）有负向影响；资产负债率（*Lev*）、营业收入增长率（*Growth*）、上市年限（*ListAge*）、总资产增长率（*AssetGrowth*）、是否亏损（*Loss*）的回归系数分别是 0.027、0.007、0.002、0.024、0.034，都在 1%水平上显著为正，即公司的资产负债率、营业收入增长率、上市年限、总资产增长率、是否亏损等特征对公司的应计盈余管理（*AbsDA*）有正向影响；但是，是否四大（*Big*4）、第一大股东持股比例（*Top*1）以及是否两职合一（*Dual*）等其他变量的回归系数不显著，说明这些公司特征对应计盈余管理（*AbsDA*）的影响不显著。

综上，表 3-5 的回归结果说明在全样本中独立董事本地率（*LR*）和公司应计盈余管理（*AbsDA*）呈显著负相关关系，独立董事本地率越高，越能抑制上市公司的应计盈余管理，验证了本章的研究假设 H1a。相对于社会经济资源丰富城市上市公司，社会经济资源匮乏城市上市公司高独立董事本地率（*LR*）对应计盈余管理（*AbsDA*）的抑制作用更显著。

表 3-5   独立董事本地率与应计盈余管理的多元回归分析结果

	（1）	（2）	（3）	（4）	（5）	（6）
	全样本	社会经济资源丰富城市	社会经济资源匮乏城市	全样本	社会经济资源丰富城市	社会经济资源匮乏城市
	AbsDA	AbsDA	AbsDA	AbsDA	AbsDA	AbsDA
LR	−0.004***	−0.004***	−0.006***	−0.003***	−0.002	−0.005***
	（−4.790）	（−3.389）	（−3.065）	（−3.610）	（−1.465）	（−2.845）
Size	—	—	—	−0.002***	−0.003***	0.000
	—	—	—	（−3.987）	（−5.565）	（0.434）
Lev	—	—	—	0.027***	0.029***	0.025***
	—	—	—	（11.952）	（11.392）	（7.970）
Cashflow	—	—	—	−0.090***	−0.102***	−0.071***
	—	—	—	（−11.283）	（−17.421）	（−9.609）
Growth	—	—	—	0.007***	0.007***	0.007***
	—	—	—	（5.663）	（6.403）	（4.957）
SOE	—	—	—	−0.005***	−0.006***	−0.004***
	—	—	—	（−6.149）	（−5.524）	（−3.155）
Big4	—	—	—	−0.001	−0.002	0.002
	—	—	—	（−1.053）	（−1.151）	（0.887）
BM	—	—	—	−0.006***	−0.005***	−0.008***
	—	—	—	（−15.825）	（−11.652）	（−11.587）
ListAge	—	—	—	0.002***	0.002***	0.001
	—	—	—	（3.164）	（3.104）	（0.854）
Top1	—	—	—	0.000	−0.002	0.005
	—	—	—	（0.139）	（−0.664）	（1.266）
AssetGrowth	—	—	—	0.024***	0.026***	0.021***
	—	—	—	（15.054）	（19.863）	（12.212）

续　表

	（1）	（2）	（3）	（4）	（5）	（6）
	全样本	社会经济资源丰富城市	社会经济资源匮乏城市	全样本	社会经济资源丰富城市	社会经济资源匮乏城市
	AbsDA	*AbsDA*	*AbsDA*	*AbsDA*	*AbsDA*	*AbsDA*
Dual	—	—	—	0.000	−0.001	0.002
	—	—	—	（0.352）	（−0.844）	（1.471）
Loss	—	—	—	0.034***	0.032***	0.037***
	—	—	—	（24.976）	（24.387）	（22.725）
Board	—	—	—	−0.009***	−0.011***	−0.006**
	—	—	—	（−5.326）	（−5.460）	（−2.215）
_cons	0.082***	0.086***	0.076***	0.112***	0.144***	0.059***
	（22.753）	（19.536）	（17.386）	（13.314）	（13.861）	（4.563）
Year	Yes	Yes	Yes	Yes	Yes	Yes
Industry	Yes	Yes	Yes	Yes	Yes	Yes
N	31008	19251	11757	31008	19251	11757
adj. R²	0.040	0.051	0.022	0.143	0.158	0.119
F	27.937	32.039	9.126	62.027	79.817	35.666

注：***、**、*分别代表在 1%、5% 和 10% 水平上显著。

数据来源：作者根据 Stata 16.0 计算整理。

表 3-6 为真实盈余管理（REM）对独立董事本地率（LR）等变量分别在全样本、社会经济资源丰富城市、社会经济资源匮乏城市的上市公司进行 OLS 回归的结果。其中，列（1）和列（4）为全部样本的回归结果，列（2）和列（5）以城市社会经济资源丰富地区的上市公司为样本，列（3）和列（6）以城市社会经济资源匮乏地区的上市公司为样本。其中，列（1）—列（3）中仅控制了行业和年份固定效应，没有加入公司层面的控制变量，回归结果显示，独立董事本地率（LR）的回归系数分别为-0.006、-0.008 和-0.009，且都在 1% 水平上显著，说明独立董事本地率（LR）与公司的真实盈余管理（REM）呈显著负相关关系。列（4）—列（6）分别在列（1）—列（3）的基础上加入了公司

规模（*Size*），资产负债率（*Lev*），现金流比率（*Cashflow*），营业收入增长率（*Growth*），是否国有企业（*SOE*），是否四大（*Big4*），账面市值比（*BM*），上市年限（*ListAge*），第一大股东持股比例（*Top1*），总资产增长率（*AssetGrowth*），是否两职合一（*Dual*），是否亏损（*Loss*），董事人数（*Board*）等可能会影响公司盈余管理程度的控制变量，回归结果显示，在加入控制变量后，对于全样本，独立董事本地率（*LR*）与真实盈余管理（*REM*）在1%水平上显著负相关，这表明独立董事本地率（*LR*）对真实盈余管理（*REM*）有显著的抑制作用。在社会经济资源丰富城市的样本下，独立董事本地率（*LR*）与真实盈余管理（*REM*）在1%的水平上显著负相关，这表明在社会经济资源丰富城市的样本下，独立董事本地率（*LR*）对真实盈余管理（*REM*）有显著的抑制作用。在社会经济资源匮乏城市的样本中，独立董事本地率（*LR*）与真实盈余管理（*REM*）在5%水平上显著负相关，这表明在社会经济资源匮乏城市的样本中，独立董事本地率（*LR*）对真实盈余管理（*REM*）有显著的抑制作用。

同时，表3-6中的回归结果显示，在全样本下，公司规模（*Size*）和账面市值比（*BM*）的回归系数分别是-0.005、-0.003，都在1%水平上显著为负，董事人数（*Board*）的回归系数为-0.004，在10%水平上显著为负，即公司的资产规模、账面市值比、董事人数等特征对公司的真实盈余管理（*REM*）有负向影响；资产负债率（*Lev*）、现金流比率（*Cashflow*）、营业收入增长率（*Growth*）、上市年限（*ListAge*）、第一大股东持股比例（*Top1*）、总资产增长率（*AssetGrowth*）、是否亏损（*Loss*）的回归系数分别是0.024、0.027、0.016、0.005、0.02、0.065、0.011，都在1%水平上显著为正，即公司的资产负债率、现金流比率、营业收入增长率、上市年限、第一大股东持股比例、总资产增长率、是否亏损等特征对公司的真实盈余管理（*REM*）有正向影响；但是，是否国有企业（*SOE*）、是否四大（*Big4*）以及是否两职合一（*Dual*）等其他变量的回归系数不显著，说明这些公司特征对真实盈余管理（*REM*）的影响不显著。

综上，表3-6的回归结果说明在全样本、社会经济资源丰富城市样本及社会经济资源匮乏城市样本下独立董事本地率（*LR*）和公司真实盈余管理程度（*REM*）呈显著负相关关系，独立董事本地率越高，越能抑制上市公司的真实

城市社会经济资源视角下独立董事地理位置对盈余管理的影响研究

盈余管理程度，验证了本章的研究假设 H1a。

表 3-6　　　　独立董事本地率与真实盈余管理的多元回归分析结果

	（1）全样本	（2）社会经济资源丰富城市	（3）社会经济资源匮乏城市	（4）全样本	（5）社会经济资源丰富城市	（6）社会经济资源匮乏城市
	REM	REM	REM	REM	REM	REM
LR	-0.006***	-0.008***	-0.009***	-0.005***	-0.007***	-0.006**
	(-5.080)	(-5.044)	(-3.678)	(-4.293)	(-4.172)	(-2.361)
Size	—	—	—	-0.005***	-0.006***	-0.002***
				(-8.788)	(-9.271)	(-2.796)
Lev	—	—	—	0.024***	0.029***	0.017***
	—	—	—	(8.457)	(7.907)	(4.304)
Cashflow	—	—	—	0.027***	0.011	0.054***
	—	—	—	(2.789)	(1.313)	(5.761)
Growth	—	—	—	0.016***	0.017***	0.014***
	—	—	—	(5.598)	(11.472)	(8.113)
SOE	—	—	—	-0.001	-0.001	0.001
	—	—	—	(-0.540)	(-0.737)	(0.407)
Big4	—	—	—	0.002	0.000	0.009**
	—	—	—	(1.256)	(0.213)	(2.477)
BM	—	—	—	-0.003***	-0.002***	-0.006***
	—	—	—	(-5.958)	(-3.461)	(-6.421)
ListAge	—	—	—	0.005***	0.006***	0.005***
	—	—	—	(6.300)	(5.411)	(3.878)
Top1	—	—	—	0.020***	0.023***	0.017***
	—	—	—	(5.708)	(5.707)	(3.705)
AssetGrowth	—	—	—	0.065***	0.069***	0.057***
	—	—	—	(12.548)	(37.014)	(26.503)

续 表

	(1)	(2)	(3)	(4)	(5)	(6)
	全样本	社会经济资源丰富城市	社会经济资源匮乏城市	全样本	社会经济资源丰富城市	社会经济资源匮乏城市
	REM	*REM*	*REM*	*REM*	*REM*	*REM*
Dual	—	—	—	0.001	−0.001	0.004***
	—	—	—	(1.346)	(−0.384)	(2.804)
Loss	—	—	—	0.011***	0.011***	0.012***
	—	—	—	(7.738)	(5.766)	(5.627)
Board	—	—	—	−0.004*	−0.008***	0.002
	—	—	—	(−1.826)	(−2.748)	(0.699)
_cons	0.072***	0.083***	0.062***	0.128***	0.177***	0.057***
	(19.541)	(13.027)	(10.982)	(11.511)	(11.870)	(3.470)
Year	Yes	Yes	Yes	Yes	Yes	Yes
Industry	Yes	Yes	Yes	Yes	Yes	Yes
N	31008	19251	11757	31008	19251	11757
adj. R^2	0.042	0.047	0.032	0.162	0.171	0.150
F	20.682	30.027	12.692	24.392	87.082	46.002

注:***、**、*分别代表在1%、5%和10%水平上显著。

数据来源:作者根据 Stata 16.0 计算整理。

3.5.4 稳健性检验

(1) 变更盈余管理度量方式

为保证研究结论的可靠性,本章对盈余管理的衡量指标进行替换,对主假设重新进行检验。Ball 和 Shivakumar (2006) 指出会计谨慎性对于利得和损失确认的不对称性,导致应计和企业业绩之间存在非线性相关性。因此需要在传统的琼斯模型中,引入代表损失的哑变量 *DVAR* 来反映这种非线性关系(黄梅和夏新平,2009)。具体见式(3.5):TA_t 指企业第 t 年总应计利润,用第 t 年营业利润减去第 t 年经营活动现金流量;$Asset_{t-1}$ 指企业第 $t-1$ 年总资产;ΔREV_t 指企

业第 t 年主营业务收入的变化，用第 t 年主营业务收入减去第 $t-1$ 年主营业务收入；PPE_t 是指企业第 t 年固定资产账面原值；$DVAR_t$ 是代表损失的哑变量，当 CFO 小于零时，它等于 1，反之为零；CFO_t 是指企业第 t 年经营现金流量。使用分行业分年度回归，最后得到的残差绝对值即为盈余管理程度（DA）。用盈余管理程度（DA）作为盈余管理的代理变量，检验前文结果的稳健性。

$$\frac{TA_t}{Asset_{i,\ t-1}} = \beta_0 + \beta_1 \frac{\Delta REV_t}{Asset_{t-1}} + \beta_2 \frac{PPE_t}{Asset_{i,\ t-1}} + \beta_3 \frac{DVAR_t}{Asset_{i,\ t-1}} + \beta_4 \frac{CFO_t \times DVAR_t}{Asset_{i,\ t-1}} + \varepsilon_t$$

$$(3.5)$$

表 3-7 为独立董事本地率与盈余管理程度的多元回归分析结果。表 3-7 中，解释变量为独立董事本地率（LR），被解释变量为盈余管理程度（DA），控制变量包括公司规模（$Size$），资产负债率（Lev），现金流比率（$Cashflow$），营业收入增长率（$Growth$），是否国有企业（SOE），是否四大（$Big4$），账面市值比（BM），上市年限（$ListAge$），第一大股东持股比例（$Top1$），总资产增长率（$AssetGrowth$），是否两职合一（$Dual$），是否亏损（$Loss$），董事人数（$Board$），主要变量的具体定义详见表 3-1。

根据表 3-7，列（1）和列（4）为全部样本的回归结果；列（2）和列（5）以社会经济资源丰富城市的上市公司为样本，列（3）和列（6）以社会经济资源匮乏城市的上市公司为样本。在以盈余管理程度（DA）来衡量公司的应计盈余管理时，列（1）—列（3）为仅控制行业和年份固定效应的回归，没有加入公司层面的控制变量，回归结果显示，独立董事本地率（LR）的回归系数分别是 -0.004、-0.003、-0.005，且都在 1% 水平上显著，这表明独立董事本地率（LR）对盈余管理程度（DA）有显著的抑制作用。列（4）—列（6）分别在列（1）—列（3）的基础上加入了公司规模（$Size$），资产负债率（Lev），现金流比率（$Cashflow$），营业收入增长率（$Growth$），是否国有企业（SOE），是否四大（$Big4$），账面市值比（BM），上市年限（$ListAge$），第一大股东持股比例（$Top1$），总资产增长率（$AssetGrowth$），是否两职合一（$Dual$），是否亏损（$Loss$），董事人数（$Board$）等可能影响公司盈余管理程度的控制变量，回归结果显示，在加入控制变量后，在全样本中，独立董事本地率（LR）与盈余管理程度（DA）在 1% 水平上显著负相关，这表明独立董事本地率（*LR*）对盈余管理程度（*DA*）有显著的抑制作用。在社会经济资源匮乏城市的上市公司样本中，独立董事本地率（*LR*）与盈余管理程度（*DA*）在 1% 水平上显著负相关，这表明在社会经济资源匮乏城市的上市公司样本中独立董事本地率（*LR*）对盈余管理程度（*DA*）有显著的抑制作用。在社会经济资源丰富城市的样本下，独立董事本地率（*LR*）与盈余管理程度（*DA*）之间的负相关关系不显著。综合而言，在以盈余管理程度（*DA*）来度量应计盈余管理时，在全样本和社会经济资源匮乏城市的上市公司样本下，独立董事本地率越高，越能够抑制公司的盈余管理程度，以残差绝对值为盈余管理的程度这种计算方式来代替公司的盈余管理时，本章独立董事本地率与盈余管理的负相关关系仍然成立，支持了本研究的假设 H1a。

表 3-7　　独立董事本地率与盈余管理程度的多元回归分析结果

	(1)	(2)	(3)	(4)	(5)	(6)
	全样本	社会经济资源丰富城市	社会经济资源匮乏城市	全样本	社会经济资源丰富城市	社会经济资源匮乏城市
	DA	*DA*	*DA*	*DA*	*DA*	*DA*
LR	−0.004***	−0.003***	−0.005***	−0.003***	−0.001	−0.005***
	(−4.954)	(−2.897)	(−3.243)	(−3.887)	(−1.550)	(−2.971)
Size	—	—	—	0.000	−0.000	0.001**
	—	—	—	(0.702)	(−0.870)	(2.264)
Cashflow	—	—	—	−0.010	−0.016***	−0.001
	—	—	—	(−1.370)	(−3.391)	(−0.175)
Lev	—	—	—	0.023***	0.025***	0.020***
	—	—	—	(11.882)	(12.099)	(7.386)
Growth	—	—	—	−0.000***	−0.000***	0.001***
	—	—	—	(−2.916)	(−3.021)	(6.990)
SOE	—	—	—	−0.004***	−0.004***	−0.004***
	—	—	—	(−6.244)	(−5.044)	(−3.766)
Big4	—	—	—	−0.003***	−0.004***	0.000
	—	—	—	(−2.735)	(−2.614)	(0.087)

续　表

	（1）	（2）	（3）	（4）	（5）	（6）
	全样本	社会经济资源丰富城市	社会经济资源匮乏城市	全样本	社会经济资源丰富城市	社会经济资源匮乏城市
	DA	DA	DA	DA	DA	DA
BM	—	—	—	−0.004***	−0.004***	−0.005***
	—	—	—	（−13.410）	（−12.255）	（−10.557）
ListAge	—	—	—	−0.000	−0.000	−0.001
	—	—	—	（−0.199）	（−0.003）	（−0.998）
Top1	—	—	—	−0.001	−0.003	0.001
	—	—	—	（−0.649）	（−1.267）	（0.300）
Dual	—	—	—	0.001	0.001	0.001
	—	—	—	（1.362）	（0.742）	（1.024）
Loss	—	—	—	0.036***	0.035***	0.038***
	—	—	—	（29.332）	（30.424）	（26.246）
Board	—	—	—	−0.009***	−0.011***	−0.005**
	—	—	—	（−6.175）	（−6.364）	（−2.317）
AssetGrowth	—	—	—	0.001***	0.001***	0.000***
	—	—	—	（3.142）	（11.422）	（3.034）
_cons	0.070***	0.074***	0.066***	0.071***	0.094***	0.040***
	（23.027）	（19.253）	（17.326）	（9.590）	（10.848）	（3.587）
Year	Yes	Yes	Yes	Yes	Yes	Yes
Industry	Yes	Yes	Yes	Yes	Yes	Yes
N	34688	21621	13067	34688	21621	13067
adj. R^2	0.033	0.041	0.021	0.105	0.115	0.094
F	28.554	28.429	9.073	49.834	60.580	30.012

注：***、**、*分别代表在1%、5%和10%水平上显著。

数据来源：作者根据 Stata 16.0 计算整理。

（2）Heckman 两阶段回归

对于独立董事地理位置（*LR*）与盈余管理之间的内生性问题，我们采用
Heckman 两阶段法来进行稳健性检验。第一阶段，我们将虚拟变量 *d*1，即独
立董事本地率是否大于年度均值，作为因变量进行 Probit 回归。特别地，我
们选取上市公司注册地的 *GDP* 的自然对数作为工具变量，原因是 *GDP* 水平
越高的地区，上市公司聘请本地独立董事的概率越大，且 *GDP* 水平与企业的
盈余管理之间没有明显的相关性。将该工具变量加入回归中，得到这一回归
的逆米尔斯比率（imr），然后将其作为额外的控制变量加入模型（1）中进
行回归。

表 3-8 为独立董事本地率与应计盈余管理关系的 Heckman 两阶段回归检验
结果，列（1）、列（3）、列（5）分别为全样本、社会经济资源丰富城市及社
会经济资源匮乏城市样本下第一阶段研究结果。结果显示本章所选取的工具变量
（*GDP*）与独立董事本地率显著正相关，进一步说明了选取工具变量的合理性。
列（2）、列（4）、列（6）分别为全样本、社会经济资源丰富城市及社会经济资
源匮乏城市样本下的第二阶段研究结果。结果显示独立董事本地率与应计盈余管
理的相关系数分别为 -0.004、-0.004 和 -0.006，均在 1% 水平上显著，这表明高
独立董事本地率对应计盈余管理有显著的抑制作用。综合以上结果，在控制了自
选择效应之后，本章的主回归结果仍旧成立，具有一定的稳健性。

表 3-9 为独立董事本地率与真实盈余管理的两阶段回归检验结果，列（1）、
列（3）、列（5）分别为全样本、社会经济资源丰富城市及社会经济资源匮乏城
市样本下第一阶段的研究结果。结果显示本章所选取的工具变量（*GDP*）与独立
董事本地率显著正相关，进一步说明了选取工具变量的合理性。列（2）、列
（4）、列（6）分别为全样本、社会经济资源丰富城市及社会经济资源匮乏城市样
本下的第二阶段研究结果。结果显示独立董事本地率与真实盈余管理的相关系数
分别为 -0.007、-0.009 和 -0.008，均在 1% 水平上显著，这表明高独立董事本
地率对真实盈余管理有显著的抑制作用。综合以上结果，在控制了自选择效应
之后，本章的主回归结果仍旧成立，具有一定的稳健性。

表 3-8 　　　　　　　Heckman 两阶段回归检验结果 （AbsDA）

	（1）	（2）	（3）	（4）	（5）	（6）
	全样本		社会经济资源丰富城市		社会经济资源匮乏城市	
	第一阶段	第二阶段	第一阶段	第二阶段	第一阶段	第二阶段
	d1	AbsDA	d1	AbsDA	d1	AbsDA
GDP	0.689***	—	0.366***	—	0.382***	—
	（74.235）	—	（29.117）	—	（17.319）	—
LR	—	−0.004***	—	−0.004***	—	−0.006***
	—	（−4.527）	—	（−3.044）	—	（−3.054）
Size	−0.051***	−0.000	−0.043***	−0.001**	−0.053***	0.001
	（−5.588）	（−0.952）	（−3.973）	（−2.378）	（−2.646）	（1.081）
Cashflow	−0.181	−0.098***	0.018	−0.115***	−0.193	−0.072***
	（−1.608）	（−10.691）	（0.131）	（−20.407）	（−0.850）	（−10.270）
Lev	−0.103**	0.029***	−0.169***	0.033***	−0.289***	0.024***
	（−2.059）	（12.595）	（−2.769）	（12.696）	（−2.887）	（7.625）
Growth	0.001*	−0.000	0.001	−0.000***	−0.033	0.001***
	（1.737）	（−1.368）	（1.061）	（−5.371）	（−1.270）	（6.250）
SOE	0.365***	−0.007***	0.432***	−0.009***	0.005	−0.006***
	（18.117）	（−7.991）	（17.329）	（−7.843）	（0.109）	（−4.330）
Big4	−0.359***	−0.004***	−0.361***	−0.003*	−0.466***	0.001
	（−10.044）	（−2.753）	（−9.079）	（−1.726）	（−3.705）	（0.248）
BM	0.028***	−0.005***	0.027***	−0.005***	0.023	−0.006***
	（3.924）	（−14.377）	（3.215）	（−13.219）	（1.239）	（−10.674）
ListAge	−0.063***	−0.000	−0.097***	0.001	−0.142***	−0.001
	（−4.231）	（−0.063）	（−5.510）	（1.131）	（−4.717）	（−1.148）
Top1	0.277***	0.000	0.311***	−0.005*	−0.087	0.005
	（4.844）	（0.102）	（4.431）	（−1.701）	（−0.725）	（1.303）
Dual	−0.021	0.001	0.028	−0.001	−0.055	0.002*
	（−1.108）	（0.985）	（1.151）	（−0.597）	（−1.514）	（1.830）

续　表

	(1)	(2)	(3)	(4)	(5)	(6)
	全样本		社会经济资源丰富城市		社会经济资源匮乏城市	
	第一阶段	第二阶段	第一阶段	第二阶段	第一阶段	第二阶段
	d1	*AbsDA*	*d1*	*AbsDA*	*d1*	*AbsDA*
Loss	0.028	0.028***	0.041	0.026***	−0.021	0.032***
	(1.057)	(20.164)	(1.259)	(18.922)	(−0.380)	(18.947)
Board	−0.371***	−0.010***	−0.159***	−0.012***	−1.006***	−0.009***
	(−8.710)	(−5.631)	(−3.135)	(−5.559)	(−11.838)	(−2.602)
AssetGrowth	−0.010	0.002**	−0.010	0.003***	−0.026	0.001***
	(−1.565)	(1.963)	(−1.582)	(12.953)	(−0.749)	(2.995)
imr	—	−0.001*	—	−0.010***	—	0.001
	—	(−1.862)	—	(−4.073)	—	(0.524)
_cons	−3.358***	0.104***	−1.124***	0.134***	0.144	0.068***
	(−15.961)	(12.045)	(−4.288)	(12.893)	(0.322)	(5.150)
Year	Yes	Yes	Yes	Yes	Yes	Yes
Industry	Yes	Yes	Yes	Yes	Yes	Yes
N	31008	31008	19251	19251	11583	11583
adj. R^2	—	0.115	—	0.134	—	0.094
F	—	47.953	—	64.362	—	28.466

注：***、**、*分别代表在1%、5%和10%水平上显著。

数据来源：作者根据 Stata 16.0 计算整理。

表 3-9　　　　　　　　Heckman 两阶段回归检验结果 (*REM*)

	(1)	(2)	(3)	(4)	(5)	(6)
	全样本		社会经济资源丰富城市		社会经济资源匮乏城市	
	第一阶段	第二阶段	第一阶段	第二阶段	第一阶段	第二阶段
	d1	*REM*	*d1*	*REM*	*d1*	*REM*
GDP	0.689***	—	0.366***	—	0.382***	—
	(74.235)	—	(29.117)	—	(17.319)	—

续　表

	(1)	(2)	(3)	(4)	(5)	(6)
	全样本		社会经济资源丰富城市		社会经济资源匮乏城市	
	第一阶段	第二阶段	第一阶段	第二阶段	第一阶段	第二阶段
	*d*1	*REM*	*d*1	*REM*	*d*1	*REM*
LR	—	-0.007 ***	—	-0.009 ***	—	-0.008 ***
	—	(-5.365)	—	(-5.117)	—	(-3.061)
Cashflow	-0.181	0.011	0.018	-0.011	-0.193	0.049 ***
	(-1.608)	(0.892)	(0.131)	(-1.298)	(-0.850)	(5.486)
Lev	-0.103 **	0.031 ***	-0.169 ***	0.037 ***	-0.289 ***	0.021 ***
	(-2.059)	(10.695)	(-2.769)	(9.861)	(-2.887)	(5.151)
Growth	0.001 *	-0.000 **	0.001	-0.000 ***	-0.033	0.003 ***
	(1.737)	(-2.085)	(1.061)	(-11.350)	(-1.270)	(9.758)
SOE	0.365 ***	-0.004 ***	0.432 ***	-0.005 ***	0.005	-0.002
	(18.117)	(-3.340)	(17.329)	(-3.187)	(0.109)	(-1.256)
Big4	-0.359 ***	-0.004 *	-0.361 ***	-0.005 *	-0.466 ***	0.004
	(-10.044)	(-1.931)	(-9.079)	(-1.960)	(-3.705)	(0.984)
BM	0.028 ***	-0.004 ***	0.027 ***	-0.003 ***	0.023	-0.005 ***
	(3.924)	(-6.658)	(3.215)	(-6.500)	(1.239)	(-7.577)
ListAge	-0.063 ***	0.001	-0.097 ***	0.001	-0.142 ***	-0.000
	(-4.231)	(0.823)	(-5.510)	(0.733)	(-4.717)	(-0.139)
Top1	0.277 ***	0.020 ***	0.311 ***	0.019 ***	-0.087	0.019 ***
	(4.844)	(5.273)	(4.431)	(4.497)	(-0.725)	(3.906)
Dual	-0.021	0.002 **	0.028	0.000	-0.055	0.005 ***
	(-1.108)	(2.209)	(1.151)	(0.239)	(-1.514)	(3.212)
Loss	0.028	-0.004 ***	0.041	-0.005 **	-0.021	-0.002
	(1.057)	(-3.358)	(1.259)	(-2.353)	(-0.380)	(-0.924)
Board	-0.371 ***	-0.006 **	-0.159 ***	-0.010 ***	-1.006 ***	-0.002
	(-8.710)	(-2.560)	(-3.135)	(-3.401)	(-11.838)	(-0.409)
AssetGrowth	-0.010	0.004 *	-0.010	0.008 ***	-0.026	0.001 ***
	(-1.565)	(1.935)	(-1.582)	(22.774)	(-0.749)	(4.359)

续　表

	（1）	（2）	（3）	（4）	（5）	（6）
	全样本		社会经济资源丰富城市		社会经济资源匮乏城市	
	第一阶段	第二阶段	第一阶段	第二阶段	第一阶段	第二阶段
	d1	REM	d1	REM	d1	REM
imr	—	−0.003**	—	−0.007*	—	0.001
		（−2.409）		（−1.898）		（0.410）
_cons	−3.358***	0.086***	−1.124***	0.134***	0.144	0.032*
	（−15.961）	（6.805）	（−4.288）	（8.929）	（0.322）	（1.891）
Year	Yes	Yes	Yes	Yes	Yes	Yes
Industry	Yes	Yes	Yes	Yes	Yes	Yes
N	31008	31008	19251	19251	11583	11583
adj. R^2	—	0.063	—	0.082	—	0.059
F	—	18.244	—	37.356	—	17.493

注：***、**、*分别代表在1%、5%和10%水平上显著。
数据来源：作者根据 Stata 16.0 计算整理。

3.6　进一步研究

3.6.1　是否开通高铁的异质性分析

为探究在公司所在城市高铁的开通是否会对独立董事本地率对公司盈余管理的抑制作用产生影响，本研究按照上市公司注册地当年是否开通高铁，将样本分为未开通高铁组和开通高铁组，并基于城市社会经济资源视角，在全样本、社会经济资源丰富城市样本及社会经济资源匮乏城市样本下分别进行回归验证，回归结果如表3-10、表3-11所示。

表3-10为对高铁开通前后进行分组后，应计盈余管理（AbsDA）对独立董事本地率（LR）等变量分别在全样本、社会经济资源丰富城市及社会经济资

城市社会经济资源视角下独立董事地理位置对盈余管理的影响研究

匮乏城市的上市公司进行 OLS 回归的结果。回归结果显示，在全样本下，开通高铁组独立董事本地率（*LR*）与应计盈余管理（*AbsDA*）在 1% 水平上显著负相关，未开通高铁组独立董事本地率（*LR*）与应计盈余管理（*AbsDA*）负相关关系不显著，这表明相对于未开通高铁组，开通高铁组独立董事本地率（*LR*）对应计盈余管理（*AbsDA*）的抑制作用更显著。在社会经济资源丰富城市的样本下，开通高铁后独立董事本地率（*LR*）与应计盈余管理（*AbsDA*）在 10% 水平上显著负相关，未开通高铁组独立董事本地率（*LR*）与应计盈余管理（*AbsDA*）负相关关系不显著，这表明在社会经济资源丰富城市的样本中相对于未开通高铁组，开通高铁组独立董事本地率（*LR*）对应计盈余管理（*AbsDA*）的抑制作用更显著。在社会经济资源匮乏城市的样本下，未开通高铁组与开通高铁组独立董事本地率（*LR*）与应计盈余管理（*AbsDA*）均在 10% 水平上显著负相关，这表明在社会经济资源匮乏城市的样本中，未开通高铁组和开通高铁组独立董事本地率（*LR*）对应计盈余管理（*AbsDA*）的抑制作用无显著差异。

表 3-10　　　　　　　　是否开通高铁的异质性分析（*AbsDA*）

	(1)	(2)	(3)	(4)	(5)	(6)
	全样本		社会经济资源丰富城市		社会经济资源匮乏城市	
	开通高铁	未开通高铁	开通高铁	未开通高铁	开通高铁	未开通高铁
	AbsDA	*AbsDA*	*AbsDA*	*AbsDA*	*AbsDA*	*AbsDA*
LR	−0.003***	−0.003	−0.002*	0.002	−0.004*	−0.007*
	(−3.237)	(−1.204)	(−1.856)	(0.502)	(−1.839)	(−1.915)
Size	−0.003***	0.002***	−0.003***	0.001	−0.001	0.003***
	(−6.698)	(2.627)	(−6.717)	(0.455)	(−1.597)	(2.611)
Cashflow	−0.082***	−0.115***	−0.093***	−0.139***	−0.055***	−0.095***
	(−15.791)	(−11.605)	(−14.829)	(−8.369)	(−6.003)	(−7.638)
Lev	0.030***	0.017***	0.030***	0.021**	0.029***	0.017***
	(14.129)	(3.594)	(11.608)	(2.354)	(7.886)	(2.888)

续　表

	(1)	(2)	(3)	(4)	(5)	(6)
	全样本		社会经济资源丰富城市		社会经济资源匮乏城市	
	开通高铁	未开通高铁	开通高铁	未开通高铁	开通高铁	未开通高铁
	AbsDA	AbsDA	AbsDA	AbsDA	AbsDA	AbsDA
Growth	0.007***	0.005**	0.006***	0.008***	0.010***	0.002
	(7.919)	(2.575)	(5.683)	(2.855)	(5.837)	(0.715)
SOE	−0.005***	−0.005***	−0.005***	−0.007**	−0.003**	−0.005**
	(−5.394)	(−3.063)	(−4.953)	(−2.397)	(−2.275)	(−2.446)
Big4	−0.002*	0.008**	−0.003**	0.012**	0.001	0.006
	(−1.660)	(2.169)	(−2.007)	(2.058)	(0.384)	(1.145)
BM	−0.005***	−0.011***	−0.004***	−0.009***	−0.006***	−0.012***
	(−12.920)	(−9.590)	(−10.409)	(−4.368)	(−7.385)	(−9.095)
ListAge	0.002***	0.000	0.003***	−0.002	0.000	0.002
	(3.491)	(0.294)	(3.599)	(−0.649)	(0.400)	(1.089)
Top1	−0.002	0.009	−0.001	−0.010	−0.003	0.017**
	(−0.787)	(1.645)	(−0.449)	(−1.049)	(−0.795)	(2.563)
Dual	0.000	0.000	−0.000	−0.006	0.002	0.003
	(0.425)	(0.236)	(−0.452)	(−1.595)	(1.210)	(1.244)
Loss	0.036***	0.023***	0.033***	0.024***	0.044***	0.023***
	(32.633)	(9.167)	(24.222)	(5.083)	(22.843)	(7.687)
Board	−0.010***	−0.005	−0.011***	−0.015**	−0.009***	−0.001
	(−5.725)	(−1.248)	(−4.916)	(−2.183)	(−2.802)	(−0.102)
AssetGrowth	0.022***	0.030***	0.023***	0.040***	0.018***	0.023***
	(19.130)	(12.877)	(16.838)	(10.369)	(8.960)	(8.126)

续　表

	(1)	(2)	(3)	(4)	(5)	(6)
	全样本		社会经济资源丰富城市		社会经济资源匮乏城市	
	开通高铁	未开通高铁	开通高铁	未开通高铁	开通高铁	未开通高铁
	AbsDA	*AbsDA*	*AbsDA*	*AbsDA*	*AbsDA*	*AbsDA*
_cons	0.131***	0.026	0.167***	0.094***	0.061**	0.001
	(8.654)	(1.398)	(8.557)	(2.690)	(2.482)	(0.031)
Year	Yes	Yes	Yes	Yes	Yes	Yes
Industry	Yes	Yes	Yes	Yes	Yes	Yes
N	24737	6271	16946	2305	7791	3966
adj. R²	0.145	0.148	0.150	0.205	0.138	0.106
F	92.538	26.274	66.194	15.126	28.084	11.991

注: ***、**、* 分别代表在 1%、5% 和 10% 水平上显著。

数据来源: 作者根据 Stata 16.0 计算整理。

表 3-11 为对高铁开通前后进行分组后, 真实盈余管理 (*REM*) 对独立董事本地率 (*LR*) 等变量分别在全样本、社会经济资源丰富城市及社会经济资源匮乏城市的上市公司进行 OLS 回归的结果。回归结果显示, 在全样本下, 未开通高铁组与开通高铁组独立董事本地率 (*LR*) 与真实盈余管理 (*REM*) 均在 1% 水平上显著负相关, 这表明未开通高铁组和开通高铁组独立董事本地率 (*LR*) 对真实盈余管理 (*REM*) 的抑制作用没有显著差异。在社会经济资源丰富城市的样本下, 开通高铁组独立董事本地率 (*LR*) 与真实盈余管理 (*REM*) 在 1% 水平上显著负相关, 未开通高铁组独立董事本地率 (*LR*) 与真实盈余管理 (*REM*) 在 10% 水平上显著负相关, 这表明未开通高铁组和开通高铁组独立董事本地率 (*LR*) 对真实盈余管理 (*REM*) 的抑制作用没有显著差异。在社会经济资源匮乏城市的样本下, 开通高铁组独立董事本地率 (*LR*) 与真实盈余管理 (*REM*) 在 10% 水平上显著负相关, 未开通高铁组独立董事本地率 (*LR*) 与真实盈余管理 (*REM*) 的负相关关系不显著, 这表明相对于未开通高铁组, 开通高铁组独立董事本地率 (*LR*) 对真实盈余管理 (*REM*) 的抑制作用更显著。

表 3-11　　　　　　　　　是否开通高铁的异质性分析（REM)

	(1)	(2)	(3)	(4)	(5)	(6)
	全样本		社会经济资源丰富城市		社会经济资源匮乏城市	
	开通高铁	未开通高铁	开通高铁	未开通高铁	开通高铁	未开通高铁
	REM	REM	REM	REM	REM	REM
LR	-0.004***	-0.007***	-0.005***	-0.008*	-0.004*	-0.006
	(-4.235)	(-2.795)	(-3.876)	(-1.794)	(-1.752)	(-1.465)
Size	-0.004***	-0.002**	-0.005***	-0.006***	-0.002***	0.000
	(-9.489)	(-1.993)	(-9.340)	(-3.273)	(-2.857)	(0.310)
Cashflow	0.022***	0.020*	0.012	-0.019	0.044***	0.044***
	(3.703)	(1.790)	(1.642)	(-0.937)	(4.232)	(3.209)
Lev	0.027***	0.021***	0.030***	0.029***	0.017***	0.016**
	(10.936)	(3.725)	(10.128)	(2.760)	(4.031)	(2.456)
Growth	0.018***	0.008***	0.017***	0.011***	0.020***	0.005**
	(16.486)	(3.883)	(13.079)	(3.338)	(10.285)	(2.063)
SOE	0.001	-0.005**	0.000	-0.008**	0.002	-0.003
	(0.802)	(-2.334)	(0.260)	(-2.250)	(1.139)	(-1.186)
Big4	0.001	0.003	-0.001	0.006	0.010***	0.004
	(0.899)	(0.722)	(-0.275)	(0.810)	(2.853)	(0.677)
BM	-0.002***	-0.008***	-0.002***	-0.003	-0.003***	-0.011***
	(-5.792)	(-5.788)	(-4.203)	(-1.277)	(-3.663)	(-7.031)
ListAge	0.004***	0.004**	0.004***	-0.004	0.003**	0.007***
	(5.318)	(2.280)	(4.587)	(-1.220)	(2.137)	(3.376)
Top1	0.015***	0.022***	0.016***	0.024**	0.014***	0.016**
	(5.439)	(3.615)	(4.677)	(2.124)	(2.811)	(2.280)
Dual	0.001	0.004*	-0.000	-0.002	0.002	0.007***
	(0.621)	(1.869)	(-0.412)	(-0.393)	(1.553)	(2.710)

续　表

	(1)	(2)	(3)	(4)	(5)	(6)
	全样本		社会经济资源丰富城市		社会经济资源匮乏城市	
	开通高铁	未开通高铁	开通高铁	未开通高铁	开通高铁	未开通高铁
	REM	REM	REM	REM	REM	REM
Loss	0.009***	0.002	0.007***	0.005	0.013***	0.001
	(7.198)	(0.856)	(4.805)	(0.946)	(6.136)	(0.307)
Board	−0.005**	0.006	−0.004*	−0.014*	−0.004	0.017***
	(−2.262)	(1.273)	(−1.810)	(−1.664)	(−1.162)	(3.031)
AssetGrowth	0.045***	0.040***	0.046***	0.041***	0.042***	0.039***
	(34.222)	(14.962)	(28.852)	(8.801)	(18.068)	(12.155)
_cons	0.123***	0.062***	0.169***	0.209***	0.037	−0.014
	(7.070)	(2.831)	(7.556)	(4.946)	(1.306)	(−0.558)
Year	Yes	Yes	Yes	Yes	Yes	Yes
Industry	Yes	Yes	Yes	Yes	Yes	Yes
N	24737	6271	16946	2305	7791	3966
adj. R^2	0.146	0.145	0.153	0.150	0.132	0.149
F	93.053	25.779	67.624	10.687	26.679	17.083

注：***、**、*分别代表在1%、5%和10%水平上显著。
数据来源：作者根据 Stata 16.0 计算整理。

3.6.2　疫情发生前后的异质性分析

为探究疫情发生是否会对独立董事本地率对公司盈余管理的抑制作用产生影响，本研究按照当年是否发生疫情，将样本分为疫情发生前组和疫情发生后组，并基于城市社会经济资源视角，在全样本、社会经济资源丰富城市样本及社会经济资源匮乏城市样本下分别进行回归验证，回归结果如表 3-12、表 3-13 所示。

表 3-12 为对疫情发生前后进行分组后应计盈余管理（AbsDA）对独立董事本地率（LR）等变量分别在全样本、社会经济资源丰富城市及社会经济资源匮

乏城市样本下进行 OLS 回归的结果。回归结果显示，在全样本下，疫情发生前组独立董事本地率（*LR*）与应计盈余管理（*AbsDA*）在 1% 水平上显著负相关，疫情发生后组独立董事本地率（*LR*）与应计盈余管理（*AbsDA*）在 5% 水平上显著负相关，相关系数分别为 -0.004、-0.003，这表明相对于疫情发生后组，疫情发生前组独立董事本地率（*LR*）对应计盈余管理（*AbsDA*）的抑制作用更显著。在社会经济资源丰富城市的样本下，疫情发生前组独立董事本地率（*LR*）与应计盈余管理（*AbsDA*）在 10% 水平上显著负相关，疫情发生后组独立董事本地率（*LR*）与应计盈余管理（*AbsDA*）负相关关系不显著，这表明在社会经济资源丰富城市的样本中相对于疫情发生后组，疫情发生前组独立董事本地率（*LR*）对应计盈余管理（*AbsDA*）的抑制作用更显著。在社会经济资源匮乏城市的样本下，疫情发生前组独立董事本地率（*LR*）与应计盈余管理（*AbsDA*）在 1% 水平上显著负相关，而疫情发生后组独立董事本地率（*LR*）与应计盈余管理（*AbsDA*）负相关关系不显著，这表明在社会经济资源匮乏的样本中相比于疫情发生后组，疫情发生前组独立董事本地率（*LR*）对应计盈余管理（*AbsDA*）的抑制作用更显著。

表 3-12　　　　　　　疫情发生前后的异质性分析（*AbsDA*）

	(1)	(2)	(3)	(4)	(5)	(6)
	全样本		社会经济资源丰富城市		社会经济资源匮乏城市	
	发生疫情前	发生疫情后	发生疫情前	发生疫情后	发生疫情前	发生疫情后
	AbsDA	*AbsDA*	*AbsDA*	*AbsDA*	*AbsDA*	*AbsDA*
LR	-0.004***	-0.003**	-0.003*	-0.002	-0.006***	-0.005
	(-3.830)	(-2.056)	(-1.937)	(-0.902)	(-2.709)	(-1.257)
Size	0.000	-0.003***	-0.000	-0.004***	0.002**	-0.001
	(0.981)	(-3.852)	(-0.698)	(-4.084)	(2.332)	(-1.140)
Cashflow	-0.112***	-0.040***	-0.129***	-0.055***	-0.086***	-0.016
	(-22.889)	(-4.214)	(-20.337)	(-4.483)	(-11.082)	(-1.038)

续 表

	（1）	（2）	（3）	（4）	（5）	（6）
	全样本		社会经济资源丰富城市		社会经济资源匮乏城市	
	发生疫情前	发生疫情后	发生疫情前	发生疫情后	发生疫情前	发生疫情后
	AbsDA	AbsDA	AbsDA	AbsDA	AbsDA	AbsDA
Lev	0.030***	0.028***	0.032***	0.033***	0.028***	0.019***
	（13.208）	（7.095）	（10.645）	（6.637）	（7.828）	（3.018）
Growth	−0.000**	0.005***	−0.000***	0.005***	0.001***	0.005***
	（−2.182）	（6.089）	（−4.753）	（4.236）	（5.460）	（3.751）
SOE	−0.007***	−0.004**	−0.007***	−0.005**	−0.006***	−0.001
	（−7.388）	（−2.573）	（−5.924）	（−2.574）	（−4.034）	（−0.408）
Big4	−0.003*	−0.003	−0.004*	−0.004	0.002	0.004
	（−1.859）	（−0.983）	（−1.855）	（−1.235）	（0.456）	（0.720）
BM	−0.007***	−0.003***	−0.006***	−0.002***	−0.008***	−0.003***
	（−15.773）	（−6.400）	（−11.956）	（−4.670）	（−10.452）	（−3.808）
ListAge	0.000	0.000	0.000	0.001	−0.001	−0.002
	（0.041）	（0.117）	（0.113）	（0.664）	（−0.458）	（−1.223）
Top1	0.002	−0.009*	−0.002	−0.009	0.008*	−0.006
	（0.913）	（−1.907）	（−0.501）	（−1.498）	（1.866）	（−0.759）
Dual	0.002*	−0.002	0.000	−0.001	0.004***	−0.004*
	（1.917）	（−1.233）	（0.071）	（−0.402）	（2.916）	（−1.882）
Loss	0.026***	0.037***	0.023***	0.035***	0.030***	0.041***
	（20.359）	（19.789）	（14.136）	（15.269）	（15.641）	（12.696）
Board	−0.010***	−0.011***	−0.013***	−0.012***	−0.006**	−0.008
	（−5.230）	（−3.421）	（−5.342）	（−2.922）	（−2.039）	（−1.525）
AssetGrowth	0.001***	0.006***	0.003***	0.006***	0.001***	0.006***
	（10.649）	（4.048）	（11.457）	（2.877）	（3.016）	（3.085）
_cons	0.085***	0.129***	0.116***	0.150***	0.041***	0.098***
	（9.080）	（8.154）	（9.559）	（7.275）	（2.724）	（3.869）

续　表

	（1）	（2）	（3）	（4）	（5）	（6）
	全样本		社会经济资源丰富城市		社会经济资源匮乏城市	
	发生疫情前	发生疫情后	发生疫情前	发生疫情后	发生疫情前	发生疫情后
	AbsDA	*AbsDA*	*AbsDA*	*AbsDA*	*AbsDA*	*AbsDA*
Year	Yes	Yes	Yes	Yes	Yes	Yes
Industry	Yes	Yes	Yes	Yes	Yes	Yes
N	24618	6390	15220	4031	9398	2359
adj. R^2	0.116	0.143	0.135	0.151	0.094	0.129
F	74.428	34.226	54.787	23.427	23.148	11.901

注：***、**、*分别代表在1%、5%和10%水平上显著。

数据来源：作者根据 Stata 16.0 计算整理。

表 3-13 为对疫情发生前后进行分组之后真实盈余管理（*REM*）对独立董事本地率（*LR*）等变量分别在全样本、社会经济资源丰富城市及社会经济资源匮乏城市的样本下进行 OLS 回归的结果。回归结果显示，在全样本下，疫情发生前后两组独立董事本地率（*LR*）与真实盈余管理（*REM*）均在1%水平上显著负相关，系数分别为-0.004、-0.005，且未通过组间系数检验，这表明疫情发生前组和疫情发生后组独立董事本地率（*LR*）对真实盈余管理（*REM*）的抑制作用没有显著差异。在社会经济资源丰富城市的样本下，疫情发生前组独立董事本地率（*LR*）与真实盈余管理（*REM*）在1%水平上显著负相关，疫情发生后组独立董事本地率（*LR*）与真实盈余管理（*REM*）负相关关系不显著，这表明在社会经济资源丰富城市的样本中相对于疫情发生后组，疫情发生前组独立董事本地率（*LR*）对真实盈余管理（*REM*）的抑制作用更显著。在社会经济资源匮乏城市的样本下，疫情发生前后两组独立董事本地率（*LR*）与真实盈余管理（*REM*）均在10%水平上显著负相关，系数分别为-0.004、-0.007，且未通过组间系数检验，这表明疫情发生前组和疫情发生后组独立董事本地率（*LR*）对真实盈余管理（*REM*）的抑制作用没有显著差异。

表 3-13 疫情发生前后的异质性分析（REM）

	(1)	(2)	(3)	(4)	(5)	(6)
	全样本		社会经济资源丰富城市		社会经济资源匮乏城市	
	发生疫情前	发生疫情后	发生疫情前	发生疫情后	发生疫情前	发生疫情后
	REM	REM	REM	REM	REM	REM
LR	-0.004***	-0.005***	-0.006***	-0.004	-0.004*	-0.007*
	(-3.911)	(-2.611)	(-3.906)	(-1.639)	(-1.748)	(-1.796)
Size	-0.004***	-0.003***	-0.005***	-0.005***	-0.002**	-0.001
	(-7.560)	(-4.444)	(-8.045)	(-5.083)	(-2.012)	(-0.977)
Cashflow	0.012**	0.060***	0.002	0.024*	0.028***	0.114***
	(2.065)	(5.363)	(0.238)	(1.696)	(2.976)	(6.286)
Lev	0.028***	0.016***	0.033***	0.022***	0.020***	0.009
	(10.592)	(3.694)	(9.633)	(3.966)	(4.939)	(1.259)
Growth	0.015***	0.014***	0.016***	0.014***	0.013***	0.014***
	(14.200)	(6.177)	(11.811)	(4.991)	(7.996)	(3.522)
SOE	-0.002*	0.004**	-0.002*	0.004*	-0.000	0.004
	(-1.822)	(2.258)	(-1.691)	(1.894)	(-0.259)	(1.246)
Big4	0.003*	-0.001	0.001	-0.001	0.012***	-0.000
	(1.720)	(-0.446)	(0.438)	(-0.242)	(3.209)	(-0.077)
BM	-0.004***	-0.001	-0.003***	-0.000	-0.007***	-0.003**
	(-7.968)	(-1.280)	(-4.746)	(-0.074)	(-7.132)	(-2.141)
ListAge	0.004***	0.003**	0.004***	0.003*	0.004***	0.002
	(5.398)	(2.147)	(3.644)	(1.646)	(3.607)	(1.164)
Top1	0.019***	0.002	0.021***	-0.000	0.016***	0.006
	(6.527)	(0.468)	(5.595)	(-0.039)	(3.569)	(0.753)
Dual	0.002*	-0.001	-0.001	-0.001	0.005***	-0.002
	(1.746)	(-0.468)	(-0.511)	(-0.282)	(3.430)	(-0.767)

续　表

	(1)	(2)	(3)	(4)	(5)	(6)
	全样本		社会经济资源丰富城市		社会经济资源匮乏城市	
	发生疫情前	发生疫情后	发生疫情前	发生疫情后	发生疫情前	发生疫情后
	REM	REM	REM	REM	REM	REM
Loss	0.006***	0.013***	0.006***	0.009***	0.007***	0.020***
	(4.489)	(6.218)	(3.381)	(3.553)	(3.088)	(5.496)
Board	−0.001	−0.007**	−0.005*	−0.008*	0.005	−0.005
	(−0.685)	(−2.066)	(−1.923)	(−1.834)	(1.434)	(−0.785)
AssetGrowth	0.043***	0.054***	0.045***	0.047***	0.039***	0.066***
	(33.893)	(14.748)	(27.653)	(10.309)	(19.304)	(10.813)
_cons	0.115***	0.104***	0.163***	0.141***	0.048***	0.048*
	(10.601)	(5.884)	(11.460)	(6.172)	(2.827)	(1.670)
Year	Yes	Yes	Yes	Yes	Yes	Yes
Industry	Yes	Yes	Yes	Yes	Yes	Yes
N	24618	6390	15220	4031	9398	2359
adj. R^2	0.154	0.091	0.166	0.079	0.138	0.124
F	103.017	21.071	69.933	11.819	35.112	11.475

注：***、**、*分别代表在1%、5%和10%水平上显著。

数据来源：作者根据 Stata 16.0 计算整理。

3.6.3　会计专业独立董事地理位置对盈余管理的影响研究

（1）模型设计

现有研究已经证实，与其他专业背景的独立董事相比，会计专业背景的独立董事由于其专业性，对于上市公司财务报告的产生以及财务信息披露有更专业的理解和判断（Carcello 等，2006；Yun 和 Shin，2004），在企业盈余管理方面能够发挥更加直接和重要的治理作用。Agrawal 和 Chadha（2005）发现独立董事有 CPA 或 CFA 证书能够降低企业财务重述的风险。Xie 等（2003）、胡奕明和唐松莲（2008）发现会计专业独立董事能够提高企业的盈余质量。此外，2023 年中国证监会发布的《上市公司独立董事管理办法》规定，上市公司独立董事占董事会成员的比例不得低于三分之一，且至少包括一名会计专业人士。这也侧面说明了会计专业独立董事在提升公司治理效果方面的重要作用。基于前文实证分析及上述研究成果，本章进一步研究会计专业独立董事的地理位置对公司盈余管理的影响，选用 2007—2021 年所有 A 股上市的非金融类公司为样本，并经过与上文同样的处理之后，得到 23530 个样本，构建如（3.6）所示模型。

$$Y = \alpha_0 + \alpha_1 AL_{i,t} + \sum Controls_{i,t} + \varepsilon_{i,t} \qquad (3.6)$$

具体地，模型（3.6）的被解释变量（Y）表示盈余管理，具体包含应计盈余管理（$AbsDA$）和真实盈余管理（REM）两个指标，具体定义与前文一致。主要的解释变量为会计专业独立董事地理位置（AL），若会计专业独立董事的居住地与上市公司的办公地一致时，AL 等于 1，否则 AL 等于 0。控制变量包括公司规模（$Size$）、上市年限（$ListAge$）、资产负债率（Lev）、营业收入增长率（$Growth$）、是否国有企业（SOE）、第一大股东持股比例（$Top1$）、总资产增长率（$AssetGrowth$）、是否四大（$Big4$）、是否两职合一（$Dual$）、是否亏损（$Loss$）、现金流比率（$Cashflow$）、账面市值比（BM）、董事人数（$Board$）。具体定义与前文表 3-1 一致。

（2）多元回归分析

表 3-14 为会计专业独立董事地理位置（AL）对公司应计盈余管理（$AbsDA$）影响的多元回归分析结果。其中列（1）和列（4）为全部样本的回归结果，列（2）和列（4）以社会经济资源丰富城市的上市公司为样本，列（3）和列（6）以社会经济资源匮乏城市的上市公司为样本。其中，列（1）—列（3）中仅控制了行业和年份固定效应，没有加入公司层面的控制变量，回归结果显示，会计专业独立董事地理位置（AL）的回归系数分别为−0.003、−0.003 和−0.005，且都在 1%水平上显著，说明会计专业独立董事地理位置（AL）对应计盈余管理（$AbsDA$）有显著的抑制作用。列（4）—列（6）分别在列（1）—列（3）的基础上加入了公司规模（$Size$）、上市年限（$ListAge$）、资产负债率（Lev）、营业收入

增长率（*Growth*）、是否国有企业（*SOE*）、第一大股东持股比例（*Top*1）、总资产增长率（*AssetGrowth*）、是否四大（*Big*4）、是否两职合一（*Dual*）、是否亏损（*Loss*）、现金流比率（*Cashflow*）、账面市值比（*BM*）、董事人数（*Board*）等可能会影响公司盈余管理程度的控制变量。回归结果显示，在加入控制变量后，在全样本中，会计专业独立董事地理位置（*AL*）与应计盈余管理（*Abs-DA*）在1%水平上显著负相关，这表明在全样本下会计专业独立董事地理位置（*AL*）对应计盈余管理（*AbsDA*）有显著的抑制作用。在社会经济资源丰富城市的样本下，会计专业独立董事地理位置（*AL*）与应计盈余管理（*AbsDA*）在5%水平上显著负相关，这表明在社会经济资源丰富城市的样本中，会计专业独立董事地理位置（*AL*）对应计盈余管理（*AbsDA*）有显著的抑制作用。在社会经济资源匮乏城市的样本下，会计专业独立董事地理位置（*AL*）与应计盈余管理（*AbsDA*）在5%水平上显著负相关，这表明在社会经济资源匮乏城市的样本下会计专业独立董事地理位置（*AL*）对应计盈余管理（*AbsDA*）有显著的抑制作用。

表 3-14　　会计专业独立董事地理位置与应计盈余管理的多元回归分析结果

	(1)	(2)	(3)	(4)	(5)	(6)
	全样本	社会经济资源丰富城市	社会经济资源匮乏城市	全样本	社会经济资源丰富城市	社会经济资源匮乏城市
	AbsDA	*AbsDA*	*AbsDA*	*AbsDA*	*AbsDA*	*AbsDA*
AL	-0.003***	-0.003***	-0.005***	-0.003***	-0.002**	-0.003**
	(-4.810)	(-3.204)	(-3.221)	(-3.967)	(-2.094)	(-2.533)
Size	—	—	—	-0.002***	-0.003***	0.000
	—	—	—	(-3.483)	(-4.816)	(0.567)
Lev	—	—	—	0.027***	0.029***	0.026***
	—	—	—	(10.590)	(10.067)	(7.165)
Cashflow	—	—	—	-0.083***	-0.095***	-0.066***
	—	—	—	(-9.326)	(-14.068)	(-7.818)

续 表

	(1)	(2)	(3)	(4)	(5)	(6)
	全样本	社会经济资源丰富城市	社会经济资源匮乏城市	全样本	社会经济资源丰富城市	社会经济资源匮乏城市
	AbsDA	AbsDA	AbsDA	AbsDA	AbsDA	AbsDA
Growth	—	—	—	0.007***	0.007***	0.008***
	—	—	—	(5.299)	(5.839)	(4.912)
SOE	—	—	—	−0.005***	−0.005***	−0.004***
	—	—	—	(−5.428)	(−4.585)	(−3.077)
Big4	—	—	—	−0.001	−0.002	0.002
	—	—	—	(−0.957)	(−0.966)	(0.754)
BM	—	—	—	−0.006***	−0.005***	−0.009***
	—	—	—	(−14.464)	(−10.576)	(−10.768)
ListAge	—	—	—	0.002***	0.002***	0.001
	—	—	—	(3.144)	(3.042)	(1.239)
Top1	—	—	—	0.000	−0.001	0.003
	—	—	—	(0.019)	(−0.313)	(0.626)
AssetGrowth	—	—	—	0.022***	0.023***	0.019***
	—	—	—	(12.179)	(16.234)	(10.194)
Dual	—	—	—	0.001	−0.000	0.002*
	—	—	—	(0.922)	(−0.195)	(1.698)
Loss	—	—	—	0.034***	0.032***	0.038***
	—	—	—	(21.834)	(21.532)	(20.373)
Board	—	—	—	−0.010***	−0.012***	−0.006*
	—	—	—	(−4.835)	(−5.041)	(−1.886)
_cons	0.077***	0.082***	0.072***	0.108***	0.142***	0.053***
	(19.928)	(15.773)	(14.519)	(11.210)	(11.762)	(3.519)
Year	Yes	Yes	Yes	Yes	Yes	Yes
Industry	Yes	Yes	Yes	Yes	Yes	Yes

续　表

	（1）	（2）	（3）	（4）	（5）	（6）
	全样本	社会经济资源丰富城市	社会经济资源匮乏城市	全样本	社会经济资源丰富城市	社会经济资源匮乏城市
	AbsDA	AbsDA	AbsDA	AbsDA	AbsDA	AbsDA
N	23530	14524	9006	23530	14524	9006
adj. R^2	0.040	0.051	0.022	0.142	0.155	0.122
F	23.425	24.624	7.262	48.533	59.077	28.175

注：***、**、* 分别代表在 1%、5% 和 10% 水平上显著。

数据来源：作者根据 Stata 16.0 计算整理。

表 3-15 为会计专业独立董事地理位置（AL）对公司真实盈余管理（REM）影响的多元回归结果。其中列（1）和列（4）为全部样本的回归结果，列（2）和列（5）以社会经济资源丰富城市的上市公司为样本，列（3）和列（6）以社会经济资源匮乏城市的上市公司为样本。其中，列（1）—列（3）中仅控制了行业和年份固定效应，没有加入公司层面的控制变量，回归结果显示，会计专业独立董事地理位置（AL）的回归系数分别为 -0.005、-0.005 和 -0.007，且都在 1% 水平上显著，说明会计专业独立董事地理位置（AL）对真实盈余管理（REM）有显著的抑制作用。列（4）—列（6）分别在列（1）—列（3）的基础上加入了公司规模（Size）、上市年限（ListAge）、资产负债率（Lev）、营业收入增长率（Growth）、是否国有企业（SOE）、第一大股东持股比例（Top1）、总资产增长率（AssetGrowth）、是否四大（Big4）、是否两职合一（Dual）、是否亏损（Loss）、现金流比率（Cashflow）、账面市值比（BM）、董事人数（Board）等可能会影响公司盈余管理程度的控制变量。回归结果显示，在加入控制变量后，在全样本中，会计专业独立董事地理位置（AL）与真实盈余管理（REM）在 1% 水平上显著负相关，这表明在全样本下会计专业独立董事地理位置（AL）对真实盈余管理（REM）有显著的抑制作用。在社会经济资源丰富城市的样本下，会计专业独立董事地理位置（AL）与真实盈余管理（REM）在 1% 水平上显著负相关，这表明在社会经济资源丰富城市的样本中，会计专业独立董事地理位置（AL）对真实

盈余管理（REM）有显著的抑制作用。在社会经济资源匮乏城市的样本下，会计专业独立董事地理位置（AL）与真实盈余管理（REM）在 1% 水平上显著负相关，这表明在社会经济资源匮乏城市的样本下会计专业独立董事地理位置（AL）对真实盈余管理（REM）有显著的抑制作用。

表 3-15　　会计专业独立董事地理位置与真实盈余管理的多元回归分析结果

	(1)	(2)	(3)	(4)	(5)	(6)
	全样本	社会经济资源丰富城市	社会经济资源匮乏城市	全样本	社会经济资源丰富城市	社会经济资源匮乏城市
	REM	REM	REM	REM	REM	REM
AL	-0.005^{***}	-0.005^{***}	-0.007^{***}	-0.004^{***}	-0.004^{***}	-0.006^{***}
	(-5.835)	(-4.379)	(-4.520)	(-5.416)	(-3.851)	(-3.676)
Size	—	—	—	-0.004^{***}	-0.005^{***}	-0.001^{*}
	—	—	—	(-6.897)	(-7.470)	(-1.887)
Lev	—	—	—	0.026^{***}	0.031^{***}	0.020^{***}
	—	—	—	(9.264)	(9.160)	(4.832)
Cashflow	—	—	—	0.020^{**}	0.007	0.039^{***}
	—	—	—	(2.324)	(0.901)	(4.069)
Growth	—	—	—	0.016^{***}	0.018^{***}	0.014^{***}
	—	—	—	(8.198)	(12.629)	(7.869)
SOE	—	—	—	-0.000	-0.000	-0.000
	—	—	—	(-0.273)	(-0.158)	(-0.229)
Big4	—	—	—	0.002	0.001	0.005
	—	—	—	(0.991)	(0.533)	(1.459)
BM	—	—	—	-0.004^{***}	-0.003^{***}	-0.007^{***}
	—	—	—	(-7.882)	(-5.355)	(-6.926)
ListAge	—	—	—	0.004^{***}	0.003^{***}	0.005^{***}
	—	—	—	(4.867)	(2.789)	(4.419)

续　表

	(1)	(2)	(3)	(4)	(5)	(6)
	全样本	社会经济资源丰富城市	社会经济资源匮乏城市	全样本	社会经济资源丰富城市	社会经济资源匮乏城市
	REM	*REM*	*REM*	*REM*	*REM*	*REM*
*Top*1	—	—	—	0.016***	0.016***	0.019***
	—	—	—	(5.366)	(4.197)	(4.087)
AssetGrowth	—	—	—	0.042***	0.044***	0.040***
	—	—	—	(15.023)	(26.398)	(18.812)
Dual	—	—	—	0.001	0.000	0.003**
	—	—	—	(1.471)	(0.173)	(2.148)
Loss	—	—	—	0.008***	0.008***	0.009***
	—	—	—	(5.846)	(4.354)	(4.061)
Board	—	—	—	−0.005**	−0.009***	0.002
	—	—	—	(−2.277)	(−3.263)	(0.484)
_cons	0.075***	0.083***	0.068***	0.120***	0.162***	0.054***
	(18.256)	(13.624)	(12.084)	(10.746)	(11.536)	(3.180)
Year	Yes	Yes	Yes	Yes	Yes	Yes
Industry	Yes	Yes	Yes	Yes	Yes	Yes
N	23530	14524	9006	23530	14524	9006
adj. R^2	0.049	0.058	0.033	0.150	0.165	0.128
F	22.540	27.931	10.361	31.269	63.418	29.757

注：***、**、*分别代表在1%、5%和10%水平上显著。

数据来源：作者根据 Stata 16.0 计算整理。

　　总体来看，表3-14、表3-15 中的回归结果说明会计专业独立董事地理位置（AL）对盈余管理有显著的抑制作用，即本地会计专业独立董事比异地会计专业独立董事更能抑制公司的应计盈余管理（AbsDA）和真实盈余管理（REM）。

　　（3）会计专业独立董事任期的异质性分析

　　独立董事任期阶段特征是影响独立董事独立性和监督职能是否发挥有效作用的重要因素（Dou 等，2015；陈冬华和相加凤，2017），因此为了进一步研究会计专业独立董事任期能否对独立董事地理位置（LR）与盈余管理之间的关系造成异质性影响，本章以会计专业独立董事在同一家上市公司的任期是否高于 36 个月作为依据，将 23530 个年度/公司样本分为较长任期组（任期>36 个月）和较短任期组（任期≤36 个月），并对两组样本进行分组回归，回归结果如表 3-16、表 3-17 所示。

　　表 3-16 为对会计专业独立董事任期是否超过 36 个月进行分组后应计盈余管理（AbsDA）对会计专业独立董事地理位置（AL）等变量分别在全样本、社会经济资源丰富城市及社会经济资源匮乏城市的样本下进行 OLS 回归的结果。回归结果显示，在全样本下，较长任期组和较短任期组会计专业独立董事地理位置（AL）与应计盈余管理（AbsDA）均在 1% 水平上显著负相关，系数分别是-0.003、-0.003，且未通过组间系数检验，这表明在全样本下会计专业独立董事任期对于会计专业独立董事地理位置（AL）对应计盈余管理（AbsDA）的抑制作用没有影响。在社会经济资源丰富城市的样本下，较短任期组会计专业独立董事地理位置（AL）与应计盈余管理（AbsDA）在 5% 水平上显著负相关，较长任期组会计专业独立董事地理位置（AL）与应计盈余管理（AbsDA）负相关关系不显著，这表明在社会经济资源丰富城市的样本中相对于较长任期组，较短任期组会计专业独立董事地理位置（AL）对应计盈余管理（AbsDA）的抑制作用更显著。在社会经济资源匮乏城市的样本下，较长任期组会计专业独立董事地理位置（AL）与应计盈余管理（AbsDA）在 1% 水平上显著负相关，较短任期组会计专业独立董事地理位置（AL）与应计盈余管理（AbsDA）负相关关系不显著，这表明在社会经济资源匮乏城市的样本中相对于较短任期组，较长任期组会计专业独立董事地理位置（AL）对应计盈余管理（AbsDA）的抑制作用更显著。

表 3-16　　会计专业独立董事任期的异质性分析（AbsDA）

	(1)	(2)	(3)	(4)	(5)	(6)
	全样本		社会经济资源丰富城市		社会经济资源匮乏城市	
	较长任期组	较短任期组	较长任期组	较短任期组	较长任期组	较短任期组
	AbsDA	AbsDA	AbsDA	AbsDA	AbsDA	AbsDA
AL	-0.003***	-0.003***	-0.001	-0.003**	-0.005***	-0.002
	(-2.658)	(-2.771)	(-0.424)	(-2.094)	(-2.656)	(-0.946)

续　表

	(1)	(2)	(3)	(4)	(5)	(6)
	全样本		社会经济资源丰富城市		社会经济资源匮乏城市	
	较长任期组	较短任期组	较长任期组	较短任期组	较长任期组	较短任期组
	AbsDA	*AbsDA*	*AbsDA*	*AbsDA*	*AbsDA*	*AbsDA*
Size	-0.002**	-0.002***	-0.003***	-0.002***	0.002**	-0.001
	(-2.482)	(-2.644)	(-4.290)	(-2.648)	(2.201)	(-0.906)
Cashflow	-0.071***	-0.092***	-0.077***	-0.107***	-0.066***	-0.066***
	(-8.999)	(-13.004)	(-7.605)	(-11.750)	(-5.263)	(-5.875)
Lev	0.028***	0.026***	0.031***	0.028***	0.025***	0.026***
	(8.649)	(8.557)	(7.494)	(6.984)	(4.795)	(5.319)
Growth	0.007***	0.008***	0.007***	0.007***	0.006**	0.009***
	(4.490)	(6.059)	(3.715)	(4.451)	(2.365)	(4.306)
SOE	-0.005***	-0.005***	-0.007***	-0.004**	-0.001	-0.007***
	(-3.860)	(-4.144)	(-4.353)	(-2.467)	(-0.321)	(-3.665)
Big4	-0.004**	0.001	-0.003	-0.001	-0.006	0.009*
	(-1.987)	(0.630)	(-1.192)	(-0.207)	(-1.220)	(1.943)
BM	-0.005***	-0.007***	-0.004***	-0.006***	-0.009***	-0.009***
	(-8.675)	(-11.867)	(-5.544)	(-9.111)	(-7.427)	(-7.821)
ListAge	0.002*	0.002***	0.003***	0.002	-0.002	0.004***
	(1.885)	(2.830)	(2.972)	(1.554)	(-1.187)	(2.847)
Top1	0.002	-0.001	0.002	-0.003	0.002	0.002
	(0.440)	(-0.337)	(0.496)	(-0.668)	(0.398)	(0.352)
Dual	0.000	0.001	-0.001	-0.000	0.001	0.003
	(0.274)	(0.880)	(-0.356)	(-0.061)	(0.714)	(1.540)
Loss	0.031***	0.037***	0.030***	0.034***	0.033***	0.042***
	(17.744)	(23.333)	(13.361)	(16.707)	(11.965)	(16.467)
Board	-0.011***	-0.009***	-0.015***	-0.010***	-0.005	-0.006
	(-3.978)	(-3.304)	(-4.442)	(-2.970)	(-1.155)	(-1.372)

续　表

	(1)	(2)	(3)	(4)	(5)	(6)
	全样本		社会经济资源丰富城市		社会经济资源匮乏城市	
	较长任期组	较短任期组	较长任期组	较短任期组	较长任期组	较短任期组
	AbsDA	AbsDA	AbsDA	AbsDA	AbsDA	AbsDA
AssetGrowth	0.024***	0.020***	0.024***	0.022***	0.026***	0.016***
	(13.571)	(13.872)	(10.549)	(12.152)	(8.570)	(6.567)
_cons	0.112***	0.103***	0.167***	0.119***	0.021	0.073***
	(8.333)	(8.090)	(9.565)	(7.170)	(0.947)	(3.566)
Year	Yes	Yes	Yes	Yes	Yes	Yes
Industry	Yes	Yes	Yes	Yes	Yes	Yes
N	10179	13351	6301	8223	3878	5128
adj. R^2	0.129	0.150	0.141	0.164	0.120	0.127
F	33.735	52.146	23.411	35.957	12.537	17.645

注：***、**、* 分别代表在 1%、5% 和 10% 水平上显著。

数据来源：作者根据 Stata 16.0 计算整理。

表 3-17 为对会计专业独立董事任期是否超过 36 个月进行分组后真实盈余管理（REM）对会计专业独立董事地理位置（AL）等变量分别在全样本、社会经济资源丰富城市及社会经济资源匮乏城市的样本下进行 OLS 回归的结果。回归结果显示，在全样本下，较长任期组和较短任期组会计专业独立董事地理位置（AL）与真实盈余管理（REM）均在 1% 水平上显著负相关，这表明全样本下，会计专业独立董事任期对于会计专业独立董事地理位置（AL）对真实盈余管理（REM）的抑制作用没有影响。在社会经济资源丰富城市的样本下，较短任期组会计专业独立董事地理位置（AL）与真实盈余管理（REM）在 1% 水平上显著负相关，较长任期组会计专业独立董事地理位置（AL）与真实盈余管理（REM）负相关关系不显著，这表明在社会经济资源丰富城市的样本中相对于较长任期组，较短任期组会计专业独立董事地理位置（AL）对真实盈余管理（REM）的抑制作用更显著。在社会经济资源匮乏城市的样本下，较长任期组会计专业独立董事地理位置（AL）与真实盈余管理（REM）在 5% 水平上显著

负相关，较短任期组会计专业独立董事地理位置（*AL*）与真实盈余管理（*REM*）在1%水平上显著负相关，但未通过组间系数检验，这表明在社会经济资源匮乏城市的样本中任期对于会计专业独立董事地理位置（*AL*）对真实盈余管理（*REM*）的抑制作用没有影响。

表 3-17　　　　会计专业独立董事任期的异质性分析（*REM*)

	(1)	(2)	(3)	(4)	(5)	(6)
	全样本		社会经济资源丰富城市		社会经济资源匮乏城市	
	较长任期组	较短任期组	较长任期组	较短任期组	较长任期组	较短任期组
	REM	*REM*	*REM*	*REM*	*REM*	*REM*
AL	-0.003^{***}	-0.005^{***}	-0.001	-0.006^{***}	-0.004^{**}	-0.007^{***}
	(-2.929)	(-4.565)	(-0.696)	(-4.243)	(-2.018)	(-3.175)
Size	-0.003^{***}	-0.004^{***}	-0.005^{***}	-0.005^{***}	-0.001	-0.002^{*}
	(-4.773)	(-5.523)	(-4.954)	(-5.621)	(-0.774)	(-1.883)
Cashflow	0.048^{***}	0.001	0.038^{***}	-0.014	0.055^{***}	0.028^{**}
	(5.219)	(0.148)	(3.186)	(-1.328)	(3.785)	(2.207)
Lev	0.024^{***}	0.027^{***}	0.031^{***}	0.031^{***}	0.013^{**}	0.024^{***}
	(6.301)	(7.751)	(6.384)	(6.639)	(2.157)	(4.380)
Growth	0.016^{***}	0.016^{***}	0.017^{***}	0.018^{***}	0.015^{***}	0.014^{***}
	(9.605)	(11.300)	(8.231)	(9.503)	(4.919)	(6.422)
SOE	0.000	-0.001	-0.001	0.001	0.003	-0.003
	(0.255)	(-0.569)	(-0.558)	(0.275)	(1.134)	(-1.310)
Big4	0.001	0.003	-0.002	0.004	0.012^{**}	-0.000
	(0.264)	(1.078)	(-0.609)	(1.319)	(2.224)	(-0.089)
BM	-0.003^{***}	-0.004^{***}	-0.002^{***}	-0.004^{***}	-0.007^{***}	-0.007^{***}
	(-4.926)	(-6.371)	(-2.770)	(-4.376)	(-4.697)	(-4.912)
ListAge	0.003^{***}	0.004^{***}	0.002	0.003^{**}	0.005^{***}	0.006^{***}
	(3.114)	(4.090)	(1.577)	(2.311)	(2.910)	(3.474)

续　表

	(1)	(2)	(3)	(4)	(5)	(6)
	全样本		社会经济资源丰富城市		社会经济资源匮乏城市	
	较长任期组	较短任期组	较长任期组	较短任期组	较长任期组	较短任期组
	REM	*REM*	*REM*	*REM*	*REM*	*REM*
*Top*1	0.013***	0.019***	0.013**	0.019***	0.018***	0.020***
	(3.160)	(4.761)	(2.374)	(3.595)	(2.595)	(3.120)
Dual	−0.001	0.003**	−0.002	0.002	0.002	0.004**
	(−0.478)	(2.206)	(−1.328)	(1.298)	(0.911)	(2.001)
Loss	0.010***	0.006***	0.009***	0.007***	0.014***	0.005
	(5.153)	(3.323)	(3.269)	(2.799)	(4.402)	(1.700)
Board	−0.008**	−0.003	−0.012***	−0.007*	−0.001	0.004
	(−2.428)	(−1.127)	(−3.119)	(−1.787)	(−0.107)	(0.780)
AssetGrowth	0.048***	0.039***	0.046***	0.042***	0.052***	0.033***
	(23.010)	(23.438)	(17.353)	(19.674)	(15.121)	(12.273)
_cons	0.127***	0.115***	0.166***	0.159***	0.059**	0.052**
	(8.109)	(7.855)	(8.116)	(8.216)	(2.355)	(2.264)
Year	Yes	Yes	Yes	Yes	Yes	Yes
Industry	Yes	Yes	Yes	Yes	Yes	Yes
N	10179	13351	6301	8223	3878	5128
adj. R^2	0.141	0.158	0.146	0.178	0.146	0.120
F	37.317	55.286	24.369	39.620	15.359	16.569

注:***、**、*分别代表在1%、5%和10%水平上显著。

数据来源:作者根据 Stata 16.0 计算整理。

（4）会计专业独立董事兼任的异质性分析

为了探讨会计专业独立董事是否兼任对会计专业独立董事地理位置（*LR*）与公司盈余管理关系是否具有异质性影响，本研究按照会计专业独立董事是否兼任，将样本分为兼任和非兼任两组，并基于城市社会经济资源视角，在全样本、社会经济资源丰富城市样本及社会经济资源匮乏城市样本下分别进行回归验证，回归结果如表 3-18、表 3-19 所示

表 3-18 为对会计专业独立董事是否兼任进行分组后应计盈余管理（*AbsDA*）

对会计专业独立董事地理位置（AL）等变量分别在全样本、城市社会经济资源丰富城市及城市社会经济资源匮乏城市的样本下进行 OLS 回归的结果。列（1）——列（6）加入了公司规模（Size）、上市年限（ListAge）、资产负债率（Lev）、营业收入增长率（Growth）、是否国有企业（SOE）、第一大股东持股比例（Top1）、总资产增长率（AssetGrowth）、是否四大（Big4）、是否两职合一（Dual）、是否亏损（Loss）、现金流比率（Cashflow）、账面市值比（BM）、董事人数（Board）等可能会影响公司盈余管理程度的控制变量。回归结果显示，在加入控制变量后，在全样本中，兼任组会计专业独立董事地理位置（AL）与应计盈余管理（AbsDA）在 1%水平上显著负相关，非兼任组会计专业独立董事地理位置（AL）与应计盈余管理（AbsDA）在 5%水平上显著负相关，系数分别为 -0.003、-0.003，且未通过组间系数检验，这表明兼任对会计专业独立董事地理位置（AL）对应计盈余管理（AbsDA）的抑制作用没有影响。在社会经济资源丰富城市的样本中，兼任组会计专业独立董事地理位置（AL）与应计盈余管理（AbsDA）在 10%水平上显著负相关，非兼任组会计专业独立董事地理位置（AL）与应计盈余管理（AbsDA）负相关关系不显著，这表明在社会经济资源丰富城市的样本中相对于非兼任组，兼任组会计专业独立董事地理位置（AL）对应计盈余管理（AbsDA）的抑制作用更显著。在社会经济资源匮乏城市的样本下，非兼任组会计专业独立董事地理位置（AL）与应计盈余管理（AbsDA）在 1%水平上显著负相关，兼任组会计专业独立董事地理位置（AL）与应计盈余管理（AbsDA）负相关关系不显著，这表明在社会经济资源匮乏的样本中，相对于兼任组，非兼任组会计专业独立董事地理位置（AL）对应计盈余管理（AbsDA）的抑制作用更显著。

表3-18　　　　会计专业独立董事兼任的异质性分析（AbsDA）

	(1)	(2)	(3)	(4)	(5)	(6)
	全样本		社会经济资源丰富城市		社会经济资源匮乏城市	
	兼任	非兼任	兼任	非兼任	兼任	非兼任
	AbsDA	AbsDA	AbsDA	AbsDA	AbsDA	AbsDA
AL	-0.003***	-0.003**	-0.002*	-0.002	-0.000	-0.005***
	(-3.078)	(-2.456)	(-1.716)	(-1.289)	(-0.160)	(-2.645)

续 表

	(1)	(2)	(3)	(4)	(5)	(6)
	全样本		社会经济资源丰富城市		社会经济资源匮乏城市	
	兼任	非兼任	兼任	非兼任	兼任	非兼任
	AbsDA	*AbsDA*	*AbsDA*	*AbsDA*	*AbsDA*	*AbsDA*
Size	−0.002***	−0.001	−0.002***	−0.003***	−0.000	0.003**
	(−3.620)	(−1.026)	(−3.453)	(−2.931)	(−0.518)	(2.240)
Lev	0.024***	0.031***	0.027***	0.032***	0.023***	0.035***
	(8.364)	(8.738)	(7.268)	(6.695)	(4.877)	(6.246)
Cashflow	−0.085***	−0.080***	−0.094***	−0.112***	−0.081***	−0.032**
	(−12.621)	(−9.435)	(−10.891)	(−10.129)	(−7.539)	(−2.349)
Growth	0.006***	0.009***	0.006***	0.007***	0.005***	0.004**
	(4.852)	(6.107)	(4.215)	(3.531)	(2.626)	(2.535)
SOE	−0.003***	−0.007***	−0.004***	−0.008***	−0.002	−0.007***
	(−2.976)	(−5.152)	(−2.763)	(−4.095)	(−1.204)	(−2.991)
Big4	−0.000	−0.004	−0.000	−0.004	0.001	0.004
	(−0.107)	(−1.235)	(−0.144)	(−1.281)	(0.379)	(0.776)
BM	−0.006***	−0.006***	−0.005***	−0.004***	−0.012***	−0.011***
	(−12.086)	(−8.390)	(−9.035)	(−5.402)	(−9.665)	(−7.125)
ListAge	0.002***	0.002	0.002*	0.003**	0.003**	−0.001
	(2.890)	(1.476)	(1.746)	(2.208)	(2.454)	(−0.651)
Top1	−0.001	0.002	−0.003	0.004	0.005	−0.003
	(−0.377)	(0.496)	(−0.818)	(0.724)	(0.899)	(−0.435)
AssetGrowth	0.021***	0.023***	0.021***	0.027***	0.019***	0.023***
	(15.117)	(12.093)	(12.047)	(10.912)	(8.670)	(8.014)
Dual	0.001	−0.000	0.001	−0.002	0.002	0.002
	(1.391)	(−0.262)	(0.815)	(−1.324)	(1.043)	(1.179)
Loss	0.035***	0.033***	0.034***	0.029***	0.038***	0.038***
	(23.536)	(17.980)	(18.019)	(11.427)	(15.240)	(13.684)

续 表

	(1)	(2)	(3)	(4)	(5)	(6)
	全样本		社会经济资源丰富城市		社会经济资源匮乏城市	
	兼任	非兼任	兼任	非兼任	兼任	非兼任
	AbsDA	AbsDA	AbsDA	AbsDA	AbsDA	AbsDA
Board	−0.010***	−0.010***	−0.013***	−0.011***	−0.003	−0.008*
	(−3.906)	(−3.317)	(−4.128)	(−2.890)	(−0.714)	(−1.656)
_cons	0.117***	0.090***	0.143***	0.136***	0.055***	0.020
	(9.869)	(5.833)	(9.609)	(6.532)	(2.754)	(0.824)
Year	Yes	Yes	Yes	Yes	Yes	Yes
Industry	Yes	Yes	Yes	Yes	Yes	Yes
N	14425	9105	9190	5334	5235	3771
adj. R^2	0.140	0.144	0.151	0.165	0.127	0.127
F	52.083	34.345	36.661	23.886	17.874	12.927

注:***、**、*分别代表在1%、5%和10%水平上显著。
数据来源:作者根据 Stata 16.0 计算整理。

　　表3-19为对会计专业独立董事是否兼任进行分组后真实盈余管理（REM）对会计专业独立董事地理位置（AL）等变量分别在全样本、城市社会经济资源丰富城市及城市社会经济资源匮乏城市的样本下进行 OLS 回归的结果。列（1）—列（6）加入了公司规模（Size）、上市年限（ListAge）、资产负债率（Lev）、营业收入增长率（Growth）、是否国有企业（SOE）、第一大股东持股比例（Top1）、总资产增长率（AssetGrowth）、是否四大（Big4）、是否两职合一（Dual）、是否亏损（Loss）、现金流比率（Cashflow）、账面市值比（BM）、董事人数（Board）等可能会影响公司盈余管理程度的控制变量。回归结果显示，在加入控制变量后，在全样本中，兼任组和非兼任组会计专业独立董事地理位置（AL）与真实盈余管理（REM）均在1%水平上显著负相关，系数分别是-0.004、-0.004，且未通过组间系数检验，这表明在全样本中兼任对会计专业独立董事地理位置（AL）对真实盈余管理（REM）的抑制作用没有影响。在社会经济资源丰富城市的样本中，兼任组会计专业独立董事地理位置（AL）与真实盈余管理（REM）

在1%水平上显著负相关, 非兼任组会计专业独立董事地理位置 (*AL*) 与真实盈余管理 (*REM*) 在5%水平上显著负相关, 系数分别为-0.004、-0.005, 且未通过组间系数检验, 这表明在社会经济资源丰富城市的样本中, 兼任对会计专业独立董事地理位置 (*AL*) 对真实盈余管理 (*REM*) 的抑制作用没有影响。在社会经济资源匮乏城市的样本下, 非兼任组会计专业独立董事地理位置 (*AL*) 与真实盈余管理 (*REM*) 在1%水平上显著负相关, 兼任组会计专业独立董事地理位置 (*AL*) 与真实盈余管理 (*REM*) 在5%水平上显著负相关, 系数分别为-0.005、-0.005, 且未通过组间系数检验, 这表明在社会经济资源匮乏的样本中, 兼任对会计专业独立董事地理位置 (*AL*) 对真实盈余管理 (*REM*) 的抑制作用没有影响。

表 3-19　　　会计专业独立董事兼任的异质性分析 (*REM*)

	(1)	(2)	(3)	(4)	(5)	(6)
	全样本		社会经济资源丰富城市		社会经济资源匮乏城市	
	兼任	非兼任	兼任	非兼任	兼任	非兼任
	REM	*REM*	*REM*	*REM*	*REM*	*REM*
AL	-0.004***	-0.004***	-0.004***	-0.005**	-0.005**	-0.005***
	(-4.256)	(-3.312)	(-2.862)	(-2.480)	(-2.042)	(-2.686)
Size	-0.003***	-0.004***	-0.005***	-0.004***	-0.000	-0.002*
	(-5.669)	(-4.287)	(-6.324)	(-3.872)	(-0.409)	(-1.806)
Lev	0.026***	0.027***	0.032***	0.030***	0.022***	0.027***
	(7.781)	(6.514)	(7.600)	(5.311)	(4.066)	(4.485)
Cashflow	0.021***	0.021**	0.007	0.010	0.036***	0.047***
	(2.657)	(2.175)	(0.658)	(0.773)	(2.908)	(3.238)
Growth	0.013***	0.021***	0.015***	0.022***	0.007***	0.010***
	(9.161)	(12.232)	(8.567)	(9.405)	(3.347)	(5.500)
SOE	-0.002*	0.003*	-0.001	0.002	-0.004**	0.005**
	(-1.832)	(1.897)	(-0.882)	(0.845)	(-2.081)	(2.195)

续　表

	(1)	(2)	(3)	(4)	(5)	(6)
	全样本		社会经济资源丰富城市		社会经济资源匮乏城市	
	兼任	非兼任	兼任	非兼任	兼任	非兼任
	REM	*REM*	*REM*	*REM*	*REM*	*REM*
Big4	0.003	−0.001	0.003	−0.003	0.004	0.007
	(1.262)	(−0.297)	(1.212)	(−0.713)	(0.844)	(1.139)
BM	−0.004***	−0.004***	−0.003***	−0.004***	−0.009***	−0.007***
	(−6.147)	(−5.322)	(−4.016)	(−3.503)	(−6.488)	(−4.428)
ListAge	0.004***	0.003**	0.003**	0.003	0.007***	0.002
	(4.594)	(2.372)	(2.289)	(1.565)	(4.216)	(1.089)
*Top*1	0.021***	0.010**	0.019***	0.012*	0.027***	0.006
	(5.740)	(2.016)	(4.042)	(1.881)	(4.368)	(0.840)
AssetGrowth	0.043***	0.043***	0.044***	0.044***	0.033***	0.043***
	(26.056)	(19.781)	(21.690)	(15.217)	(12.653)	(13.929)
Dual	0.002	0.000	0.001	−0.001	0.003*	0.003
	(1.544)	(0.317)	(0.493)	(−0.625)	(1.710)	(1.346)
Loss	0.008***	0.008***	0.007***	0.009***	0.007**	0.006**
	(4.442)	(3.969)	(3.267)	(2.967)	(2.376)	(2.043)
Board	−0.003	−0.008**	−0.007**	−0.013***	0.005	0.001
	(−1.179)	(−2.429)	(−1.960)	(−2.806)	(1.043)	(0.133)
_cons	0.109***	0.132***	0.154***	0.167***	0.019	0.080***
	(7.888)	(7.451)	(8.876)	(6.839)	(0.822)	(3.076)
Year	Yes	Yes	Yes	Yes	Yes	Yes
Industry	Yes	Yes	Yes	Yes	Yes	Yes
N	14425	9105	9190	5334	5235	3771
adj. R²	0.144	0.163	0.160	0.175	0.112	0.136
F	53.734	39.540	39.016	25.627	15.619	13.917

注：***、**、*分别代表在1%、5%和10%水平上显著。

数据来源：作者根据 Stata 16.0 计算整理。

3.7 本章研究结论

　　本章以 2007—2021 年中国 A 股上市非金融类公司为样本，以应计盈余管理的绝对值和真实盈余管理的绝对值来度量公司的盈余管理程度，以独立董事的本地率作为独立董事地理位置（*LR*）的代理变量，实证检验了城市社会经济资源视角下独立董事地理位置（*LR*）对盈余管理的影响。基于理论分析与实证验证，得出如下研究结论：第一，在全样本下，独立董事本地率与应计盈余管理在 1% 水平上显著负相关，独立董事本地率与真实盈余管理在 1% 水平上显著负相关，独立董事本地率越高，应计盈余管理、真实盈余管理越小，即高公司独立董事本地率对分公司盈余质量有显著的正向影响。第二，在社会经济资源匮乏城市的样本下，高独立董事本地率与应计盈余管理在 1% 水平上显著负相关，高独立董事本地率与真实盈余管理在 5% 水平上显著负相关，这说明在社会经济资源匮乏城市的样本下，高独立董事本地率对公司盈余质量有显著的促进作用。在社会经济资源丰富城市的样本下，独立董事本地率与真实盈余管理在 1% 水平上显著负相关，与应计盈余管理的相关关系不显著，这说明在社会经济资源丰富城市的样本下，高独立董事本地率对真实盈余管理有显著的抑制作用，而对应计盈余管理无显著影响。第三，本章采用了 Heckman 两阶段回归缓解潜在的内生性问题，主要回归结果不变，即独立董事本地率越高，应计盈余管理、真实盈余管理越小的结果稳健，验证了本地独立董事有助于提高公司盈余质量的研究假设。第四，根据异质性分析可知，相对于未开通高铁组，开通高铁组样本中，高独立董事本地率对应计盈余管理的抑制作用更加明显，而对于真实盈余管理的抑制作用两组样本无显著差异，相对于疫情发生后组，疫情发生前组样本中，高独立董事本地率对应计盈余管理的抑制作用更加明显，而对于真实盈余管理的抑制作用两组样本无显著差异。第五，本章通过会计专业独立董事地理位置（*LR*）对公司盈余质量影响的研究发现，相比异地会计专业独立董事，本地会计专业独立董事对公司盈余质量的促进作用更强，且任期与兼任对于会计专业独立董事本地率对公司盈余质量的促进作用没有显著影响。

　　本章的研究可能有以下贡献：第一，本章所发现的高独立董事本地率对于公司应计盈余管理和真实盈余管理的抑制作用，对涉及公司盈余质量影响因素研究的现有文献进行了有益补充（Adams 和 Ferreira，2009；Huang 等，2012；胡元木等，2016；胡奕明和唐松莲，2008），从独立董事地理位置（*LR*）角度为抑制公司的盈余操纵和保护中小投资者利益提供了新思路。第二，本章对独立董事地理位置（*LR*）的度量方式进行了改善与细化，高独立董事是否本地的判断精确到地级市，同时，考虑到独立董事地理位置（*LR*）的治理后果会受到高铁开通和疫情发生的可能影响，本章进一步在此情境下实证检验了独立董事地理位置（*LR*）对公司盈余质量的影响，提供了独立董事地理位置（*LR*）治理后果的新经验证据，丰富了独立董事地理位置（*LR*）相关的实证研究。第三，本章区分了在社会经济资源丰富城市和社会经济资源匮乏的城市，分别检验了两类城市上市公司独立董事地理位置（*LR*）对公司盈余质量的不同影响，检验发现在社会经济资源匮乏城市样本下，高独立董事本地率对应计盈余管理和真实盈余管理均有显著的抑制作用，在社会经济资源丰富城市样本下，高独立董事本地率对真实盈余管理有显著的抑制作用，而对应计盈余管理无显著影响，本章所提供的实证证据，有一定实践指导和决策参考意义。

第 4 章

城市社会经济资源视角下独立董事地理位置对股价崩盘风险的影响研究

4.1 引 言

股价崩盘是指股价在短时间内剧烈下跌的现象，上市公司负面消息积累到一定程度时，在某个时间点集中释放导致股价发生异常波动，从而形成的股价"跳水"现象（Jin 等，2006）。金融市场的稳定运行是一个国家经济稳定增长的必然要求，而股价崩盘是系统性金融风险的严重隐患，且投资者一致性理性预期与流动性约束会进一步加剧股价崩盘的负面影响（徐飞等，2019），股价暴跌不仅会使大量投资者蒙受重大损失，更有甚者会导致市场资源配置失效，阻碍实体经济的正常运作。因此防范系统性金融风险、有效避免股价崩盘发生，是维护社会经济安全稳定运行的重要保证。

现有研究表明，股价崩盘发生的根本原因是负面信息的隐藏与集中释放，而管理层"捂盘"负面消息、大股东掠夺行为以及信息不对称是股价崩盘风险形成的基本诱因（Jin 和 Myers，2006；Hutton 等，2009；张长征和方卉，2018；）。而独立董事制度是解决委托代理问题、改善信息不对称的重要手段（Fama 等，1983；叶康涛等，2011）。当前大量文献（易玄和谢钟灵，2019；袁振超和代冰彬，2017；Jin 和 Myers，2006；Hutton 等，2009）基于宏观层面对股价崩盘风险进行研究，但是对于独立董事地理位置与上市公司股价崩盘风险的关系，现有文献尚未进行深入探讨，尤其缺乏针对中国上市公司的实证证据。在理论层面，与不在上市公司注册地城市居住的异地独立董事相比，本地独立董事的履职监督成本更低，强有力的本地商业网络使本地独立董事同时具有信息获取、履职精力和沟通便利的优势，这有利于本地独立董事更好地发挥监督作用，减少由于管理层和大股东机会主义行为引发的委托代理问题，与此同时，还督促公司及时进行信息的披露，从而增强其在资本市场的信息透明度，减少信息不对称，以此降低公司股价崩盘风险（董红晔，2016；罗进辉等，2017；全怡和陈冬华，2016；Fich 和 Shivdasani，2006）。基于理论层面的分析，本章以独立董事地理位置对公司股价崩盘风险的影响为研究问题，结合中国 A 股上市公司的样本数据，实证检验独立董事地理位置对股价崩盘风险的影响。

具体来说，本章以 2007—2021 年中国 A 股上市公司为研究样本，以独立董事本地率作为独立董事地理位置的代理变量，以股价负收益偏态系数和收益上下波动比率作为观察变量，实证检验了独立董事地理位置对公司股价崩盘风险的影响。通过本章的实证研究发现：第一，在全样本下，高独立董事本地率对公司股价崩盘风险起到显著的抑制作用。在社会经济资源丰富城市的样本下，上市公司独立董事本地率与其股价崩盘风险在 1%水平上显著负相关，这说明在社会经济资源丰富城市的样本下，高独立董事本地率对公司股价崩盘风险有显著的抑制作用。在社会经济资源匮乏城市的样本下，高独立董事本地率与公司股价崩盘风险的相关关系不显著，这说明在社会经济资源匮乏城市的样本下，高独立董事本地率对公司股价崩盘风险的抑制作用不明显。第二，本章通过变更股价崩盘风险的度量方式进行了稳健性检验，并采用了 Heckman 两阶段回归、PSM 倾向得分匹配法缓解潜在的内生性问题，主要回归结果不变，即独立董事本地率越高，越能够抑制公司股价崩盘风险的结果稳健，验证了本地独立董事有利于抑制股价崩盘风险的研究假设。第三，根据异质性分析可知，相对于未开通高铁组、疫情发生后组样本，在开通高铁组、疫情发生前组的样本中，上市公司的高独立董事本地率对股价崩盘风险起到更加显著的抑制作用。第四，本章通过进一步研究会计专业独立董事地理位置对股价崩盘风险的影响时发现，与异地会计专业独立董事相比，本地会计专业独立董事对公司股价崩盘风险的抑制作用更强，且在会计专业独立董事任期小于 36 个月组和兼任组中，与异地会计专业独立董事相比，本地会计专业独立董事能够对公司股价崩盘风险起到更加显著的抑制作用。

本章的研究贡献在于：一方面，本章的研究阐释了独立董事地理位置对抑制股价崩盘风险的重要影响。本章所发现的高独立董事本地率对于股价崩盘风险的抑制作用，对涉及股价崩盘风险影响因素研究的现有文献进行了有益补充（马慧和陈胜蓝，2022；董必荣等，2022；袁振超和代冰彬，2017；Jin 和 Myers，2006；

Hutton 等，2009），从独立董事治理层面为维护金融市场稳定提供了新思路和新角度。另一方面，本章研究结果表明，对于社会经济资源丰富城市的上市公司，相对于异地独立董事，本地独立董事更能抑制股价崩盘风险，而对于社会经济资源匮乏城市的上市公司，本地和异地独立董事对股价崩盘风险的抑制作用差异并不明显，这对于我国上市公司选聘独立董事具有一定的现实启示意义。

本章后续安排如下：第二部分为文献综述；第三部分为理论分析与研究假设；第四部分为实证研究设计；第五部分为实证结果讨论及分析；第六部分为进一步研究；第七部分为本章研究结论。

总体而言，本章的研究框架如图 4-1 所示：

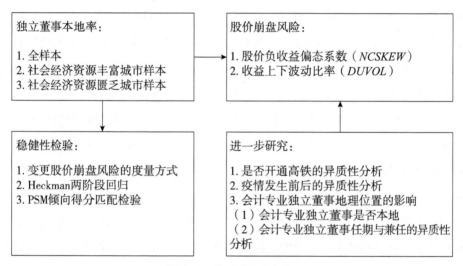

图 4-1　第四章研究框架

4.2　文献综述

4.2.1　关于股价崩盘风险影响因素的研究

在股价崩盘风险的研究领域，影响因素可概括为两类：企业内部治理结构与外部环境，它们分别从不同途径对公司股价崩盘风险产生作用。

通过企业内部视角分析，现有研究关注于企业机制、企业内部人员行为与企业信息披露方面。在企业机制方面，近年来有许多的学者聚焦于企业数字化转型与企业财务重述行为对股价崩盘风险的影响。在企业数字化转型中，已有研究表明，公司数字化转型可以有效降低公司对不良信息的隐瞒，从而降低公司股票价格暴跌的风险。而且，当公司的信息不透明程度越高，管理越差，这种效应越明显（马慧和陈胜蓝，2022）。此外，企业一旦做出了数字化的战略承诺，就可以通过两个主要的机制来实现，即治理赋能和信息传递。研究结果表明，数字化战略承诺可以有效地遏制企业高管的机会主义动机，降低公司内部和外部的信息不对称，从而降低股票价格崩盘的概率（董必荣等，2022）。在企业财务重述方面，现有研究发现，上市公司在进行了盈余降低型财务重述后，其披露的信息透明度和捐赠水平都会明显提高，从而可以有效地抑制股价崩盘的风险，而在民营企业以及市场化程度更高的情况下，盈余降低型财务重述对股价崩溃风险的缓解效果更明显（汤泰劼等，2021）。与此同时，已有研究表明，上市公司在进行财务重述的三年之内，都会对公司的治理结构进行改进（Farber，2005）。对于企业内部人员行为的研究主要关注于企业管理者与股东行为方面。现有研究表明，企业内部人员对内幕信息的隐瞒是公司发生股价崩盘风险的直接诱因（Jin 和 Myers，2006；Hutton 等，2009）。为了自己的利润最大化，管理层故意隐瞒了某些不好的信息，这种不好的信息会随着运营周期的不断积累而在某一时间点上被集中地释放出来，最后导致公司出现股价崩盘风险（Hutton 等，2009）。鉴于在职消费（Xu 等，2014）、期权激励（Kim 等，2011）等驱动力，公司管理层通过隐瞒坏消息等手段，使投资者对公司实际经营情况了解程度较低，从而造成对股票价格的错误估计，股价崩盘的风险由此提升。根据现有研究，连锁股东具有信息驱动效应，能够提高公司治理水平，促进公司的健康发展。一方面，通过证券交易，加快信息与股票价格的融合，提高了市场的信息利用效率；另一方面，加强了对管理层的监管和控制，降低了负面的信息的隐蔽性，防止了股价崩盘的发生（顾奋玲等，2022）。针对企业控股股东股权质押行为的研究结果显示，相较于未实施股权质押的控股股东，实施股权质押的控股股东所控公司股价崩盘风险显著提升。此外，研究还发现，若公司股权质押比例较高，则该公司股价崩盘风险也相应增大。但是，最主要的原因并不是股权质押所引起的管理当局的操纵，而是当前所面临的信息资讯环境实属不佳。企业的信息在市场上并不能完全被市场参与者理解和捕获，受制于信息流通的不顺畅，许多市场参与者对股权质押存在误解，这会导致投资者产生恐慌情绪，从而加剧了公司的股价崩盘风险（夏常源和贾凡胜，2019）。这同时表明企业外部环境对于股价崩盘风险有着举足轻重的影响。在企业信息披露方面，现有研究主要关注点在会计信息质量与公司披露。在会计信息质量要求方面，已有的研究显示，会计信息的可比性是减少股价崩盘的一个重要因素，并且经过研究，我们发现，会计信息的可比性确实可以减少股价崩盘的风险（袁振超和代冰彬，2017）。而在公司披露方面，以往的研究表明，企业社会责任的承担可以有效地抑制股价崩盘，企业的社会责任信息披露可以给外部投资者带来正面的信号，进而减少股价崩盘的风险（宋献中等，2017）。有学者认为，上市公司会计信息透明度的不足可能加剧企业信息不对称现象，进而加大股价崩盘的风险（Jin 和 My-ers，2006）。与此同时，已有文献从公司的信息透明度出发，考察了公司每年股价崩盘的风险。企业的信息透明度愈低，股价崩盘的风险愈高（Kim 和 Zhang，2014）。

而经由企业外部视角，现有研究关注于投资者行为、政府干预行为、审计师与分析师对行业的引导、地区公共资源配置偏差与地理分散度方面对股价崩盘风险的影响。在投资者行为方面，已有研究发现：第一，机构投资者总体持股比例越大，随之而来，公司的股价崩盘风险也会越高，随着机构投资者持股比例的提升，股价崩盘风险相应增加。第二，对机构投资者进行分类后，已有研究得出了稳定型机构投资者和股价崩盘风险呈负相关关系，而对于交易型机构投资者，则与股价崩盘风险成正比（杨棉之，2020）。第三，投资者的理性预期和流动性约束会造成股价崩盘风险，并且当股价崩盘的时候，也会对该地区乃至整个金融市场造成多米诺骨牌效应（Markwat 等，2009），引起市场的恐慌，导致经济的不稳定。与此同时，随着金融开放和国际化进程的加快，股票价格的波动也会进一步加剧。股价崩盘风险还可能源于投资者对长期低迷的预期不断积累与最终释放（Hong 和 Stein，2003）。在政府干预行为方面，已有文献表明，在金融危机期间，加强信息透明度和适度的金融监管，能够有效防范股价崩盘风险的传染（徐飞等，2019）。同时，上市公司受到股价崩盘风险的影响越大，与政府的联系越密切，则越能得到政府补贴。当地政府将通过对受到股价崩盘风险冲击的上市公司给予财政补贴，帮助减轻股价崩盘风险给企业带来的不利后果（滕飞等，2020）。在审计师与分析师对行业的引导方面，已有研究显示，从审计师的视角来看，外部审计质量会对公司的风险管理产生一定的影响。高质量审计可以提高发现舞弊的可能性，而审计独立性对股价崩盘风险也有很大的影响（王德宏等，2017）。从分析师角度来看，基于企业外部监管的视角，分析师追踪可以有效地抑制企业高管的投机行为，降低信息不对称（郑珊珊，2019）。

在地区公共资源配置偏差的影响方面，现有研究表明，位于省域边界的企业在进行选择性信息披露时，往往会受到区域公共资源分配中存在的偏向性的影响，从而导致企业的信息成本居高不下。与非边界企业相比，边界企业信贷可得性低，融资成本高，政府补助少；边界企业在进行信息披露时，为确保获取有益的金融资源，考虑到自身处在资源约束条件下，而只能采取激进的信息披露策略。这导致位于省域边界的企业股价崩盘风险更高（李丽丹等，2022）。在地理分散度方面，现有研究表明，地域分散程度与公司股价崩盘风险有明显的正向相关性。上市公司的控制或参股企业在地域上越是分散，就越是有动机和空间来掩盖负面信息，以满足更多的利益相关者的需求，从而使股价未来更可能发生崩盘（胡其昊，2022）。

综上所述，经梳理相关文献可知，关于股价崩盘风险影响因素的研究主要集中在企业内部治理与企业外部环境两方面。企业内部治理方面的因素包括企业数字化转型、企业股东行为与企业财务重述行为等，而企业外部环境包括投资者行为、政府干预行为与地区公共资源配置偏差等。这表明，现有文献大多集中于某一因素对股价崩盘风险的影响，而对将公司内部治理与外部环境影响相结合的具体研究相对缺乏。

4.2.2 独立董事对股价崩盘风险的影响

目前关于独立董事对股价崩盘风险的研究中，影响因素主要从宏观与微观两个角度切入。宏观层面的影响因素主要有企业的外部治理环境，微观层面影响因素主要有性别、个人资历与所处的地理位置。

通过对独立董事的监管，可以有效地减轻公司的代理问题，抑制公司高管隐瞒负面信息的行为，从而降低股价崩盘风险的发生概率。在各种宏观经济环境下，独立董事对公司治理的影响程度有所差异。在新兴市场，特别是在投资者保护相对薄弱的环境下，优化独立董事的治理机制，特别是引入持有异议的独立董事，能够切实防范股价暴跌风险，有助于维护资本市场的稳定（梁权熙，2016）。公司的制度环境可以通过影响独立董事网络而对股价崩盘风险发挥作用。上市公司所处的制度环境较差时，独立董事的关系网对股价崩盘风险具有更大的抑制效果；相反，在较完善的制度环境下，独立董事网络区位对股价崩盘风险的抑制作用也较小（易玄和谢钟灵，2019）。

在微观视角下，独立董事的性别、个人资历、社会网络与所处的地理位置都会对企业的股价崩盘风险造成影响。关于独立董事的性别问题，已有研究从会计专业独立董事这一角度出发，探讨了独立董事的性别和地域因素对股价崩盘风险的影响。实证分析结果显示，相较于男性及异地会计专业的独立董事，女性和本地出身的独立董事在降低股价崩盘风险方面表现出更为显著的抑制作用，这对企业在确定聘用何种会计独立董事时具有一定的参考价值（周军，2019）。在独立董事的个人资历方面，现有研究发现，资历尚浅的新秀独立董事在参与公司内部治理时，履职表现可能不尽如人意，其提出的异议往往更少，这有可能降低公司信息披露质量，影响公司股价崩盘风险。同时，新秀独立董事在治理过程中，往往缺乏对大股东及经营管理层的有效监督，这会导致大股东及经营管理层出现自利动机和机会主义行为的可能性增加，同时也增大了公司未来发生股价崩盘的可能性（曹丰和张雪燕，2023）。在独立董事的社会网络方面，现有研究表明，独立董事网络位置与公司股价崩盘风险之间存在显著负向关联。独立董事距离董事网络的中心位置越近，公司股价崩盘风险越小（易玄和谢钟灵，2019）。在独立董事的地理位置方面，现有研究发现，当地财务背景的独立董事比异地财务背景的独立董事更能有效降低公司的股价崩盘风险（董红晔，2016）。在一定程度上，异地独立董事不能及时有效地获取信息资讯，这导致了更严重的信息不对称问题，从而削弱了独立董事对所任职公司的监管力度（罗进辉等，2017）。国企，尤其是地方国企，在聘用独立董事时，应当对其来源地给予应有的关注，加大对本地独立董事的招聘力度，有利于提升其监管水平，进而设计出更具激励性的高管薪酬契约（罗进辉等，2018）。独立董事投入精力的不同，其治理绩效也会出现差异。在多个公司任职的独立董事在分配精力时会存在倾向性，对于独立董事来说，当其任职的公司声誉越高、地理距离越近、花在交通方面的时间成本越低，则独立董事就会在其治理过程中分配越多的精力。在任职企业距离越远时，独立董事对不同公司的差别待遇越明显（全怡和陈冬华，2016）。异地独立董事与企业的社会网完全隔离，因此，很难与其所服务的上市公司的供应商、客户、雇员、银行等相关方熟识，也很难从他们那里得到关于公司的介绍和评论，而且，在判定一家公司真正的风险时，这种隐性信息是很重要的（Coval 和 Moskowitz，1999）。

综上所述，现有文献研究表明，公司独立董事对股价崩盘风险有着重要影响。而其中，独立董事的地理位置是影响因素之一。然而，现有的研究文献数量较少，研究着重探讨会计专业独立董事的地理位置对股价崩盘风险的影响。此外，现有研究主要关注独立董事个体特征对公司治理的效果，特别是对股价崩盘风险的影响，但未顾及独立董事个体属性会受到外部宏观环境影响的客观情形。本章尝试在中国情境下，针对中国企业外部社会经济资源环境的特殊性和复杂性，立足于独立董事的地理分布，深入探讨了独立董事地理分布特性对股价崩盘风险的影响，为独立董事治理的理论研究与实践指导提供了经验证据。

4.3 理论分析与研究假设

作为资本市场的异常现象，股价崩盘一旦发生，往往会对公司和投资者造成沉重打击，甚至影响资本市场的稳定性，引发系统性金融风险。根据委托代理理论，在资本市场中，公司大股东或者管理层为追求个人利益，可能会做出不利于市场投资者的行为。一方面，管理者出于薪酬契约、构建帝国、晋升及声誉等私利动机，倾向于隐瞒负面消息（Ball，2009；Kothari 等，2009；Kim 等，2011），而一旦负面信息达到阈值，积累的坏消息被释放到市场中，市场投资者接收到不良信号，公司就会面临股价崩盘的风险（Hutton 等，2009）。另一方面，公司大股东在获取私有控制权收益以及掏空动机的驱使下，往往倾向于隐藏负面消息，从而有利于管理层与大股东合谋操纵公司利润，被隐藏的负面消息会不断累积，积累到一定程度集中爆发，就会导致股价崩盘现象的发生（沈华玉等，2017）。此外，当前中国资本市场发展仍不完善，投资者与公司之间存在信息不对称，处于信息劣势地位的投资者容易被企业虚假表象所蒙蔽，从而高估或低估股票的价值。企业隐瞒负面消息、信息披露质量低下等无形中加大了管理层与股东、企业内外部之间的信息不对称，放大了股价泡沫，一旦泡沫破裂，就会发生股价崩盘（李小荣和刘行，2012）。

监督是解决委托代理问题最有效的途径之一，而独立董事制度的引入和实施是公司治理的一项重要内容。独立董事具有提名和任免董事、聘任或解聘高级管理人员等职能，对减少内部决策的人为控制，强化对管理层的约束与监督发挥着重要的作用（Masulis 等，2012；刘浩等，2012）。独立董事制度的出现，能够在一定程度上缓解由于大股东掏空和管理层谋求私利导致的代理问题（Fama 等，1983；叶康涛等，2011），降低信息不对称，从而减小股价崩盘风险。而这种治理作用的发挥除了依赖于独立董事的独立性（谭劲松，2003），还与独立董事个体的特征要素有关，例如独立董事的年龄、性别、常居地、教育背景、职业经历、任职期限及社会关系网络等要素。其中，地理位置的邻近性能够降低独立董事监督成本以及股东与公司、管理层之间的信息不对称程度，从而促进独立董事履职效率，降低履职成本，降低股价崩盘风险（黄芳等，2016；董红晔，2016）。

首先，从成本的角度考虑，独立董事与任职公司之间的距离在一定程度上提高了独立董事的监督履职成本（谭劲松等，2003），相比于异地独立董事，本地独立董事的监督履职所付出的成本更低。一方面，由于异地独立董事与公司注册经营地的地理位置较远，因此参与公司的董事会活动需要付出较多的交通成本与时间成本，如在常居地和任职公司所在地之间的往返时间、往返的交通费用以及提前确定时间表等（全怡和陈冬华，2016）。另一方面，独立董事在本地任职就重要事项审议而言具有信息获取和沟通便利的优势（谭劲松，2003），异地独立董事由于经济和时间的约束，缺席董事会的概率会更高，如上市公司的相关公告中经常出现"某独立董事采用通信方式对董事会议案进行审议"的表述字样（董红晔，2016）。

其次，独立董事在本地任职能够更有效、全面和准确地获取信息，从而有效发挥监督作用。第一，独立董事地理位置的缩减，保证了较高的信息获取质量。通过非正式沟通、实地考察等手段，本地独立董事能够更加高效、迅速、准确地获取公司的各种经营管理信息。第二，由于本地独立董事更容易接触到当地的知识和市场环境，因此，除公司年报、分析师报告、媒体报告等公开的信息获取渠道以外，本地独立董事有更多的渠道获取所任职公司的内幕信息，因此具有更强的信息优势，从而有利于建立强有力的本地商业网络。相反，异地独立董事由于地理距离的增加，获取信息的渠道减少，同时信息传递过程中更容易导致信息传递的漏损和失真，增加信息不对称程度，无法及时有效了解公司真实经营状况，从而难以实现有效的监督（董红晔，2016）。第三，本地独立董事与上市公司总部所在地处于同一城市，在文化理念与处事方式上与企业管理层可能存在很多的共性（罗进辉等，2017），更容易与 CEO 及其他高级管理人员建立紧密关系，为公司软性信息的获取提供了便利（Alam 等，2014）。由此可见，本地独立董事通过面对面沟通、本土媒介或私人关系网络等更有效的信息获取渠道，进而发现并抑制管理层操纵利润、隐瞒负面消息的机会主义行为，提高上市公司信息披露质量及透明度，进而能够降低股价崩盘风险。

除此之外，充足的时间与精力也是独立董事发挥监督作用的重要保证。当一位独立董事同时在多家公司任职，如何分配精力就成为首要问题。在精力有限的情况下，独立董事所拥有的董事席位过多，会削弱其监督管理的有效性，导致治理效果变差（Core 等，1999；Fich 和 Shivdasani，2006）。对于声誉相对较高、交通成本相对较低、空间距离相对较近的公司，独立董事往往会投入更多的时间和精力，但任职距离较远的独立董事则更容易中途离开声誉相对低、距离相对远的公司（全怡和陈东华，2016）。此外，异地独立董事需要花费额外精力去适应当地的生活环境，从而难以投入充沛的精力去履职尽责，进而制约了异地独立董事监督职能的有效发挥。

综上而言，相比于异地独立董事，本地独立董事由于存在履职成本、信息获取和精力上的优势，更能发挥监督职能，能更有效地降低信息不对称程度，抑制管理层和大股东投机行为，降低股价崩盘风险。据此，本研究提出如下假设：

H1a：独立董事本地率与上市公司股价崩盘风险水平呈负向关系。

然而，独立董事在履行其监督义务的过程还依赖于独立董事的独立性。独立董事独立性越强，越能有效提升公司会计信息质量，管理层隐藏负面消息，大股东实施利益侵占的预期成本越高，这会减弱管理层隐瞒负面消息的动机，从根源上降低负面消息藏匿与爆发的可能性，进而降低公司未来股价崩盘的风险（周军，2019）。

首先，中国长久以来的"差序格局"社交关系特征在一定程度上削弱了独立董事的任职独立性。尽管市场化进程推进和社会变迁在一定程度上淡化了传统社会中血缘、地缘等观念，但中国特色的"面子""人情""关系"等本土化特征仍然存在（孙亮和刘春，2014；罗劲博等，2017），在这种非正式制度的冲击下,地理距离上的邻近性会强化这种关系效应,导致本地独立董事更容易丧失其应有的独立性,难以拒绝管理层隐藏负面消息的违规行为,甚至与其合谋共同侵害投资者的利益(周泽将等,2021)。因此,独立董事在本地任职虽然具有一定的信息获取优势,然而"裙带关系"和"以和为贵"的关系网络特征会降低异议行为发生的可能性和数量,削弱独立董事的监督效果。

其次,管理者权力大小对其隐瞒坏消息的能力起到至关重要的作用,管理者权力越大,其隐藏信息的能力就越强,会对企业信息质量和信息披露造成不良影响,进而造成股价崩盘(谢盛纹和廖佳,2017)。一方面,管理者利用权力谋求个人利益,如在职消费或制定对自己有利的薪酬条款等(权小锋等,2010),且权力越大,越有利于其实施机会主义行为(刘孟飞,2022)。同时管理者作为公司日常经营的决策者,具有掌握真实经营信息的资源优势,当管理层权力较大时,对日常决策施加重大影响,提出的极端、风险较大的议案更容易被通过,股价崩盘风险更大(吴先聪和管巍,2020)。另一方面,在聘用独立董事时,经理层往往会选择与其社会关系较近的独立董事,并且这种选择倾向在管理层权力越大时越显著(刘诚等,2012)。一般而言,在上市公司注册经营地的高级管理人员更容易建立起良好的社会关系,因此,管理者权力越大,其选择聘任本地独立董事的偏好也就越高,这进一步削弱了独立董事的独立性。

除此之外,社会网络理论认为,董事网络发挥着重要的治理作用,尤其是独立董事,更容易凭借弱联结优势获取发挥治理作用所需要的各种信息、知识和资源(Lin,2002)。有研究发现,社会网络中心度较高的独立董事能帮助企业获得更多的外部信息,降低风险并提高管理决策科学性(Akbas 等,2016;傅代国和夏常源,2014)。独立董事在董事网络中的位置越靠近中心,其声望和影响力就越高,声誉机制对其履职的激励和约束作用就越大(邢秋航和韩晓梅,2018)。因此,独立董事在董事网络中的位置越靠近中心,监督高层管理者的动力和能力越强,企业股价崩盘的风险越低(易弦和谢钟灵,2019)。处于网络重要位置的独立董事能够通过学校效应获取更多潜在交易方信息和行业资讯，为管理层提供战略决策建议，进而提升会计信息质量和管理层报告信息含量，提高履职效率（周建等，2023）。

与本地独立董事相比，异地独立董事之间的弱联结性与结构性更强，更高的独立性提高了异地独立董事获取信息的数量和质量，在一定程度上削弱了其在时间和交通成本方面的劣势。而本地独立董事由于在上市公司所在地任职，因此降低了信息获取来源的多样性，限制了董事网络结构带来的信息优势（王崇锋和王世杰，2023），可能会降低独立董事的履职效率，从而不能很好地披露企业负面信息和识别股价崩盘风险。

综上所述，与异地独立董事相比，本地任职独立董事由于受到亲缘地缘关系与管理者权力的制约，其独立性表现更差，且由于异地独立董事之间弱联结与结构性优势，本地独立董事在履职效率、能力、信息获取等方面受到约束，不利于监督信息不对称和管理者与大股东的机会主义行为。据此，本研究提出如下假设：

H1b：独立董事本地率与上市公司股价崩盘风险水平呈正向关系。

4.4　实证研究设计

4.4.1　样本选择

本章以中国 A 股上市公司为研究样本，样本区间为 2007—2021 年。2007—2021 年 A 股上市公司的总观测数为 137734，样本处理过程如下：①剔除上市当年、ST、ST*和 PT 上市公司样本；②剔除年交易周数小于 30 的样本；③剔除金融或保险行业样本；④剔除数据缺失或明显存在错误的样本。最终得到 32925 个公司—年度观测值值，最终样本的年度和行业分布情况详见表 4-1。本研究所需的上市公司的注册地、办公地，以及所有独立董事的工作地等信息,均通过手工收集、整理得来,其余数据来源于 CSMAR 数据库、Wind 数据库。本章数据处理与分析由 Stata 16.0 完成,考虑到样本极端值对回归结果的影响,本章对所有连续变量按照 1% 和 99% 进行缩尾处理。

表 4-1 样本年度和行业分布

Panel A:样本年度分布

年份	观测数	比例	累计百分比
2007	1053	3.20%	3.20%
2008	1186	3.60%	6.80%
2009	1250	3.80%	10.60%
2010	1309	3.98%	14.57%
2011	1663	5.05%	19.62%
2012	1975	6.00%	25.62%
2013	2152	6.54%	32.16%
2014	2033	6.17%	38.33%
2015	2056	6.24%	44.58%
2016	2262	6.87%	51.45%
2017	2545	7.73%	59.18%
2018	3084	9.37%	68.54%
2019	3218	9.77%	78.32%
2020	3350	10.17%	88.49%
2021	3789	11.51%	100.00%
合计	32925	100.00%	—

Panel B:样本行业分布

行业名称	观测数	比例	累计百分比
A 农、林、牧、渔业	479	1.45%	1.45%
B 采矿业	788	2.39%	3.85%

城市社会经济资源
对独立董事治理的影响机理研究

行业名称	观测数	比例	累计百分比
D 电力、煤气及水的生产和供应业	1181	3.59%	7.44%
E 建筑业	901	2.74%	10.17%
G 交通运输、仓储和邮政业	1792	5.44%	15.61%
F 批发和零售贸易	1078	3.27%	18.89%
H 住宿和餐饮业	17	0.05%	18.94%
I 信息传输、软件和信息技术服务业	2115	6.42%	25.36%
K 房地产业	1455	4.42%	29.78%
L 租赁和商务服务业	409	1.24%	31.03%
M 科学研究和技术服务业	280	0.85%	31.88%
N 水利、环境和公共设施管理业	391	1.19%	33.06%
P 教育	10	0.03%	33.09%
Q 卫生和社会工作	32	0.10%	33.19%
R 文化、体育和娱乐业	380	1.15%	34.34%
S 综合	351	1.07%	35.41%
C13 农副食品加工业	456	1.38%	36.80%
C14 食品制造业	381	1.16%	37.95%
C15 酒、饮料和精制茶制造业	453	1.38%	39.33%
C17 纺织业	504	1.53%	40.86%
C18 纺织服装、服饰业	356	1.08%	41.94%
C19 皮革、毛皮、羽毛及其制品和制鞋业	42	0.13%	42.07%
21 家具制造业	100	0.30%	42.37%
22 造纸和纸制品业	331	1.01%	43.38%
23 印刷和记录媒介复制业	59	0.18%	43.56%
24 文教、工美、体育和娱乐用品制造业	96	0.29%	43.85%
25 石油加工、炼焦和核燃料加工业	201	0.61%	44.46%
26 化学原料和化学制品制造业	2301	6.99%	51.45%

续　表

行业名称	观测数	比例	累计百分比
27 医药制造业	2158	6.55%	58.00%
28 化学纤维制造业	293	0.89%	58.89%
29 橡胶和塑料制品业	653	1.98%	60.87%
30 非金属矿物制品业	911	2.77%	63.64%
31 黑色金属冶炼和压延加工业	397	1.21%	64.85%
32 有色金属冶炼和压延加工业	710	2.16%	67.00%
33 金属制品业	582	1.77%	68.77%
34 通用设备制造业	1213	3.68%	72.46%
35 专用设备制造业	1834	5.57%	78.03%
36 汽车制造业	1113	3.38%	81.41%
37 铁路、船舶、航空航天和其他运输	494	1.50%	82.91%
38 电气机械和器材制造业	2013	6.11%	89.02%
39 计算机、通信和其他电子设备制造业	3051	9.27%	98.29%
40 仪器仪表制造业	354	1.08%	99.36%
41 其他制造业	210	0.64%	100.00%
合计	—	100.00%	

数据来源：作者根据 Stata 16.0 计算整理。

4.4.2　变量定义

本章涉及的主要变量列示如下。

（1）被解释变量

个股的股价崩盘风险是资本市场稳定的风向标，股价崩盘风险综合衡量了企业的信息环境，也事关资本市场稳定和投资者信心，在我国以个人投资者为主体的资本市场上具有重要的现实意义。本章研究独立董事地理位置对股价崩盘的影响，借鉴已有文献（Hutton 等，2009；Kim 等，2011a；夏常源和贾凡胜，2019；杨威等，2020；李丽丹等，2022)，选择股价负收益偏态系数（NC-SKEW）和收益上下波动比率（DUVOL）来度量公司股价崩盘风险。

每年对股票 i 的周收益率数据进行如下回归，确定经市场调整后的股票周收益率，具体计算公式如下：

$$R_{i,\,t} = \alpha_i + \beta_1 R_{m,\,t-2} + \beta_2 R_{m,\,t-1} + \beta_3 R_{m,\,t} + \beta_4 R_{m,\,t+1} + \beta_5 R_{m,\,t+2} + \varepsilon_{i,\,t}$$

$$(4.1)$$

其中，$R_{i,\,t}$ 指的是股票 i 在第 t 周考虑现金红利再投资的收益率，$R_{m,\,t}$ 指的是 A 股所有股票在第 t 周经流通市值加权的平均收益率，$\varepsilon_{i,\,t}$ 为残差。

定义样本公司股票 i 第 t 周经过市场调整后的特质收益率（周特质收益率）为 $W_{i,\,t} = \ln(1 + \varepsilon_{i,\,t})$，并在 $W_{i,\,t}$ 的基础上计算股价负收益偏态系数（NC-SKEW）和收益上下波动比率（DUVOL）。

一是使用股价负收益偏态系数（NCSKEW）来度量股价崩盘风险。具体公式为：

$$NCSKEW_{i,\,t} = - \frac{n(n-1)^{\frac{3}{2}} \sum W_{i,\,t}^3}{(n-1)(n-2)\left(\sum W_{i,\,t}^2\right)^{\frac{3}{2}}}$$

$$(4.2)$$

其中，n 为股票 i 在某年的交易周数。NCSKEW 的值越大，意味着股价负收益偏态系数越大，股价崩盘风险越高。

二是采用收益上下波动比率（DUVOL）度量股价崩盘风险。对于每个公司、年度，首先定义特质收益率小于均值的周为下跌周，特质收益率高于均值的周为上涨周。然后分别计算出下跌周和上涨周特质收益率的标准差，得出下跌波动比率和上涨波动比率。最后，以下跌波动比率除以上涨波动比率并取自然对数，即得到每一个公司、年度样本的 DUVOL 指标。计算公式如下：

$$DUVOL_{i,\,t} = \log \frac{(n_u - 1) \sum_{down} W_{i,\,t}^2}{(n_d - 1) \sum_{up} W_{i,\,t}^2}$$

$$(4.3)$$

其中，n_u 和 n_d 分别代表公司 t 的股价周特质收益率 $W_{i,\,t}$ 大于和小于其年平均收益率的周数。DUVOL 的值越大，代表收益率的分布越左偏，股价崩盘风险越大。

（2）解释变量

本章的主要解释变量为独立董事本地率（LR），其定义与上文一致，为我国上市公司每年本地独立董事人数与独立董事总人数的比值，其中本地独立董事是指独立董事居住地城市与上市公司注册地城市相同，反之则为异地独立董事。

（3）控制变量

参照以往相关研究（马慧和陈胜蓝，2022；汤泰劼等，2021；徐飞等，2019；杨威等，2020），本章控制了财务层面、治理层面及市场与个股层面可能会影响股价崩盘的三类变量，具体包括：公司规模（$Size$），等于公司当年年末总资产的自然对数；资产负债率（Lev），等于公司当年年末总资产中负债所占的比例；资产收益率（ROA），等于当年净利润与总资产平均余额的比值；营业收入增长率（$Growth$），等于本年营业收入相比上一年营业收入的同比增长率；上市年限（$ListAge$），等于观测年份与上市年份之差加 1 的自然对数；股权集中度（$Top10$），等于当年年末公司前十大股东的持股数量占公司总股数的比例；股票收益波动比率（$Sigma$），等于公司 i 在第 t 年周收益率的标准差；市场周平均收益率（Ret），等于股票 i 在第 t 年的平均周收益率；账面市值比（BM），公司年末账面价值与总市值的比值；月均超额换手率（$Dturn$），第 t 年股票 i 的月均换手率与第 $t-1$ 年股票 i 的月均换手率的差值；应计盈余管理（$AbsDA$），等于公司可操纵应计利润的绝对值，其中可操纵应计利润根据修正的 Jones 模型计算得到，具体计算方式见第 3 章；总资产周转率（ATO），等于每年营业收入与平均资产总额的比值；管理层女性比例（$Female$），等于管理层女性人数除以管理层总人数；机构投资者持股比例（$INST$），等于机构投资者持股总数除以流通股本；应收账款占比（REC），等于年末应收账款净额与总资产的比值；董事会规模（$Board$），等于当年年末公司的董事会总人数的自然对数；固定资产占比（$FIXED$），等于年末固定资产净额与总资产的比值。此外本章加入年度（$Year$）和行业（$Industry$）变量考虑两者固定效应，其中行业变量基于证监会发布的《上市公司行业分类指引》（2012 年修订）（以下简称《分类指引》），制造业取一位代码，其他行业用大类。本章主要变量的具体定义及度量详见表 4-2。

表 4-2 主要变量的具体定义及度量

变量类型	变量名称	变量符号	变量定义
被解释变量	股价崩盘风险	$NCSKEW_{t+1}$	股价负收益偏态系数
		$DUVOL_{t+1}$	收益上下波动比率
解释变量	独立董事本地率	LR	本地独立董事人数/独立董事总人数
控制变量	公司规模	$Size$	期末总资产的自然对数
	资产负债率	Lev	期末总负债/总资产
	资产收益率	ROA	当年净利润/总资产平均余额
	营业收入增长率	$Growth$	本年营业收入/上一年营业收入−1
	上市年限	$ListAge$	ln（当年年份−上市年份+1）
	股权集中度	$Top10$	期末前十大股东持股数量/总股数
	股票收益波动比率	$Sigma$	股票 i 第 t 年周收益率的标准差
	市场周平均收益率	Ret	股票 i 第 t 年的平均周收益率
	账面市值比	BM	账面价值/总市值
	月均超额换手率	$Dturn$	当年股票月均换手率−去年股票月均换手率
	应计盈余管理	$AbsDA$	公司可操纵应计利润的绝对值，可操纵应计利润根据修正的 Jones 模型计算得到
	总资产周转率	ATO	当年营业收入/平均资产总额
	管理层女性比例	$Female$	期末管理层女性人数除以管理层总人数
	机构投资者持股比例	$INST$	期末机构投资者持股总数除以流通股本
	应收账款占比	REC	期末应收账款净额与总资产的比值
	董事会规模	$Board$	期末董事会人数取自然对数
	固定资产占比	$FIXED$	期末固定资产净额与总资产比值
固定变量	行业	$Industry$	证监会 2012 年行业分类 制造业取两位代码，其他行业用大类
	年份	$Year$	年份

4.4.3　研究模型

为了检验不同地理位置情形下独立董事对股价崩盘风险的影响，验证假设 H1，借鉴以往文献（马慧和陈胜蓝，2022；汤泰劼等，2021；顾奋玲等，2022；许年行等，2013），本章建立模型（4.4），检验独立董事地理位置对股价崩盘风险的影响：

$$Crashrisk_{i,\ t+1} = \alpha_0 + \alpha_1 LR + \alpha_2 \sum Control_{i,\ t} + \alpha_3 \sum Year_{i,\ t} +$$

$$\alpha_4 \sum Industry_{i,\ t} + \varepsilon_{i,\ t} \tag{4.4}$$

其中，被解释变量 $Crashrisk_{i,\ t+1}$ 为股价崩盘风险，分别采用滞后一期（$t+1$ 年）的股价负收益偏态系数（NCSKEW）和收益上下波动比率（DUVOL）衡量；解释变量为独立董事本地率（LR），代表独立董事的地理位置。除此以外，为排除公司财务特征、公司治理情况及市场反应等其他变量对股价崩盘风险的影响，本章加入一系列控制变量，由当期（第 t 年）的数值来度量；$Year_{i,\ t}$ 和 $Industry_{i,\ t}$ 分别代表年份和行业；$\varepsilon_{i,\ t}$ 表示残差。具体的变量定义详见前文的表 4-2。

我们首先在全样本中对模型（4.4）进行回归，检验独立董事地理位置对上市公司股价崩盘风险的影响，若独立董事本地率（LR）的系数 α_1 显著小于 0，说明独立董事本地率与股价崩盘风险显著负相关，即本地独立董事比异地独立董事更能抑制股价崩盘风险，假设 H1a 成立。反之，若独立董事本地率（LR）的系数 α_1 显著大于 0，则说明独立董事本地率与股价崩盘风险显著正相关，验证了假设 H1b。

4.5　实证结果讨论及分析

4.5.1　描述性统计分析

本章运用 Stata 16.0 对变量进行描述性统计，具体数据如表 4-3 所示。

其中，股价负收益偏态系数（*NCSKEW*）和收益上下波动比率（*DUVOL*）是本章的主要被解释变量，其均值分别为-0.297和-0.193，中位数分别为-0.255和-0.192，与已有文献中的相关数据分布基本保持一致。独立董事地理位置（*LR*）为本章的主要解释变量，其样本均值和中位数分别为0.450和0.333，说明样本上市公司每年的本地独立董事大致占全部独立董事人数的45%，且有一半的样本公司聘用本地独立董事人数不高于1/3。在控制变量方面，公司规模（*Size*）的均值是22.2，资产负债率（*Lev*）的均值是0.439，资产收益率（*ROA*）的均值为0.040，营业收入增长率（*Growth*）的均值为0.180，上市年限（*ListAge*）的均值为2.177，即样本公司的平均上市年限为2.177年。股权集中度（*Top*10）的均值是0.576，股票收益波动比率（*Sigma*）的均值是0.065，市场周平均收益率（*Ret*）的均值是0.004，账面市值比（*BM*）的均值是1.060，月均超额换手率（*Dturn*）的均值为-0.123，应计盈余管理（*AbsDA*）的均值为0.057，总资产周转率（*ATO*）的均值为0.662，管理层女性比例（*Female*）的均值为0.183，机构投资者持股比例（*INST*）的均值为0.387，应收账款占比（*REC*）的均值为0.117，董事会规模（*Board*）的均值为2.138，固定资产占比（*FIXED*）的均值为0.220。

表4-3   **主要变量的描述性统计**

变量	观测数	均值	标准差	最小值	P25	中位数	P75	最大值
$NCSKEW_{t+1}$	32925	-0.297	0.715	-2.764	-0.686	-0.255	0.128	2.257
$DUVOL_{t+1}$	32925	-0.193	0.472	-1.604	-0.505	-0.192	0.119	1.296
LR	32925	0.450	0.395	0.000	0.000	0.333	0.750	1.000
Size	32925	22.20	1.292	19.43	21.27	22.01	22.93	26.51
Lev	32925	0.439	0.204	0.0360	0.278	0.436	0.592	0.927
ROA	32925	0.040	0.065	-0.382	0.014	0.038	0.070	0.245
Growth	32925	0.180	0.415	-0.654	-0.017	0.116	0.281	3.931

续　表

变量	观测数	均值	标准差	最小值	P25	中位数	P75	最大值
ListAge	32925	2.177	0.753	0.693	1.609	2.303	2.833	3.367
*Top*10	32925	0.576	0.152	0.199	0.467	0.583	0.691	0.912
Sigma	32925	0.065	0.024	0.0190	0.048	0.061	0.078	0.193
Ret	32925	0.004	0.011	-0.0290	-0.003	0.002	0.009	0.055
BM	32925	1.060	1.208	0.056	0.394	0.677	1.227	11.04
Dturn	32925	-0.123	0.518	-2.743	-0.290	-0.042	0.129	1.399
AbsDA	32925	0.057	0.056	0.001	0.018	0.040	0.0760	0.453
ATO	32925	0.662	0.454	0.050	0.365	0.559	0.821	2.944
Female	32925	0.183	0.111	0.000	0.100	0.167	0.250	0.539
INST	32925	0.387	0.235	0.000	0.187	0.390	0.570	0.896
REC	32925	0.117	0.101	0.000	0.034	0.094	0.172	0.507
Board	32925	2.138	0.200	1.609	1.946	2.197	2.197	2.708
FIXED	32925	0.220	0.164	0.002	0.091	0.187	0.314	0.770

数据来源：作者根据 Stata 16.0 计算整理。

4.5.2　相关性分析

表 4-4 为本章主要变量的相关性分析结果。

本章主要关注独立董事本地率与股价负收益偏态系数（*NCSKEW*）和收益上下波动比率（*DUVOL*）之间的关系。表 4-4 的相关性分析结果显示，本章的解释变量独立董事本地率（*LR*）与股价负收益偏态系数（*NCSKEW*）和收益上下波动比率（*DUVOL*）的相关系数分别为 -0.016 和 -0.009，方向均为负，且独立董事本地率（*LR*）与股价负收益偏态系数（*NCSKEW*）在 1% 水平上显著负相关，所以基于变量相关性分析结果，可以初步推断独立董事地理位置与股价崩盘风险之间呈现显著负相关。两个被解释变量股价负收益偏态系数（*NCSKEW*）和收益上下波动比率（*DUVOL*）之间的相关系数为 0.874，也在 1%水平上显著，说明本章用以反映公司股价崩盘风险的两个变量之间相关性较强，一致性较高。在被解释变量与控制变量的关系方面，公司规模（*Size*）、资产负债率（*Lev*）、上市年限（*ListAge*）、账面市值比（*BM*）、月均超额换手率（*Dturn*）、董事会规模（*Board*）、固定资产占比（*FIXED*）都与股价负收益偏态系数（*NCSKEW*）和收益上下波动比率（*DUVOL*）在 1%水平上显著负相关，资产收益率（*ROA*）、营业收入增长率（*Growth*）、股权集中度（*Top*10）、市场周平均收益率（*Ret*）、应计盈余管理（*AbsDA*）、管理层女性比例（*Female*）、应收账款占比（*REC*）则都与股价负收益偏态系数（*NCSKEW*）和收益上下波动比率（*DUVOL*）显著正相关。

表 4-4 同时也报告了本章各控制变量之间的相关性，例如，在公司财务层面指标上，公司规模（*Size*）与资产负债率（*Lev*）、营业收入增长率（*Growth*）、上市年限（*ListAge*）、账面市值比（*BM*）、股权集中度（*Top*10）等都在 1%水平上显著负相关，相关系数分别为 0.465、0.041、0.380、0.617 和 0.170；同时，公司规模（*Size*）也与股票收益波动比率（*Sigma*）和市场周平均收益率（*Ret*）呈显著负相关，相关系数分别为 -0.240、-0.061；资产负债率（*Lev*）与账面市值比（*BM*）、月均超额换手率（*Dturn*）、应计盈余管理（*AbsDA*）、总资产周转率（*ATO*）、机构投资者持股比例（*INST*）都在 1%水平上显著正相关，相关系数分别为 0.531、0.141、0.106、0.149 和 0.171；同时，资产负债率（*Lev*）与资产收益率（*ROA*）呈显著负相关，相关系数为 -0.354，且在 1%水平上显著；此外，在公司治理层面指标上，管理层女性比例（*Female*）与公司规模（*Size*）、机构投资者持股比例（*INST*）、董事会规模（*Board*）、固定资产占比（*FIXED*）的相关性较强，相关系数分别为 -0.166、-0.109、-0.195 和 -0.167，都在 1%水平上显著负相关；机构投资者持股比例（*INST*）与上市年限（*ListAge*）、股权集中度（*Top*10）、账面市值比（*BM*）和月均超额换手率（*Dturn*）在 1%水平上显著正相关，相关系数分别为 0.280、0.374、0.199 和 0.047；总体而言，本章控制变量之间的相关系数都低于 0.6，说明不存在多重共线性的问题。

城市社会经济资源视角下独立董事地理位置对股价崩盘风险的影响研究

表 4-4　　主要变量的相关性分析结果

	NCSKEW	DUVOL	LR	Size	Lev	ROA	Growth	ListAge	Top10	Sigma
NCSKEW	1	—	—	—	—	—	—	—	—	—
DUVOL	0.874***	1	—	—	—	—	—	—	—	—
LR	-0.016***	-0.009	1	—	—	—	—	—	—	—
Size	-0.065***	-0.092***	-0.026***	1	—	—	—	—	—	—
Lev	-0.048***	-0.061***	-0.00800	0.465***	1	—	—	—	—	—
ROA	0.050***	0.038***	-0.00300	0.013***	-0.354***	1	—	—	—	—
Growth	0.033***	0.023***	-0.017***	0.041***	0.030***	0.247***	1	—	—	—
ListAge	-0.075***	-0.089***	-0.029***	0.380***	0.345***	-0.194***	-0.073***	1	—	—
Top10	0.023***	0.019***	0.018***	0.170***	-0.085***	0.225***	0.098***	-0.364***	1	—
Sigma	-0.009	-0.019***	0.008	-0.240***	0.001	-0.072***	0.066***	-0.109***	-0.074***	1
Ret	0.094***	0.085***	0	-0.061***	0.008	0.133***	0.107***	0.006	-0.028***	0.445***
BM	-0.111***	-0.114***	0.015***	0.617***	0.531***	-0.212***	-0.055***	0.305***	0.034***	-0.242***
Dturn	-0.026***	-0.031***	-0.011***	0.130***	0.141***	-0.112***	-0.047***	0.398***	-0.197***	0.246***
AbsDA	0.029***	0.024***	-0.007	-0.066***	0.106***	-0.158***	0.113***	0.005	-0.035***	0.110***
ATO	0.004	-0.005	-0.017***	0.040***	0.149***	0.165***	0.124***	0.013***	0.052***	-0.015***
Female	0.031***	0.041***	0.120***	-0.166***	-0.132***	0	-0.003	-0.074***	-0.020***	0.002
INST	-0.001	-0.013*	-0.004	0.443***	0.171***	0.125***	0.007	0.280***	0.374***	-0.170***
REC	0.022***	0.037***	0.058***	-0.194***	-0.006	-0.038***	0.029***	-0.232***	-0.038***	0.061***
Board	-0.020***	-0.030***	-0.062***	0.241***	0.157***	0.026***	-0.008	0.122***	0.023***	-0.064***
FIXED	-0.012**	-0.021*	-0.120***	0.080***	0.081***	-0.064***	-0.058***	0.081***	0.024***	-0.036***

续　表

	Ret	BM	Dturn	AbsDA	ATO	Female	INST	REC	Board	FIXED
ListAge	—	—	—	—	—	—	—	—	—	—
Top10	—	—	—	—	—	—	—	—	—	—
Sigma	—	—	—	—	—	—	—	—	—	—
Ret	1	—	—	—	—	—	—	—	—	—
BM	-0.229***	1	—	—	—	—	—	—	—	—
Dturn	0.398***	0.060***	1	—	—	—	—	—	—	—
AbsDA	0.031***	-0.053***	0.011**	1	—	—	—	—	—	—
ATO	0.034***	-0.029***	-0.001	0.025***	1	—	—	—	—	—
Female	-0.022***	-0.112***	-0.046***	0.043***	-0.055***	1	—	—	—	—
INST	0.026***	0.199***	0.047***	-0.061***	0.088***	-0.109***	1	—	—	—
REC	-0.004	-0.155***	-0.063***	0.050***	0.147***	0.032***	-0.168***	1	—	—
Board	-0.006	0.143***	0.046***	-0.058***	0.040***	-0.195***	0.187***	-0.118***	1	—
FIXED	0.021***	0.056***	0.070***	-0.172***	0.014**	-0.167***	0.084***	-0.290***	0.168***	1

注:***、**、* 分别代表在 1%、5% 和 10% 水平上显著。

数据来源:作者根据 Stata16.0 计算整理。

4.5.3　独立董事地理位置对股价崩盘风险的影响研究

（1）单变量分析

本章首先通过单变量分析检验独立董事地理位置与公司股价崩盘风险之间的关系，结果列示于表4-5中。具体地，本章按照上市公司的独立董事本地率（LR）是否高于同年度同行业所有样本公司的中位数将样本公司分为高独立董事本地率和低独立董事本地率两组，分别对两组样本的股价负收益偏态系数（$NCSKEW$）和收益上下波动比率（$DUVOL$）进行均值差异检验和中位数差异检验。

表4-5的检验结果显示，独立董事本地率较低的公司股价负收益偏态系数（$NCSKEW$）均值和中位数分别为-0.289和-0.250，收益上下波动比率（$DUVOL$）的均值和中位数分别为-0.189和-0.190；而在独立董事本地率较高的公司中，其股价负收益偏态系数（$NCSKEW$）均值和中位数分别为-0.307和-0.262，收益上下波动比率（$DUVOL$）的均值和中位数分别为-0.199和-0.196。无论是以股价负收益偏态系数（$NCSKEW$）还是收益上下波动比率（$DUVOL$）度量公司的股价崩盘风险，独立董事本地率较高组公司的股价崩盘风险的均值和中位数均低于独立董事本地率较低组，且差异检验结果显示，均值差异在5%水平上显著，中位数的差异不显著。因此，根据单变量分析结果，我们可以认为，独立董事本地率较高的公司其负偏态系数越小，股票收益率越右偏，股价崩盘风险程度较低，与本章研究假设 H1a 的预期基本一致。

表4-5　　　　　　　　　　独立董事本地率单变量分析

	低独立董事本地率组		高独立董事本地率组		差异检验	
	均值	中位数	均值	中位数	均值差异	中位数差异
$NCSKEW$	-0.289	-0.250	-0.307	-0.262	0.019**	2.096
$DUVOL$	-0.189	-0.190	-0.199	-0.196	0.010**	0.958

	低独立董事本地率组		高独立董事本地率组		差异检验	
	均值	中位数	均值	中位数	均值差异	中位数差异
样本观测	19163		13762		—	

注：***、**、*分别代表在1%、5%和10%水平上显著。

数据来源：作者根据 Stata 16.0 计算整理。

（2）多元回归分析

由于单变量分析没有考虑除独立董事本地率以外的其他因素对公司股价崩盘风险的影响，因此本章将继续采用多元回归分析的方法，在控制一系列可能会影响公司股价崩盘风险的因素后，检验独立董事本地率对股价崩盘的影响。此外，基于城市社会经济资源视角，本章以上市公司注册地是否为社会经济资源丰富城市（District）为依据，将全样本分为城市社会资源丰富城市样本和城市社会经济资源匮乏城市样本进行多元回归分析，以验证社会经济资源视角下独立董事本地率对股价崩盘风险的影响。本章所采用的多元回归分析模型详见前文4.4.3部分的模型（4.4），分组依据如表4-6所示，回归结果如表4-7、表4-8所示。

表 4-6　　　　　　　　　城市经济社会资源视角下分组依据

样本类型	范围
社会经济资源丰富城市	直辖市、副省级省会、一般省会、计划单列市以及经济强市苏州市
社会经济资源匮乏城市	省直辖县级市和普通地级市等其他城市

表4-7、表4-8分别报告了独立董事本地率（LR）对股价负收益偏态系数（NCSKEW）和收益上下波动比率（DUVOL）的影响。其中，列（1）和列（2）为全部上市公司样本，列（3）和列（4）是以注册地位于社会经济资源丰富城市的上市公司为样本（以下简称社会经济资源丰富城市样本），列（5）和列（6）是以注册地位于社会经济资源匮乏城市的上市公司为样本（以下简称社会经济资源匮乏城市样本）。列（1）、列（3）、列（5）为仅控制行业（Industry）和年份（Year）固定效应的回归，没有加入公司和市场层面的控制变量，列（2）、列

(4)、列（6）表示，在控制了公司规模（*Size*）、资产负债率（*Lev*）、资产收益率（*ROA*）等影响公司股价崩盘风险的一些变量后，全样本、社会经济资源丰富城市样本和资源匮乏城市样本的回归结果。

表4-7研究了独立董事本地率（*LR*）与股价负收益偏态系数（*NCSKEW*）的多元回归分析结果，表中的回归结果显示，对于本章研究的全部样本来说，独立董事本地率（*LR*）与公司的股价崩盘风险（*NCSKEW*）在1%水平上显著负相关，这说明在全样本下，高独立董事本地率对公司的股价崩盘风险有显著的抑制作用。在社会经济资源丰富城市的样本下，独立董事本地率（*LR*）与公司的股价崩盘风险（*NCSKEW*）在1%水平上显著负相关，这说明在社会经济资源丰富城市的样本下，高独立董事本地率对公司的股价崩盘风险有显著的抑制作用。在社会经济资源匮乏城市的样本下，独立董事本地率与公司的股价崩盘风险的相关关系不显著，这说明在社会经济资源匮乏城市的样本下，独立董事本地率对公司的股价崩盘风险的抑制作用不明显。

表4-8研究了独立董事本地率（*LR*）与收益上下波动比率（*DUVOL*）的多元回归分析结果，表中的回归结果显示，对于本章研究的全部样本来说，独立董事本地率（*LR*）与公司的股价崩盘风险（*DUVOL*）在1%水平上显著负相关，这说明在全样本下，高独立董事本地率对公司的股价崩盘风险有显著的抑制作用。在社会经济资源丰富城市的样本下，高独立董事本地率（*LR*）与公司的股价崩盘风险（*DUVOL*）在5%水平上显著负相关，这说明在社会经济资源丰富城市的样本下，高独立董事本地率对公司的股价崩盘风险有较为显著的抑制作用。在社会经济资源匮乏城市的样本下，独立董事本地率与公司的股价崩盘风险的相关关系不显著，这说明在社会经济资源匮乏城市的样本下，高独立董事本地率对公司的股价崩盘风险的抑制作用不明显。

本组回归说明，上市公司聘用的独立董事中，本地率越高，公司发生股价崩盘的风险就越小，主要原因是，相较于异地独立董事，在公司所在地本地任职的独立董事能享受更低的履职成本和更便捷的信息渠道，从而有更多的精力发挥对企业内部的治理作用，这为本地独立董事抑制公司的股价崩盘风险提供了保障，本组回归结果支持了本章的假设H1a，拒绝了假设H1b。

表4-7　　独立董事本地率与股价负收益偏态系数的多元回归分析结果

	(1)	(2)	(3)	(4)	(5)	(6)
	全样本		社会经济资源丰富城市		社会经济资源匮乏城市	
	仅控制行业和年度	加入公司层面控制变量	仅控制行业和年度	加入公司层面控制变量	仅控制行业和年度	加入公司层面控制变量
	NCSKEW	NCSKEW	NCSKEW	NCSKEW	NCSKEW	NCSKEW
LR	-0.023**	-0.037***	-0.027*	-0.038***	0.002	-0.017
	(-2.296)	(-3.629)	(-1.886)	(-2.667)	(0.083)	(-0.695)
Size	—	-0.003	—	-0.004	—	-0.001
	—	(-0.550)	—	(-0.627)	—	(-0.126)
Lev	—	0.024	—	0.045	—	-0.005
	—	(0.860)	—	(1.274)	—	(-0.101)
ROA	—	-0.019	—	0.044	—	-0.128
	—	(-0.252)	—	(0.439)	—	(-1.030)
Growth	—	-0.004	—	-0.008	—	0.001
	—	(-0.422)	—	(-0.643)	—	(0.076)
ListAge	—	-0.065***	—	-0.072***	—	-0.052***
	—	(-8.557)	—	(-7.564)	—	(-4.031)
Top10	—	-0.011	—	0.014	—	-0.060
	—	(-0.311)	—	(0.325)	—	(-1.111)
Sigma	—	-1.572***	—	-1.769***	—	-1.362***
	—	(-5.867)	—	(-5.251)	—	(-3.055)
Ret	—	9.928***	—	10.016***	—	9.755***
	—	(15.176)	—	(12.029)	—	(9.133)
BM	—	-0.032***	—	-0.026***	—	-0.050***
	—	(-6.016)	—	(-4.382)	—	(-4.499)

续　表

	(1)	(2)	(3)	(4)	(5)	(6)
	全样本		社会经济资源丰富城市		社会经济资源匮乏城市	
	仅控制行业和年度	加入公司层面控制变量	仅控制行业和年度	加入公司层面控制变量	仅控制行业和年度	加入公司层面控制变量
	NCSKEW	NCSKEW	NCSKEW	NCSKEW	NCSKEW	NCSKEW
Dturn	—	−0.003	—	0.013	—	−0.027*
	—	(−0.312)	—	(1.093)	—	(−1.691)
AbsDA	—	0.275***	—	0.201**	—	0.408***
	—	(3.760)	—	(2.201)	—	(3.339)
ATO	—	−0.035***	—	−0.031**	—	−0.038**
	—	(−3.520)	—	(−2.492)	—	(−2.293)
Female	—	0.132***	—	0.134***	—	0.129*
	—	(3.411)	—	(2.778)	—	(1.915)
INST	—	0.099***	—	0.058**	—	0.165***
	—	(4.529)	—	(2.059)	—	(4.714)
REC	—	0.111**	—	0.106*	—	0.116
	—	(2.315)	—	(1.827)	—	(1.328)
Board	—	−0.035*	—	−0.035	—	−0.024
	—	(−1.680)	—	(−1.359)	—	(−0.681)
FIXED	—	−0.013	—	0.000	—	−0.034
	—	(−0.426)	—	(0.005)	—	(−0.689)
_cons	−0.002	0.136	−0.011	0.184	0.010	0.069
	(−0.065)	(1.199)	(−0.226)	(1.268)	(0.195)	(0.364)
Year	Yes	Yes	Yes	Yes	Yes	Yes
Industry	Yes	Yes	Yes	Yes	Yes	Yes
N	32925	32925	20557	20557	12368	12368
adj. R^2	0.035	0.053	0.039	0.055	0.030	0.049
F	40.038	39.023	27.512	25.802	—	—

注：***、**、* 分别代表在 1%、5% 和 10% 水平上显著。

数据来源：作者根据 Stata 16.0 计算整理。

表 4-8　　　独立董事本地率与收益上下波动比率的多元回归分析结果

	(1)	(2)	(3)	(4)	(5)	(6)
	全样本		社会经济资源丰富城市		社会经济资源匮乏城市	
	仅控制行业和年度	加入公司层面控制变量	仅控制行业和年度	加入公司层面控制变量	仅控制行业和年度	加入公司层面控制变量
	DUVOL	*DUVOL*	*DUVOL*	*DUVOL*	*DUVOL*	*DUVOL*
LR	−0.009	−0.021***	−0.009	−0.020**	0.008	−0.014
	(−1.315)	(−3.121)	(−0.948)	(−2.114)	(0.493)	(−0.868)
Size	—	−0.017***	—	−0.018***	—	−0.017***
	—	(−5.371)	—	(−4.480)	—	(−3.035)
Lev	—	0.006	—	0.021	—	−0.018
	—	(0.306)	—	(0.890)	—	(−0.603)
ROA	—	−0.082	—	−0.064	—	−0.116
	—	(−1.616)	—	(−0.986)	—	(−1.392)
Growth	—	−0.006	—	−0.005	—	−0.009
	—	(−0.856)	—	(−0.558)	—	(−0.839)
ListAge	—	−0.049***	—	−0.053***	—	−0.043***
	—	(−9.807)	—	(−8.483)	—	(−5.071)
Top10	—	−0.006	—	0.007	—	−0.036
	—	(−0.262)	—	(0.240)	—	(−1.018)
Sigma	—	−1.346***	—	−1.571***	—	−1.060***
	—	(−7.664)	—	(−7.059)	—	(−3.675)
Ret	—	6.226***	—	6.333***	—	6.162***
	—	(14.218)	—	(11.354)	—	(8.648)
BM	—	−0.013***	—	−0.012***	—	−0.018***
	—	(−3.922)	—	(−3.113)	—	(−2.677)

续　表

	(1)	(2)	(3)	(4)	(5)	(6)
	全样本		社会经济资源丰富城市		社会经济资源匮乏城市	
	仅控制行业和年度	加入公司层面控制变量	仅控制行业和年度	加入公司层面控制变量	仅控制行业和年度	加入公司层面控制变量
	DUVOL	DUVOL	DUVOL	DUVOL	DUVOL	DUVOL
Dturn	—	0.006	—	0.012	—	−0.002
	—	(1.002)	—	(1.561)	—	(−0.146)
AbsDA	—	0.129***	—	0.082	—	0.218***
	—	(2.674)	—	(1.366)	—	(2.669)
ATO	—	−0.025***	—	−0.024***	—	−0.025**
	—	(−3.825)	—	(−2.893)	—	(−2.266)
Female	—	0.096***	—	0.110***	—	0.068
	—	(3.797)	—	(3.505)	—	(1.572)
INST	—	0.073***	—	0.056***	—	0.100***
	—	(5.102)	—	(3.019)	—	(4.337)
RECBoard	—	0.114***	—	0.119***	—	0.098*
	—	(3.579)	—	(3.081)	—	(1.705)
FIXED	—	−0.024*	—	−0.024	—	−0.020
	—	(−1.719)	—	(−1.429)	—	(−0.854)
_cons	—	−0.009	—	0.005	—	−0.035
	—	(−0.470)	—	(0.198)	—	(−1.091)
	0.003	0.482***	−0.024	0.497***	0.031	0.477***
	(0.130)	(6.400)	(−0.712)	(5.143)	(0.900)	(3.802)
Year	Yes	Yes	Yes	Yes	Yes	Yes
Industry	Yes	Yes	Yes	Yes	Yes	Yes
N	32925	32925	20557	20557	12368	12368
adj. R^2	0.041	0.060	0.045	0.064	0.037	0.056
F	44.811	43.705	30.804	29.622	—	—

注：***、**、*分别代表在1%、5%和10%水平上显著。

数据来源：作者根据 Stata 16.0 计算整理。

4.5.4　稳健性检验

（1）变更股价崩盘风险的度量方式

为保证上述结论的可靠性，本章对股价崩盘风险的衡量指标进行替换，采用滞后一期的股价崩盘风险哑变量（Crash）作为滞后一期的股价负收益偏态系数（NCSKEW）和收益上下波动比率（DUVOL）的替代变量，重新检验主假设，以增强研究结论的稳健性（Hutton 等，2009；谢德仁等，2016）。

具体而言，Crash 计算公式如下：

$$Crash_{i,t} = 1[\, \ni t,\ W_{j,t} \leq Average(W_{j,t}) - 3.09\sigma_{j,t}\,] \tag{4.5}$$

式（4.5）中，$Average(W_{j,t})$ 为公司 j 持有收益率的年度平均值。$1[\,\cdot\,]$ 为指示函数，表示在任一会计年度内，当股票 j 的周收益率 $W_{j,t}$ 一次或者多次使上述不等式 $W_{j,t} \leq Average(W_{j,t}) - 3.09\sigma_{j,t}$ 成立，则公司年度 Crash 变量取值为 1，表示该股票发生了崩盘事件，否则为 0。$\sigma_{j,t}$ 表示该股票第 t 年周持有收益率的标准差，3.09 个标准差对应于正态分布概率小于 1% 的区域。当公司的周持有收益率低于其均值的 3.09 个标准差时，则表示公司股价在该周发生下行，当公司的周持有收益率高于其均值的 3.09 个标准差时，则公司股价在该周发生上行。

表 4-9 是解释变量独立董事本地率（LR）与股价崩盘风险哑变量（Crash）的多元回归分析结果，控制变量与前文保持一致，具体的变量定义详见前文的表 4-2。

表 4-9 中，列（1）和列（2）为全部样本下的回归结果，列（3）和列（4）是以注册地位于社会经济资源丰富城市的上市公司为样本，列（5）和列（6）是以注册地位于社会经济资源匮乏城市的上市公司为样本。在以股价崩盘风险哑变量（Crash）来衡量公司的股价崩盘风险时，列（1）、列（3）、列（5）为仅控制行业和年份固定效应的回归，没有加入公司和市场层面的控制变量，回归结果显示，独立董事本地率（LR）的回归系数分别是 -0.010、-0.014、-0.005。列（2）、列（4）、列（6）分别在列（1）、列（3）、列（5）的基础上加入了公司

规模（*Size*）、资产负债率（*Lev*）、资产收益率（*ROA*）、营业收入增长率（*Growth*）、上市年限（*ListAge*）、股权集中度（*Top*10）、股票收益波动比率（*Sigma*）、市场周平均收益率（*Ret*）、账面市值比（*BM*）、月均超额换手率（*Dturn*）、应计盈余管理（*AbsDA*）、总资产周转率（*ATO*）、管理层女性比例（*Female*）、机构投资者持股比例（*INST*）等可能会影响公司股价崩盘风险程度的控制变量，回归结果显示，在加入控制变量后，对于全样本和城市社会经济资源丰富城市样本，独立董事本地率（*LR*）与股价崩盘风险哑变量（*Crash*）均在1%水平上显著负相关，相关系数分别是-0.014 和-0.017；而对于城市社会经济资源匮乏城市样本，独立董事本地率（*LR*）与股价崩盘风险哑变量（*Crash*）的负相关关系不显著。综合而言，在以股价崩盘风险哑变量（*Crash*）度量股价崩盘风险时，在全样本和城市社会经济资源丰富城市样本下，独立董事本地率越高，越能够抑制公司的股价崩盘风险，支持了前文的结论，说明回归结果具有稳健性。

表 4-9　　　　独立董事本地率与股价崩盘风险哑变量的多元回归
分析结果

	(1)	(2)	(3)	(4)	(5)	(6)
	全样本		社会经济资源丰富城市		社会经济资源匮乏城市	
	仅控制行业和年度	加入公司层面控制变量	仅控制行业和年度	加入公司层面控制变量	仅控制行业和年度	加入公司层面控制变量
	Crash	*Crash*	*Crash*	*Crash*	*Crash*	*Crash*
LR	-0.010**	-0.014***	-0.014**	-0.017***	-0.005	-0.002
	(-2.179)	(-2.928)	(-2.225)	(-2.637)	(0.443)	(-0.179)
Size	—	-0.015***	—	-0.013***	—	-0.017***
	—	(-6.624)	—	(-4.833)	—	(-4.424)
Lev	—	0.026**	—	0.026	—	0.028
	—	(1.976)	—	(1.558)	—	(1.304)
ROA	—	-0.063	—	-0.023	—	-0.119*
	—	(-1.644)	—	(-0.469)	—	(-1.908)

续　表

	(1)	(2)	(3)	(4)	(5)	(6)
	全样本		社会经济资源丰富城市		社会经济资源匮乏城市	
	仅控制行业和年度	加入公司层面控制变量	仅控制行业和年度	加入公司层面控制变量	仅控制行业和年度	加入公司层面控制变量
	Crash	*Crash*	*Crash*	*Crash*	*Crash*	*Crash*
Growth	—	-0.011**	—	-0.013**	—	-0.011
	—	(-2.472)	—	(-2.250)	—	(-1.428)
ListAge	—	0.002	—	-0.000	—	0.006
	—	(0.539)	—	(-0.072)	—	(0.991)
*Top*10	—	0.040***	—	0.036*	—	0.047*
	—	(2.599)	—	(1.849)	—	(1.892)
Sigma	—	-0.713***	—	-0.684***	—	-0.781***
	—	(-5.834)	—	(-4.444)	—	(-3.861)
Ret	—	1.060***	—	0.737*	—	1.607***
	—	(3.424)	—	(1.861)	—	(3.202)
BM	—	0.001	—	0.003	—	-0.003
	—	(0.435)	—	(1.057)	—	(-0.748)
Dturn	—	-0.005	—	0.003	—	-0.018**
	—	(-1.139)	—	(0.575)	—	(-2.408)
AbsDA	—	0.095***	—	0.083*	—	0.121**
	—	(2.689)	—	(1.881)	—	(2.037)
ATO	—	-0.013***	—	-0.014**	—	-0.013*
	—	(-2.920)	—	(-2.371)	—	(-1.810)
Female	—	0.035*	—	0.033	—	0.033
	—	(1.913)	—	(1.472)	—	(1.043)
INST	—	-0.011	—	-0.017	—	-0.001
	—	(-1.127)	—	(-1.372)	—	(-0.062)

续 表

	(1)	(2)	(3)	(4)	(5)	(6)
	全样本		社会经济资源丰富城市		社会经济资源匮乏城市	
	仅控制行业和年度	加入公司层面控制变量	仅控制行业和年度	加入公司层面控制变量	仅控制行业和年度	加入公司层面控制变量
	Crash	*Crash*	*Crash*	*Crash*	*Crash*	*Crash*
REC	—	0.004	—	0.002	—	0.019
	—	(0.187)	—	(0.067)	—	(0.470)
Board	—	0.002	—	−0.002	—	0.013
	—	(0.187)	—	(−0.187)	—	(0.845)
FIXED	—	−0.035**	—	−0.036**	—	−0.031
	—	(−2.569)	—	(−2.064)	—	(−1.386)
_cons	0.105***	0.440***	0.107***	0.431***	0.104***	0.446***
	(6.213)	(8.341)	(4.382)	(6.397)	(4.271)	(5.049)
Year	Yes	Yes	Yes	Yes	Yes	Yes
Industry	Yes	Yes	Yes	Yes	Yes	Yes
N	32925	32925	20557	20557	12368	12368
adj. R^2	0.012	0.016	0.011	0.014	0.016	0.021
F	26.690	19.766	13.971	10.768	—	—

注：***、**、*分别代表在1%、5%和10%水平上显著。

数据来源：作者根据 Stata 16.0 计算整理。

（2）Heckman 两阶段回归

对于独立董事选聘与公司股价崩盘风险之间的内生性问题，我们参照王德弘和孙亚婕（2023）的研究，采用 Heckman 两阶段回归法来进行稳健性检验。

如表 4-10 所示，第一阶段，我们将虚拟变量 $d1$，即独立董事本地率（*LR*）是否高于行业年度均值，作为因变量进行 Probit 回归。特别地，我们选取上市公司注册地的 *GDP* 的自然对数作为工具变量，原因是 *GDP* 水平越高的地区，上市公司聘请本地独立董事的概率越大，而 *GDP* 水平与公司股价崩盘风险之间没有明显的相关性。通过将该工具变量加入回归中，得到这一回归的逆米尔斯比率 $imr1$，然后将其作为额外的控制变量加入模型（4.4）中进行回归。

表4-10是全样本下针对独立董事本地率（LR）与股价崩盘风险的两阶段回归检验结果，从表中可以看出，在列（1）的第一阶段回归中，本章选取的工具变量 GDP 与 LR 在1%水平上显著正相关，说明了工具变量选取的合理性。从列（2）、列（3）第二阶段的回归结果，可以看出，LR 与 $NCSKEW$ 在1%水平上显著负相关，与 $DUVOL$ 在5%水平上显著负相关。综上所述，在控制了内生性问题之后，本章的主回归结果仍旧成立，即与异地会计专业独立董事相比，本地会计专业独立董事更能抑制企业的股价崩盘风险，支持假设H1a，说明主回归具有一定的稳健性。

表4-10　　　　　　　　Heckman 两阶段回归检验结果

	（1）	（2）	（3）
	一阶段	二阶段	
	LR	*NCSKEW*	*DUVOL*
GDP	0.674***	—	—
	(75.125)	—	—
Size	−0.077***	−0.003	−0.017***
	(−7.911)	(−0.551)	(−5.366)
Lev	0.023	0.024	0.005
	(0.422)	(0.863)	(0.289)
ROA	0.064	−0.019	−0.082
	(0.429)	(−0.249)	(−1.627)
Growth	−0.018	−0.004	−0.006
	(−0.887)	(−0.419)	(−0.868)
ListAge	0.018	−0.065***	−0.049***
	(1.159)	(−8.544)	(−9.814)

续　表

	（1）	（2）	（3）
	一阶段	二阶段	
	LR	*NCSKEW*	*DUVOL*
*Top*10	−0.135**	−0.011	−0.006
	（−2.038）	（−0.312）	（−0.257）
Sigma	−0.275	−1.571***	−1.347***
	（−0.524）	（−5.866）	（−7.671）
Ret	0.631	9.927***	6.228***
	（0.472）	（15.175）	（14.222）
BM	0.062***	−0.032***	−0.013***
	（6.421）	（−6.017）	（−3.904）
Dturn	0.010	−0.003	0.006
	（0.517）	（−0.313）	（1.004）
AbsDA	−0.565***	0.275***	0.128***
	（−3.900）	（3.763）	（2.641）
ATO	−0.057***	−0.035***	−0.025***
	（−2.810）	（−3.519）	（−3.828）
Female	0.646***	0.132***	0.098***
	（8.541）	（3.354）	（3.830）
INST	0.114***	0.099***	0.074***
	（2.681）	（4.516）	（5.118）
REC	0.014	0.111**	0.115***
	（0.153）	（2.297）	（3.604）
Board	−0.259***	−0.035*	−0.024*
	（−6.241）	（−1.666）	（−1.756）
FIXED	0.122**	−0.012	−0.010
	（1.980）	（−0.416）	（−0.512）

续　表

	(1)	(2)	(3)
	一阶段	二阶段	
	LR	*NCSKEW*	*DUVOL*
LR	—	−0.038***	−0.019**
	—	(−3.233)	(−2.487)
*imr*1	—	−0.001	0.003
	—	(−0.112)	(0.513)
_cons	−2.887***	0.137	0.478***
	(−12.453)	(1.203)	(6.337)
Year	Yes	Yes	Yes
Industry	Yes	Yes	Yes
N	32925	32925	32925
adj. R²	—	0.053	0.060
F	—	38.272	42.869

注：***、**、*分别代表在1%、5%和10%水平上显著。

数据来源：作者根据 Stata 16.0 计算整理。

（3）PSM 倾向得分匹配检验

为解决由于样本自选择导致的内生性问题，本研究参考股价崩盘的相关文献（王德弘和孙亚婕，2023；伊志宏等，2021；田利辉和王可第，2017），采取 PSM 倾向得分匹配法，对使用的样本依据独立董事本地率（*LR*）进行分组处理，将高于独立董事本地率的年度行业均值的样本作为处理组，不高于独立董事本地率的年度行业均值的样本则作为控制组，选取主回归模型（4.4）中的控制变量作为匹配依据，采用 Logit 回归法计算各样本的倾向值得分，并采取 1∶4 近邻匹配法构建控制组，使处理组与控制组除了独立董事本地率（*LR*）存在差异外，其他特征尽可能相似，表 4-11 和图 4-2 表明匹配结果通过平衡性检验，匹配后的样本回归结果如表 4-12 所示。

本章仅展示以股价负收益偏态系数（*NCSKEW*）为被解释变量的检验结果，表 4-11 是采用 1∶4 近邻匹配前后变量的对比。结果显示，匹配后除

了少数几个变量 *T* 检验有显著差异外，其他协变量均无显著性差异，且变量偏差显著降低，说明匹配后处理组和控制组之间的差异并不显著，图 4-2 为 PSM 平衡性检验结果，从该图中可以直观地看出，控制变量的偏差在匹配后明显缩小，表明在 1：4 近邻匹配后，两组样本在企业特征上并没有显著差异，显著修正了处理组和控制组的倾向得分偏差，进一步表明匹配结果通过了平衡性检验。以股价负收益偏态系数（*DUVOL*）为被解释变量的检验结果与上述结果类似，能够很大程度上消除样本的自选择偏差，解决内生性问题。

根据表 4-12 可知，经过 PSM 倾向得分匹配，独立董事本地率（*LR*）与股价负收益偏态系数（*NCSKEW*）、收益上下波动比率（*DUVOL*）的相关系数分别是 -0.038、-0.021，均在 1% 水平上显著为负，表明高独立董事本地率可以显著抑制公司股价崩盘风险，与主回归结论一致。这说明在缓解了样本自选择问题后，结论仍具有稳健性。

表 4-11　　　　　　　　　　　PSM 平衡性检验结果

控制变量	未匹配 U	均值		偏差		T 检验	
	匹配 M	处理组	控制组	偏差（%）	降低幅度（%）	T 值	P 值
Size	U	22.184	22.207	-1.8	27.6	-1.66	0.097
	M	22.183	22.2	-1.3	-1.15	0.251	—
Lev	U	0.43769	0.44037	-1.3	14.8	-1.19	0.235
	M	0.43758	0.43986	-1.1	-0.96	0.335	—
ROA	U	0.0394	0.3998	-0.9	-57.3	-0.81	0.417
	M	0.03939	0.03848	1.4	1.23	0.220	—
Growth	U	0.17377	0.18506	-2.7	77.3	-2.46	0.014
	M	0.17355	0.17099	0.6	0.55	0.579	—
ListAge	U	2.1594	2.192	-4.3	79.5	-3.91	0.000
	M	2.1594	2.166	-0.9	-0.76	0.444	—

续　表

控制变量	未匹配 U 匹配 M	均值		偏差		T 检验	
		处理组	控制组	偏差（%）	降低幅度（%）	T 值	P 值
Top10	U	0.58055	0.57277	5.1	70.5	4.62	0.000
	M	0.58047	0.58277	−1.5	−1.33	0.185	—
Sigma	U	0.06527	0.06535	−0.3	−25.1	−0.29	0.774
	M	0.06527	0.06517	0.4	0.35	0.729	—
Ret	U	0.00347	0.00363	−1.5	81.8	−1.37	0.171
	M	0.00347	0.00344	0.3	0.24	0.808	—
BM	U	1.0803	1.0418	3.2	87.2	2.89	0.004
	M	1.0775	1.0824	−0.4	−0.34	0.736	—
Dturn	U	−0.13113	−0.11636	−2.9	80.3	−2.58	0.010
	M	−0.13114	−0.12823	−0.6	−0.48	0.628	—
AbsDA	U	0.05627	0.05741	−2.0	96.2	−1.85	0.064
	M	0.05626	0.05631	−0.1	−0.07	0.945	—
ATO	U	0.65556	0.66692	−2.5	58.2	−2.26	0.024
	M	0.65553	0.65078	1.0	0.92	0.360	—
Female	U	0.19548	0.17262	20.6	99.5	18.66	0.000
	M	0.19545	0.19556	−0.1	−0.08	0.933	—
INST	U	0.38941	0.38422	2.2	44.3	2.00	0.045
	M	0.3893	0.39219	−1.2	−1.07	0.285	—
REC	U	0.12226	0.11182	10.3	94.2	9.31	0.000
	M	0.12224	0.12164	0.6	0.50	0.616	—
Board	U	2.1253	2.1482	−11.4	89.8	−10.39	0.000
	M	2.1253	2.1277	−1.2	−1.01	0.311	—
FIXED	U	0.20276	0.23484	−19.6	97.6	−17.75	0.000
	M	0.20279	0.20357	−0.5	−0.43	0.665	—

数据来源：作者根据 Stata 16.0 计算整理。

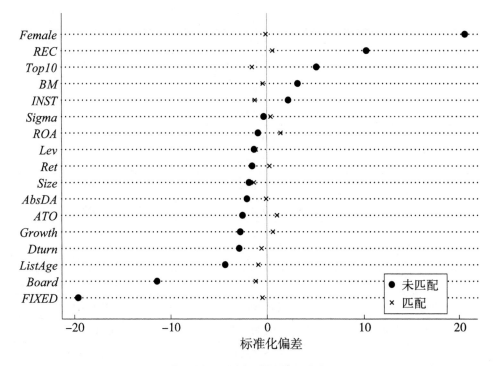

图 4-2　PSM 平衡性检验结果

表 4-12　　　　　　　　　PSM 倾向得分匹配结果

	(1)	(2)
	NCSKEW	*DUVOL*
LR	−0.038***	−0.021***
	(−3.602)	(−3.123)
Size	−0.001	−0.017***
	(−0.142)	(−5.013)
Lev	0.012	−0.003
	(0.415)	(−0.139)
ROA	−0.025	−0.092*
	(−0.308)	(−1.764)

	（1）	（2）
	NCSKEW	*DUVOL*
Growth	−0.002	−0.004
	（−0.141）	（−0.616）
ListAge	−0.065***	−0.049***
	（−8.188）	（−9.529）
*Top*10	−0.008	−0.010
	（−0.237）	（−0.422）
Sigma	−1.531***	−1.354***
	（−5.542）	（−7.503）
Ret	10.085***	6.323***
	（14.991）	（14.018）
BM	−0.030***	−0.013***
	（−5.536）	（−3.857）
Dturn	−0.004	0.005
	（−0.392）	（0.839）
AbsDA	0.273***	0.132***
	（3.612）	（2.647）
ATO	−0.031***	−0.025***
	（−2.855）	（−3.673）
Female	0.107***	0.088***
	（2.630）	（3.397）
INST	0.094***	0.072***
	（4.165）	（4.878）
REC	0.103**	0.121***
	（2.010）	（3.704）
Board	−0.039*	−0.023*
	（−1.821）	（−1.652）

续 表

	(1)	(2)
	NCSKEW	*DUVOL*
FIXED	0.018	−0.002
	(0.569)	(−0.120)
_cons	0.101	0.470***
	(0.854)	(6.061)
Year	Yes	Yes
Industry	Yes	Yes
N	30994	30994
adj. R^2	0.053	0.060
F	25.591	40.877

注: ***、**、*分别代表在 1%、5% 和 10% 水平上显著。
数据来源: 作者根据 Stata 16.0 计算整理。

4.6 进一步研究

4.6.1 是否开通高铁的异质性分析

为探究公司所在城市高铁的开通是否会对独立董事本地率对公司股价崩盘风险的抑制作用产生影响,本章以上市公司注册地是否开通高铁为依据,将全样本分为开通高铁组和未开通高铁组,并对两组样本进行分组回归,并基于城市社会经济资源视角,在全样本、社会经济资源丰富城市样本和社会经济资源匮乏城市样本下分别进行回归验证,回归结果如表 4-13、表 4-14 所示。

表 4-13、表 4-14 分别表示独立董事本地率(*LR*)与股价负收益偏态系数(*NCSKEW*)和收益上下波动比率(*DUVOL*)的多元回归分析结果。其中,列(1)和列(2)为全部样本下的回归结果,列(3)和列(4)是社会经济资源丰

富城市样本，列（5）和列（6）是社会经济资源匮乏城市样本。列（1）、列（3）、列（5）表示开通高铁组独立董事本地率（*LR*）与股价崩盘风险度量指标（*NC-SKEW*和*DUVOL*）的回归结果；列（2）、列（4）、列（6）表示未开通高铁组独立董事本地率（*LR*）与股价崩盘风险度量指标（*NCSKEW*和*DUVOL*）的回归结果。

回归结果表明，全样本下，在未开通高铁组，独立董事本地率（*LR*）与股价负收益偏态系数（*NCSKEW*）和收益上下波动比率（*DUVOL*）的负相关关系均不显著；而在开通高铁组，独立董事本地率（*LR*）与股价负收益偏态系数（*NC-SKEW*）和收益上下波动比率（*DUVOL*）的相关系数分别是-0.041、-0.02，均在1%水平上显著负相关。这表明，在全样本下，相对于未开通高铁组，开通高铁组独立董事本地率对股价崩盘风险的抑制作用更显著。

在社会经济资源丰富城市的样本下，对于股价负收益偏态系数（*NC-SKEW*），未开通高铁组中独立董事本地率对股价崩盘风险的负相关关系不显著；而在开通高铁组，独立董事本地率对股价崩盘风险在5%水平上显著负相关。而对于收益上下波动比率（*DUVOL*），未开通高铁组中独立董事本地率与股价崩盘风险在5%的水平上显著负相关；而在开通高铁组，独立董事本地率对股价崩盘风险的负相关关系不显著。

在社会经济资源匮乏城市的样本下，无论是开通高铁组还是未开通高铁组，独立董事本地率（*LR*）与股价负收益偏态系数（*NCSKEW*）和收益上下波动比率（*DUVOL*）的负相关关系均不显著。这表明，在社会经济资源匮乏城市样本下，是否开通高铁对于独立董事本地率对股价崩盘风险的抑制作用并无明显差异。

表4-13　　　　　　　是否开通高铁的异质性分析（*NCSKEW*）

	(1)	(2)	(3)	(4)	(5)	(6)
	全样本		社会经济资源丰富城市		社会经济资源匮乏城市	
	开通高铁	未开通高铁	开通高铁	未开通高铁	开通高铁	未开通高铁
	NCSKEW	*NCSKEW*	*NCSKEW*	*NCSKEW*	*NCSKEW*	*NCSKEW*
LR	-0.041***	-0.018	-0.038**	-0.04	-0.018	-0.005
	(-3.470)	(-0.755)	(-2.467)	(-1.076)	(-0.578)	(-0.103)

续 表

	(1)	(2)	(3)	(4)	(5)	(6)
	全样本		社会经济资源丰富城市		社会经济资源匮乏城市	
	开通高铁	未开通高铁	开通高铁	未开通高铁	开通高铁	未开通高铁
	NCSKEW	NCSKEW	NCSKEW	NCSKEW	NCSKEW	NCSKEW
Size	0.002	−0.020*	0	−0.029*	0.007	−0.014
	−0.32	(−1.880)	(−0.050)	(−1.825)	−0.65	(−0.962)
Lev	0.005	0.132**	0.029	0.226**	−0.043	0.087
	−0.15	−2.226	−0.761	−2.337	(−0.722)	−1.151
ROA	−0.138	0.406**	−0.06	0.881***	−0.278*	0.195
	(−1.592)	−2.336	(−0.562)	−3.228	(−1.827)	(−0.855)
Growth	−0.005	0	0	−0.045*	−0.018	0.034
	(−0.378)	(−0.007)	−0.025	(−1.854)	(−0.811)	−1.329
ListAge	−0.075***	−0.018	−0.080***	−0.004	−0.061***	−0.026
	(−8.598)	(−1.095)	(−7.724)	(−0.139)	(−3.737)	(−1.169)
Top10	−0.002	−0.023	0	0.103	−0.017	−0.126
	(−0.061)	(−0.361)	−0.01	−1.021	(−0.245)	(−1.484)
Sigma	−1.655***	−1.640***	−1.920***	−1.161	−1.219**	−1.966**
	(−5.576)	(−2.593)	(−5.367)	(−1.184)	(−2.270)	(−2.416)
Ret	11.400***	4.247***	11.313***	1.022	11.617***	6.273***
	−15.203	−3.13	−12.395	−0.515	−8.689	−3.459
BM	−0.026***	−0.081***	−0.024***	−0.071***	−0.036***	−0.092***
	(−4.680)	(−5.157)	(−3.920)	(−3.077)	(−2.805)	(−4.263)
Dturn	−0.002	−0.007	0.013	0.033	−0.029	−0.028
	(−0.157)	(−0.285)	−1.006	−0.797	(−1.515)	(−0.964)
AbsDA	0.279***	0.192	0.214**	0.066	0.455***	0.259
	−3.204	−1.447	−2.069	−0.352	−2.804	−1.387
ATO	−0.024**	−0.075***	−0.029**	−0.050*	−0.004	−0.091***
	(−2.026)	(−3.991)	(−2.080)	(−1.799)	(−0.207)	(−3.576)

续　表

	(1)	(2)	(3)	(4)	(5)	(6)
	全样本		社会经济资源丰富城市		社会经济资源匮乏城市	
	开通高铁	未开通高铁	开通高铁	未开通高铁	开通高铁	未开通高铁
	NCSKEW	*NCSKEW*	*NCSKEW*	*NCSKEW*	*NCSKEW*	*NCSKEW*
Female	0. 153***	0. 043	0. 128**	0. 15	0. 200**	−0. 08
	−3. 556	−0. 481	−2. 476	−1. 075	−2. 491	(−0. 655)
INST	0. 067***	0. 198***	0. 04	0. 205***	0. 116***	0. 212***
	−2. 641	−4. 524	−1. 297	−2. 997	−2. 601	−3. 707
REC	0. 124**	0. 019	0. 123**	−0. 158	0. 115	0. 098
	−2. 358	−0. 16	−2	(−0. 859)	−1. 088	−0. 636
Board	−0. 033	−0. 024	−0. 026	−0. 082	−0. 036	0. 022
	(−1. 402)	(−0. 547)	(−0. 934)	(−1. 260)	(−0. 787)	−0. 377
FIXED	−0. 002	−0. 022	0. 002	−0. 009	−0. 016	−0. 045
	(−0. 063)	(−0. 385)	(−0. 046)	(−0. 097)	(−0. 246)	(−0. 581)
_cons	0. 198	0. 468**	0. 216	0. 449	0. 085	0. 413
	−1. 121	−2. 001	−0. 964	−1. 212	−0. 295	−1. 334
Year	Yes	Yes	Yes	Yes	Yes	Yes
Industry	Yes	Yes	Yes	Yes	Yes	Yes
N	26355	6570	18136	2421	8219	4149
adj. R^2	0. 048	0. 079	0. 05	0. 116	0. 046	0. 065
F	27. 667	14. 936	19. 634	8. 955	—	7. 931

注：***、**、*分别代表在1%、5%和10%水平上显著。

数据来源：作者根据 Stata 16.0 计算整理。

表4-14　　　　是否开通高铁的异质性分析（*DUVOL*）

	(1)	(2)	(3)	(4)	(5)	(6)
	全样本		社会经济资源丰富城市		社会经济资源匮乏城市	
	开通高铁	未开通高铁	开通高铁	未开通高铁	开通高铁	未开通高铁
	DUVOL	*DUVOL*	*DUVOL*	*DUVOL*	*DUVOL*	*DUVOL*
LR	−0. 020***	−0. 02	−0. 015	−0. 052**	−0. 008	−0. 02
	(−2. 709)	(−1. 182)	(−1. 534)	(−2. 082)	(−0. 436)	(−0. 617)

续　表

	(1)	(2)	(3)	(4)	(5)	(6)
	全样本		社会经济资源丰富城市		社会经济资源匮乏城市	
	开通高铁	未开通高铁	开通高铁	未开通高铁	开通高铁	未开通高铁
	DUVOL	*DUVOL*	*DUVOL*	*DUVOL*	*DUVOL*	*DUVOL*
Size	−0.016***	−0.025***	−0.016***	−0.029***	−0.014**	−0.024**
	(−4.254)	(−3.424)	(−3.782)	(−2.683)	(−1.992)	(−2.411)
Lev	−0.001	0.054	0.015	0.105	−0.032	0.032
	(−0.054)	−1.348	(−0.612)	−1.574	(−0.824)	−0.635
ROA	−0.160***	0.204*	−0.108	0.279	−0.252**	0.207
	(−2.855)	−1.69	(−1.570)	−1.465	(−2.535)	−1.31
Growth	−0.004	−0.011	0.001	−0.029	−0.016	0.003
	(−0.448)	(−0.858)	(−0.094)	(−1.582)	(−1.089)	−0.188
ListAge	−0.052***	−0.032***	−0.056***	−0.023	−0.042***	−0.042***
	(−9.278)	(−2.829)	(−8.385)	(−1.253)	(−3.946)	(−2.797)
*Top*10	−0.005	0.004	0.003	0.051	−0.025	−0.052
	(−0.196)	−0.089	(−0.081)	(−0.714)	(−0.546)	(−0.879)
Sigma	−1.447***	−1.152***	−1.679***	−0.973	−1.020***	−1.322**
	(−7.467)	(−2.738)	(−7.126)	(−1.431)	(−2.960)	(−2.480)
Ret	7.024***	3.260***	6.962***	1.936	7.322***	4.118***
	−14.084	−3.51	−11.424	−1.404	−8.33	−3.33
BM	−0.010***	−0.038***	−0.011***	−0.040**	−0.012	−0.041***
	(−2.960)	(−3.721)	(−2.725)	(−2.537)	(−1.508)	(−2.976)
Dturn	0.005	0.017	0.012	0.034	−0.008	0.011
	−0.699	−1.072	−1.378	−1.247	(−0.688)	−0.56
AbsDA	0.127**	0.07	0.092	−0.005	0.231**	0.124
	−2.236	−0.766	−1.367	(−0.036)	−2.156	−0.967
ATO	−0.023***	−0.036***	−0.028***	−0.009	−0.006	−0.054***
	(−2.915)	(−2.832)	(−2.962)	(−0.472)	(−0.415)	(−3.170)

续 表

	（1）	（2）	（3）	（4）	（5）	（6）
	全样本		社会经济资源丰富城市		社会经济资源匮乏城市	
	开通高铁	未开通高铁	开通高铁	未开通高铁	开通高铁	未开通高铁
	DUVOL	DUVOL	DUVOL	DUVOL	DUVOL	DUVOL
Female	0.110***	0.035	0.109***	0.077	0.112**	−0.058
	−3.979	−0.582	−3.243	−0.815	−2.21	（−0.701）
INST	0.053***	0.140***	0.045**	0.157***	0.063**	0.144***
	−3.21	−4.581	−2.261	−3.21	−2.175	−3.679
REC	0.132***	0.014	0.140***	−0.139	0.098	0.075
	−3.807	−0.17	−3.461	（−1.103）	−1.433	−0.706
Board	−0.023	−0.022	−0.023	−0.032	−0.018	−0.016
	（−1.462）	（−0.773）	（−1.251）	（−0.702）	（−0.616）	（−0.415）
FIXED	−0.016	0.018	−0.004	0.032	−0.053	0.005
	（−0.701）	−0.467	（−0.146）	−0.512	（−1.259）	−0.1
_cons	0.534***	0.597***	0.514***	0.503*	0.523***	0.691***
	−4.397	−3.734	−3.139	−1.93	−2.881	−3.299
Year	Yes	Yes	Yes	Yes	Yes	Yes
Industry	Yes	Yes	Yes	Yes	Yes	Yes
N	26355	6570	18136	2421	8219	4149
adj. R^2	0.055	0.087	0.059	0.123	0.051	0.073
F	30.949	15.578	22.834	9.353	—	8.825

注：***、**、*分别代表在1%、5%和10%水平上显著。

数据来源：作者根据 Stata 16.0 计算整理。

4.6.2 疫情发生前后的异质性分析

为探究在疫情发生前后是否会对独立董事本地率对公司股价崩盘风险的抑制作用产生影响，本章以疫情发生前后（2020年前后）为依据，将全样本分为疫情发生前组和疫情发生后组，并对两组样本进行分组回归，并基于城市社会经济资源视角，在全样本、社会经济资源丰富城市样本和社会经济资源匮乏城市样本下分别进行回归验证，回归结果如表4-15、表4-16所示。

表4-15、表4-16分别表示独立董事本地率（*LR*）与股价负收益偏态系数（*NCSKEW*）和收益上下波动比率（*DUVOL*）的多元回归分析结果。其中，列（1）和列（2）为全部样本的回归结果，列（3）和列（4）以社会经济资源丰富城市上市公司为样本，列（5）和列（6）以社会经济资源匮乏城市上市公司为样本。列（1）、列（3）、列（5）表示疫情发生后组独立董事本地率（*LR*）与股价崩盘风险度量指标（*NCSKEW*和*DUVOL*）的回归结果；列（2）、列（4）、列（6）表示疫情发生前组独立董事本地率（*LR*）与股价崩盘风险度量指标（*NCSKEW*和*DUVOL*）的回归结果。

回归结果表明，在全样本下，在疫情发生后组，独立董事本地率（*LR*）对股价负收益偏态系数（*NCSKEW*）和收益上下波动比率（*DUVOL*）的负相关关系均不显著；而在疫情发生前组，独立董事本地率（*LR*）对股价负收益偏态系数（*NCSKEW*）和收益上下波动比率（*DUVOL*）的相关系数分别为-0.046和-0.028，均在1%水平上显著负相关。这表明，在全样本下，相比于疫情发生后组，疫情发生前组独立董事本地率（*LR*）对股价崩盘风险的抑制作用更显著。出现这种情况的原因可能是疫情的出现导致本地独立董事的履职也不再便利，本地独立董事的履职成本提高。因此，在疫情发生期间，相对于异地独立董事，本地独立董事对股价崩盘风险的抑制作用差异不显著。

在社会经济资源丰富城市样本下，在疫情发生后组，独立董事本地率（*LR*）对股价负收益偏态系数（*NCSKEW*）和收益上下波动比率（*DUVOL*）的负相关关系均不显著；而在疫情发生前组，独立董事本地率（*LR*）对股价负收益偏态系数（*NCSKEW*）和收益上下波动比率（*DUVOL*）的相关系数分别为-0.058和-0.031，均在1%水平上显著负相关。这表明，在社会经济资源丰富城市样本下，相比于疫情发生后组，疫情发生前组独立董事本地率（*LR*）对股价崩盘风险的抑制作用更显著。

在社会经济资源匮乏城市的样本下，无论是疫情发生前组还是疫情发生后组，独立董事本地率（*LR*）与股价负收益偏态系数（*NCSKEW*）和收益上下波动比率（*DUVOL*）的负相关关系均不显著。这表明，在社会经济资源匮乏城市样本下，疫情是否发生对于独立董事本地率对股价崩盘风险的抑制作用并无明显差异。

表 4-15　　　　　疫情发生前后的异质性分析（*NCSKEW*）

	（1）	（2）	（3）	（4）	（5）	（6）
	全样本		社会经济资源丰富城市		社会经济资源匮乏城市	
	疫情发生后	疫情发生前	疫情发生后	疫情发生前	疫情发生后	疫情发生前
	NCSKEW	*NCSKEW*	*NCSKEW*	*NCSKEW*	*NCSKEW*	*NCSKEW*
LR	0.008	−0.046***	0.032	−0.058***	−0.012	−0.01
	−0.392	（−3.973）	−1.122	（−3.505）	（−0.226）	（−0.370）
Size	0.022**	−0.005	0.027**	−0.006	0.017	−0.005
	−2.291	（−0.837）	−2.267	（−0.847）	−1.011	（−0.507）
Lev	−0.01	0.074**	0.006	0.099**	−0.024	0.034
	（−0.177）	−2.3	−0.085	−2.361	（−0.222）	−0.657
ROA	−0.004	0.005	−0.081	0.105	0.065	−0.135
	（−0.030）	−0.057	（−0.441）	−0.858	−0.253	（−0.938）
Growth	−0.058**	0.004	−0.046	−0.002	−0.079*	0.012
	（−2.244）	−0.387	（−1.454）	（−0.146）	（−1.721）	−0.66
ListAge	−0.033**	−0.079***	−0.032*	−0.091***	−0.044	−0.059***
	（−2.116）	（−9.072）	（−1.692）	（−8.232）	（−1.572）	（−4.029）
Top10	−0.227***	0.011	−0.148	0.019	−0.351***	−0.019
	（−3.012）	−0.286	（−1.580）	−0.392	（−2.723）	（−0.316）
Sigma	−1.138**	−1.526***	−1.713***	−1.601***	−0.312	−1.530***
	（−2.244）	（−4.785）	（−2.742）	（−3.946）	（−0.357）	（−2.927）
Ret	7.019***	10.379***	8.788***	9.936***	4.148*	11.163***
	−5.182	−13.929	−5.133	−10.446	−1.845	−9.239

续　表

	（1）	（2）	（3）	（4）	（5）	（6）
	全样本		社会经济资源丰富城市		社会经济资源匮乏城市	
	疫情发生后	疫情发生前	疫情发生后	疫情发生前	疫情发生后	疫情发生前
	NCSKEW	NCSKEW	NCSKEW	NCSKEW	NCSKEW	NCSKEW
BM	−0.022***	−0.050***	−0.023**	−0.045***	−0.031*	−0.062***
	(−2.630)	(−7.129)	(−2.389)	(−5.573)	(−1.659)	(−4.365)
Dturn	−0.015	−0.007	0.006	0.005	−0.049*	−0.023
	(−0.883)	(−0.624)	−0.26	−0.321	(−1.649)	(−1.212)
AbsDA	0.064	0.307***	−0.135	0.254**	0.423	0.410***
	−0.373	−3.793	(−0.624)	−2.515	−1.451	−3.038
ATO	−0.036	−0.035***	−0.036	−0.033**	−0.031	−0.038**
	(−1.626)	(−3.167)	(−1.328)	(−2.295)	(−0.802)	(−2.075)
Female	0.223***	0.101**	0.252***	0.096*	0.181	0.094
	−2.918	−2.258	−2.676	−1.71	−1.35	−1.211
INST	0.116**	0.101***	0.086	0.058*	0.171**	0.172***
	−2.409	−4.107	−1.412	−1.837	−2.132	−4.406
REC	−0.032	0.116**	−0.027	0.103	−0.05	0.129
	(−0.323)	−2.09	(−0.226)	−1.528	(−0.273)	−1.297
Board	−0.041	−0.035	−0.076	−0.024	0.044	−0.044
	(−0.906)	(−1.471)	(−1.383)	(−0.824)	−0.547	(−1.107)
FIXED	0.078	−0.019	−0.007	0.013	0.181*	−0.065
	−1.158	(−0.572)	(−0.081)	(−0.297)	−1.688	(−1.175)
_cons	−0.394*	0.153	−0.267	0.181	−0.604	0.165
	(−1.724)	−1.146	(−0.950)	−1.059	(−1.525)	−0.747
Year	Yes	Yes	Yes	Yes	Yes	Yes
Industry	Yes	Yes	Yes	Yes	Yes	Yes

	（1）	（2）	（3）	（4）	（5）	（6）
	全样本		社会经济资源丰富城市		社会经济资源匮乏城市	
	疫情发生后	疫情发生前	疫情发生后	疫情发生前	疫情发生后	疫情发生前
	NCSKEW	*NCSKEW*	*NCSKEW*	*NCSKEW*	*NCSKEW*	*NCSKEW*
N	7139	25786	4547	16010	2592	9776
adj. R^2	0.011	0.069	0.011	0.073	0.01	0.063
F	3.563	41.861	3.041	28.059	—	—

注：***、**、* 分别代表在 1%、5% 和 10% 水平上显著。

数据来源：作者根据 Stata 16.0 计算整理。

表 4-16　　疫情发生前后的异质性分析（*DUVOL*）

	（1）	（2）	（3）	（4）	（5）	（6）
	全样本		社会经济资源丰富城市		社会经济资源匮乏城市	
	疫情发生后	疫情发生前	疫情发生后	疫情发生前	疫情发生后	疫情发生前
	DUVOL	*DUVOL*	*DUVOL*	*DUVOL*	*DUVOL*	*DUVOL*
LR	0.013	−0.028***	0.021	−0.031***	0.007	−0.014
	−0.971	（−3.672）	−1.152	（−2.890）	−0.208	（−0.735）
Size	−0.01	−0.016***	−0.006	−0.017***	−0.015	−0.017**
	（−1.521）	（−4.302）	（−0.820）	（−3.638）	（−1.348）	（−2.575）
Lev	0.006	0.03	0.011	0.049*	0.01	−0.005
	−0.167	−1.42	−0.231	−1.805	−0.148	（−0.148）
ROA	−0.076	−0.05	−0.106	−0.026	−0.037	−0.083
	（−0.775）	（−0.834）	（−0.856）	（−0.331）	（−0.223）	（−0.859）
Growth	−0.024	−0.003	−0.018	−0.003	−0.032	−0.006
	（−1.431）	（−0.376）	（−0.908）	（−0.276）	（−1.146）	（−0.521）
ListAge	−0.020**	−0.060***	−0.018	−0.067***	−0.030*	−0.049***
	（−1.997）	（−10.375）	（−1.491）	（−9.259）	（−1.657）	（−5.062）
*Top*10	−0.174***	0.013	−0.118**	0.013	−0.287***	−0.001
	（−3.629）	−0.497	（−1.981）	−0.387	（−3.493）	（−0.020）

城市社会经济资源视角下独立董事地理位置对股价崩盘风险的影响研究

续　表

	(1)	(2)	(3)	(4)	(5)	(6)
	全样本		社会经济资源丰富城市		社会经济资源匮乏城市	
	疫情发生后	疫情发生前	疫情发生后	疫情发生前	疫情发生后	疫情发生前
	DUVOL	DUVOL	DUVOL	DUVOL	DUVOL	DUVOL
Sigma	−1.054***	−1.242***	−1.384***	−1.429***	−0.537	−1.058***
	(−3.211)	(−5.908)	(−3.373)	(−5.322)	(−0.967)	(−3.099)
Ret	3.397***	6.771***	3.949***	6.703***	2.500*	7.074***
	−3.752	−13.558	−3.437	−10.527	−1.686	−8.741
BM	−0.012**	−0.023***	−0.015**	−0.022***	−0.01	−0.025***
	(−2.313)	(−5.167)	(−2.424)	(−4.226)	(−0.787)	(−2.876)
Dturn	0.003	0.001	0.021	0.001	−0.026	0.004
	−0.262	−0.122	−1.419	−0.062	(−1.386)	−0.343
AbsDA	−0.1	0.171***	−0.259*	0.146**	0.196	0.223**
	(−0.886)	−3.183	(−1.812)	−2.199	−1.042	−2.442
ATO	−0.036**	−0.023***	−0.041**	−0.022**	−0.024	−0.025**
	(−2.452)	(−3.151)	(−2.175)	(−2.318)	(−0.995)	(−2.061)
Female	0.157***	0.074**	0.162***	0.093**	0.140*	0.032
	−3.229	−2.531	−2.656	−2.526	−1.696	−0.624
INST	0.102***	0.072***	0.080**	0.056***	0.147***	0.097***
	−3.343	−4.383	−2.07	−2.645	−2.884	−3.724
REC	0.039	0.112***	0.005	0.124***	0.109	0.077
	−0.601	−3.079	−0.062	−2.809	−0.911	−1.173
Board	−0.038	−0.022	−0.068*	−0.013	0.024	−0.034
	(−1.308)	(−1.405)	(−1.919)	(−0.674)	(−0.477)	(−1.326)
FIXED	0.016	−0.006	−0.023	0.019	0.069	−0.049
	−0.375	(−0.255)	(−0.406)	−0.674	−0.986	(−1.334)
_cons	0.392***	0.421***	0.483**	0.419***	0.297	0.476***
	−2.626	−4.762	−2.571	−3.681	−1.173	−3.249

续　表

	（1）	（2）	（3）	（4）	（5）	（6）
	全样本		社会经济资源丰富城市		社会经济资源匮乏城市	
	疫情发生后	疫情发生前	疫情发生后	疫情发生前	疫情发生后	疫情发生前
	DUVOL	*DUVOL*	*DUVOL*	*DUVOL*	*DUVOL*	*DUVOL*
Year	Yes	Yes	Yes	Yes	Yes	Yes
Industry	Yes	Yes	Yes	Yes	Yes	Yes
N	7139	25786	4547	16010	2592	9776
adj. R²	0.015	0.077	0.015	0.083	0.013	0.071
F	4.061	46.74	3.193	31.897	—	—

注：***、**、*分别代表在1%、5%和10%水平上显著。

数据来源：作者根据 Stata 16.0 计算整理。

4.6.3　会计专业独立董事地理位置对股价崩盘的影响研究

（1）模型设计

现有研究表明，与其他专业背景的独立董事相比，会计专业独立董事由于掌握了更多、更准确的会计专业知识，从而抑制管理层和大股东的机会主义行为，提高公司信息披露质量，减小信息不对称，发挥更强的治理作用（Agrawal 和 Chadha，2005；Defond，2005；周军，2019）。因此，本章借鉴已有的财务背景独立董事的相关研究（万红波和陈婷，2012；龚光明和王京京，2013；向锐，2014；黄海杰等，2016），综合考虑独立董事的工作经历、资格证书、专业职称、学历背景等信息，如果某独立董事的专业与会计、财务的相关程度较大，即定义为会计专业独立董事。为了进一步验证会计专业独立董事的地理位置对股价崩盘风险的影响，本章将筛选出来有且仅有一位会计专业独立董事的上市公司作为进一步研究的样本，以会计专业独立董事是否本地设立虚拟变量作为解释变量，补充会计专业独立董事的相关治理效果研究。

本章采用 2007—2021 年中国 A 股上市公司为样本，数据均来源于 Wind 数据库或 CSMAR 数据库，经过剔除缺失或明显错误变量、剔除保险或金融行业、剔除交易周期小于 30 日的样本等数据处理过程，得到 25118 个公司/年度样本，并构建模型（4.6）。

$$Crashrisk_{i,\ t+1} = \alpha_0 + \alpha_1 AL_{i,\ t} + \sum Controls_{i,\ t} + \varepsilon_{i,\ t} \qquad (4.6)$$

其中，被解释变量 $Crashrisk_{i,\ t+1}$ 为股价崩盘风险，分别采用滞后 1 期（$t+$ 1 年）的 NCSKEW 和 DUVOL 来衡量；解释变量为会计专业独立董事是否本地（AL），代表会计专业独立董事的地理位置。除此以外，为排除公司财务特征、公司治理情况及市场反应等其他变量对股价崩盘风险的影响，本章加入同 4.4.2 中相同的一系列控制变量，由当期（第 t 年）的数值来度量；$Year_{i,\ t}$ 和 $Industry_{i,\ t}$ 分别代表年份和行业；$\varepsilon_{i,\ t}$ 表示残差。被解释变量和控制变量的具体定义详见前文的表 4-2。

（2）多元回归分析

我们首先对全样本下的模型（4.6）进行回归，检验会计专业独立董事地理位置对上市公司股价崩盘风险的影响，其次基于城市社会经济资源视角研究不同资源类型城市的样本下，会计专业独立董事是否本地对股价崩盘风险的影响，回归结果如表 4-17、表 4-18 所示。其中，列（1）和列（2）是全部样本的回归结果，列（3）和列（4）以社会经济资源丰富城市上市公司为样本，列（5）和列（6）以社会经济资源匮乏城市上市公司为样本。列（1）、列（3）、列（5）为仅控制行业（Industry）和年份（Year）固定效应的回归，没有加入公司和市场层面的控制变量，列（2）、列（4）、列（6）表示在控制了公司规模（Size）、资产负债率（Lev）、资产收益率（ROA）等影响公司股价崩盘风险的一些变量后，全样本、社会经济资源丰富城市样本和资源匮乏城市样本的回归结果。

表 4-17、表 4-18 分别表示会计专业独立董事是否本地（AL）与股价负收益偏态系数（NCSKEW）和收益上下波动比率（DUVOL）的多元回归分析结果。回归结果表明，在全样本下，加入一系列公司层面控制变量后，会计专业独立董事是否本地（AL）与公司股价负收益偏态系数（NCSKEW）和收益上下波动比率（DUVOL）的相关系数分别是-0.018、-0.010，分别在 5% 和 10% 水平上显著负相关，这说明在全样本下，本地会计专业独立董事对公司的股价崩

盘风险有显著的抑制作用，即与异地会计专业独立董事相比，本地会计专业独立董事更能抑制公司股价崩盘。而在社会经济资源丰富城市和社会经济资源匮乏城市样本下，加入一系列公司层面控制变量后，会计专业独立董事是否本地（AL）与股价负收益偏态系数（$NCSKEW$）和收益上下波动比率（$DUVOL$）的负相关关系均不显著。

本组回归说明，公司聘用本地会计专业独立董事，能够显著抑制公司股价崩盘风险，即相比异地会计专业独立董事，本地会计专业独立董事能够对公司股价崩盘发挥更好的监督治理作用，进一步支持了本章的假设H1a。

表 4-17 　　会计专业独立董事是否本地与股价负收益偏态系数的
多元回归分析结果

	(1)	(2)	(3)	(4)	(5)	(6)
	全样本		社会经济资源丰富城市		社会经济资源匮乏城市	
	仅控制行业和年度	加入公司层面控制变量	仅控制行业和年度	加入公司层面控制变量	仅控制行业和年度	加入公司层面控制变量
	$NCSKEW$	$NCSKEW$	$NCSKEW$	$NCSKEW$	$NCSKEW$	$NCSKEW$
AL	-0.009	-0.018**	-0.009	-0.016	0.009	-0.001
	(-1.017)	(-2.003)	(-0.730)	(-1.305)	(0.521)	(-0.069)
$Size$	—	-0.003	—	-0.005	—	0.001
	—	(-0.601)	—	(-0.780)	—	(0.064)
Lev	—	0.015	—	0.052	—	-0.037
	—	(0.477)	—	(1.263)	—	(-0.701)
ROA	—	0.007	—	0.108	—	-0.173
	—	(0.083)	—	(0.932)	—	(-1.200)
$Growth$	—	0.000	—	-0.002	—	0.001
	—	(0.018)	—	(-0.149)	—	(0.061)
$ListAge$	—	-0.061***	—	-0.074***	—	-0.034**
	—	(-6.914)	—	(-6.691)	—	(-2.244)

续　表

	（1）	（2）	（3）	（4）	（5）	（6）
	全样本		社会经济资源丰富城市		社会经济资源匮乏城市	
	仅控制行业和年度	加入公司层面控制变量	仅控制行业和年度	加入公司层面控制变量	仅控制行业和年度	加入公司层面控制变量
	NCSKEW	NCSKEW	NCSKEW	NCSKEW	NCSKEW	NCSKEW
Top10	—	-0.021	—	-0.014	—	-0.016
	—	（-0.537）	—	（-0.273）	—	（-0.252）
Sigma	—	-1.643***	—	-1.739***	—	-1.559***
	—	（-5.384）	—	（-4.518）	—	（-3.089）
Ret	—	10.349***	—	10.258***	—	10.489***
	—	（13.785）	—	（10.678）	—	（8.643）
BM	—	-0.029***	—	-0.023***	—	-0.051***
	—	（-4.752）	—	（-3.293）	—	（-3.720）
Dturn	—	-0.007	—	0.006	—	-0.026
	—	（-0.621）	—	（0.454）	—	（-1.418）
AbsDA	—	0.268***	—	0.224**	—	0.320**
	—	（3.181）	—	（2.114）	—	（2.282）
ATO	—	-0.039***	—	-0.036**	—	-0.040**
	—	（-3.378）	—	（-2.441）	—	（-2.134）
Female	—	0.135***	—	0.134**	—	0.149**
	—	（3.055）	—	（2.435）	—	（1.961）
INST	—	0.094***	—	0.054*	—	0.158***
	—	（3.812）	—	（1.686）	—	（4.026）
REC	—	0.119**	—	0.102	—	0.161
	—	（2.215）	—	（1.570）	—	（1.627）
Board	—	-0.021	—	-0.025	—	-0.008
	—	（-0.862）	—	（-0.832）	—	（-0.183）

续　表

	(1)	(2)	(3)	(4)	(5)	(6)
	全样本		社会经济资源丰富城市		社会经济资源匮乏城市	
	仅控制行业和年度	加入公司层面控制变量	仅控制行业和年度	加入公司层面控制变量	仅控制行业和年度	加入公司层面控制变量
	NCSKEW	*NCSKEW*	*NCSKEW*	*NCSKEW*	*NCSKEW*	*NCSKEW*
FIXED	—	0.021	—	0.015	—	0.024
	—	(0.611)	—	(0.347)	—	(0.417)
_cons	−0.006	0.105	−0.032	0.179	0.025	−0.044
	(−0.157)	(0.804)	(−0.543)	(1.066)	(0.448)	(−0.202)
Year	Yes	Yes	Yes	Yes	Yes	Yes
Industry	Yes	Yes	Yes	Yes	Yes	Yes
N	25118	25118	15599	15599	9519	9519
adj. R^2	0.035	0.052	0.039	0.056	0.030	0.047
F	30.766	29.869	21.390	20.153	—	—

注：***、**、*分别代表在1%、5%和10%水平上显著。

数据来源：作者根据 Stata 16.0 计算整理。

表4-18　　会计专业独立董事是否本地与股价收益上下波动比率的
多元回归分析结果

	(1)	(2)	(3)	(4)	(5)	(6)
	全样本		社会经济资源丰富城市		社会经济资源匮乏城市	
	仅控制行业和年度	加入公司层面控制变量	仅控制行业和年度	加入公司层面控制变量	仅控制行业和年度	加入公司层面控制变量
	DUVOL	*DUVOL*	*DUVOL*	*DUVOL*	*DUVOL*	*DUVOL*
AL	−0.002	−0.010*	−0.001	−0.008	0.008	−0.003
	(−0.326)	(−1.712)	(−0.098)	(−0.943)	(0.658)	(−0.286)
Size	—	−0.017***	—	−0.018***	—	−0.016**
	—	(−4.566)	—	(−3.911)	—	(−2.412)

续　表

	(1)	(2)	(3)	(4)	(5)	(6)
	全样本		社会经济资源丰富城市		社会经济资源匮乏城市	
	仅控制行业和年度	加入公司层面控制变量	仅控制行业和年度	加入公司层面控制变量	仅控制行业和年度	加入公司层面控制变量
	DUVOL	*DUVOL*	*DUVOL*	*DUVOL*	*DUVOL*	*DUVOL*
Lev	—	0.003	—	0.030	—	−0.041
	—	(0.130)	—	(1.098)	—	(−1.169)
ROA	—	−0.075	—	−0.016	—	−0.172*
	—	(−1.274)	—	(−0.213)	—	(−1.782)
Growth	—	−0.003	—	−0.001	—	−0.009
	—	(−0.351)	—	(−0.066)	—	(−0.679)
ListAge	—	−0.049***	—	−0.057***	—	−0.033***
	—	(−8.420)	—	(−7.941)	—	(−3.282)
*Top*10	—	−0.017	—	−0.020	—	−0.008
	—	(−0.655)	—	(−0.615)	—	(−0.181)
Sigma	—	−1.394***	—	−1.601***	—	−1.110***
	—	(−6.962)	—	(−6.274)	—	(−3.404)
Ret	—	6.584***	—	6.556***	—	6.784***
	—	(13.103)	—	(10.201)	—	(8.326)
BM	—	−0.012***	—	−0.011**	—	−0.016*
	—	(−3.053)	—	(−2.443)	—	(−1.840)
Dturn	—	0.004	—	0.008	—	−0.002
	—	(0.540)	—	(0.938)	—	(−0.166)
AbsDA	—	0.117**	—	0.098	—	0.147
	—	(2.101)	—	(1.397)	—	(1.566)
ATO	—	−0.028***	—	−0.028***	—	−0.026**
	—	(−3.605)	—	(−2.831)	—	(−2.064)

续　表

	(1)	(2)	(3)	(4)	(5)	(6)
	全样本		社会经济资源丰富城市		社会经济资源匮乏城市	
	仅控制行业和年度	加入公司层面控制变量	仅控制行业和年度	加入公司层面控制变量	仅控制行业和年度	加入公司层面控制变量
	DUVOL	*DUVOL*	*DUVOL*	*DUVOL*	*DUVOL*	*DUVOL*
Female	—	0.096***	—	0.107***	—	0.085*
	—	(3.338)	—	(2.954)	—	(1.724)
INST	—	0.075***	—	0.058***	—	0.102***
	—	(4.641)	—	(2.750)	—	(3.937)
REC	—	0.110***	—	0.100**	—	0.132**
	—	(3.069)	—	(2.287)	—	(2.028)
Board		−0.016		−0.022		−0.004
		(−0.993)		(−1.097)		(−0.157)
FIXED	—	0.000	—	0.006		−0.021
	—	(0.015)	—	(0.214)		(−0.551)
_cons	0.008	0.467***	−0.022	0.516***	0.039	0.387***
	(0.273)	(5.350)	(−0.530)	(4.602)	(0.996)	(2.678)
Year	Yes	Yes	Yes	Yes	Yes	Yes
Industry	Yes	Yes	Yes	Yes	Yes	Yes
N	25118	25118	15599	15599	9519	9519
adj. R^2	0.042	0.061	0.046	0.066	0.037	0.055
F	35.126	34.011	24.532	23.594	—	—

注:***、**、* 分别代表在 1%、5% 和 10% 水平上显著。

数据来源:作者根据 Stata 16.0 计算整理。

（3）会计专业独立董事任期的异质性分析

独立董事任期阶段特征是影响独立董事独立性和监督职能是否发挥有效作用的重要因素（Dou 等，2015；陈冬华和相加凤，2017），因此为了进一步研究会计专业独立董事任期能否对独立董事地理位置与股价崩盘风险之间的关系造成异质性影响，本章以会计专业独立董事在同一家上市公司的任期是否高于36 个月作为依据，将 25118 个年度/公司样本分为长任期组和短任期组，并对两组样本进行分组回归，回归结果如表 4-19 所示。

表 4-19 报告了在控制了公司规模（*Size*）、资产负债率（*Lev*）、资产收益率（*ROA*）等影响公司股价崩盘风险的一些变量后，全样本组、会计专业独立董事较长任期组（任期>36 个月）和较短任期组（任期≤36 个月）下，会计专业独立董事是否本地（*AL*）对股价负收益偏态系数（*NCSKEW*）和收益上下波动比率（*DUVOL*）的多元回归分析结果。其中，列（1）和列（2）为全部样本的回归结果，列（3）和列（4）是较长任期样本的回归结果，列（5）和列（6）是较短任期样本的回归结果。列（1）、列（3）、列（5）表示会计专业独立董事是否本地（*AL*）与股价负收益偏态系数（*NCSKEW*）的回归结果，列（2）、列（4）、列（6）表示，会计专业独立董事是否本地（*AL*）与收益上下波动比率（*DUVOL*）的回归结果。

回归结果表明，对于较长任期组，会计专业独立董事是否本地（*AL*）与股价负收益偏态系数（*NCSKEW*）和收益上下波动比率（*DUVOL*）的相关系数分别是 0.001 和 0.004，且相关关系不显著，说明会计专业独立董事是否本地对股价崩盘风险无显著影响。而对于较短任期组，会计专业独立董事是否本地（*AL*）与股价负收益偏态系数（*NCSKEW*）和收益上下波动比率（*DUVOL*）的相关系数分别是-0.031、-0.019，分别在 1%和 5%水平上显著负相关，这表明本地会计专业独立董事对公司股价崩盘风险有显著抑制作用。综上所述，与任期较长组相比，任期较短组中本地会计专业独立董事对股价崩盘风险的抑制作用更显著。

这可能的原因是独立董事独立性是其履职的重要保证（谭劲松，2003），而独立董事在任职期限较短时，往往能够保持较高的独立性与职业谨慎，这使得在任期较短时，独立董事"学习效应"较为显著，进而能够对高管和公司形成强有力的监督（陈冬华和相加凤，2017；高凤莲等，2020）。而随着独立董事任期的增加，"学习效应"逐渐削弱，"关系效应"逐渐增强，任期延长导致独立董事与高管之间的私密关系逐渐衍生出来，"裙带关系"和"人情网络"

的存在削弱了其履职的独立性（杜兴强等，2017）。相对于长任期，短任期的本地会计专业独立董事有更强的独立性，同时兼具时间与精力上的优势，能扬长避短。因此，在较短任期组，相对于异地会计专业独立董事，本地会计专业独立董事对股价崩盘风险的抑制作用更显著。

表 4-19   会计专业独立董事任期的异质性分析

	(1)	(2)	(3)	(4)	(5)	(6)
	全样本		较长任期组（>36个月）		较短任期组（≤36个月）	
	NCSKEW	DUVOL	NCSKEW	DUVOL	NCSKEW	DUVOL
AL	−0.018**	−0.010*	0.001	0.004	−0.031***	−0.019**
	(−2.003)	(−1.712)	(0.063)	(0.399)	(−2.612)	(−2.448)
Size	−0.003	−0.017***	0.007	−0.021***	−0.002	−0.015***
	(−0.601)	(−4.566)	(−0.815)	(−3.804)	(−0.202)	(−2.879)
Lev	0.015	0.003	−0.065	−0.029	0.071*	0.024
	(0.477)	(0.130)	(−1.307)	(−0.876)	(1.686)	(0.857)
ROA	0.007	−0.075	0.046	−0.003	−0.003	−0.109
	(0.083)	(−1.274)	(0.332)	(−0.037)	(−0.025)	(−1.436)
Growth	0.000	−0.003	0.005	−0.007	−0.005	−0.002
	(0.018)	(−0.351)	(0.266)	(−0.564)	(−0.345)	(−0.191)
ListAge	−0.061***	−0.049***	−0.060***	−0.048***	−0.062***	−0.050***
	(−6.914)	(−8.420)	(−4.361)	(−5.287)	(−5.351)	(−6.594)
Top10	−0.021	−0.017	−0.088	−0.053	0.024	0.007
	(−0.537)	(−0.655)	(−1.462)	(−1.334)	(0.460)	(0.193)
Sigma	−1.643***	−1.394***	−1.368***	−1.295***	−1.859***	−1.478***
	(−5.384)	(−6.962)	(−2.901)	(−4.111)	(−4.643)	(−5.693)
Ret	10.349***	6.584***	9.839***	6.367***	10.689***	6.754***
	(13.785)	(13.103)	(8.639)	(8.328)	(10.682)	(10.114)

续　表

	(1)	(2)	(3)	(4)	(5)	(6)
	全样本		较长任期组（>36 个月）		较短任期组（≤36 个月）	
	NCSKEW	DUVOL	NCSKEW	DUVOL	NCSKEW	DUVOL
BM	-0.029***	-0.012***	-0.023***	-0.008	-0.033***	-0.015**
	(-4.752)	(-3.053)	(-2.584)	(-1.378)	(-3.828)	(-2.566)
Dturn	-0.007	0.004	-0.003	0.008	-0.005	0.003
	(-0.621)	(0.540)	(-0.183)	(0.723)	(-0.400)	(0.366)
AbsDA	0.268***	0.117**	0.284**	0.146*	0.252**	0.098
	(3.181)	(2.101)	(2.186)	(1.691)	(2.272)	(1.333)
ATO	-0.039***	-0.028***	-0.044**	-0.033***	-0.035**	-0.023**
	(-3.378)	(-3.605)	(-2.477)	(-2.749)	(-2.317)	(-2.346)
Female	0.135***	0.096***	0.169**	0.091**	0.109*	0.097**
	(3.055)	(3.338)	(2.528)	(2.080)	(1.854)	(2.556)
INST	0.094***	0.075***	0.121***	0.101***	0.078**	0.059***
	(3.812)	(4.641)	(3.240)	(4.076)	(2.371)	(2.705)
REC	0.119**	0.110***	0.166**	0.164***	0.097	0.078
	(2.215)	(3.069)	(2.024)	(3.026)	(1.360)	(1.635)
Board	-0.021	-0.016	-0.014	-0.013	-0.025	-0.017
	(-0.862)	(-0.993)	(-0.378)	(-0.556)	(-0.755)	(-0.788)
FIXED	0.021	0.000	0.074	0.022	-0.020	-0.016
	(0.611)	(0.015)	(1.409)	(0.623)	(-0.448)	(-0.522)
_cons	0.105	0.467***	0.170	0.543***	0.077	0.425***
	(0.804)	(5.350)	(0.851)	(4.091)	(0.440)	(3.649)
Year	Yes	Yes	Yes	Yes	Yes	Yes
Industry	Yes	Yes	Yes	Yes	Yes	Yes
N	25118	25118	10708	10708	14410	14410
adj. R^2	0.052	0.061	0.053	0.062	0.051	0.060
F	29.869	34.011	—	—	17.795	20.241

注：***、**、*分别代表在 1%、5%和 10%水平上显著。

数据来源：作者根据 Stata 16.0 计算整理。

（4）会计专业独立董事是否兼任的异质性分析

研究表明，仅在一家上市公司任职的独立董事，与同时任职于两家及以上的上市公司的独立董事，其对于公司股价崩盘的治理效果是不同的。因此为了进一步研究会计专业独立董事是否兼任对独立董事地理位置与股价崩盘风险之间的关系造成的异质性影响，本章以会计专业独立董事是否同时任职于两家或两家以上的上市公司作为依据，将 25118 个年度/公司样本分为兼任组和非兼任组，并对两组样本进行分组回归，回归结果如表 4-20 所示。

表 4-20 报告了在控制了公司规模（Size）、资产负债率（Lev）、资产收益率（ROA）等影响公司股价崩盘风险的一些变量后，在全样本组、兼任组（同时在两家或两家以上的上市公司担任独立董事）和非兼任组（只在一家上市公司担任独立董事）下，会计专业独立董事是否本地（AL）对股价负收益偏态系数（NCSKEW）和收益上下波动比率（DUVOL）的多元回归分析结果。其中，列（1）和列（2）为全部样本的回归结果，列（3）和列（4）是兼任组的回归结果，列（5）和列（6）是非兼任组的回归结果。列（1）、列（3）、列（5）表示会计专业独立董事是否本地（AL）与股价负收益偏态系数（NCSKEW）的回归结果，列（2）、列（4）、列（6）表示，会计专业独立董事是否本地（AL）与收益上下波动比率（DUVOL）的回归结果。

回归结果表明，对于兼任组，会计专业独立董事是否本地（AL）与股价负收益偏态系数（NCSKEW）的相关系数是-0.025，在5%水平上显著负相关；与收益上下波动比率（DUVOL）是-0.012，负相关关系不显著。而对于非兼任组，会计专业独立董事是否本地（AL）与股价负收益偏态系数（NCSKEW）和收益上下波动比率（DUVOL）的负相关关系均不显著。由此可见，与非兼任组相比，兼任组中本地会计专业独立董事对股价崩盘风险的抑制作用较为显著。主要原因可能是兼任使得异地会计专业独立董事更忙碌，相对于本地独立董事在时间和精力上更显不足。

表 4-20 　　　　　　　　　会计专业独立董事兼任的异质性分析

	(1)	(2)	(3)	(4)	(5)	(6)
	全样本		兼任组		非兼任组	
	NCSKEW	DUVOL	NCSKEW	DUVOL	NCSKEW	DUVOL
AL	-0.018**	-0.010*	-0.025**	-0.012	-0.007	-0.007
	(-2.003)	(-1.712)	(-2.168)	(-1.578)	(-0.483)	(-0.763)
Size	-0.003	-0.017***	-0.003	-0.017***	-0.004	-0.020***
	(-0.601)	(-4.566)	(-0.474)	(-3.448)	(-0.465)	(-3.165)
Lev	0.015	0.003	0.018	0.011	0.002	-0.015
	(0.477)	(0.130)	(0.428)	(0.390)	(0.034)	(-0.456)
ROA	0.007	-0.075	0.013	-0.086	-0.009	-0.063
	(0.083)	(-1.274)	(0.115)	(-1.133)	(-0.065)	(-0.686)
Growth	0.000	-0.003	0.011	0.001	-0.016	-0.008
	(0.018)	(-0.351)	(0.710)	(0.108)	(-0.914)	(-0.638)
ListAge	-0.061***	-0.049***	-0.072***	-0.057***	-0.045***	-0.037***
	(-6.914)	(-8.420)	(-6.306)	(-7.615)	(-3.222)	(-3.981)
Top10	-0.021	-0.017	-0.021	-0.031	-0.022	0.006
	(-0.537)	(-0.655)	(-0.412)	(-0.948)	(-0.345)	(0.136)
Sigma	-1.643***	-1.394***	-1.826***	-1.465***	-1.309***	-1.284***
	(-5.384)	(-6.962)	(-4.713)	(-5.729)	(-2.637)	(-3.984)
Ret	10.349***	6.584***	10.594***	6.845***	9.976***	6.208***
	(13.785)	(13.103)	(11.183)	(10.680)	(8.123)	(7.657)
BM	-0.029***	-0.012***	-0.028***	-0.013***	-0.031***	-0.010
	(-4.752)	(-3.053)	(-3.651)	(-2.704)	(-2.945)	(-1.446)
Dturn	-0.007	0.004	-0.000	0.010	-0.015	-0.005
	(-0.621)	(0.540)	(-0.026)	(1.075)	(-0.927)	(-0.446)
AbsDA	0.268***	0.117**	0.266**	0.111	0.286**	0.137
	(3.181)	(2.101)	(2.410)	(1.520)	(2.179)	(1.582)

续　表

	(1)	(2)	(3)	(4)	(5)	(6)
	全样本		兼任组		非兼任组	
	NCSKEW	DUVOL	NCSKEW	DUVOL	NCSKEW	DUVOL
ATO	−0.039***	−0.028***	−0.037**	−0.027***	−0.037**	−0.028**
	(−3.378)	(−3.605)	(−2.499)	(−2.655)	(−2.048)	(−2.362)
Female	0.135***	0.096***	0.078	0.063*	0.224***	0.147***
	(3.055)	(3.338)	(1.370)	(1.691)	(3.190)	(3.218)
INST	0.094***	0.075***	0.084***	0.070***	0.104***	0.080***
	(3.812)	(4.641)	(2.688)	(3.374)	(2.600)	(3.064)
REC	0.119**	0.110***	0.129*	0.118**	0.092	0.090
	(2.215)	(3.069)	(1.863)	(2.529)	(1.070)	(1.590)
Board	−0.021	−0.016	−0.002	−0.004	−0.049	−0.032
	(−0.862)	(−0.993)	(−0.064)	(−0.174)	(−1.275)	(−1.288)
FIXED	0.021	0.000	0.018	−0.004	0.023	0.008
	(0.611)	(0.015)	(0.397)	(−0.137)	(0.439)	(0.223)
_cons	0.105	0.467***	0.101	0.450***	0.128	0.515***
	(0.804)	(5.350)	(0.590)	(3.952)	(0.608)	(3.709)
Year	Yes	Yes	Yes	Yes	Yes	Yes
Industry	Yes	Yes	Yes	Yes	Yes	Yes
N	25118	25118	15301	15301	9817	9817
adj. R^2	0.052	0.061	0.051	0.060	0.053	0.061
F	29.869	34.011	17.926	20.639	—	—

注：***、**、*分别代表在1%、5%和10%水平上显著。

数据来源：作者根据 Stata 16.0 计算整理。

4.7   本章研究结论

　　基于理论研究中对独立董事地理位置与公司股价崩盘风险提供的对立分析假设和该视角下经验证据不足，本章以 2007—2021 年中国 A 股上市公司为研究样本，从城市社会经济资源的视角，通过实证检验独立董事地理位置对公司股价崩盘风险的影响，实证检验发现如下：第一，在全样本下，高独立董事本地率对公司的股价崩盘风险有显著的抑制作用。在社会经济资源丰富城市的样本下，上市公司独立董事本地率与股价崩盘风险在 1% 水平上显著负相关，这说明在社会经济资源丰富城市的样本下，高独立董事本地率对公司股价崩盘风险有显著的抑制作用。在社会经济资源匮乏城市的样本下，高独立董事本地率与公司股价崩盘风险的相关关系不显著，这说明在社会经济资源匮乏城市的样本下，高独立董事本地率对公司股价崩盘风险的抑制作用不明显。第二，本章通过变更股价崩盘风险的度量方式进行了稳健性检验，并采用了 Heckman 两阶段回归、PSM 倾向得分匹配法缓解潜在的内生性问题，主要回归结果不变，即独立董事本地率越高，越能够抑制公司股价崩盘风险的结果稳健，验证了本地独立董事有利于抑制股价崩盘风险的研究假设。第三，根据异质性分析可知，相对于未开通高铁组、疫情发生后组样本，在开通高铁组、疫情发生前组的样本中，上市公司高独立董事本地率对股价崩盘风险的抑制作用更加显著。第四，本章通过进一步研究会计专业独立董事地理位置对股价崩盘风险的影响发现，与异地会计专业独立董事相比，本地会计专业独立董事对公司股价崩盘风险的抑制作用更强，且在会计专业独立董事任期小于 36 个月组和兼任组中，相比异地会计专业独立董事，本地会计专业独立董事能够对公司股价崩盘风险起到更加显著的抑制作用。

　　本章的研究贡献在于：一方面，本章的研究阐释了独立董事地理位置对抑制股价崩盘风险的重要影响。本章所发现的独立董事本地率对于股价崩盘风险的抑制作用，对涉及股价崩盘风险影响因素研究的现有文献进行了有益补充（马慧和陈胜蓝，2022；董必荣等，2022；袁振超和代冰彬，2017；Jin 和 Myers，2006；Hutton 等，2009），从独立董事治理层面为维护金融市场稳定提供了解析的新思路和新角度。另一方面，本章研究结果表明，对于社会经济资源丰富城市上市公司，相对于异地独立董事，本地独立董事更能抑制股价崩盘风险，而对于社会经济资源匮乏城市上市公司，本地和异地独立董事对股价崩盘风险的抑制作用差异并不明显，这对于我国上市公司选聘独立董事具有一定的现实启示意义。

第 5 章

城市社会经济资源视角下独立董事地理位置对分析师预测的影响研究

5.1 引 言

———————————●━━━━━━━━━━━━━━━━━●———————————

　　分析师预测是投资者做出投资决策的重要依据之一，高质量的分析师预测能够帮助投资者更准确地将资金投向具有潜力的公司和行业，促进资源的优化配置（于雪航和方军雄，2022；李旭，2014；徐经长等，2022）。然而，如果预测质量较低，可能会导致资源配置的扭曲和浪费，降低市场的效率。分析师预测是独立董事治理相关研究需要关注的重要问题，独立董事通过履行其监督职责，影响其所在公司的信息披露水平（陈运森，2012），进而影响分析师预测的质量。独立董事地理位置是独立董事治理后果的重要影响因素。关于独立董事地理位置对分析师预测的影响，现有文献鲜有研究，尤其是中国情境下的实证研究。相对于异地独立董事，本地独立董事履职成本更低，在信息获取、精力、时间和沟通上更具优势，有利于本地独立董事发挥监督作用，减少委托代理问题（罗进辉等，2017；全怡和陈冬华，2016；Fich 和 Shivdasani，2006），提升企业的信息披露质量，从而有助于分析师预测。本章将利用中国上市公司的数据，实证检验独立董事地理位置与分析师预测之间的关系。

　　基于此，本章以 2007—2021 年中国 A 股上市公司为研究样本，采用独立董事本地率作为独立董事地理位置的代理变量，分析师预测误差和分析师预测分歧度作为分析师预测质量的代理变量，实证检验了独立董事地理位置对分析师预测质量的影响。本章实证研究发现：第一，在全样本下，独立董事本地率与分析师预测误差在 1%水平上显著负相关，独立董事本地率与分析师预测分歧度在 1%水平上显著负相关，独立董事本地率越高，分析师预测误差、分析师预测分歧度越小，即公司独立董事本地率对分析师预测质量有显著的正向影响。第二，在社会经济资源丰富城市的样本下，独立董事本地率与分析师预测误差在1%水平上显著负相关，独立董事本地率与分析师预测分歧度在 1%水平上显著负相关，这说明在社会经济资源丰富城市的样本下，高独立董事本地率对分析师预测质量有显著的促进作用。在社会经济资源匮乏城市的样本下，独立董事本地率与分析师预测质量的相关关系不显著，这说明在社会经济资源匮乏城市的样本下，独立董事本地率对分析师预测质量无显著影响。第三，本章采用了 Heckman 两阶段回归、PSM 倾向得分匹配法缓解潜在的内生性问题，主要回归结果不变，即独立董事本地率越高，分析师预测误差、分析师预测分歧度越小的结果稳健，验证了本地独立董事有助于提高分析师预测质量的研究假设。第四，根据异质性分析可知，相对于未开通高铁组、疫情发生后组样本，开通高铁组、疫情发生前组样本中，高独立董事本地率对分析师预测质量的促进作用更加明显。独立董事兼任具有调节作用，兼任会削弱独立董事本地率对分析师预测质量的正向影响。第五，本章通过会计专业独立董事地理位置对分析师预测质量影响的研究发现，相比异地会计专业独立董事，本地会计专业独立董事对分析师预测质量的促进作用更强，且在会计专业独立董事任期小于或等于 36 个月组，本地会计专业独立董事对分析师预测质量的促进作用更加显著。

本章的研究可能有以下贡献：第一，本章所发现的独立董事本地率对于分析师预测质量的促进作用，对分析师预测质量影响因素研究的现有文献进行了有益补充（于雪航和方军雄，2022；薛爽和徐沛勘，2022；刘永泽和高嵩，2014），从独立董事治理角度为提升分析师预测质量和促进资源优化配置提供了新思路。第二，本章以中国情境下的上市公司数据实证检验了独立董事地理位置对分析师预测的影响，提供了独立董事地理位置治理后果的直接经验证据，丰富了独立董事地理位置相关的实证研究。第三，本章区分了社会经济资源丰富城市和社会经济资源匮乏的城市，分别检验了两类城市上市公司独立董事地理位置对分析师预测质量的不同影响，检验发现社会经济资源丰富城市样本下，高独立董事本地率对分析师预测质量有促进作用，而在社会经济资源匮乏城市样本下，独立董事本地率对分析师预测质量无显著影响，本章所提供的实证证据，有一定的创新性和实践启示意义。

　　本章后续安排如下：第二部分为文献综述，第三部分为理论分析与研究假设，第四部分为实证研究设计，第五部分为实证结果讨论及分析，第六部分为进一步研究，第七部分为本章研究结论。

　　总体而言，本章的研究框架如图5-1所示：

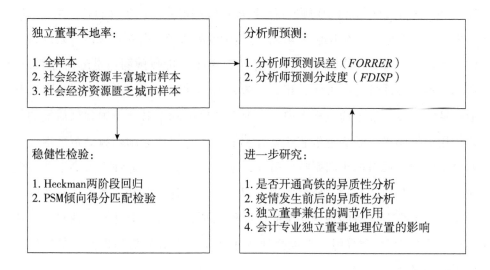

图 5-1　第五章研究框架

5.2　文献综述

5.2.1　关于分析师预测影响因素的研究

　　目前国内外研究人员关于分析师预测影响因素的相关研究，主要集中在三个方向，分别是公司因素、分析师因素、制度环境因素等。

（1）公司因素

公司因素是影响分析师预测的重要因素之一。公司因素主要包括：公司规模、公司治理、公司声誉、公司的无形资产、公司的信息披露程度、公司盈余情况等。其中 Clement（2003）研究指出，对于发布管理层盈余公告的上市公司，证券分析师盈余预测的分歧度会普遍降低，管理层盈余预告的披露向外界传达了更多的消息，从而减少了信息不对称，提高了盈余预测质量。Behn（2008）研究了不同类型会计师事务所审计的上市公司对盈余预测质量的影响，结果表明被"四大"审计的上市公司，其证券分析师盈余预测误差显著低于"非四大"审计的上市公司，说明高审计质量的会计信息更具有可信度。Felipe 等（2020）的研究指出，公司综合报告的质量越好，分析师盈利预测误差越小；且回报不稳定的公司，分析师预测误差较高，而大公司的预测误差较低。

石桂峰等（2007）学者分析认为企业的盈余可预测性与预测准确度呈显著的正向关系，而盈余波动程度和企业规模对分析师预测则有负向的影响。郑亚丽等（2008）发现机构持股比例越大，分析师预测的准确度越高。苏治和魏紫（2013）研究发现，企业无形资产资本化程度提升后，分析师对盈余的预测跟踪人数相应减少，同时，预测的误差范围也显著扩大，彼此间的预测分歧度明显增加。当公司的无形资产价值占据整体价值的比例较大时，这种负相关的效果显得尤为突出。应益华和章云君（2014）的研究结果显示上市公司的治理情况和盈余波动性会影响分析师的盈利预测水平，上市公司的盈余波动性越高，分析师预测越准确。姚禄仕和颜磊（2017）发现，企业的声誉越高，分析师的盈余预测越准确、分析师预测的误差越小，高声誉可以减小企业因往年每股盈余波动较大导致的分析师预测误差。何熙琼和尹长萍（2018）通过研究发现企业战略差异度逐渐加大时，跟踪企业的分析师在盈余预测上的人数减少，同时，预测的误差和分歧度也显著上升。

（2）分析师因素

分析师自身特征也是影响分析师预测的重要因素。分析师因素主要包括：分析师跟踪时间、分析师留学经历、分析师行业专长、过往经验等。

Tamura（2002）研究发现对于同一家上市公司，当有多位分析师进行跟踪时，他们的预测会逐渐走向一致，且与公司的实际盈利状况更加契合。换句话说，跟踪该公司的分析师越多，他们的预测越准确，同时各分析师之间的预测分歧度也会逐渐变小。Tam 和 Tian（2023）指出语言障碍给分析师通过口头交流获取信息造成了困难，而企业现场访问有助于分析师减少沟通噪声，提高分析师对这些公司的预测准确性。刘永泽和高嵩（2014）研究发现分析师的行业专长与预测准确性之间呈正相关关系，即分析师的行业专长水平越高，预测越准确。姚禄仕和颜磊（2017）发现相比于在低声誉券商就职，在高声誉券商就职，分析师预测准确度更高、预测误差也会更小。官峰等（2020）发现，具有海外留学经历的分析师比非留学分析师的预测准确性更低；留学早，留学时间长的分析师比留学晚、留学时间短的分析师预测准确性更低。

（3）制度环境因素

制度环境因素也会影响分析师预测的准确度。制度环境因素主要包括会计政策、会计信息披露政策等。Hope（2003）的研究也发现，会计信息披露政策的水平与分析师预测准确度之间存在正相关关系，与预测的分歧度呈负相关关系。Liu Baohua 等（2023）发现强制性研发费用披露政策可以减少信息不对称，进而减少分析师的预测误差。江媛等（2019）发现，在制度环境更为优越的地区，分析师对企业未来的盈利预期会更为精准。同时预测的分歧度会变得更小。徐经长等（2022）的研究发现，新收入准则的实施，通过提升信息披露的质量，以及增强会计信息的可比性，有助于提高分析师的预测精准度，并降低预测的分歧度。

5.2.2　独立董事地理位置影响治理效果的相关研究

相关研究发现，除了独立董事的工作经历、职业背景，地理位置可能是影响其治理效果发挥作用的重要因素。大多数学者认为异地独立董事由于地理位置的劣势，不能更好地发挥其监督职能。罗进辉等（2017）研究发现地理距离的增加会使独立董事更有可能缺席公司的董事会会议，从而影响独立董事监督作用的发挥。张洪辉等（2019）发现，相较于本地独立董事，异地独立董事与上市公司之间存在最大限度的信息不对称，从而导致异地独立董事监督职能的发挥。周军等（2019）认为，异地独立董事在参加董事会会议和走访上市公司时，会花费更多的时间和精力，从而面临着更高的监督成本，减弱其治理效果。根据 Knyazeva 等学者的研究，邻近公司的独立董事能够更便捷地获取公司的"软性资源"。相较于离上市公司较远的独立董事，其履职成本更低，也更易于建立起本地声誉。且相较于异地独立董事，本地独立董事在上市公司所在地享有的声誉更佳，为了维护自身的声誉更有可能发挥更多的监督作用，同时本地独立董事具有更多的信息来源，因而能更好地发挥其监督作用。因而本地独立董事有更好的治理效果。

但也有学者提出不同的观点，罗进辉等（2017）认为，由于本地独立董事与公司管理层处于相同的地市，两者的社会关系网络可能有相交，从而导致管理层和本地独立董事联系密切，形成对董事会的重大影响和控制，最终削弱本地独立董事对公司的监督作用，难以确保本地独立董事的独立性。原东良和周建（2021）认为异地独立董事在居住地和上市公司所在地的双重环境中，面临着巨大的声誉激励约束。在这种情况下，异地独立董事具有更高的积极性以防止影响他们的声誉，他们的高积极性可以有效转化成对管理层的制约与监督，进一步提升异地独立董事监督职能的履行效果。

5.2.3　信息披露质量影响分析师预测行为的相关研究

公司的信息披露质量是学者们研究最为深入也是最重要的因素之一，Chiang 和 Chia（2005）研究发现，公司所披露的信息越多、越详尽，分析师在进行盈余预测时就会更加客观，他们的预测质量也会随之提升，误差则会减小。石桂峰等（2007）学者分析认为企业的信息披露质量与预测准确度呈显著的正向关系。方军雄（2007）的研究显示，公司信息的公开程度对证券分析师的预测效果具有显著影响。当信息的透明度提升时，分析师在做出预测时对会计盈余数据的依赖性会相应减弱，同时预测的准确性也会随之增强。李旭（2014）的研究发现，公司全面、详尽、高质量的信息披露，会使得更多的分析师对该公司投入更多的关注，并持续追踪公司的动态。同时信息的透明度和准确性可能会减少分析师之间的预测分歧，分析师对公司预测的误差和分歧度也会因信息披露的提升而有所降低。信息披露总体水平波动与分析师对上市公司关注度波动之间存在内在关联，预测误差和分析师预测分歧度变小。

5.2.4 文献述评

本章主要从分析师预测误差的影响因素、独立董事地理位置对其监督效果的影响，以及信息披露质量对分析师预测质量的影响三方面出发，对国内外现有专家学者的相关研究进行了回顾和总结归纳，为本章对独立董事地理位置与分析师预测质量的相关研究提供了理论基础和研究方法。

经过对分析师预测误差影响因素的深入探讨和分析，我们可以发现，国内外研究人员在公司因素、分析师因素、制度环境因素等方面进行了详尽的研究和分析。其中，公司因素对分析师预测准确度方面的影响是备受关注的话题，而公司因素中公司的信息披露水平也是学者们研究最为深入的选题之一，学者们普遍认为公司信息披露质量越高，分析师预测误差越小、预测分歧度越小，这为本章研究提供了充分的理论基础。

关于独立董事地理位置对其治理效果的影响，现有研究表明独立董事的地理位置能够影响其监督职能的发挥，但学者们对于独立董事地理位置对其治理后果的影响观点不一，本地独立董事是否有更好的治理效果仍然是个谜。地理距离在独立董事履行职能的过程中究竟发挥什么作用值得我们深入探讨。另外，大多文献主要从单一视角研究分析师预测质量的影响因素，缺少外部宏观环境与内部公司治理的结合。

综上所述，本研究将在城市社会经济资源视角下，研究独立董事地理位置对分析师预测质量的影响，以期探究独立董事地理位置的治理后果，同时也丰富相关研究的经验证据。

5.3 理论分析与研究假设

近几年来，我国的资本市场得到了快速的发展，投资者对信息质量的要求不断提高，分析师们依靠公开和私有信息来预测公司盈余并传递信息，他们搜集各种数据和信息，对企业的经营活动进行分析，对企业的经济前景进行预测，作为上市公司与投资者之间的一个重要的信息媒介，其盈余预测也是投资者在资本市场中进行投资的一个重要依据，准确、一致的盈余预测可以减弱上市公司和市场之间的信息不对称，让投资者对企业有更多的认识，使股价与企业的实际价值更加接近，减少企业的个股崩盘风险，从而对我国资本市场整体运行效率和维护资本市场的稳定发挥着积极的作用。

分析师预测所依据的信息，主要来自宏观经济和微观公司的全面分析。公司层面的信息是分析师进行预测的最重要来源。分析师们需要基于上市公司所披露的收入、费用等关键财务数据（武咏晶，施先旺，2020），以及一些非财务信息进行预测。因此，分析师基于更加真实、全面、公允的财务和相关非财务信息进行预测时，预测结果会更加准确。（Keskek 等，2017）。我们通常使用预测误差和预测分歧度来衡量分析师的预测质量。由于公司公开财务信息是将公司信息传递至市场的关键途径，其信息披露的数量与质量对分析师获取信息的不确定性程度起着决定性的影响，并通过影响分析师收集信息、评估信息的成本和收益，进而影响分析师的预测行为。因此，随着公司披露信息的增多且质量提升，分析师获取信息的成本就会降低，他们就能够投入更多的资源关注更多的公司，或者投入更多资源去获取更多的私有信息。这样，他们就能提高预测的准确性。现有研究也表明，上市公司披露的信息越及时、透明、高效、充分、相关性越强，分析师跟踪公司的人数就越多、预测的准确性就越高、分析师预测的误差和分歧度就越小（方军雄，2007；白晓宇，2009）。

而独立董事在提高信息披露质量方面发挥着重要的作用。在中国资本市场，董事会引入独立董事的主要目的是对管理层进行有效的监督，从而克服公司内部人为控制、促进上市公司提升财务报告的质量，全面、及时地披露信息，提供更加真实可靠的盈余信息，这样才能有效降低分析师收集信息的成本，提升预测的准确性，减少预测误差和分歧度。随着公司监督力度的加强，管理层更有动力提供高质量的财务报表，减少管理层的盈余操纵，使分析师盈余预测所依据的信息来自宏观和公司方面，公司方面的信息是判断企业未来盈余的重要来源。而独立董事能够加强对公司的监督作用，从而减少管理层因隐瞒相关有用信息而获得的不当利益，保证财务报告的质量（王臻和杨昕，2010）。以往文献表明，公司独立董事的工作经历、职业背景、地理位置等种种因素都会对其监督效果产生影响，进而对分析师预测行为产生影响，在这些因素中，不仅会对他们获取信息的能力及监督成本产生影响，还会对独立董事的独立性和认知异质性产生影响，因此，地理位置同时存在两种相互竞争的影响关系。

一方面，本地独立董事获取信息的能力更强，其地理位置的优势可以通过影响信息获取的数量与质量提高他们的信息状况，因而可以降低信息不对称程度。通过本地的直接观察和面对面的交流，独立董事更有可能从中获取公司不愿公开的特殊信息，更易掌握管理层决策背后的动机，他们也更有能力去考察企业所面临的问题，甚至是危机，从而提供更为有效的建议（向锐和向倩，2019；唐雪松和马畅，2012），发挥监督职能，相反，异地独立董事由于地理距离的限制难以获得与本地独立董事同等质量的信息，会受到信息不对称等因素影响，带来更大的监督成本，从而削弱其监督职能。此外，本地独立董事在当地拥有一定的社会关系，他们不仅可以从社交媒体上获取与公司相关的有效信息，还能通过本地的社会网络进行实地访查，如通过公司客户、供应商、员工等获取公司经营状况的信息，及时、全面地了解到公司内部真实经营信息，并更好地帮助公司进行经营决策，发挥其监督职能。

另一方面，相较于异地独立董事，本地独立董事地理位置的优势使其监督成本更低。地理位置的优势使本地独立董事有更多的机会、更少的时间成本、更少的经济成本走访上市公司和参加董事会会议（黄芳等，2016），且不必花费很多精力就能更好地获取到公司内部的经营情况和管理层的决策动机，从而更好地发挥其监督职能，进而提高公司信息披露的质量，减少分析师预测误差和分歧度。相反，异地独立董事由于更高的监督成本更有可能缺席董事会会议，他们没有足够的时间和精力去履行职责，这也就不可避免地降低了异地独立董事发挥监督作用的效果。

因此，本地独立董事由于地理位置的优势使得其获取信息的能力更强、监督成本更低，他们可以更好地发挥其监督职能，进而提高公司信息披露的质量，减少分析师预测误差和分歧度。基于此，根据上述分析，本章提出假设 H1a 和假设 H2a：

H1a：公司独立董事本地率与分析师预测误差呈负相关关系。

H2a：公司独立董事本地率与分析师预测分歧度呈负相关关系。

然而，相较于异地独立董事，本地独立董事也有可能由于其独立性不强从而减弱其监督的效果。由于本地独立董事和公司管理层处于同一地理位置，两者在当地的社会网络更有可能相交，本地独立董事更有可能和管理层进行密切联系，从而导致管理层对董事会的重大影响和控制，使本地独立董事很难保持其独立性，削弱其监督职能。同时，本地独立董事由于地理位置的优越性，其在文化理念与处事方式上，可能与公司管理层存在许多共性，并建立起个人联系，进而导致独立董事与管理层间的关系更为"和谐"。一些独立董事很可能碍于关系、人情，与公司管理层进行"合谋"，对管理层不当的决策行为视而不见，进而削弱独立董事的独立性（周军，2019；罗进辉，2017），最终削弱其监督职能。

此外，本地独立董事还有可能因为其与公司管理层之间认知的同质性，难以发现企业发展过程中的问题，从而减弱其监督效果。由于本地独立董事与公司管理层长期身处同一区域，其周边环境、传统习俗的相似性极高，使董事会内部逐渐趋向同质化。这种环境使本地独立董事可能会对所属的这一群体的认同感增强，而同时忽视其所存在的问题，更多地给出积极的态度和评价。

（周建和李小青，2012；罗进辉，2017），这种倾向性可能会影响他们的决策和判断，从而会使本地独立董事在潜意识中削弱其监督能力。相反，异地独立董事由于在认知上的异质性，使其更容易在认知的碰撞中发现问题，更有可能发现公司和董事会存在的风险，推动董事会完善其决策，更好地发挥其监督职能；异地独立董事还能提升董事会的多样化，引入不同的想法，降低群体思维，增加创造性解决问题的可能性，提升公司的决策质量，减少由于股东和管理层利益不一致而导致的剩余损失。

因此，本地独立董事由于地理位置的临近性也可能降低其独立性和异质性，从而削弱其对公司的监督职能，给公司的代理人带来更大的机会主义行为空间，进而降低公司信息披露的质量，增加分析师预测误差和分歧度。基于此，根据上述分析，本章提出假设 H1b 和假设 H2b：

H1b：公司独立董事本地率与分析师预测误差呈显著负相关关系。

H2b：公司独立董事本地率与分析师预测分歧度呈显著负相关关系。

5.4　实证研究设计

5.4.1　样本选择与数据来源

本章将所有在 A 股上市的非金融类公司 2007—2021 年的数据作为研究样本，本章所需的上市公司的注册地、独立董事的居住地，以及高铁开通等信息均通过手工收集、整理得来。其中，采用 2007—2021 年所有分析师对样本公司每股盈利的预测数据，删除分析师预测日期超过年报发布日的样本，以及分析师预测误差值、分析师预测分歧度值缺失的样本。单个公司每年通常有多个不同的分析师跟踪，且同一分析师在同一年对同一公司还可能多次发布盈利预测报告，本章数据选择只保留了每个分析师当年度的最后一个盈利预测值。如前文所述，本章所采用的分析师预测误差、分析师预测分歧度指标所需要的计算数据、公司财务数据，以及公司治理数据等其他数据均来自 CSMAR 数据库和 Wind 数据库。本章采取下列标准对初始样本进行了筛选：一是剔除 ST 及 PT 上市公司样本；二是剔除金融行业上市公司样本，因为金融行业的公司与其他行业的公司存在明显差异；三是剔除相关变量中缺失的观测值。同时，为了消除异常值的影响，本章对所有连续变量进行了 1% 和 99% 的缩尾处理，经过上述处理，最终得到 28789 个公司—年度观测值。数据分析处理工作使用软件 Stata 16.0 完成。

5.4.2　变量定义

（1）被解释变量

本章研究独立董事地理位置对分析师预测的影响，如果分析师获取的上市公司公开信息的质量越高，公司信息透明度越高，分析师预测的准确程度及内部统一度就会越高。参照已有文献（王玉涛和王彦超，2012），本章选择公司的分析师预测误差（FORRER）和分析师预测分歧度（FDISP）度量分析师预测。

①分析师预测误差（FORRER）。

分析师对公司盈利预测值的平均误差程度，等于市场上所有分析师预测的平均每股盈余与公司实际每股盈余差值的绝对值同公司实际每股盈余绝对值的比值，如式（5.1）所示。其中 MEPS 为公司实际每股盈余，FEPS 为分析师预测每股盈余。

$$FORRER_{i,t} = \frac{Abs[Mean(FEPS_{i,t}) - MEPS_{i,t}]}{Abs(MEPS_{i,t})} \qquad (5.1)$$

②分析师预测分歧度（FDISP）。

分析师对公司盈利预测值的分歧程度，等于分析师预测每股盈余的标准差同公司实际每股盈余绝对值的比值，如式（5.2）所示。其中 MEPS 为公司实际每股盈余，FEPS 为分析师预测每股盈余。

$$FDISP_{i,t} = \frac{Std(FEPS_{i,t})}{Abs(MEPS_{i,t})} \tag{5.2}$$

（2）解释变量

本章的主要解释变量为独立董事地理位置，保持与前面章节一致，本章采用独立董事本地率（*LR*）来衡量，即公司本地的独立董事人数与该公司独立董事总数的比值。若独立董事的居住地城市和上市公司的注册地城市一致，则该名独立董事为本地独立董事。若独立董事的居住地城市和上市公司的注册地城市不一致，则该名独立董事为异地独立董事。

（3）控制变量

参照以往文献（Faleye 和 Trahan，2011；Fauver 等，2018；陈冬华等，2015），本章控制了可能会影响公司经营业绩的公司特征和公司治理等方面的变量，具体包括：机构分析师数量（*Number*），等于当年预测该公司盈利能力的分析师数量；公司规模（*Size*），等于公司当年年末总资产的自然对数；资产负债率（*Lev*），等于公司当年年末总负债/年末总资产；总资产净利润率（*ROA*），等于公司当年年末净利润/总资产平均余额；净资产收益率（*ROE*），等于公司当年年末净利润/股东权益平均余额；总资产周转率（*ATO*），等于公司当年营业收入/平均资产总额；流动比率（*Liquid*），等于公司当年流动资产/流动负债；应收账款占比（*REC*），等于公司当年年末应收账款净额与总资产的比值；固定资产占比（*FIXED*），等于当年公司年末固定资产净额与总资产的比值；营业收入增长率（*Growth*），等于公司本年营业收入/上一年营业收入-1；是否亏损（*Loss*），若公司当年净利润小于 0 取 1，否则取 0；董事人数（*Board*），等于董事会人数取自然对数；两职合一（*Dual*），若董事长与总经理是同一个人为 1，否则为 0；第一大股东持股比例（*Top*1），等于第一大股东持股数量/总股数；是否国有企业（*SOE*），若国有控股企业取值为 1，其他为 0；公司成立年限（*FirmAge*），等于 ln（当年年份-公司成立年份+1）；是否四大（*Big*4），若公司经由四大（普华永道、德勤、毕马威、安永）审计为 1，否则为 0；审计费用（*AuditFee*），等于审计费用取自然对数。本章主要变量的具体定义及度量详见表 5-1。

表 5-1 主要变量的具体定义及度量

变量类型	变量名称	变量符号	变量说明
被解释变量	分析师预测误差	FORRER	分析师对公司盈利预测值的平均误差程度
	分析师预测分歧度	FDISP	分析师对公司盈利预测值的分歧程度
解释变量	独立董事本地率	LR	本地独立董事数量/独立董事总数
控制变量	机构分析师数量	Number	当年预测该公司盈利能力的分析师数量
	公司规模	Size	年末总资产的自然对数
	资产负债率	Lev	年末总负债/年末总资产
	总资产净利润率	ROA	年末净利润/总资产平均余额
	净资产收益率	ROE	年末净利润/股东权益平均余额
	总资产周转率	ATO	营业收入/平均资产总额
	流动比率	Liquid	流动资产/流动负债
	应收账款占比	REC	年末应收账款净额与总资产的比值
	固定资产占比	FIXED	年末固定资产净额/总资产
	营业收入增长率	Growth	本年营业收入/上一年营业收入-1
	是否亏损	Loss	当年净利润小于 0 取 1,否则取 0
	董事人数	Board	董事会人数取自然对数
	两职合一	Dual	董事长与总经理是同一个人为 1,否则为 0
	第一大股东持股比例	Top1	第一大股东持股数量/总股数
	是否国有企业	SOE	国有控股企业取值为 1,其他为 0
	公司成立年限	FirmAge	ln(当年年份-公司成立年份+1)
	是否四大	Big4	公司经由四大(普华永道、德勤、毕马威、安永)审计为 1,否则为 0
	审计费用	AuditFee	审计费用取自然对数
	行业	Industry	证监会 2012 年行业分类,制造业取两位代码,其他行业用大类
	年份	Year	年份

5.4.3 研究模型

为了检验假设 H1，借鉴以往文献（Edmans 等，2015；Faleye 和 Trahan，2011；Flammer 和 Luo，2017；刘春和孙亮，2010；谢德仁和林乐，2015），本章建立模型（5.3），检验独立董事地理位置对分析师预测的影响：

$$FORRER_{i,t}/FDISP_{i,t} = \beta_0 + \beta_1 LR_{i,t} + \beta_1 Controls_{i,t} + \varepsilon_{i,t} \qquad (5.3)$$

其中，模型（5.3）左侧的被解释变量为分析师预测，以分析师预测误差（FORRER）和分析师预测分歧度（FDISP）两个指标度量，解释变量为独立董事本地率（LR），为排除公司特征和公司治理情况等其他变量对公司经营业绩的影响，本章加入的控制变量包括：机构分析师数量（Number），公司规模（Size），资产负债率（Lev），总资产净利率（ROA），净资产收益率（ROE），总资产收益率（ATO），流动比率（Liquid），应收账款占比（REC），固定资产占比（FIXED），营业收入增长率（Growth），是否亏损（Loss），董事人数（Board），两职合一（Dual），第一大股东持股比例（Top1），是否国有企业（SOE），公司成立年限（FirmAge），是否四大（Big4），审计费用（AuditFee），变量的具体定义详见前文的表 5-1。若 LR 的系数 β_1 显著小于 0，证明独立董事本地率与分析师预测误差、分析师预测分歧度显著负相关。

5.5 实证结果讨论及分析

5.5.1 描述性统计分析

表 5-2 报告了本章主要变量的描述性统计结果。分析师预测误差（FORRER）、分析师预测分歧度（FDISP）为本章主要的被解释变量，其中，分析

师预测误差（*FORRER*）的均值为 1.791，中位数为 0.580；分析师预测分歧度（*FDISP*）的均值为 1.029，中位数为 0.304。独立董事本地率（*LR*）是本章主要解释变量，其样本均值和中位数分别为 0.448 与 0.333，表明总体上本地独立董事在我国 A 股上市公司中的占比低于异地独立董事。

在控制变量中，机构分析师数量（*Number*）及公司规模（*Size*）的均值分别为 46.18 和 22.29；资产负债率（*Lev*）、总资产净利率（*ROA*）、净资产收益率（*ROE*）、总资产收益率（*ATO*）的比例占比均值分别为 42.3%、5%、8.3% 和 67.3%；流动比率（*Liquid*）的平均值为 2.558；应收账款占比（*REC*）、固定资产占比（*FIXED*）及营业收入增长率（*Growth*）比例占比均值分别是 11.7%，21.6% 和 19.4%；是否亏损（*Loss*）的均值为 0.078，因为前文将企业当年亏损设为 1，共有 7.8% 的企业处于亏损状态；董事人数（*Board*）的平均数为 2.142；两职合一（*Dual*）和第一大股东持股比例（*TOP*1）的平均占比分别为 0.272 和 0.352；是否国有企业（*SOE*）的平均值为 0.357，即表示 35.7% 的企业为国有企业；公司成立年限（*FirmAge*）的平均值为 2.815；是否四大（*Big*4）的平均比例占比为 0.071，即有 7% 左右的公司采用四大审计；审计费用（*AuditFee*）的平均值为 13.80。

表 5-2　　　　　　　　　主要变量的描述性统计结果

变量	观测数	均值	标准差	最小值	P25	中位数	P75	最大值
FORRER	28789	1.797	4.535	0.00500	0.252	0.580	1.268	66.95
FDISP	28789	1.029	2.618	0	0.118	0.304	0.784	40.10
LR	28789	0.448	0.394	0	0	0.333	0.750	1
Number	28789	46.18	58.06	0	8	23	61	359
Size	28789	22.29	1.308	19.71	21.34	22.10	23.04	26.71
Lev	28789	0.423	0.202	0.0280	0.260	0.418	0.577	0.888
ROA	28789	0.0500	0.0630	−0.368	0.0200	0.0460	0.0810	0.277
ROE	28789	0.0830	0.117	−0.888	0.0410	0.0860	0.137	0.500
ATO	28789	0.673	0.446	0.0770	0.381	0.571	0.833	3.205

变量	观测数	均值	标准差	最小值	P25	中位数	P75	最大值
Liquid	28789	2.558	2.945	0.211	1.141	1.657	2.744	35.50
REC	28789	0.117	0.102	0	0.0350	0.0940	0.171	0.519
FIXED	28789	0.216	0.163	0.00200	0.0890	0.182	0.307	0.800
Growth	28789	0.194	0.386	−0.607	0.00300	0.131	0.298	3.894
Loss	28789	0.0780	0.269	0	0	0	0	1
Board	28789	2.142	0.199	1.609	1.946	2.197	2.197	2.708
Dual	28789	0.276	0.447	0	0	0	1	1
Top1	28789	0.352	0.151	0.0810	0.232	0.334	0.455	0.770
SOE	28789	0.357	0.479	0	0	0	1	1
FirmAge	28789	2.815	0.371	0.693	2.639	2.890	3.091	3.584
Big4	28789	0.0710	0.257	0	0	0	0	1
AuditFee	28789	13.80	0.750	12.21	13.30	13.71	14.22	17.05

数据来源：作者根据 Stata 16.0 计算整理。

5.5.2　相关性分析

表5-3 报告了本章主要变量之间的相关系数，本章主要关注独立董事本地率（*LR*）对分析师预测误差（*FORRER*）和分析师预测分歧度（*FDISP*）的影响。表5-3 的结果显示，独立董事本地率（*LR*）与分析师预测误差（*FOR-RER*）和分析师预测分歧度（*FDISP*）的相关系数分别为-0.028 和-0.027，且都在 1% 水平上显著。因此，从变量相关性分析的数据可以初步判断，独立董事的本地率越高，分析师预测越准确。此外，如表5-3 所示，分析师预测误差（*FERROR*）和分析师预测分歧度（*FDISP*）之间呈正相关，相关系数为0.879，且都在 1% 水平上显著，说明本章所采用的两个解释变量具有一致性，可以共同反映分析师预测指标。

表 5-3 主要变量的相关性分析

	FORRER	FDISP	LR	Number	Size	Lev	ROA	ROE	ATO	Liquid
FORRER	1	—	—	—	—	—	—	—	—	—
FDISP	0.879***	1	—	—	—	—	—	—	—	—
LR	-0.028***	-0.027***	1	—	—	—	—	—	—	—
Number	-0.081***	-0.055***	-0.024***	1	—	—	—	—	—	—
Size	-0.022***	-0.011	-0.046***	0.389***	1	—	—	—	—	—
Lev	0.056***	0.059***	-0.018***	0.036***	0.546***	1	—	—	—	—
ROA	-0.227***	-0.196***	-0.010*	0.251***	-0.102***	-0.390***	1	—	—	—
ROE	-0.208***	-0.170***	-0.0100	0.257***	0.045***	-0.158***	0.901***	1	—	—
ATO	-0.089***	-0.081***	-0.020***	0.102***	0.036***	0.145***	0.177***	0.222***	1	—
Liquid	-0.039***	-0.045***	0.042***	-0.065***	-0.349***	-0.616***	0.243***	0.081***	-0.157***	1
REC	0.012*	-0.00700	0.066***	-0.043***	-0.212***	-0.011*	-0.036***	-0.035***	0.126***	-0.014**
FIXED	0.041***	0.061***	-0.119***	-0.024***	0.113***	0.109***	-0.088***	-0.069***	0.011	-0.257***
Growth	-0.120***	-0.096***	-0.016***	0.035***	0.021***	0.034***	0.241***	0.270***	0.133***	-0.028***
Loss	0.133***	0.040***	-0.00900	-0.098***	-0.00200	0.163***	-0.595***	-0.660***	-0.103***	-0.087***
Board	-0.022***	-0.011	-0.069***	0.063***	0.242***	0.163***	-0.012*	0.033***	0.026***	-0.128***
Dual	-0.015*	-0.021***	0.015***	-0.00200	-0.176***	-0.159***	0.055***	0.00500	-0.038***	0.139***
Top1	-0.056***	-0.054***	0.044***	0.013*	0.185***	0.076***	0.105***	0.131***	0.083***	-0.041***
SOE	-0.00200	0.012	0.059***	-0.00600	0.367***	0.311***	-0.109***	-0.021***	0.056***	-0.219***
FirmAge	0.023***	0.011	-0.015***	0.039***	0.259***	0.166***	-0.113***	-0.077***	-0.044***	-0.175***
Big4	-0.041***	-0.038***	-0.00100	0.186***	0.356***	0.113***	0.019***	0.055***	0.037***	-0.078***
AuditFee	-0.013*	-0.025***	-0.033***	0.314***	0.776***	0.366***	-0.114***	-0.023***	0.078***	-0.270***

续　表

	REC	FIXED	Growth	Loss	Board	Dual	Top1	SOE	FirmAge	Big4	AuditFee
REC	1	—	—	—	—	—	—	—	—	—	—
FIXED	−0.309***	1	—	—	—	—	—	—	—	—	—
Growth	0.038***	−0.070***	1	—	—	—	—	—	—	—	—
Loss	0.00100	0.055***	−0.172***	1	—	—	—	—	—	—	—
Board	−0.126***	0.183***	−0.016***	−0.020***	1	—	—	—	—	—	—
Dual	0.098***	−0.128***	0.033***	0.00100	−0.188***	1	—	—	—	—	—
Top1	−0.141***	0.110***	−0.00200	−0.078***	0.031***	−0.059***	1	—	—	—	—
SOE	−0.220***	0.243***	−0.062***	0.013**	0.289***	−0.302***	0.254***	1	—	—	—
FirmAge	−0.056***	−0.00300	−0.059***	0.060***	−0.00100	−0.067***	−0.125***	0.099***	1	—	—
Big4	−0.093***	0.053***	−0.013**	−0.022***	0.096***	−0.062***	0.142***	0.140***	0.022***	1	—
AuditFee	−0.100***	0.023**	−0.00200	0.053**	0.131**	−0.084***	0.109***	0.184***	0.254***	0.463***	1

注：***、**、* 分别代表在 1%、5% 和 10% 水平上显著。

数据来源：作者根据 Stata16.0 计算整理。

其他控制变量与分析师预测的相关性也基本与已有文献一致，例如，机构分析师数量（*Number*）与分析师预测的两个被解释变量显著负相关，且在 1% 水平上显著，相关系数分别为-0.081 和-0.055；公司规模（*Size*）与分析师预测的两个被解释变量显著负相关，且在 1% 水平上显著；资产负债率（*Lev*）与分析师预测的两个被解释变量显著正相关，且在 1% 水平上显著，相关系数分别为 0.056 和 0.059；总资产净利率（*ROA*）、净资产收益率（*ROE*）和总资产收益率（*ATO*）与分析师预测的两个被解释变量显著负相关，且在 1% 水平上显著，分别为-0.227 和-0.196、-0.208 和-0.170、-0.089 和-0.081；固定资产占比（*FIXED*）及是否亏损（*Loss*）与分析师预测的两个被解释变量显著正相关，且在 1% 水平上显著；公司成立年限（*FirmAge*）与分析师预测的两个被解释变量显著负相关，且在 1% 水平上显著。

5.5.3　回归分析

（1）单变量分析

表 5-4 是对分析师预测的单变量分析结果。本章按照上市公司的独立董事本地率（*LR*）是否高于同年度同行业所有样本公司的中位数，将样本公司分为高独立董事本地率和低独立董事本地率两组，分别对两组样本的分析师预测误差（*FERROR*）与分析师预测分歧度（*FDISP*）两个变量进行均值差异检验和中位数差异检验。表 5-4 的检验结果显示，高独立董事本地率公司分析师预测误差的均值和中位数分别为 0.589 和 0.365，而低独立董事本地率公司分析师预测误差的均值和中位数分别为 4.262 和 1.514，即高独立董事本地率组公司的分析师预测误差均值和中位数都低于低独立董事本地率组，且差异检验结果显示，均值差异和中位数差异都在 1% 水平上显著。与分析师预测误差情况类似，高独立董事本地率公司分析师预测分歧度的均值和中位数分别为 0.329 和 0.184，而低独立董事本地率公司分析师预测分歧度的均值和中位数分别为 2.430 和 0.936，即高独立董事本地率组公司的分析师预测分歧度均值和中位数都低于低独立董事本地率组，且差异检验结果显示，均值差异和中位数差异都

在 1%水平上显著。总体而言，单变量分析结果——独立董事本地率较高的公司分析师预测缺陷显著低于独立董事本地率较低的公司，初步验证了本章的研究假设 H1a 和假设 H2a。

表 5-4   独立董事本地率单变量分析

	高独立董事本地率		低独立董事本地率		均值差异	
	均值	中位数	均值	中位数	均值差异	中位数差异
FERROR	0.589	0.365	4.262	1.514	−3.673***	−1.149***
FDISP	0.329	0.184	2.430	0.963	−2.102***	−0.634***
观测值	19192	9597	—	—	—	—

注：***、**、*分别代表在 1%、5%和 10%水平上显著。

数据来源：作者根据 Stata 16.0 计算整理。

（2）多元回归分析

由于单变量分析无法控制其他公司特征对分析师预测的潜在影响，因此，本章将继续用多元回归分析的方法，在控制一系列可能会对分析师预测产生影响的因素后，检验独立董事本地率（LR）对分析师预测误差（FOR-RER）、分析师预测分歧度（FDISP）的影响。此外，我们将样本分为了社会经济资源丰富城市样本组和社会经济资源匮乏城市样本组进行分组回归。其中，各直辖市、普通省会、副省级省会、计划单列市，以及苏州市归类为社会经济资源丰富城市，地级市和省直辖县市级归类为社会经济资源匮乏城市。本章所采用的多元回归分析模型详见前文的模型，回归结果如表 5-5 所示。

表 5-5 中的 Panel A 报告了独立董事本地率（LR）对分析师预测误差（FORRER）的影响。列（1）—列（3）是未加入控制变量的回归结果：列（1）以全部上市公司为样本，独立董事本地率（LR）与分析师预测误差（FORRER）在 1%水平上显著负相关；列（2）以社会经济资源丰富城市的上市公司作为样本，独立董事本地率（LR）与分析师预测误差（FORRER）在 1%水平上显著负相关；列（3）以社会经济资源匮乏城市的上市公司作为样本，独立董事本地率

（*LR*）与分析师预测误差（*FORRER*）无显著相关关系。

列（4）—列（6）是加入控制变量的回归结果，控制变量包括：机构分析师数量（*Number*），公司规模（*Size*），资产负债率（*Lev*），总资产净利率（*ROA*），净资产收益率（*ROE*），总资产收益率（*ATO*），流动比率（*Liquid*），应收账款占比（*REC*），固定资产占比（*FIXED*），营业收入增长率（*Growth*），是否亏损（*Loss*），董事人数（*Board*），两职合一（*Dual*），第一大股东持股比例（*Top1*），是否国有企业（*SOE*），公司成立年限（*FirmAge*），是否四大（*Big4*），审计费用（*AuditFee*）。如回归结果所示，列（4）全样本下，独立董事本地率（*LR*）与分析师预测分歧度（*FORRER*）在 1% 水平上显著负相关；列（5）以社会经济资源丰富城市的上市公司为样本，独立董事本地率（*LR*）与分析师预测误差分歧度（*FORRER*）在 1% 水平上显著负相关；列（6）以社会经济资源匮乏城市的上市公司为样本，独立董事本地率（*LR*）与分析师预测误差（*FORRER*）无显著相关关系。综合而言，独立董事本地率（*LR*）与分析师预测误差显著负相关，支持了本章的研究假设 H1a。

表 5-5 中的 Panel B 报告了独立董事本地率（*LR*）对分析师预测分歧度（*FDISP*）的影响。列（1）—列（3）是未加入控制变量的回归结果：列（1）以全部上市公司为样本，独立董事本地率（*LR*）与分析师预测分歧度（*FDISP*）与在 1% 水平上显著负相关；列（2）以社会经济资源丰富城市的上市公司作为样本，独立董事本地率（*LR*）与分析师预测分歧度（*FDISP*）在 1% 水平上显著负相关；列（3）以社会经济资源匮乏城市的上市公司作为样本，独立董事本地率（*LR*）与分析师分歧度（*FDISP*）无显著相关关系。

列（4）—列（6）是加入控制变量的回归结果，控制变量包括：机构分析师数量（*Number*），公司规模（*Size*），资产负债率（*Lev*），总资产净利率（*ROA*），净资产收益率（*ROE*），总资产收益率（*ATO*），流动比率（*Liquid*），应收账款占比（*REC*），固定资产占比（*FIXED*），营业收入增长率（*Growth*），是否亏损（*Loss*），董事人数（*Board*），两职合一（*Dual*），第一大股东持股比例（*Top1*），是否国有企业（*SOE*），公司成立年限（*FirmAge*），是否四大（*Big4*），审计费用（*AuditFee*）。如回归结果所示，列（4）

全样本下，独立董事本地率（*LR*）与分析师预测分歧度（*FDISP*）在1%水平上显著负相关；列（5）以社会经济资源丰富城市的上市公司为样本，独立董事本地率与分析师预测分歧度（*FDISP*）在1%水平上显著负相关；列（6）以社会经济资源匮乏城市的上市公司为样本，独立董事本地率与分析师预测分歧度（*FDISP*）无显著相关关系，原因同上。综合而言，独立董事本地率对企业风险承担水平具有显著的负向影响，支持了本章的研究假设 H2a。

综合而言，表5-5的数据显示独立董事本地率（*LR*）对分析师预测误差（*FORRER*）和分析师预测分歧度（*FDISP*）的影响都在1%水平上显著为负，且在社会经济资源丰富城市显著，社会经济资源匮乏城市不显著。总体来讲，多元回归分析结果表明独立董事的本地率越高，分析师对企业盈利能力的预测误差越小，不同分析师内部的分歧度越小。

表5-5　独立董事本地率与分析师预测误差、分析师预测分歧度的多元回归分析结果

Panel A

	(1)	(2)	(3)	(4)	(5)	(6)
	全样本	社会经济资源丰富城市	社会经济资源匮乏城市	全样本	社会经济资源丰富城市	社会经济资源匮乏城市
	FORRER	*FORRER*	*FORRER*	*FORRER*	*FORRER*	*FORRER*
LR	-0.267***	-0.253***	0.081	-0.352***	-0.293***	-0.024
	(-3.859)	(-2.723)	(0.442)	(-5.238)	(-3.225)	(-0.135)
Number	—	—	—	-0.001*	-0.001	-0.001
	—	—	—	(-1.844)	(-1.624)	(-1.454)
Size	—	—	—	-0.102**	-0.117**	-0.040
	—	—	—	(-2.340)	(-2.217)	(-0.521)
Lev	—	—	—	-0.097	-0.110	-0.066
	—	—	—	(-0.378)	(-0.371)	(-0.138)
ROA	—	—	—	-18.119***	-16.401***	-21.051***
	—	—	—	(-16.233)	(-12.550)	(-10.053)

续　表

Panel A

	(1)	(2)	(3)	(4)	(5)	(6)
	全样本	社会经济资源丰富城市	社会经济资源匮乏城市	全样本	社会经济资源丰富城市	社会经济资源匮乏城市
	FORRER	*FORRER*	*FORRER*	*FORRER*	*FORRER*	*FORRER*
ROE	—	—	—	2.206***	2.055***	2.600**
	—	—	—	(3.378)	(2.649)	(2.172)
ATO	—	—	—	−0.451***	−0.396***	−0.566***
	—	—	—	(−7.791)	(−5.993)	(−5.022)
Liquid	—	—	—	−0.000	−0.005	0.014
	—	—	—	(−0.019)	(−0.536)	(0.758)
REC	—	—	—	0.376	0.353	0.355
	—	—	—	(1.265)	(1.066)	(0.559)
FIXED	—	—	—	0.838***	0.645***	0.998***
	—	—	—	(4.712)	(3.213)	(2.843)
Growth	—	—	—	−0.795***	−0.784***	−0.821***
	—	—	—	(−10.398)	(−9.872)	(−5.129)
Loss	—	—	—	−0.020	0.266	−0.498
	—	—	—	(−0.082)	(0.891)	(−1.241)
Board	—	—	—	−0.513***	−0.439***	−0.631**
	—	—	—	(−3.393)	(−2.606)	(−2.080)
Dual	—	—	—	−0.130**	−0.068	−0.256**
	—	—	—	(−2.217)	(−0.952)	(−2.501)
Top1	—	—	—	−0.695***	−0.631***	−0.612*
	—	—	—	(−3.890)	(−2.992)	(−1.857)
SOE	—	—	—	−0.100	−0.212***	0.153
	—	—	—	(−1.509)	(−2.675)	(1.265)

续　表

Panel A

	（1）	（2）	（3）	（4）	（5）	（6）
	全样本	社会经济资源丰富城市	社会经济资源匮乏城市	全样本	社会经济资源丰富城市	社会经济资源匮乏城市
	FORRER	*FORRER*	*FORRER*	*FORRER*	*FORRER*	*FORRER*
FirmAge	—	—	—	−0.029	0.014	−0.153
	—	—	—	（−0.408）	（0.181）	（−1.008）
*Big*4	—	—	—	−0.429***	−0.402***	−0.337
	—	—	—	（−4.541）	（−3.834）	（−1.622）
AuditFee	—	—	—	0.047	0.053	0.093
	—	—	—	（0.787）	（0.738）	（0.842）
_cons	1.828***	1.705***	1.772***	6.156***	5.995***	4.857***
	（6.487）	（4.447）	（4.286）	（8.813）	（7.312）	（3.557）
Year	Yes	Yes	Yes	Yes	Yes	Yes
Industry	Yes	Yes	Yes	Yes	Yes	Yes
N	28789	18169	10620	28789	18169	10620
adj. R^2	0.014	0.011	0.019	0.063	0.063	0.063
F	27.348	20.527	11.591	89.185	54.189	37.358

Panel B

	（1）	（2）	（3）	（4）	（5）	（6）
	全样本	社会经济资源丰富城市	社会经济资源匮乏城市	全样本	社会经济资源丰富城市	社会经济资源匮乏城市
	FDISP	*FDISP*	*FDISP*	*FDISP*	*FDISP*	*FDISP*
LR	−0.137***	−0.131**	0.106	−0.181***	−0.151***	0.073
	（−3.469）	（−2.480）	（0.994）	（−4.636）	（−2.893）	（0.699）
Size	—	—	—	0.001	−0.025	0.062
	—	—	—	（0.063）	（−0.903）	（1.475）

续　表

Panel B

	（1）	（2）	（3）	（4）	（5）	（6）
	全样本	社会经济资源丰富城市	社会经济资源匮乏城市	全样本	社会经济资源丰富城市	社会经济资源匮乏城市
	FDISP	*FDISP*	*FDISP*	*FDISP*	*FDISP*	*FDISP*
Lev	—	—	—	0.047	0.060	0.034
	—	—	—	（0.326）	（0.358）	（0.127）
ROA	—	—	—	−10.498 * * *	−9.760 * * *	−11.841 * * *
	—	—	—	（−16.418）	（−12.660）	（−10.401）
ROE	—	—	—	0.163	0.290	0.007
	—	—	—	（0.431）	（0.643）	（0.010）
ATO	—	—	—	−0.229 * * *	−0.226 * * *	−0.238 * * *
	—	—	—	（−6.727）	（−6.137）	（−3.352）
Liquid	—	—	—	−0.003	−0.001	−0.004
	—	—	—	（−0.411）	（−0.135）	（−0.439）
REC	—	—	—	−0.160	−0.122	−0.299
	—	—	—	（−0.958）	（−0.663）	（−0.817）
FIXED	—	—	—	0.742 * * *	0.709 * * *	0.669 * * *
	—	—	—	（6.923）	（5.732）	（3.228）
Growth	—	—	—	−0.352 * * *	−0.337 * * *	−0.380 * * *
	—	—	—	（−8.290）	（−7.385）	（−4.409）
Loss	—	—	—	−1.198 * * *	−0.982 * * *	−1.580 * * *
	—	—	—	（−9.355）	（−6.114）	（−7.444）
Board	—	—	—	−0.283 * * *	−0.259 * * *	−0.328 * *
	—	—	—	（−3.307）	（−2.662）	（−1.962）
Dual	—	—	—	−0.067 * *	−0.039	−0.135 * *
	—	—	—	（−1.999）	（−0.964）	（−2.284）

续　表

Panel B

	(1)	(2)	(3)	(4)	(5)	(6)
	全样本	社会经济资源丰富城市	社会经济资源匮乏城市	全样本	社会经济资源丰富城市	社会经济资源匮乏城市
	FDISP	*FDISP*	*FDISP*	*FDISP*	*FDISP*	*FDISP*
*Top*1	—	—	—	−0.594***	−0.536***	−0.541***
				(−5.803)	(−4.532)	(−2.801)
SOE	—	—	—	−0.041	−0.131***	0.160**
				(−1.067)	(−2.910)	(2.222)
FirmAge	—	—	—	−0.088**	−0.043	−0.195**
				(−2.070)	(−1.005)	(−2.092)
*Big*4	—	—	—	−0.178***	−0.142**	−0.182
				(−3.098)	(−2.148)	(−1.630)
AuditFee	—	—	—	−0.109***	−0.086**	−0.111*
				(−3.071)	(−2.002)	(−1.688)
_*cons*	0.909***	0.796***	0.900***	4.376***	4.349***	3.550***
	(5.199)	(3.170)	(3.654)	(11.347)	(9.772)	(4.712)
Year	Yes	Yes	Yes	Yes	Yes	Yes
Industry	Yes	Yes	Yes	Yes	Yes	Yes
N	28789	18169	10620	28789	18169	10620
adj. R^2	0.023	0.019	0.028	0.059	0.055	0.064
F	49.670	29.821	21.224	83.372	48.838	37.278

注：***、**、*分别代表在1%、5%和10%水平上显著。

数据来源：作者根据 Stata 16.0 计算整理。

5.5.4　稳健性检验

（1）Heckman 两阶段回归

对于独立董事本地率与企业风险承担之间的内生性问题，本章采用 Heck-man 两阶段回归方法来进行稳健性检验。第一阶段，将 d1 即独立董事本地率是否高于年度行业均值作为因变量进行 Probit 回归。特别地，本章将上市公司

办公地 *GDP* 水平的自然对数作为工具变量加入回归之中，因为上市公司办公地的 *GDP* 水平与企业的独立董事的本地率之间是存在一定关系的。一般来讲，*GDP* 水平越高，企业聘请本地独立董事的可能性就越大，而 *GDP* 水平与分析师预测之间并没有明显的相关性。通过第一阶段的回归，本章得到这一回归的逆米尔斯比率（*mir*）然后将其作为额外的控制变量加入模型（5.3）中进行回归。

两阶段回归检验结果见表 5-6。其中 Panel A 中，根据第一阶段的回归结果，即列（1）、列（3）和列（5），工具变量 *GDP* 与 *d*1 在 1% 水平上显著正相关，说明工具变量是合理的。由第二阶段回归的结果可以看出，列（2）和列（4）无论是全样本还是社会经济资源丰富城市的样本，独立董事本地率（*LR*）与分析师预测误差（*FORRER*）在 1% 水平上显著负相关，列（6）表明社会经济资源匮乏城市的样本，独立董事本地率（*LR*）与分析师预测误差（*FORRER*）无显著相关关系，说明在控制内生性问题后，研究结论并没有发生改变，独立董事本地率越高，分析师预测误差越小。Panel B 中，根据第一阶段的回归结果，即列（1）、列（3）和列（5），工具变量 *GDP* 与 *d*1 在 1% 水平上显著正相关，说明工具变量是合理的。由第二阶段回归的结果可以看出，列（2）和列（4）无论是全样本还是社会经济资源丰富城市的样本，独立董事本地率（*LR*）与分析师预测分歧度（*FDISP*）在 1% 水平上显著负相关，列（6）表明社会经济资源匮乏城市的样本，独立董事本地率（*LR*）与分析师预测分歧度（*FDISP*）无显著相关关系，说明在控制内生性问题后，研究结论并没有发生改变，独立董事本地率越高，分析师预测分歧度越小。

表 5-6　　　　　　　　　　Heckman 两阶段回归检验结果

Panel A

	(1)	(2)	(3)	(4)	(5)	(6)
	全样本		社会经济资源丰富城市		社会经济资源匮乏城市	
	第一阶段	第二阶段	第一阶段	第二阶段	第一阶段	第二阶段
	*d*1	*FORRER*	*d*1	*FORRER*	*d*1	*FORRER*
LR	—	-0.195^{***}	—	-0.203^{***}	—	-0.048
	—	(-2.767)	—	(-3.139)	—	(-0.261)

续　表

Panel A

	(1)	(2)	(3)	(4)	(5)	(6)
	全样本		社会经济资源丰富城市		社会经济资源匮乏城市	
	第一阶段	第二阶段	第一阶段	第二阶段	第一阶段	第二阶段
	d1	FORRER	d1	FORRER	d1	FORRER
GDP	0.705***	—	0.370***	—	0.321***	—
	(69.727)	—	(27.850)	—	(12.408)	—
Number	−0.000	−0.002***	0.000**	−0.002***	−0.001*	−0.003***
	(−0.462)	(−4.276)	(2.270)	(−2.955)	(−1.807)	(−3.530)
Size	−0.028**	−0.063	−0.016	−0.092	−0.028	0.014
	(−2.041)	(−1.379)	(−0.971)	(−1.630)	(−0.992)	(0.172)
Lev	0.022	0.210	−0.198**	0.212	−0.362**	0.192
	(0.315)	(0.795)	(−2.332)	(0.680)	(−2.508)	(0.397)
ROA	0.011	−18.165***	0.178	−16.676***	−0.886	−20.581***
	(0.029)	(−16.445)	(0.405)	(−12.841)	(−1.055)	(−9.819)
ROE	−0.141	2.819***	−0.212	2.622***	0.008	3.251***
	(−0.703)	(4.387)	(−0.904)	(3.413)	(0.018)	(2.748)
ATO	−0.060***	−0.569***	−0.070***	−0.498***	−0.002	−0.704***
	(−2.671)	(−8.390)	(−2.611)	(−6.387)	(−0.040)	(−5.443)
Liquid	−0.004	−0.005	−0.016***	−0.010	−0.005	0.008
	(−1.126)	(−0.542)	(−3.702)	(−0.963)	(−0.718)	(0.437)
REC	0.045	−0.109	0.250**	−0.201	−0.359	−0.031
	(0.450)	(−0.332)	(2.171)	(−0.542)	(−1.538)	(−0.047)
FIXED	0.076	0.660***	0.142*	0.510**	0.460***	0.957**
	(1.129)	(3.234)	(1.725)	(2.138)	(3.480)	(2.491)
Growth	−0.019	−0.737***	−0.042	−0.758***	0.001	−0.709***
	(−0.853)	(−9.636)	(−1.574)	(−9.572)	(0.018)	(−4.409)
Loss	−0.019	0.043	0.003	0.301	−0.144	−0.424
	(−0.472)	(0.177)	(0.069)	(0.996)	(−1.642)	(−1.061)

城市社会经济资源视角下独立董事地理位置对分析师预测的影响研究

续　表

Panel A

	（1）	（2）	（3）	（4）	（5）	（6）
	全样本		社会经济资源丰富城市		社会经济资源匮乏城市	
	第一阶段	第二阶段	第一阶段	第二阶段	第一阶段	第二阶段
	*d*1	*FORRER*	*d*1	*FORRER*	*d*1	*FORRER*
Board	-0.434***	-0.518***	-0.263***	-0.431**	-0.979***	-0.732**
	(-9.633)	(-3.372)	(-4.995)	(-2.487)	(-10.218)	(-2.381)
Dual	-0.045**	-0.155***	0.010	-0.097	-0.112***	-0.258**
	(-2.353)	(-2.604)	(0.432)	(-1.355)	(-2.919)	(-2.513)
*Top*1	0.200***	-0.740***	0.269***	-0.605***	-0.036	-0.840**
	(3.360)	(-4.004)	(3.699)	(-2.756)	(-0.292)	(-2.472)
SOE	0.337***	-0.006	0.364***	-0.105	-0.053	0.239*
	(15.674)	(-0.090)	(13.680)	(-1.219)	(-1.170)	(1.835)
FirmAge	0.010	-0.012	-0.021	0.019	0.120**	-0.100
	(0.364)	(-0.142)	(-0.656)	(0.209)	(2.076)	(-0.585)
*Big*4	-0.305***	-0.367***	-0.297***	-0.390***	-0.390***	-0.202
	(-8.290)	(-3.812)	(-7.383)	(-3.616)	(-2.967)	(-0.952)
AuditFee	-0.123***	0.030	-0.148***	0.034	-0.149***	0.062
	(-5.992)	(0.491)	(-6.204)	(0.449)	(-3.189)	(0.531)
imr	—	0.075	—	0.164	—	0.037
	—	(1.213)	—	(1.577)	—	(0.362)
_*cons*	-2.451***	5.200***	0.374	5.275***	1.205**	3.938**
	(-9.239)	(6.318)	(1.167)	(5.280)	(2.050)	(2.558)
Year	Yes	Yes	Yes	Yes	Yes	Yes
Industry	Yes	Yes	Yes	Yes	Yes	Yes
N	28789	28789	18169	18169	10415	10620
adj. R^2	—	0.073	—	0.071	—	0.078
F	—	35.686	—	21.615	—	16.012

续 表

Panel B

	(1)	(2)	(3)	(4)	(5)	(6)
	全样本		社会经济资源丰富城市		社会经济资源匮乏城市	
	第一阶段	第二阶段	第一阶段	第二阶段	第一阶段	第二阶段
	d1	*FDISP*	d1	*FDISP*	d1	*FDISP*
LR	—	-0.081***	—	-0.094***	—	0.059
	—	(-2.771)	—	(-2.728)	—	(0.556)
GDP	0.705***	—	0.316***	—	0.321***	—
	(69.727)	—	(28.735)	—	(12.408)	—
Number	-0.000	0.000	0.001***	0.000	-0.001*	-0.000
	(-0.462)	(0.475)	(2.620)	(1.040)	(-1.807)	(-0.962)
Size	-0.028**	0.013	-0.021	-0.016	-0.028	0.081*
	(-2.041)	(0.490)	(-1.262)	(-0.511)	(-0.992)	(1.683)
Lev	0.022	0.228	-0.207**	0.216	-0.362**	0.217
	(0.315)	(1.551)	(-2.443)	(1.254)	(-2.508)	(0.804)
ROA	0.011	-10.385***	0.390	-9.829***	-0.886	-11.245***
	(0.029)	(-16.495)	(0.886)	(-12.922)	(-1.055)	(-9.882)
ROE	-0.141	0.375	-0.286	0.482	0.008	0.211
	(-0.703)	(1.015)	(-1.212)	(1.087)	(0.018)	(0.317)
ATO	-0.060***	-0.299***	-0.064**	-0.312***	-0.002	-0.288***
	(-2.671)	(-7.583)	(-2.379)	(-7.116)	(-0.040)	(-3.714)
Liquid	-0.004	-0.006	-0.018***	-0.005	-0.005	-0.008
	(-1.126)	(-0.912)	(-4.200)	(-0.623)	(-0.718)	(-0.764)
REC	0.045	-0.483***	0.289**	-0.442**	-0.359	-0.577
	(0.450)	(-2.664)	(2.498)	(-2.189)	(-1.538)	(-1.517)
FIXED	0.076	0.651***	0.155*	0.622***	0.460***	0.674***
	(1.129)	(5.281)	(1.892)	(4.266)	(3.480)	(2.950)

续　表

Panel B

	(1)	(2)	(3)	(4)	(5)	(6)
	全样本		社会经济资源丰富城市		社会经济资源匮乏城市	
	第一阶段	第二阶段	第一阶段	第二阶段	第一阶段	第二阶段
	d1	FDISP	d1	FDISP	d1	FDISP
Growth	−0.019	−0.321***	−0.048*	−0.319***	0.001	−0.332***
	(−0.853)	(−7.585)	(−1.797)	(−7.041)	(0.018)	(−3.851)
Loss	−0.019	−1.146***	0.001	−0.942***	−0.144	−1.529***
	(−0.472)	(−8.938)	(0.012)	(−5.803)	(−1.642)	(−7.249)
Board	−0.434***	−0.311***	−0.239***	−0.277***	−0.979***	−0.424**
	(−9.633)	(−3.571)	(−4.529)	(−2.770)	(−10.218)	(−2.496)
Dual	−0.045**	−0.073**	0.013	−0.042	−0.112***	−0.135**
	(−2.353)	(−2.170)	(0.534)	(−1.034)	(−2.919)	(−2.294)
Top1	0.200***	−0.613***	0.317***	−0.510***	−0.036	−0.705***
	(3.360)	(−5.778)	(4.356)	(−4.150)	(−0.292)	(−3.540)
SOE	0.337***	0.011	0.337***	−0.070	−0.053	0.203***
	(15.674)	(0.254)	(12.699)	(−1.433)	(−1.170)	(2.658)
FirmAge	0.010	0.026	−0.029	0.080	0.120**	−0.093
	(0.364)	(0.528)	(−0.898)	(1.558)	(2.076)	(−0.855)
Big4	−0.305***	−0.175***	−0.333***	−0.174**	−0.390***	−0.134
	(−8.290)	(−2.999)	(−8.220)	(−2.574)	(−2.967)	(−1.177)
AuditFee	−0.123***	−0.084**	−0.138***	−0.059	−0.149***	−0.102
	(−5.992)	(−2.242)	(−5.782)	(−1.311)	(−3.189)	(−1.485)
imr	—	0.051	—	0.097*	—	0.042
	—	(1.174)	—	(1.767)	—	(0.717)
_cons	−2.451***	3.204***	3.119***	3.108***	1.205**	2.646***
	(−9.239)	(6.679)	(9.970)	(5.342)	(2.050)	(2.955)
Year	Yes	Yes	Yes	Yes	Yes	Yes

续　表

Panel B

	(1)	(2)	(3)	(4)	(5)	(6)
	全样本		社会经济资源丰富城市		社会经济资源匮乏城市	
	第一阶段	第二阶段	第一阶段	第二阶段	第一阶段	第二阶段
	*d*1	*FDISP*	*d*1	*FDISP*	*d*1	*FDISP*
Industry	Yes	Yes	Yes	Yes	Yes	Yes
N	28789	28789	18169	18169	10415	10620
adj. R^2	—	0.078	—	0.073	—	0.087
F	—	35.771	—	21.808	—	16.167

注：***、**、*分别表示在 1%、5%和 10%水平上显著。

数据来源：作者根据 Stata 16.0 计算整理。

（2）PSM 倾向得分匹配检验

为解决由于样本自选择导致的内生性问题，本章参考苏忠秦和葛彪（2022）的研究，采取倾向得分匹配法，对使用的样本依据自变量进行分组处理，将独立董事本地率较高的作为处理组，独立董事本地率较低的则作为控制组。以本章控制变量作为匹配依据，并采取邻近匹配法进行匹配，使处理组与控制组除了自变量独立董事本地率（*LR*）存在差异外，其他特征尽可能相似，确认通过平衡性检验后，匹配后的样本回归结果如表 5-7 所示。根据表 5-7，采用配对后的样本重新检验后发现，Panel A 中，全样本下，独立董事本地率（*LR*）与分析师预测误差（*FORRER*）在 1%水平上显著负相关；在社会经济资源丰富城市，独立董事本地率（*LR*）与分析师预测误差（*FORRER*）在 5%水平上显著负相关；在社会经济资源匮乏城市，独立董事本地率（*LR*）与分析师预测误差（*FORRER*）在 10%水平上显著负相关，由此可以验证独立董事本地率与分析师预测误差的负向关系。Panel B 中，全样本下，独立董事本地率（*LR*）与分析师预测分歧度（*FDISP*）在 1%水平上显著负相关；在社会经济资源丰富城市，独立董事本地率（*LR*）与分析师预测分歧度（*FDISP*）在 10%水平上显著负相关；在社会经济资源匮乏城市，独立董事本地率（*LR*）与分析师预测分歧度（*FDISP*）无显著相

关关系，由此可以验证独立董事本地率与分析师预测分歧度的负向关系。综上，
与本章的研究结果基本保持一致，这更加证实了独立董事本地率越高，分析师预
测质量越高的结论。

表 5-7 PSM 平衡性检验结果

Panel A

	（1）	（2）	（3）
	全样本	社会经济资源丰富城市	社会经济资源匮乏城市
	FORRER	*FORRER*	*FORRER*
LR	-0.296***	-0.153**	-0.408*
	(-3.172)	(-2.236)	(-1.785)
Number	-0.002**	-0.001	-0.003**
	(-2.364)	(-1.329)	(-2.167)
Size	-0.057	-0.089	0.030
	(-0.908)	(-1.176)	(0.254)
Lev	0.007	0.109	-0.070
	(0.019)	(0.276)	(-0.105)
ROA	-19.622***	-16.929***	-24.272***
	(-13.309)	(-10.109)	(-8.324)
ROE	3.544***	2.582***	5.209***
	(4.270)	(2.693)	(3.201)
ATO	-0.612***	-0.496***	-0.819***
	(-6.884)	(-4.832)	(-4.734)
Liquid	-0.023**	-0.028**	-0.000
	(-2.011)	(-2.149)	(-0.015)
REC	-0.396	-0.682	0.110
	(-0.898)	(-1.363)	(0.122)
FIXED	0.803***	0.633**	1.210**
	(2.840)	(2.026)	(2.032)

Panel A

	（1）	（2）	（3）
	全样本	社会经济资源丰富城市	社会经济资源匮乏城市
	FORRER	*FORRER*	*FORRER*
Growth	-0.687^{***}	-0.672^{***}	-0.734^{***}
	(-6.458)	(-6.018)	(-3.226)
Loss	-0.023	0.169	-0.406
	(-0.073)	(0.458)	(-0.653)
Board	-0.757^{***}	-0.495^{**}	-1.269^{***}
	(-3.775)	(-2.285)	(-3.022)
Dual	-0.167^{**}	-0.106	-0.283^{*}
	(-2.034)	(-1.101)	(-1.845)
*Top*1	-0.827^{***}	-0.584^{**}	-1.185^{**}
	(-3.349)	(-2.092)	(-2.422)
SOE	-0.020	-0.084	0.077
	(-0.208)	(-0.737)	(0.419)
FirmAge	0.054	-0.003	0.118
	(0.485)	(-0.027)	(0.521)
Big4	-0.308^{**}	-0.375^{***}	0.156
	(-2.227)	(-2.696)	(0.385)
AuditFee	-0.048	-0.019	-0.087
	(-0.544)	(-0.181)	(-0.495)
_*cons*	6.850^{***}	6.181^{***}	6.897^{***}
	(6.019)	(4.775)	(2.968)
Year	Yes	Yes	Yes
Industry	Yes	Yes	Yes
N	15455	10142	5313
adj. R^2	0.073	0.070	0.075

续　表

Panel A

	（1）	（2）	（3）
	全样本	社会经济资源丰富城市	社会经济资源匮乏城市
	FORRER	*FORRER*	*FORRER*
F	19.900	13.013	——

Panel B

	（1）	（2）	（3）
	全样本	社会经济资源丰富城市	社会经济资源匮乏城市
	FDISP	*FDISP*	*FDISP*
LR	−0.122***	−0.054*	−0.1+23
	（−2.757）	（−1.778）	（−0.938）
Number	0.000	0.000	−0.000
	（0.972）	（1.164）	（−0.126）
Size	0.012	−0.011	0.074
	（0.325）	（−0.264）	（1.069）
Lev	0.172	0.146	0.280
	（0.875）	（0.652）	（0.732）
ROA	−11.180***	−9.848***	−13.467***
	（−13.844）	（−10.438）	（−8.790）
ROE	0.784*	0.409	1.370
	（1.666）	（0.736）	（1.555）
ATO	−0.310***	−0.270***	−0.380***
	（−5.947）	（−4.580）	（−3.635）
Liquid	−0.016**	−0.018**	−0.004
	（−2.283）	（−2.344）	（−0.279）
REC	−0.639***	−0.691**	−0.616
	（−2.619）	（−2.539）	（−1.185）

续　表

Panel B

	(1)	(2)	(3)
	全样本	社会经济资源丰富城市	社会经济资源匮乏城市
	FDISP	*FDISP*	*FDISP*
FIXED	0.826***	0.765***	0.958***
	(4.753)	(3.968)	(2.597)
Growth	−0.294***	−0.275***	−0.342***
	(−5.090)	(−4.361)	(−2.876)
Loss	−1.204***	−0.999***	−1.632***
	(−7.009)	(−4.999)	(−4.955)
Board	−0.442***	−0.316**	−0.693***
	(−3.864)	(−2.522)	(−2.915)
Dual	−0.111**	−0.103**	−0.136
	(−2.469)	(−1.978)	(−1.578)
*Top*1	−0.692***	−0.522***	−0.938***
	(−4.917)	(−3.269)	(−3.365)
SOE	−0.003	−0.073	0.124
	(−0.045)	(−1.125)	(1.124)
FirmAge	0.085	0.081	0.049
	(1.255)	(1.079)	(0.350)
*Big*4	−0.143*	−0.173*	0.070
	(−1.685)	(−1.890)	(0.336)
AuditFee	−0.122**	−0.088	−0.170
	(−2.267)	(−1.397)	(−1.597)
_cons	4.131***	3.605***	4.335***
	(6.023)	(4.543)	(3.202)
Year	Yes	Yes	Yes
Industry	Yes	Yes	Yes

续 表

Panel B			
	(1)	(2)	(3)
	全样本	社会经济资源丰富城市	社会经济资源匮乏城市
	FDISP	*FDISP*	*FDISP*
N	15455	10142	5313
adj. R^2	0.080	0.074	0.087
F	20.406	13.156	——

注: * * * 、* * 、* 分别表示在 1%、5% 和 10% 水平上显著。

数据来源: 作者根据 Stata 16.0 计算整理。

5.6 进一步研究

5.6.1 高铁是否开通的异质性分析

高铁的开通对于宏观经济会产生诸多效益, 对于微观企业也有诸多有益的影响。赵静等 (2018) 研究发现, 高铁开通会降低上市公司的股价崩盘风险; 杨青等 (2019) 研究发现, 高铁开通可以提升分析师盈余预测的准确度。谭建华等 (2019) 研究发现, 高铁开通提高了企业的创新水平。而高铁的开通也使异地独立董事能够减少异地独立董事缺席董事会会议 (叶德珠等, 2020), 从而更好地获取上市公司的信息状况, 对上市公司有更低的监督成本。为探究在公司所在城市高铁的开通是否会对独立董事本地率对分析师预测质量的促进作用产生影响, 本章以上市公司注册地是否开通高铁为依据, 将样本分为未开通高铁组和开通高铁组, 并对两组样本进行分组回归, 并基于城市社会经济资源视角, 在全样本、社会经济资源丰富城市样本和社会经济资源匮乏城市样本下分别进行回归验证。

表 5-8 表示, Panel A 中, 在全样本下, 开通高铁组组独立董事本地率 (*LR*) 与分析师预测误差 (*FORRER*) 在 1% 水平上显著负相关, 未开通高铁组独

立董事本地率（*LR*）与分析师预测误差（*FORRER*）的负相关关系不显著，这表明，相较于未开通高铁组，开通高铁组独立董事本地率（*LR*）对分析师预测误差（*FORRER*）的抑制作用更显著；在社会经济资源丰富城市样本中，开通高铁组独立董事本地率（*LR*）与分析师预测误差（*FORRER*）在 1%水平上显著负相关，未开通高铁组独立董事本地率（*LR*）与分析师预测误差（*FORRER*）的负相关关系不显著，这表明，相较于未开通高铁组，开通高铁组独立董事本地率（*LR*）对分析师预测误差（*FORRER*）的抑制作用更显著；在社会经济资源匮乏城市样本中，未开通高铁组和开通高铁组独立董事本地率（*LR*）与分析师预测误差（*FORRER*）的负相关关系均不显著。Panel B 中，在全样本下，开通高铁组独立董事本地率（*LR*）与分析师预测分歧度（*FDISP*）在 5%水平上显著负相关，未开通高铁组独立董事本地率（*LR*）与分析师预测分歧度（*FDISP*）的负相关关系不显著，这表明，相较于未开通高铁组，高铁开通组独立董事本地率（*LR*）对分析师预测分歧度（*FDISP*）的抑制作用更显著；在社会经济资源丰富城市样本中，开通高铁组独立董事本地率（*LR*）与分析师预测分歧度（*FDISP*）在 1%水平上显著负相关，未开通高铁组独立董事本地率（*LR*）与分析师预测分歧度（*FDISP*）的负相关关系不显著，这表明，相较于未开通高铁组，开通高铁组独立董事本地率（*LR*）对分析师预测分歧度（*FDISP*）的抑制作用更显著；在社会经济资源匮乏城市样本中，未开通高铁组和开通高铁组独立董事本地率（*LR*）与分析师预测分歧度（*FDISP*）的负相关关系均不显著。

表 5-8　　　　　　　　　　是否高铁开通的异质性分析

Panel A

	(1)	(2)	(3)	(4)	(5)	(6)
	全样本		社会经济资源丰富城市		社会经济资源匮乏城市	
	开通高铁	未开通高铁	开通高铁	未开通高铁	开通高铁	未开通高铁
	FORRER	*FORRER*	*FORRER*	*FORRER*	*FORRER*	*FORRER*
LR	-0.237***	-0.105	-0.295***	0.329	-0.028	-0.261
	(-3.170)	(-0.530)	(-3.134)	(1.298)	(-0.132)	(-0.665)

续　表

Panel A

	(1)	(2)	(3)	(4)	(5)	(6)
	全样本		社会经济资源丰富城市		社会经济资源匮乏城市	
	开通高铁	未开通高铁	开通高铁	未开通高铁	开通高铁	未开通高铁
	FORRER	*FORRER*	*FORRER*	*FORRER*	*FORRER*	*FORRER*
Number	−0.002***	−0.000	−0.002**	−0.002	−0.003***	−0.000
	(−3.640)	(−0.264)	(−2.543)	(−0.494)	(−2.766)	(−0.119)
Size	−0.123***	0.190*	−0.120**	0.223	−0.111	0.221
	(−2.592)	(1.793)	(−2.234)	(1.552)	(−1.135)	(1.490)
Lev	0.305	−0.033	0.214	1.330*	0.636	−0.747
	(1.240)	(−0.057)	(0.762)	(1.669)	(1.276)	(−0.946)
ROA	−18.737***	−15.485***	−17.538***	−4.588	−21.716***	−20.883***
	(−14.842)	(−4.407)	(−12.198)	(−0.981)	(−8.444)	(−4.221)
ROE	3.727***	−1.752	3.407***	−5.396**	4.753***	0.001
	(5.527)	(−0.947)	(4.449)	(−2.277)	(3.451)	(0.001)
ATO	−0.633***	−0.387**	−0.551***	−0.254	−0.856***	−0.459**
	(−7.893)	(−2.502)	(−5.973)	(−1.312)	(−5.300)	(−2.072)
Liquid	−0.003	−0.008	−0.009	−0.021	0.018	−0.002
	(−0.247)	(−0.303)	(−0.650)	(−0.618)	(0.603)	(−0.053)
REC	−0.047	−0.285	−0.205	−0.536	0.316	0.005
	(−0.138)	(−0.322)	(−0.546)	(−0.438)	(0.425)	(0.004)
FIXED	0.827***	0.030	0.568**	0.239	1.463***	0.109
	(3.493)	(0.065)	(2.072)	(0.392)	(3.064)	(0.161)
Growth	−0.822***	−0.398**	−0.804***	−0.523**	−0.891***	−0.324
	(−10.350)	(−2.384)	(−8.879)	(−2.536)	(−5.524)	(−1.347)
Loss	0.093	−0.263	0.384**	−0.646	−0.620**	−0.183
	(0.658)	(−0.819)	(2.355)	(−1.442)	(−2.195)	(−0.425)

续　表

Panel A

	(1)	(2)	(3)	(4)	(5)	(6)
	全样本		社会经济资源丰富城市		社会经济资源匮乏城市	
	开通高铁	未开通高铁	开通高铁	未开通高铁	开通高铁	未开通高铁
	FORRER	*FORRER*	*FORRER*	*FORRER*	*FORRER*	*FORRER*
Board	−0.568***	−0.320	−0.465***	0.115	−0.811**	−0.498
	(−3.666)	(−0.917)	(−2.653)	(0.259)	(−2.522)	(−1.002)
Dual	−0.207***	0.100	−0.137*	0.324	−0.357***	0.003
	(−3.140)	(0.589)	(−1.778)	(1.305)	(−2.840)	(0.014)
*Top*1	−0.709***	−0.936**	−0.684***	−0.356	−0.673	−1.380**
	(−3.409)	(−2.056)	(−2.859)	(−0.582)	(−1.620)	(−2.180)
SOE	−0.198***	0.577***	−0.193**	0.150	−0.135	0.792***
	(−2.584)	(3.778)	(−2.177)	(0.710)	(−0.872)	(3.744)
FirmAge	0.004	−0.118	0.044	−0.106	−0.115	−0.046
	(0.043)	(−0.596)	(0.409)	(−0.424)	(−0.569)	(−0.163)
*Big*4	−0.343***	−0.385	−0.393***	−0.098	−0.044	−0.648
	(−2.770)	(−1.116)	(−2.937)	(−0.252)	(−0.145)	(−1.183)
AuditFee	0.068	−0.045	0.061	−0.271	0.091	0.082
	(0.969)	(−0.282)	(0.774)	(−1.385)	(0.608)	(0.356)
_cons	6.982***	0.015	6.197***	−0.850	8.225**	−1.324
	(3.742)	(0.007)	(2.699)	(−0.309)	(2.443)	(−0.476)
Year	Yes	Yes	Yes	Yes	Yes	Yes
Industry	Yes	Yes	Yes	Yes	Yes	Yes
N	23416	5373	16274	1895	7142	3478
adj. R^2	0.072	0.093	0.070	0.097	0.076	0.088
F	35.073	11.571	24.166	4.917	12.354	7.695

续　表

Panel B

	(1)	(2)	(3)	(4)	(5)	(6)
	全样本		社会经济资源丰富城市		社会经济资源匮乏城市	
	开通高铁	未开通高铁	开通高铁	开通高铁	未开通高铁	开通高铁
	FDISP	FDISP	FDISP	FDISP	FDISP	FDISP
LR	-0.099**	-0.047	-0.145***	0.135	0.063	-0.065
	(-2.341)	(-0.383)	(-2.703)	(0.828)	(0.535)	(-0.268)
Number	0.000	0.001	0.000	-0.001	-0.001	0.001
	(0.137)	(0.701)	(0.821)	(-0.263)	(-1.134)	(0.841)
Size	-0.011	0.120*	-0.023	0.082	0.030	0.161*
	(-0.430)	(1.816)	(-0.743)	(0.886)	(0.551)	(1.770)
Lev	0.188	0.537	0.134	1.693***	0.373	-0.109
	(1.362)	(1.505)	(0.838)	(3.313)	(1.358)	(-0.224)
ROA	-10.837***	-7.233***	-10.413***	-0.242	-11.947***	-10.697***
	(-15.236)	(-3.317)	(-12.715)	(-0.081)	(-8.421)	(-3.515)
ROE	1.062***	-3.583***	1.011**	-5.667***	1.313*	-2.618
	(2.795)	(-3.120)	(2.317)	(-3.730)	(1.727)	(-1.606)
ATO	-0.324***	-0.249***	-0.327***	-0.264**	-0.329***	-0.232*
	(-7.182)	(-2.598)	(-6.211)	(-2.120)	(-3.699)	(-1.707)
Liquid	-0.002	-0.020	-0.004	-0.019	0.005	-0.024
	(-0.222)	(-1.184)	(-0.482)	(-0.841)	(0.322)	(-1.010)
REC	-0.362*	-0.983	-0.407*	-1.100	-0.203	-0.938
	(-1.902)	(-1.792)	(-1.901)	(-1.402)	(-0.494)	(-1.270)
FIXED	0.795***	0.102	0.697***	0.200	1.007***	0.102
	(5.966)	(0.351)	(4.465)	(0.512)	(3.822)	(0.244)
Growth	-0.334***	-0.251**	-0.332***	-0.273**	-0.361***	-0.236
	(-7.456)	(-2.421)	(-6.438)	(-2.064)	(-4.054)	(-1.593)

续　表

Panel B

	(1)	(2)	(3)	(4)	(5)	(6)
	全样本		社会经济资源丰富城市		社会经济资源匮乏城市	
	开通高铁	未开通高铁	开通高铁	开通高铁	未开通高铁	开通高铁
	FDISP	*FDISP*	*FDISP*	*FDISP*	*FDISP*	*FDISP*
Loss	−1.071***	−1.523***	−0.887***	−1.546***	−1.540***	−1.589***
	(−13.388)	(−7.632)	(−9.551)	(−5.381)	(−9.885)	(−5.985)
Board	−0.386***	0.019	−0.307***	0.120	−0.606***	0.005
	(−4.423)	(0.088)	(−3.072)	(0.419)	(−3.413)	(0.017)
Dual	−0.100***	0.044	−0.065	0.193	−0.182***	−0.020
	(−2.701)	(0.421)	(−1.472)	(1.209)	(−2.631)	(−0.149)
*Top*1	−0.583***	−0.782***	−0.556***	−0.411	−0.594***	−1.030***
	(−4.978)	(−2.769)	(−4.084)	(−1.045)	(−2.591)	(−2.645)
SOE	−0.112***	0.367***	−0.125**	0.119	−0.016	0.516***
	(−2.603)	(3.871)	(−2.487)	(0.875)	(−0.184)	(3.963)
FirmAge	0.036	−0.011	0.086	0.017	−0.130	0.010
	(0.664)	(−0.093)	(1.390)	(0.107)	(−1.165)	(0.058)
*Big*4	−0.163**	−0.193	−0.175**	−0.083	−0.069	−0.315
	(−2.332)	(−0.903)	(−2.299)	(−0.333)	(−0.410)	(−0.936)
AuditFee	−0.051	−0.149	−0.047	−0.163	−0.046	−0.150
	(−1.308)	(−1.513)	(−1.063)	(−1.303)	(−0.557)	(−1.061)
_cons	4.014***	0.895	3.524***	0.160	4.653**	0.567
	(3.819)	(0.726)	(2.695)	(0.091)	(2.505)	(0.331)
Year	Yes	Yes	Yes	Yes	Yes	Yes
Industry	Yes	Yes	Yes	Yes	Yes	Yes
N	23416	5373	16274	1895	7142	3478
adj. R^2	0.073	0.105	0.069	0.118	0.085	0.097
F	35.942	13.139	23.841	5.877	13.726	8.438

注：***、**、*分别表示在1%、5%和10%水平上显著。

数据来源：作者根据 Stata 16.0 计算整理。

5.6.2　疫情发生前后的异质性分析

为探究在疫情发生前后是否会对独立董事本地率对分析师预测质量的促进作用产生影响，本章以疫情发生前后（2020 年前后）为依据，将全样本分为疫情发生前组和疫情发生后组，并对两组样本进行分组回归，并基于城市社会经济资源视角，在全样本、社会经济资源丰富城市样本和社会经济资源匮乏城市样本下分别进行回归验证。

表 5-8 表示，Panel A 中，在全样本下，疫情发生前组独立董事本地率（LR）与分析师预测误差在 1% 水平上显著负相关，疫情发生后组独立董事本地率（LR）与分析师预测误差（$FORRER$）的负相关关系不显著，这表明，相较于疫情发生后组，疫情发生前组独立董事本地率（LR）对分析师预测误差（$FORRER$）的抑制作用更显著；在社会经济资源丰富城市样本中，疫情发生前组独立董事本地率（LR）与分析师预测误差（$FORRER$）在 5% 水平上显著负相关，疫情发生后组独立董事本地率（LR）与分析师预测误差（$FORRER$）的负相关关系不显著，这表明，相较于疫情发生后组，疫情发生前组独立董事本地率（LR）对分析师预测误差（$FORRER$）的抑制作用更显著；在社会经济资源匮乏城市样本中，疫情发生后组和疫情发生前组独立董事本地率（LR）与分析师预测误差（$FORRER$）的负相关关系均不显著。

Panel B 中，在全样本下，疫情发生前组独立董事本地率（LR）与分析师预测分歧度（$FDISP$）在 1% 水平上显著负相关，疫情发生后组独立董事本地率（LR）与分析师分歧度（$FDISP$）的负相关关系不显著，这表明，相较于疫情发生后组，疫情发生前组独立董事本地率（LR）对分析师预测分歧度（$FDISP$）抑制作用更显著；在社会经济资源丰富城市样本中，疫情发生前组独立董事本地率（LR）与分析师预测分歧度（$FDISP$）在 5% 水平上显著负相关，疫情发生后组独立董事本地率（LR）与分析师预测分歧度（$FDISP$）的负相关关系不显著，这表明，相较于疫情发生后组，疫情发生前组独立董事本地率（LR）对分析师预测分歧度（$FDISP$）的抑制作用更显著；在社会经济资源匮

乏城市样本中，疫情发生后组和疫情发生前组，独立董事本地率（*LR*）与分析
师预测分歧度（*FDISP*）的负相关关系均不显著。

表 5-9　　　　　　　　　　疫情发生前后的异质性分析

Panel A

	(1)	(2)	(3)	(4)	(5)	(6)
	全样本		社会经济资源丰富城市		社会经济资源匮乏城市	
	疫情发生前	疫情发生后	疫情发生前	疫情发生后	疫情发生前	疫情发生后
	FORRER	*FORRER*	*FORRER*	*FORRER*	*FORRER*	*FORRER*
LR	−0.254***	−0.176	−0.237**	−0.256	−0.065	−0.072
	(−3.204)	(−1.428)	(−2.344)	(−1.567)	(−0.298)	(−0.239)
Number	−0.002***	−0.001	−0.002**	−0.001	−0.004***	−0.000
	(−4.066)	(−1.188)	(−2.472)	(−0.792)	(−3.047)	(−0.149)
Size	−0.039	−0.177**	−0.088	−0.141	0.076	−0.222*
	(−0.714)	(−2.277)	(−1.499)	(−1.542)	(0.811)	(−1.700)
Lev	0.026	0.810*	0.088	0.854	−0.122	1.031
	(0.086)	(1.662)	(0.292)	(1.640)	(−0.256)	(1.397)
ROA	−20.239***	−12.776***	−18.546***	−12.410***	−23.589***	−12.629***
	(−14.556)	(−8.484)	(−11.355)	(−5.542)	(−8.701)	(−3.667)
ROE	3.010***	3.405***	2.529***	4.047***	4.131***	1.752
	(3.775)	(3.594)	(2.948)	(3.277)	(2.864)	(0.910)
ATO	−0.602***	−0.413***	−0.517***	−0.416**	−0.757***	−0.377*
	(−7.882)	(−2.918)	(−5.418)	(−2.502)	(−5.079)	(−1.715)
Liquid	−0.008	0.022	−0.013	0.026	0.007	0.017
	(−0.827)	(1.001)	(−0.880)	(0.814)	(0.260)	(0.329)
REC	−0.164	0.232	−0.339	0.314	0.046	−0.561
	(−0.435)	(0.425)	(−0.832)	(0.445)	(0.063)	(−0.529)
FIXED	0.618***	0.834**	0.404	1.036**	0.963**	0.627
	(2.669)	(2.297)	(1.429)	(1.979)	(2.175)	(0.956)

续　表

Panel A

	(1)	(2)	(3)	(4)	(5)	(6)
	全样本		社会经济资源丰富城市		社会经济资源匮乏城市	
	疫情发生前	疫情发生后	疫情发生前	疫情发生后	疫情发生前	疫情发生后
	FORRER	*FORRER*	*FORRER*	*FORRER*	*FORRER*	*FORRER*
Growth	-0.747***	-0.690***	-0.765***	-0.670***	-0.721***	-0.674**
	(-8.855)	(-4.053)	(-8.249)	(-3.581)	(-4.814)	(-2.475)
Loss	-0.067	0.610	0.168	0.960***	-0.490*	-0.060
	(-0.234)	(1.572)	(0.929)	(3.687)	(-1.776)	(-0.162)
Board	-0.419**	-0.805***	-0.302	-0.704**	-0.685**	-0.882**
	(-2.405)	(-2.882)	(-1.614)	(-2.247)	(-2.191)	(-2.024)
Dual	-0.143**	-0.248**	-0.089	-0.164	-0.251*	-0.368**
	(-2.062)	(-2.428)	(-1.043)	(-1.246)	(-1.957)	(-2.166)
*Top*1	-0.962***	0.136	-0.864***	0.270	-1.027**	0.004
	(-4.583)	(0.375)	(-3.395)	(0.626)	(-2.558)	(0.007)
SOE	0.034	-0.357***	-0.105	-0.309*	0.327**	-0.387*
	(0.426)	(-2.716)	(-1.136)	(-1.891)	(2.319)	(-1.771)
FirmAge	-0.033	0.176	0.011	0.149	-0.151	0.161
	(-0.355)	(1.035)	(0.099)	(0.688)	(-0.816)	(0.545)
Big4	-0.452***	-0.097	-0.436***	-0.210	-0.296	0.166
	(-3.929)	(-0.627)	(-2.917)	(-0.970)	(-0.924)	(0.443)
AuditFee	0.064	-0.043	0.078	-0.083	0.110	-0.100
	(0.903)	(-0.382)	(0.943)	(-0.578)	(0.761)	(-0.493)
_cons	4.448***	8.879***	4.866***	7.613***	2.265	11.728***
	(4.638)	(5.737)	(4.358)	(3.936)	(1.245)	(4.267)
Year	Yes	Yes	Yes	Yes	Yes	Yes
Industry	Yes	Yes	Yes	Yes	Yes	Yes
N	23670	5119	14878	3291	8792	1828

续　表

Panel A

	（1）	（2）	（3）	（4）	（5）	（6）
	全样本		社会经济资源丰富城市		社会经济资源匮乏城市	
	疫情发生前	疫情发生后	疫情发生前	疫情发生后	疫情发生前	疫情发生后
	FORRER	*FORRER*	*FORRER*	*FORRER*	*FORRER*	*FORRER*
adj. R^2	0.074	0.078	0.073	0.072	0.078	0.094
F	30.441	11.834	23.981	7.550	15.790	6.016

Panel B

	（1）	（2）	（3）	（4）	（5）	（6）
	全样本		社会经济资源丰富城市		社会经济资源匮乏城市	
	疫情发生前	疫情发生后	疫情发生前	疫情发生后	疫情发生前	疫情发生后
	FDISP	*FDISP*	*FDISP*	*FDISP*	*FDISP*	*FDISP*
LR	−0.120***	−0.023	−0.131**	−0.057	0.042	0.049
	（−2.588）	（−0.416）	（−2.199）	（−0.788）	（0.327）	（0.378）
Number	0.000	0.000	0.000	0.000	−0.001	0.001
	（0.025）	（1.409）	（0.790）	（0.807）	（−1.276）	（1.234）
Size	0.023	−0.042	−0.019	−0.035	0.117**	−0.048
	（0.748）	（−1.162）	（−0.556）	（−0.868）	（2.119）	（−0.841）
Lev	0.183	0.200	0.210	0.260	0.092	0.235
	（1.056）	（0.903）	（1.177）	（1.126）	（0.331）	（0.727）
ROA	−11.918***	−6.274***	−11.241***	−6.300***	−13.379***	−5.395***
	（−14.663）	（−9.269）	（−11.659）	（−6.357）	（−8.437）	（−3.582）
ROE	0.377	1.158***	0.307	1.652***	0.674	−0.234
	（0.800）	（2.767）	（0.607）	（3.022）	（0.799）	（−0.278）
ATO	−0.327***	−0.154***	−0.336***	−0.189**	−0.322***	−0.077
	（−7.159）	（−2.630）	（−5.970）	（−2.563）	（−3.697）	（−0.805）
Liquid	−0.006	−0.007	−0.005	0.001	−0.005	−0.031
	（−0.805）	（−0.714）	（−0.613）	（0.041）	（−0.331）	（−1.355）

续　表

Panel B

	（1）	（2）	（3）	（4）	（5）	（6）
	全样本		社会经济资源丰富城市		社会经济资源匮乏城市	
	疫情发生前	疫情发生后	疫情发生前	疫情发生后	疫情发生前	疫情发生后
	FDISP	*FDISP*	*FDISP*	*FDISP*	*FDISP*	*FDISP*
REC	−0.531**	−0.254	−0.543**	−0.150	−0.561	−0.761
	（−2.488）	（−1.099）	（−2.254）	（−0.482）	（−1.318）	（−1.643）
FIXED	0.688***	0.373**	0.639***	0.500**	0.727***	0.142
	（4.878）	（2.259）	（3.824）	（2.159）	（2.809）	（0.493）
Growth	−0.339***	−0.228***	−0.333***	−0.229***	−0.356***	−0.207*
	（−7.147）	（−3.127）	（−6.088）	（−2.760）	（−4.060）	（−1.735）
Loss	−1.298***	−0.479***	−1.101***	−0.269**	−1.649***	−0.921***
	（−8.232）	（−2.956）	（−10.300）	（−2.332）	（−10.225）	（−5.638）
Board	−0.296***	−0.278**	−0.252**	−0.213	−0.417**	−0.370*
	（−2.949）	（−2.294）	（−2.280）	（−1.536）	（−2.283）	（−1.943）
Dual	−0.070*	−0.094**	−0.038	−0.055	−0.141*	−0.149**
	（−1.742）	（−2.055）	（−0.758）	（−0.935）	（−1.878）	（−1.999）
Top1	−0.742***	−0.101	−0.643***	−0.069	−0.820***	−0.137
	（−5.975）	（−0.641）	（−4.283）	（−0.359）	（−3.492）	（−0.554）
SOE	0.023	−0.139**	−0.086	−0.089	0.253***	−0.170*
	（0.497）	（−2.298）	（−1.565）	（−1.224）	（3.070）	（−1.781）
FirmAge	0.012	0.182**	0.076	0.173*	−0.137	0.164
	（0.211）	（2.457）	（1.143）	（1.810）	（−1.259）	（1.266）
Big4	−0.227***	−0.026	−0.215**	−0.055	−0.170	0.040
	（−3.175）	（−0.348）	（−2.432）	（−0.578）	（−0.907）	（0.244）
AuditFee	−0.068	−0.086*	−0.034	−0.105*	−0.083	−0.107
	（−1.547）	（−1.659）	（−0.693）	（−1.652）	（−0.990）	（−1.208）

续 表

Panel B

	(1)	(2)	(3)	(4)	(5)	(6)
	全样本		社会经济资源丰富城市		社会经济资源匮乏城市	
	疫情发生前	疫情发生后	疫情发生前	疫情发生后	疫情发生前	疫情发生后
	FDISP	*FDISP*	*FDISP*	*FDISP*	*FDISP*	*FDISP*
_cons	3.008***	4.044***	3.141***	3.373***	1.915*	5.382***
	(5.299)	(5.715)	(4.765)	(3.939)	(1.800)	(4.477)
Year	Yes	Yes	Yes	Yes	Yes	Yes
Industry	Yes	Yes	Yes	Yes	Yes	Yes
N	23670	5119	14878	3291	8792	1828
adj. R²	0.080	0.059	0.076	0.049	0.087	0.094
F	32.680	8.125	25.028	5.369	17.678	5.986

注: ***、**、*分别表示在1%、5%和10%水平上显著。

数据来源: 作者根据 Stata 16.0 计算整理。

5.6.3 兼任的调节效应分析

兼任是影响独立董事发挥其监督作用的重要因素之一。独立董事兼任其他企业独立董事可能使独立董事的时间和精力分散 (Fich 和 Shivdasani, 2006),从而影响其在本公司的信息披露工作。如果独立董事同时兼任多个公司的职务,可能难以充分关注每个公司的具体情况,就不能为他们所服务的公司提供有效率的监督 (李志辉等, 2017; Ferris 等, 2003),从而减弱公司的信息披露质量。兼任其他公司独立董事可能带来潜在的冲突利益。不同公司可能面临不同的竞争、利益冲突,独立董事在两者之间难以保持中立。这可能影响其在信息披露方面提出有力的独立观点,以及对公司决策的监督,从而不利于分析师根据市场公开信息做出决策。相反,也有学者认为,独立董事能够在其他上市公司兼职是独立董事能力的体现 (郑志刚, 2017),发挥了良好监督作用的独立董事,拥有较高的质量、丰富的经验,以及较高的声誉 (Ferris 等, 2003),

因而具有更能胜任该职位的能力而获得其他公司的独立董事职位。同时独立董事的兼任会使其意识到自己责任的增加，这也随之伴随着较强的监督职能（李志辉等，2017）。

为了研究兼任对独立董事本地率与企业风险承担间关系的影响，我们将兼任率（*Ptime*），以及独立董事地理位置（*LR*）与兼任率（*Ptime*）的交乘项（*LR×Ptime*）加入模型（5.3）中进行回归，独立董事的兼任率（*Ptime*）用存在兼任情况的独立董事人数除以独立董事总人数衡量。回归结果如表 5-10 所示，在全样本下，交乘项 *LR×Ptime* 的系数为正，且在 5% 水平上显著，这表明兼任会削弱独立董事本地率对分析师预测准确度的正向影响。

表 5-10　　　　　　独立董事兼任的调节效应分析

	（1）	（2）
	FORRER	*FDISP*
LR	−0.242***	−0.759***
	（−3.530）	（−2.973）
LR×Ptime	0.470**	0.131**
	（2.475）	（2.073）
Ptime	−0.575	0.479
	（−0.583）	（0.301）
Number	−0.002***	−0.008
	（−4.291）	（−1.036）
Size	−0.059	0.582
	（−1.296）	（1.115）
Lev	0.217	−1.078
	（0.823）	（−0.727）
ROA	−18.167***	−21.183***
	（−16.462）	（−4.082）

	(1)	(2)
	FORRER	*FDISP*
ROE	2. 827***	16. 060
	(4. 400)	(1. 369)
ATO	−0. 565***	1. 589
	(−8. 359)	(0. 748)
Liquid	−0. 005	−0. 018
	(−0. 566)	(−0. 215)
REC	−0. 137	−3. 940
	(−0. 419)	(−1. 260)
FIXED	0. 680***	−0. 852
	(3. 338)	(−0. 620)
Growth	−0. 735***	−1. 421*
	(−9. 611)	(−1. 838)
Loss	0. 043	8. 700
	(0. 181)	(1. 049)
Board	−0. 500***	−3. 798
	(−3. 295)	(−1. 161)
Dual	−0. 157***	1. 241
	(−2. 647)	(0. 929)
*Top*1	−0. 755***	−2. 684
	(−4. 094)	(−1. 198)
SOE	−0. 019	0. 328
	(−0. 267)	(1. 192)
FirmAge	−0. 011	−2. 379
	(−0. 135)	(−0. 932)
*Big*4	−0. 370***	−0. 261
	(−3. 831)	(−0. 915)

续　表

	(1)	(2)
	FORRER	*FDISP*
AuditFee	0.030	−0.951
	(0.491)	(−1.224)
_cons	5.214***	14.619
	(6.332)	(1.222)
Year	Yes	Yes
Industry	Yes	Yes
N	28789	28789
adj. R²	0.073	0.000
F	34.427	6.949

注：***、**、*分别表示在 1%、5% 和 10% 水平上显著。

数据来源：作者根据 Stata 16.0 计算整理。

5.6.4　会计专业独立董事地理位置对分析师预测的影响

现有研究已经证实，与其他专业背景的独立董事相比，会计专业背景的独立董事由于其专业性，对于上市公司财务报告的生成，以及财务信息披露，有更专业的理解和判断，在企业盈余管理方面能够发挥更加直接和重要的治理作用。会计专业独立董事具备深厚的会计和财务知识，能够对企业的财务状况进行深入分析和评估。他们可以监督公司的财务报告，确保财务信息的准确性、透明度和合规性，有助于维护公司的财务健康和信誉。会计专业独立董事在风险管理和内部控制方面有独到的见解。他们能够评估公司的内部控制体系，提供对潜在风险的敏锐洞察，并确保公司在财务运营中遵循合规性要求，从而减少财务和经营风险。同时，由于会计专业独立董事的存在，投资者更容易对公司的财务报告和运营状况产生信任，这有助于提高公司在资本市场的声誉，增加投资者的信心，更有助于分析师根据公开信息做出决策。胡奕明和唐松莲（2008）发现有会计专业独立董事能够提高企业的信息披露质量。此外，2023 年 7 月中国证监会发布的《上市公司独立董事管理办法》规定，上市公司独立董事占董事会成员的比例不得低于三分之一，且至少包括一名会计专业人士。这也侧面说明了会计专业独立董事在提升公司治理效果方面的重要作用。基于前述实证分析及上述研究成果，本章进一步研究会计专业独立董事的地理位置对分析师预测的影响，并构建如模型（5.4）所示：

$$FORRER_{i,t}/FDISP_{i,t} = \beta_0 + \beta_1 AL_{i,t} + \beta_1 Controls_{i,t} + \varepsilon_{i,t} \qquad (5.4)$$

解释变量为会计专业独立董事的地理位置（AL），首先我们只保留存在一个会计专业独立董事的公司样本，若该名会计专业独立董事的居住地城市和上市公司的注册地城市一致，则 AL 取值为 1，表示本地任职的会计专业独立董事；若会计专业独立董事的居住地城市和上市公司的注册地城市不一致，则 AL 取值为 0，表示异地任职的会计专业独立董事。控制变量包括：机构分析师数量（$Number$），公司规模（$Size$），资产负债率（Lev），总资产净利率（ROA），净资产收益率（ROE），总资产收益率（ATO），流动比率（$Liquid$），应收账款占比（REC），固定资产占比（$FIXED$），营业收入增长率（$Growth$），是否亏损（$Loss$），董事人数（$Board$），两职合一（$Dual$），第一大股东持股比例（$Top1$），是否国有企业（SOE），公司成立年限（$FirmAge$），是否四大（$Big4$），审计费用（$AuditFee$）。

（1）多元回归分析

表 5-11 中的 Panel A 报告了会计专业独立董事的地理位置（AL）对分析师预测误差（$FORRER$）的影响。列（1）—列（3）是未加入控制变量的回归结果：列（1）以全部上市公司为样本，会计专业独立董事的地理位置（AL）与分析师预测误差（$FORRER$）与在 1% 水平上显著负相关；列（2）以社会经济资源丰富城市的上市公司作为样本，会计专业独立董事的地理位置（AL）与分析师预测误差（$FORRER$）无显著相关关系；列（3）以社会经济资源匮乏城市的上市公司作为样本，会计专业独立董事的地理位置（AL）与分析师预测误差（$FORRER$）无显著相关关系。

列（4）—列（6）是加入控制变量的回归结果，控制变量包括：机构分析师数量（$Number$），公司规模（$Size$），资产负债率（Lev），总资产净利率

（*ROA*），净资产收益率（*ROE*），总资产收益率（*ATO*），流动比率（*Liquid*），应收账款占比（*REC*），固定资产占比（*FIXED*），营业收入增长率（*Growth*），是否亏损（*Loss*），董事人数（*Board*），两职合一（*Dual*），第一大股东持股比例（*Top*1），是否国有企业（*SOE*），公司成立年限（*FirmAge*），是否四大（*Big*4），审计费用（*AuditFee*）。如回归结果所示，列（4）全样本下，会计专业独立董事的地理位置（*AL*）与分析师预测误差（*FORRER*）在 1% 水平上显著负相关；列（5）以社会经济资源丰富城市的上市公司为样本，会计专业独立董事的地理位置（*AL*）与分析师预测误差（*FORRER*）无显著相关关系；列（6）以社会经济资源匮乏城市的上市公司为样本，会计专业独立董事的地理位置（*AL*）与分析师预测误差（*FORRER*）无显著相关关系。综合而言，对于总体样本来讲，会计专业独立董事的地理位置（*AL*）对分析师预测误差（*FOR-RER*）具有显著的负向影响。

表 5-11 中的 Panel B 报告了会计专业独立董事的地理位置（*AL*）对分析师预测分歧度（*FDISP*）的影响。列（1）—列（3）是未加入控制变量的回归结果：列（1）以全部上市公司为样本，会计专业独立董事的地理位置（*AL*）与分析师预测分歧度（*FDISP*）与在 1% 水平上显著负相关；列（2）以社会经济资源丰富城市的上市公司作为样本，会计专业独立董事的地理位置（*AL*）与分析师预测分歧度（*FDISP*）在 5% 水平上显著负相关；列（3）以社会经济资源匮乏城市的上市公司作为样本，会计专业独立董事的地理位置（*AL*）与分析师预测分歧度（*FDISP*）无显著相关关系。

列（4）—列（6）是加入控制变量的回归结果，控制变量包括：公司规模（*Size*），资产负债率（*Lev*），总资产净利率（*ROA*），净资产收益率（*ROE*），总资产收益率（*ATO*），流动比率（*Liquid*），应收账款占比（*REC*），固定资产占比（*FIXED*），营业收入增长率（*Growth*），是否亏损（*Loss*），董事人数（*Board*），两职合一（*Dual*），第一大股东持股比例（*Top*1），是否国有企业（*SOE*），公司成立年限（*FirmAge*），是否四大（*Big*4），审计费用（*AuditFee*）。如回归结果所示，列（4）全样本下，会计专业独立董事的地理位置（*AL*）与分析师预测分歧度（*FDISP*）在 1% 水平上显著负相关；列（5）以社会经济资源丰富城市的上市公司为样本，会计专业独立董事的地理位置（AL）与分析师预测分歧度（FDISP）在10%水平上显著负相关；列（6）以社会经济资源匮乏城市的上市公司为样本，会计专业独立董事的地理位置（AL）与分析师预测分歧度（FDISP）无显著相关关系。综合而言，会计专业独立董事的地理位置对分析师预测准确度有显著正向影响。

综合而言，会计专业独立董事的地理位置（AL）对分析师预测误差（FORRER）和分析师预测分歧度（FDISP）的影响都在1%水平上显著为负，结果表明相对于异地会计专业独立董事，本地会计专业独立董事更能提高分析师的预测质量。

表 5-11　　　　　　　　　　　多元回归结果

Panel A

	（1）	（2）	（3）	（4）	（5）	（6）
	全样本	社会经济资源丰富城市	社会经济资源匮乏城市	全样本	社会经济资源丰富城市	社会经济资源匮乏城市
	FORRER	*FORRER*	*FORRER*	*FORRER*	*FORRER*	*FORRER*
AL	-0.173^{***}	-0.126	-0.093	-0.144^{***}	-0.120	-0.121
	(-2.867)	(-1.643)	(-0.748)	(-2.832)	(-1.594)	(-0.994)
Number	—	—	—	-0.002^{***}	-0.002^{***}	-0.003^{***}
	—	—	—	(-4.254)	(-2.882)	(-3.358)
Size	—	—	—	-0.034	-0.059	0.014
	—	—	—	(-0.638)	(-0.887)	(0.144)
Lev	—	—	—	0.379	0.289	0.519
	—	—	—	(1.322)	(0.867)	(0.976)
ROA	—	—	—	-18.681^{***}	-16.496^{***}	-22.534^{***}
	—	—	—	(-16.324)	(-12.067)	(-10.787)
ROE	—	—	—	3.766^{***}	3.233^{***}	4.851^{***}
	—	—	—	(5.617)	(3.951)	(4.115)

续　表

Panel A

	(1)	(2)	(3)	(4)	(5)	(6)
	全样本	社会经济资源丰富城市	社会经济资源匮乏城市	全样本	社会经济资源丰富城市	社会经济资源匮乏城市
	FORRER	*FORRER*	*FORRER*	*FORRER*	*FORRER*	*FORRER*
ATO	—	—	—	−0.561***	−0.491***	−0.704***
	—	—	—	(−7.255)	(−5.563)	(−4.783)
Liquid	—	—	—	0.016	0.002	0.048**
	—	—	—	(1.466)	(0.177)	(2.075)
REC	—	—	—	0.070	0.274	−0.526
	—	—	—	(0.199)	(0.661)	(−0.804)
FIXED	—	—	—	0.961***	0.713***	1.342***
	—	—	—	(4.047)	(2.616)	(2.950)
Growth	—	—	—	−0.651***	−0.682***	−0.613***
	—	—	—	(−7.451)	(−8.135)	(−3.098)
Loss	—	—	—	0.144	0.489	−0.461
	—	—	—	(0.538)	(1.430)	(−1.060)
Board	—	—	—	−0.603***	−0.486**	−0.823***
	—	—	—	(−3.636)	(−2.519)	(−2.590)
Dual	—	—	—	−0.157**	−0.146*	−0.167
	—	—	—	(−2.352)	(−1.883)	(−1.384)
Top1	—	—	—	−0.713***	−0.615**	−0.783**
	—	—	—	(−3.323)	(−2.373)	(−2.021)
SOE	—	—	—	0.012	−0.086	0.232*
	—	—	—	(0.159)	(−0.899)	(1.647)
FirmAge	—	—	—	−0.033	−0.043	−0.019
	—	—	—	(−0.342)	(−0.413)	(−0.096)

续　表

Panel A

	(1)	(2)	(3)	(4)	(5)	(6)
	全样本	社会经济资源丰富城市	社会经济资源匮乏城市	全样本	社会经济资源丰富城市	社会经济资源匮乏城市
	FORRER	FORRER	FORRER	FORRER	FORRER	FORRER
Big4	—	—	—	−0.427***	−0.382***	−0.455**
	—	—	—	(−4.055)	(−3.239)	(−2.003)
AuditFee	—	—	—	−0.010	−0.010	0.017
	—	—	—	(−0.136)	(−0.111)	(0.133)
_cons	1.856***	1.408***	2.002***	4.977***	4.906***	4.159**
	(5.821)	(3.251)	(4.464)	(5.334)	(4.258)	(2.439)
Year	Yes	Yes	Yes	Yes	Yes	Yes
Industry	Yes	Yes	Yes	Yes	Yes	Yes
N	23878	14969	8909	23878	14969	8909
adj. R^2	0.014	0.010	0.022	0.068	0.064	0.076
F	21.282	15.867	—	30.115	18.232	—

Panel B

	(1)	(2)	(3)	(4)	(5)	(6)
	全样本	社会经济资源丰富城市	社会经济资源匮乏城市	全样本	社会经济资源丰富城市	社会经济资源匮乏城市
	FDISP	FDISP	FDISP	FDISP	FDISP	FDISP
AL	−0.096***	−0.095**	−0.013	−0.070***	−0.088*	−0.021
	(−2.767)	(−2.065)	(−0.174)	(−2.739)	(−1.942)	(−0.296)
Size	—	—	—	0.019	−0.019	0.087*
	—	—	—	(0.700)	(−0.545)	(1.854)
Lev	—	—	—	0.210	0.220	0.153
	—	—	—	(1.302)	(1.149)	(0.525)

续 表

Panel B

	（1）	（2）	（3）	（4）	（5）	（6）
	全样本	社会经济资源丰富城市	社会经济资源匮乏城市	全样本	社会经济资源丰富城市	社会经济资源匮乏城市
	FDISP	*FDISP*	*FDISP*	*FDISP*	*FDISP*	*FDISP*
ROA	—	—	—	-10.549***	-9.739***	-12.090***
	—	—	—	(-15.277)	(-11.336)	(-10.586)
ROE	—	—	—	0.737*	0.780	0.695
	—	—	—	(1.804)	(1.543)	(1.017)
ATO	—	—	—	-0.284***	-0.295***	-0.275***
	—	—	—	(-6.284)	(-5.923)	(-3.082)
Liquid	—	—	—	-0.001	-0.002	-0.001
	—	—	—	(-0.199)	(-0.216)	(-0.125)
REC	—	—	—	-0.494***	-0.372*	-0.864**
	—	—	—	(-2.601)	(-1.669)	(-2.376)
FIXED	—	—	—	0.685***	0.660***	0.681**
	—	—	—	(4.869)	(3.965)	(2.559)
Growth	—	—	—	-0.310***	-0.323***	-0.289***
	—	—	—	(-6.271)	(-6.353)	(-2.748)
Loss	—	—	—	-1.062***	-0.805***	-1.561***
	—	—	—	(-7.261)	(-4.285)	(-6.696)
Board	—	—	—	-0.241**	-0.208*	-0.334*
	—	—	—	(-2.522)	(-1.853)	(-1.848)
Dual	—	—	—	-0.079**	-0.063	-0.118*
	—	—	—	(-2.105)	(-1.389)	(-1.785)
*Top*1	—	—	—	-0.602***	-0.552***	-0.616***
	—	—	—	(-4.861)	(-3.699)	(-2.783)

续　表

Panel B

	（1）	（2）	（3）	（4）	（5）	（6）
	全样本	社会经济资源丰富城市	社会经济资源匮乏城市	全样本	社会经济资源丰富城市	社会经济资源匮乏城市
	FDISP	*FDISP*	*FDISP*	*FDISP*	*FDISP*	*FDISP*
SOE	—	—	—	0.015	−0.061	0.199**
	—	—	—	(0.323)	(−1.083)	(2.401)
FirmAge	—	—	—	0.004	0.044	−0.086
	—	—	—	(0.068)	(0.736)	(−0.718)
Big4	—	—	—	−0.183***	−0.126	−0.299**
	—	—	—	(−2.768)	(−1.638)	(−2.519)
AuditFee	—	—	—	−0.086**	−0.063	−0.101
	—	—	—	(−2.022)	(−1.163)	(−1.390)
_cons	0.965***	0.631**	1.118***	3.040***	3.014***	2.491***
	(4.816)	(2.213)	(4.045)	(6.043)	(4.812)	(2.787)
Year	Yes	Yes	Yes	Yes	Yes	Yes
Industry	Yes	Yes	Yes	Yes	Yes	Yes
N	22063	13851	8212	22063	13851	8212
adj. R²	0.026	0.021	0.032	0.079	0.072	0.091
F	22.795	14.392	—	27.453	16.450	—

注：***、**、*分别代表在1%、5%和10%水平上显著。

数据来源：作者根据Stata 16.0计算整理。

（2）会计专业独立董事任期的异质性分析

任期也是独立董事发挥其监督作用的重要影响因素之一。部分学者认为，独立董事的监督作用随着任期的延长而降低。独立董事的长期任期可能导致独立董事逐渐与公司管理层形成较为紧密的关系，从而可能失去一些新鲜的、独立的观点，甚至变为"合谋"的可能性也会进一步上升（陈冬华和相加凤，2017；戴亦一等，2014）。对公司业务和运营的过度熟悉可能阻碍独立董事对潜在问题的敏感性，使其难以提出新的、具有创新性的建议，以此可能使独立董事在监督方面的效果减弱。如果一个独立董事长期任职，可能会导致其对公司决策的过度适应，减少对管理层行为的审查程度，从而影响其在监督公司的责任上的严格性。长期任期的独立董事可能在信息披露方面变得过于谨慎，因为他们可能更考虑到其在公司内部的地位和关系。为了维护自身在公司中的地位，他们可能更倾向于支持公司决策，而不愿批评或揭示公司内部问题。还有部分学者认为，独立董事任期越长，独立董事对上市公司的信息掌握越全面，进而更能发挥建议和监督职能（Kim，2014），即独立董事的专业胜任能力随任期的延长而提高（陈冬华和相加凤，2017）。因此为了进一步研究任期能否对会计专业独立董事地理位置与分析师预期之间的关系造成异质性影响，本章以会计专业独立董事在同一家上市公司的任期是否大于 36 个月作为依据，将样本分为较长任期组（任期>36 个月）和较短任期组（任期≤36 个月）两个样本组，并对两组样本进行分组回归，

表 5-12 表示，Panel A 中，在全样本下，任期小于或等于 36 个月组会计专业独立董事本地率（AL）与分析师预测误差（FORRER）在 5% 水平上显著负相关，任期大于 36 个月组会计专业独立董事本地率（AL）与分析师预测误差（FORRER）的负相关关系不显著，这表明，相较于任期大于 36 个月，任期小于或等于 36 个月组会计专业独立董事本地率（AL）对分析师预测误差（FORRER）的抑制作用更显著；在社会经济资源丰富城市样本中，任期小于或等于 36 个月年组会计专业独立董事本地率（AL）与分析师预测误差（FOR-RER）在 1% 水平上显著负相关，任期大于 36 个月组会计专业独立董事本地率（AL）与分析师预测误差（FORRER）的负相关关系不显著，这表明，相较于任期大于 36 个月组，任期小于或等于 36 个月组会计专业独立董事本地率（AL）对分析师预测误差（FORRER）的抑制作用更显著；在社会经济资源匮乏城市样本中，任期大于 36 个月组和任期小于或等于 36 个月组，会计专业独立董事本地率（AL）与分析师预测误差（FORRER）负相关关系均不显著。

Panel B 中，在全样本下，任期小于或等于 36 个月组会计专业独立董事本地率（AL）与分析师预测分歧度（FDISP）在 5% 水平上显著负相关，任

期大于 36 个月组会计专业独立董事本地率（*AL*）与分析师预测分歧度（*FDISP*）
的负相关关系不显著，这表明，相较于任期大于 36 个月组，任期小于或等于 36
个月组会计专业独立董事本地率（*AL*）对分析师预测分歧度（*FDISP*）的抑制作
用更显著；在社会经济资源丰富城市样本中，任期小于或等于 36 个月组会计专
业独立董事本地率（*AL*）与分析师预测分歧度（*FDISP*）在 1% 水平上显著负相
关，任期大于 36 个月组会计专业独立董事本地率（*AL*）与分析师预测分歧度
（*FDISP*）的负相关关系不显著，这表明，相较于任期大于 36 个月组，任期小于
或等于 36 个月组会计专业独立董事本地率（*AL*）越高，对分析师预测分歧度
（*FDISP*）的抑制作用越显著；在社会经济资源匮乏城市样本中，任期大于 36 个
月年组和任期小于或等于 36 个月组，会计专业独立董事本地率（*AL*）与分析师
预测分歧度（*FDISP*）的负相关关系均不显著。

表 5-12　　　　　　　　会计专业独立董事任期的异质性分析

Panel A						
	(1)	(2)	(3)	(4)	(5)	(6)
	全样本		社会经济资源丰富城市		社会经济资源匮乏城市	
	较长任期组	较短任期组	较长任期组	较短任期组	较长任期组	较短任期组
	FORRER	*FORRER*	*FORRER*	*FORRER*	*FORRER*	*FORRER*
AL	−0.139	−0.146**	−0.063	−0.165***	−0.220	−0.050
	(−1.391)	(−1.998)	(−0.508)	(−2.781)	(−0.986)	(−0.307)
Number	−0.002**	−0.002**	−0.001	−0.002*	−0.005***	−0.002
	(−2.410)	(−2.323)	(−1.166)	(−1.912)	(−2.649)	(−1.056)
Size	0.044	−0.095	−0.062	−0.072	0.237	−0.133
	(0.539)	(−1.599)	(−0.654)	(−1.021)	(1.513)	(−1.218)
Lev	1.192***	−0.198	1.002**	−0.172	1.462*	−0.116
	(2.881)	(−0.643)	(2.089)	(−0.470)	(1.906)	(−0.207)
ROA	−16.259***	−20.751***	−15.998***	−17.090***	−16.609***	−27.702***
	(−7.653)	(−12.784)	(−6.544)	(−9.031)	(−4.144)	(−9.073)

续 表

Panel A

	(1)	(2)	(3)	(4)	(5)	(6)
	全样本		社会经济资源丰富城市		社会经济资源匮乏城市	
	较长任期组	较短任期组	较长任期组	较短任期组	较长任期组	较短任期组
	FORRER	*FORRER*	*FORRER*	*FORRER*	*FORRER*	*FORRER*
ROE	2.511**	4.780***	1.476	4.385***	4.051*	5.834***
	(2.229)	(5.544)	(1.135)	(4.381)	(1.917)	(3.585)
ATO	-0.757***	-0.440***	-0.472***	-0.521***	-1.348***	-0.310*
	(-5.689)	(-4.560)	(-3.089)	(-4.428)	(-5.276)	(-1.822)
Liquid	0.014	0.016	0.019	-0.007	0.021	0.070**
	(0.624)	(1.025)	(0.745)	(-0.405)	(0.502)	(2.256)
REC	-0.370	0.379	-0.479	0.825*	-0.323	-0.739
	(-0.618)	(0.883)	(-0.724)	(1.679)	(-0.266)	(-0.870)
FIXED	1.429***	0.597**	0.968**	0.546	2.352***	0.561
	(3.584)	(2.004)	(2.067)	(1.513)	(3.152)	(1.050)
Growth	-0.880***	-0.529***	-0.820***	-0.612***	-1.081***	-0.391**
	(-6.350)	(-5.755)	(-5.287)	(-5.662)	(-3.906)	(-2.305)
Loss	0.079	0.160	-0.058	0.822***	0.275	-1.068***
	(0.330)	(0.889)	(-0.207)	(3.876)	(0.636)	(-3.247)
Board	-0.591**	-0.613***	-0.339	-0.598**	-1.028**	-0.647*
	(-2.218)	(-3.051)	(-1.127)	(-2.529)	(-1.976)	(-1.743)
Dual	-0.218*	-0.119	-0.191	-0.106	-0.249	-0.112
	(-1.859)	(-1.419)	(-1.396)	(-1.052)	(-1.170)	(-0.759)
Top1	-0.419	-0.939***	-0.509	-0.674**	0.194	-1.498***
	(-1.179)	(-3.544)	(-1.236)	(-2.132)	(0.290)	(-3.120)
SOE	-0.022	0.031	-0.187	-0.001	0.319	0.110
	(-0.174)	(0.322)	(-1.245)	(-0.012)	(1.370)	(0.645)

续　表

Panel A

	（1）	（2）	（3）	（4）	（5）	（6）
	全样本		社会经济资源丰富城市		社会经济资源匮乏城市	
	较长任期组	较短任期组	较长任期组	较短任期组	较长任期组	较短任期组
	FORRER	*FORRER*	*FORRER*	*FORRER*	*FORRER*	*FORRER*
FirmAge	−0.116	0.011	−0.024	−0.052	−0.344	0.122
	（−0.703）	（0.090）	（−0.129）	（−0.372）	（−1.107）	（0.553）
Big4	−0.528**	−0.369**	−0.503**	−0.309	−0.374	−0.540
	（−2.345）	（−2.124）	（−2.096）	（−1.626）	（−0.729）	（−1.362）
AuditFee	−0.122	0.074	−0.053	0.035	−0.154	0.137
	（−0.984）	（0.813）	（−0.374）	（0.329）	（−0.649）	（0.809）
_cons	4.725***	5.342***	5.196***	4.740***	2.081	5.654***
	（3.000）	（4.605）	（2.893）	（3.388）	（0.678）	（2.620）
Year	Yes	Yes	Yes	Yes	Yes	Yes
Industry	Yes	Yes	Yes	Yes	Yes	Yes
N	9618	14260	5977	8992	3641	5268
adj. R^2	0.069	0.067	0.064	0.063	0.078	0.076
F	14.528	20.272	8.742	12.492	7.038	9.311

Panel B

	（1）	（2）	（3）	（4）	（5）	（6）
	全样本		社会经济资源丰富城市		社会经济资源匮乏城市	
	较长任期组	较短任期组	较长任期组	较短任期组	较长任期组	较短任期组
	FDISP	*FDISP*	*FDISP*	*FDISP*	*FDISP*	*FDISP*
AL	−1.028	−0.470**	−1.024	−1.886***	−0.295	−0.351
	（0.556）	（−2.240）	（−1.609）	（2.808）	（−0.859）	（−0.571）
Number	−0.015	−0.004	−0.005	−0.022	−0.004	−0.001
	（−0.785）	（−1.255）	（−0.933）	（−0.740）	（−1.530）	（−0.180）

续 表

Panel B

	(1)	(2)	(3)	(4)	(5)	(6)
	全样本		社会经济资源丰富城市		社会经济资源匮乏城市	
	较长任期组	较短任期组	较长任期组	较短任期组	较长任期组	较短任期组
	FDISP	FDISP	FDISP	FDISP	FDISP	FDISP
Size	0.852	0.840 ***	1.088 **	1.689	0.499 **	−0.466
	(0.571)	(2.712)	(2.305)	(0.721)	(2.087)	(−1.144)
Lev	−0.357	0.289	−1.038	−2.200	2.332 **	2.429
	(−0.051)	(0.197)	(−0.465)	(−0.197)	(2.053)	(1.283)
ROA	1.571	−9.231 *	−8.358	7.499	−8.881 **	−16.449 **
	(0.063)	(−1.747)	(−0.999)	(0.185)	(−2.286)	(−2.534)
ROE	11.190	2.567	3.041	19.632	1.597	2.407
	(1.127)	(1.209)	(0.907)	(1.124)	(1.024)	(1.049)
ATO	2.238	−0.866 **	−0.757	3.620	−0.994 ***	0.099
	(1.191)	(−2.085)	(−1.210)	(1.218)	(−2.997)	(0.194)
Liquid	−0.019	−0.012	−0.029	−0.015	0.025	0.009
	(−0.085)	(−0.208)	(−0.378)	(−0.042)	(0.447)	(0.138)
REC	−6.302	−2.555	−2.692	−7.223	−2.151	−1.219
	(−0.605)	(−1.177)	(−0.836)	(−0.460)	(−1.226)	(−0.396)
FIXED	−0.903	−0.194	−0.612	−1.479	1.663	0.969
	(−0.123)	(−0.131)	(−0.265)	(−0.126)	(1.488)	(0.493)
Growth	0.000	−0.051	−0.054	0.000	−0.003	−0.031
	(0.020)	(−0.361)	(−0.277)	(0.034)	(−0.024)	(−0.362)
Loss	17.809 ***	1.880 **	3.430 **	28.989 ***	−0.608	−1.719
	(4.103)	(2.243)	(2.531)	(4.247)	(−1.014)	(−1.470)
Board	−8.040	0.541	1.494	−12.056	−1.272	0.345
	(−1.598)	(0.539)	(0.989)	(−1.538)	(−1.613)	(0.250)

续　表

Panel B

	(1)	(2)	(3)	(4)	(5)	(6)
	全样本		社会经济资源丰富城市		社会经济资源匮乏城市	
	较长任期组	较短任期组	较长任期组	较短任期组	较长任期组	较短任期组
	FDISP	*FDISP*	*FDISP*	*FDISP*	*FDISP*	*FDISP*
Dual	2.709	−0.481	−0.621	4.173	−0.323	0.531
	(1.280)	(−1.084)	(−0.896)	(1.236)	(−1.003)	(0.958)
*Top*1	−5.560	0.333	1.284	−7.104	−1.345	−2.067
	(−0.839)	(0.250)	(0.623)	(−0.679)	(−1.349)	(−1.162)
SOE	0.631	0.236	−0.118	0.637	0.746**	0.078
	(0.259)	(0.489)	(−0.154)	(0.162)	(2.091)	(0.122)
FirmAge	−4.490	−0.319	−0.175	−6.552	−0.567	−0.143
	(−1.535)	(−0.524)	(−0.187)	(−1.443)	(−1.228)	(−0.176)
*Big*4	0.082	−0.892	−0.998	0.799	−0.928	−0.617
	(0.019)	(−1.057)	(−0.823)	(0.128)	(−1.234)	(−0.421)
AuditFee	−1.225	−0.929**	−1.247*	−2.162	−0.387	0.350
	(−0.554)	(−2.068)	(−1.841)	(−0.634)	(−1.099)	(0.558)
_cons	22.903	−4.596	−7.434	26.382	−0.438	6.089
	(0.801)	(−0.787)	(−0.839)	(0.580)	(−0.095)	(0.761)
Year	Yes	Yes	Yes	Yes	Yes	Yes
Industry	Yes	Yes	Yes	Yes	Yes	Yes
N	13141	8922	5564	8287	3358	4854
adj. R²	0.172	0.179	−0.119	0.179	0.024	−0.123
F	1.093	1.540	0.959	1.010	2.585	0.795

注: ***、**、* 分别代表在1%、5%和10%水平上显著。

数据来源: 作者根据 Stata 16.0 计算整理。

5.7　本章研究结论

基于理论研究中关于独立董事地理位置对分析师预测影响所提供的对立分析假设和该视角下经验证据不足，本章以 2007—2021 年中国 A 股上市公司为研究样本，从城市社会经济资源的视角，通过实证检验独立董事地理位置对分析师预测的影响，实证检验发现如下：（1）在全样本下，独立董事本地率与分析师预测误差在 1 % 水平上显著负相关，独立董事本地率与分析师预测分歧度在 1% 水平上显著负相关，独立董事本地率越高，分析师预测误差、分析师预测分歧度越小，即高公司独立董事本地率对分析师预测质量有显著的正向影响。（2）在社会经济资源丰富城市的样本下，高独立董事本地率与分析师预测误差在 1% 水平上显著负相关，高独立董事本地率与分析师预测分歧度在 1% 水平上显著负相关，这说明在社会经济资源丰富城市的样本下，高独立董事本地率对分析师预测质量有显著的促进作用。在社会经济资源匮乏城市的样本下，独立董事本地率与分析师预测质量的相关关系不显著，这说明在社会经济资源匮乏城市的样本下，独立董事本地率对分析师预测质量无显著影响。（3）本章采用了 Heckman 两阶段回归、PSM 倾向得分匹配法缓解潜在的内生性问题，主要回归结果不变，即独立董事本地率越高，分析师预测误差、分析师预测分歧度越小的结果稳健，验证了本地独立董事有助于提高分析师预测质量的研究假设。（4）根据异质性分析可知，相较于未开通高铁组、疫情发生后组样本，开通高铁组、疫情发生前组样本中，高独立董事本地率对分析师预测质量的促进作用更加明显。独立董事兼任具有调节作用，兼任会削弱独立董事本地率对分析师预测质量的正向影响。（5）本章通过会计专业独立董事地理位置对分析师预测质量影响的研究发现，相较于异地会计专业独立董事，本地会计专业独立董事对分析师预测质量的促进作用更强，且在会计专业独立董事任期小于或等于36个月组，本地会计专业独立董事对分析师预测质量的促进作用更加显著。

本章研究可能有以下贡献：（1）本章所发现的独立董事本地率对分析师预测质量的促进作用，对分析师预测质量影响因素研究的现有文献进行了有益补充（于雪航和方军雄，2022；薛爽和徐沛勋，2022；刘永泽和高嵩，2014），从独立董事治理角度为提升分析师预测质量和促进资源优化配置提供了新思路。（2）本章以中国情境下的上市公司数据实证检验了独立董事地理位置对分析师预测的影响，提供了独立董事地理位置治理后果的直接经验证据，丰富了独立董事地理位置相关的实证研究。（3）本章区分了社会经济资源丰富城市和社会经济资源匮乏城市，分别检验了两类城市上市公司独立董事地理位置对分析师预测质量的不同影响，检验发现社会经济资源丰富城市样本下，独立董事本地率对分析师预测质量有促进作用，而在社会经济资源匮乏城市样本下，独立董事本地率对分析师预测质量无显著影响。本章所提供的实证证据，有一定的创新性和实践启示意义。

第 6 章

城市社会经济资源视角下独立董事地理位置对投资效率的影响研究

6.1 引　言

　　投资是企业创造财富的源泉，高效率的投资也是社会经济增长的微观基础，如何提高企业投资效率一直是备受关注的热点议题（李海彤等，2023）。现有研究认为，企业的投资效率受宏观环境、产业政策和企业治理等多个层面因素的影响和制约（黎来芳等，2022）。

　　2001 年发布的《关于在上市公司建立独立董事制度的指导意见》规定，在 2002 年 6 月 30 日之前上市公司的董事会中至少应该有 2 名独立董事，在 2003 年 6 月 30 日之前上市公司董事会中的独立董事应该至少占1/3，由此确立了我国的独立董事体制。随着这一制度在国内的上市公司中得到推广运用，关于其是否有助于改善企业的经营业绩、降低代理成本以及如何影响投资效率问题成为了学术界研究的热点。陈运森和谢德仁（2011）指出，独立董事在公司治理中主要扮演着监督和咨询的角色，他们是影响企业投资效率的关键因素之一。投资效率作为独立董事治理重要的经济后果，受到学术界较为广泛的关注。程柯等（2012）通过研究得出结论，即对于民营上市公司来说，增加独立董事占比可以提高公司的投资效益，但独立董事薪资水平的增加对提高投资效益的效果并不显著。谢德仁等（2012）持有这样的观点：当独立董事与多家其他公司建立了工作关系时，他们不仅可以避免过度投资，还有助于缓解公司的投资短缺问题。许多独立董事在多家上市公司兼职，他们之间也因此形成了一个紧密相连的独立董事网络。国内研究人员也逐渐开始关注独立董事网络如何影响企业的投资回报情况，并进行了相关研究。陈运森和谢德仁（2011）观察到，独立董事在网络中的中心位置越高，其治理能力也就越出色。刘超等

（2020）研究表明，网络的中心度越高，独立董事的治理能力就越弱，这会导致投资的效率降低。

独立董事地理位置是独立董事治理后果的重要影响因素（周泽将等，2017；罗进辉等，2017）。关于独立董事地理位置对投资效率的影响，现有文献鲜有研究，尤其是中国情景下的实证研究。相对于异地独立董事，本地独立董事在公司信息的获取上相对便利，履职的精力和时间成本较低，与公司管理层的沟通更便捷，这些本地优势有利于独立董事履职尽责，减少委托代理问题（Fich 和 Shivdasani，2006；全怡和陈冬华，2016；罗进辉等，2017），提升公司治理水平，从而有助于提高投资效率。因此，本研究从城市社会经济资源视角切入，探究独立董事地理位置对企业投资效率的影响。

基于此，本章以 2007—2021 年中国 A 股上市公司为研究样本，采用独立董事本地率作为独立董事地理位置的代理变量，投资效率作为被解释变量，实证检验了独立董事地理位置对企业投资效率的影响。本章实证研究发现：第一，在全样本下，独立董事本地率与企业投资效率在 1% 水平上显著负相关，独立董事本地率越高，企业的非效率投资越少，企业的投资效率越高，即公司独立董事本地率对企业投资效率有显著的促进作用。第二，在社会经济资源丰富城市的样本下，独立董事本地率与企业投资效率在 1% 水平上显著负相关，这说明在社会经济资源丰富城市的样本下，独立董事本地率对企业投资效率的提升作用显著。在社会经济资源匮乏城市的样本下，独立董事本地率与企业投资效率的相关关系不显著，这说明在社会经济资源匮乏城市的样本下，独立董事本地率对企业投资效率的提升作用不显著。第三，本章通过变更股价崩盘风险的度量方式进行了稳健性检验，并采用了 Heckman 两阶段回归、PSM 倾向得分匹配法缓解潜在的内生性问题，主要回归结果不变，即独立董事本地率越高，非投资效率越低的结果稳健，验证了本地独立董事有助于促进投资效率的研究假设。第四，根据异质性分析可知，在全样本下，相对于未开通高铁组，开通高铁组样本中，独立董事本地率对企业投资效率的提升作用更显著。相对于疫情发生后组，疫情发生前组样本中，独立董事本地率对企业投资效率的提升作用更加明显。第五，本章通过会计专业独立董事地理位置对企业投资效率影响的研究发现，相较于异地会计专业独立董事，本地会计专业独立董事更能促进企业投资效率，且在会计专业独立董事开通高铁组、任期小于或等于 36 个月组、疫情发生后组和非兼任组，本地会计专业独立董事对企业投资效率的促进作用更加显著。

本章的研究可能有以下贡献：第一，本章所发现的独立董事本地率对于企业投资效率的促进作用，对企业投资效率影响因素研究的现有文献进行了有益补充（姚立杰等，2020；董红晔，2016；郑立东等，2013；Bhajat 和 Black，2000；Kang 和 Kim，2008），从独立董事地理位置角度为促进企业投资效率提供了新思路。第二，本章对独立董事地理位置的度量方式进行了改善和细化，独立董事是否本地的判断精确到地级市，同时，考虑独立董事地理位置的治理后果会受到高铁开通和疫情发生的可能影响，本章进一步在此情境下实证检验了独立董事地理位置对企业投资效率的影响，提供了独立董事地理位置治理后果的新经验证据，丰富了独立董事地理位置相关的实证研究。第三，本章区分了社会经济资源丰富城市和社会经济资源匮乏的城市，分别检验了两类城市上市公司独立董事地理位置对企业投资效率的不同影响，检验发现在社会经济资源丰富城市的样本下，独立董事本地率对企业投资效率的提升作用显著，在社会经济资源匮乏城市的样本下，独立董事本地率对企业投资效率的提升作用不显著，本章所提供的实证证据，有一定实践指导和决策参考意义。

本章的后续安排如下：第二部分为文献综述；第三部分为理论分析与研究假设；第四部分为实证研究设计；第五部分为实证结果讨论及分析；第六部分为进一步研究；第七部分为本章研究结论。

总体而言，本章的研究框架如图 6-1 所示：

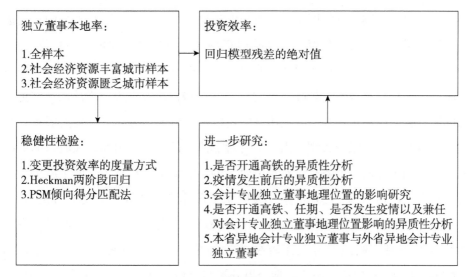

图 6-1　第 6 章研究框架

6.2　文献综述

6.2.1　企业投资效率的影响因素

投资效率作为公司经济后果研究领域的热点话题，一直以来受到各国学者们的广泛关注，其相关文献相当丰富，目前对投资效率的影响因素研究大体可以分为公司内部因素和公司外部因素两大视角。

影响企业投资效率的内部因素主要涵盖了董事会的特征、股东行为、高级管理人员的激励机制以及管理者异质性等多个方面。在董事会特征方面，Lipton 和 Lorsch（1992）持有如下观点：当董事会规模较大时，董事间的沟通和团队凝聚力会变得更为复杂，这可能导致高层管理人员滥用其职权进行不当行为，从而引发低效的投资。曹春方和林雁（2017）研究了董事会的出席率对企业投资行为产生的影响。低出席率等一系列的现象表明董事的监督是无效的，这进一步影响了公司的过度投资行为。陈运森等（2011）从独立董事的视角出发，对企业投资效率进行了深入研究，并得出了一个结论：企业的独立董事治理结构越健全，其投资效率就越高。王成方等（2020）研究发现，当总经理与董事长的职责合并时，董事会对管理团队的控制和监督能力减弱，这使大股东及其代理人更容易以追求个人利益为目的进行非高效的投资。因此，大股东的控制进一步加剧了这两个职务合并对投资效率的不利影响。相对于这两个职位分离的公司来说，两职合一公司的第一大股东持股比例与非效率投资显著正相关。股东行为方面，Bennedson 和 Wolfenzon（2000）强调，当股东在决策过程中的参与度更高时，他们更有可能减少低效的投资行为。此外，顾海峰和张晶（2023）认为，控股股东股权质押会提升控制权转移风险，为了避免这种风险，企业倾向于持有更多现金，进而造成用于投资的现金减少，形成投资不足的局面，降低了企业的投资效率。余怒涛等（2021）发现非控股大股东退出也会对企业的投资效率产生影响，非控股大股东的退出会向市场传递企业的负面信息，管理层和大股东为了避免损失会约束自身牟取私利的行为，从而缓解了代理问题，有利于提高企业的投资效率。

有关高级管理人员的激励，主要分为两大类：一是基于货币的薪酬激励，二是股权激励。在薪酬激励方面，辛清泉等（2007）采用实证研究方法来探讨两者之间的联系，他们发现，尽管提高经理的薪资可以在一定程度上控制企业的过度投资行为，但在缓解投资短缺的问题上，这种方法的效果并不明显。熊婷和程博（2017）认为高管团队薪酬差距能够对高管团队形成激励，减少其道德风险，进而抑制企业过度投资。在股权激励方面，张海龙和李秉祥（2010）持有如下观点：如果企业的管理层持有部分股权，这将有助于减少过度投资出现的风险，原因在于，随着经理持股比例的增加，经理股权的增加会协调经理和股东之间的利益，进而减少经理在投资决策上的非效率行为。汤萱（2017）也发现，不论非效率投资的种类如何，股权激励都在一定程度上对非效率投资产生了治理效果。

在研究管理者的异质性时，已有文献探讨了 CEO 和董事长的个人特质与公司投资行为之间的联系，Jensen 等（2004）则研究了高层管理人员如何影响公司的战略方向。研究指出，如果 CEO 拥有财经领域的专业知识，他们更可能倾向于采纳多种投资策略。经过陈传明和孙俊华（2008）的深入研究，他们发现企业家的教育背景与其多元化的程度是正向关联的，但那些拥有财务经验的企业家在多元化方面表现得相对较弱。姜付秀等（2009）研究了管理团队和董事长的个人背景如何影响公司的过度投资行为。研究揭示了管理层的教育程度和平均年龄与其过度投资行为之间有着明显的关联性。李焰等（2011）选择了中国的上市公司作为研究对象，明确了产权的性质，并通过实证研究探讨了具有不同背景特点的管理者如何影响投资的效率。经研究，在不同的企业产权制度背景下，董事长的背景特点对企业的投资效率产生的影响各不相同。除此之外，Chen（2011）针对我国的企业进行了研究，发现在国有企业中，拥有政治背景的高级管理人员可能会加剧代理矛盾，从而降低企业的投资效益，但在非国有企业中，这种影响并不明显。除此之外，刘艳霞和祁怀锦（2019）持有这样的观点：管理者的过度自信心态可能导致他们低估项目的风险和高估项目的现金流，从而可能引发过度的投资行为。综合考虑，基于对管理者异质性的假设，已有的研究文献对管理者的背景特点、心理状态等深层次属性与公司投资效益之间的联系进行了众多探讨，不同的职业背景会相互影响、相互渗透，对管理者的心理特点和认知模式产生综合性的影响，进而影响企业的投资效率。

影响企业投资效率的外部因素主要涵盖了外部环境和政策制度等方面。在外部环境方面，Fee（2000）的研究表明，在市场竞争的背景下，企业在招聘管理人员时也会受到某些限制。在竞争较为强烈的市场环境中，管理人员更容易受到竞争关系的影响，进而降低企业的非效率投资。姜付秀（2009）的研究也指出，在一个竞争激烈的市场环境中，一些资金充足的企业会为了获得更大的市场份额而选择并购同一行业的其他企业，这无疑为管理层带来了巨大的竞争压力。在职业成长和破产清算的双重压力下，管理层将致力于提升经营效能，以维持其市场竞争力，这能够带来企业治理质量的相应提升，进而降低企业的非效率投资。同样，姚曦和杨兴全（2012）认为，在市场化程度较高的情况下，财务报告的质量对投资现金流敏感性的影响更为明显。他们认为，财务报告的质量与投资现金流敏感性是负相关的，而高质量的财务报告可以提高投资的效率。除了市场环境，金融环境也会对投资效率产生影响。关于宏观金融环境如何影响企业投资，舒家先和唐璟宜（2019）认为，不同国家金融环境的差异对中国的对外直接投资效率存在影响，因此我们要通过深化金融业的对外开放，积极寻求对外金融合作，以充分发挥对外投资潜力，提升投资效率。王晓亮等（2019）指出，金融环境主要是通过减轻融资限制和减少政府介入来对企业的投资效率产生影响。

在政策制度方面，黎文靖和郑曼妮（2016）发现，由于行政垄断等原因，以地方政府为主导的中国产业政策极易造成企业投资效率低下等不良后果。王文甫等（2015）研究认为，企业由于形成了对政府补贴的过度依赖，进行投资决策时可能会进一步扩大投资以至于造成产能过剩、效率损失。黎伟等（2021）认为，政府在科技方面的财政支出能够显著提升企业投资的效率，特别是在高科技企业中，这种影响更为突出。因为近年来随着经济动能转换，创新驱动与效率优先在政府目标函数中的权重日益增长，竞争压力也驱动财政科技支出更多地回归区域内企业的科技创新活动中，企业部门的投资行为也更趋于理性，形成区域间要素流动以提高资源适配效率，从而提高企业的投资效率。税收政策与企业的投资效率之间也存在某种联系，多数研究认为，税负的增加将制约企业投资支出，并带来投资效率的损失（郑田丹等，2018）。靳毓（2019）也对税收政策如何影响企业投资效率进行了详细的分析，并总结了税收政策是如何通过改变企业的投资时机、投资结构和投资水平来进一步提升企业投资效率。

6.2.2 独立董事对企业投资效率的影响

关于独立董事如何影响企业的投资效率，目前的研究主要集中在独立董事的比例、独立董事的人口统计特性以及独立董事的背景等关键因素上。从独立董事的比例角度出发，目前的研究普遍显示，独立董事的比例与公司的投资效益是正向关联的。陈运森（2012）对上市公司的独立董事数量与企业投资效率的关系进行了实证研究。研究发现，企业中的独立董事数量与其投资效率之间存在明显的正向关联，也就是说，独立董事数量越多，企业的投资效率就越高；反之，企业的投资效率就越低。这是因为独立董事在企业治理过程中会发挥监督作用，监督公司内部人，降低委托代理合约中的两类代理问题，从而保护中小投资者权益，进而提升企业的投资效率。基于独立董事的人口统计学视角，郑立东等（2013）深入探讨了独立董事之间的个体差异如何对投资效率产生影响。研究结果揭示，独立董事的平均年龄越大，其对企业投资效率的积极作用也越为突出。一个可能的原因是，独立董事的年纪越大，他们所积累的经验也可能越丰富，这或许能在某种程度上提高公司的投资效益。其研究还发现，由于女性特殊的心理特征，其思想往往趋于"稳健"，从而可能避免非效率投资等问题。因此女性占比越多，越有利于提升企业的投资效率。

考虑到独立董事的背景，目前的研究并没有就独立董事的财务背景如何影响投资效率达成统一的看法。向锐和宋聪敏（2019）发现掌握财务和会计专业知识的独立董事所占比例越高，越有助于增强企业的投资效益。在财务和会计背景方面，独立董事拥有丰富的专业知识和高尚的道德观念，这使他们在企业决策过程中比其他董事具有更为客观的判断力。他们能够运用自己的专业知识和管理经验发挥咨询作用，从而在一定程度上限制管理层的私人利益，并优化企业的投资决策过程。石贝贝等（2019）发现，具有财务背景的独立董事通常具有长期从事会计工作的经验，在企业投资方面，他们的思维倾向于保守，厌恶风险，从而降低了企业的过度投资。另外，独立董事的学术背景也会对其在企业投资效率治理中的作用产生影响。黎来芳等（2022）研究发现，当学者型独立董事的比例增加时，企业的非效率投资水平会相应降低。学者型独立董事与其他独立董事相比，具有更高的专业性和独立性，这使他们能更有效地履行监督和咨询的职责。

6.2.3　文献综评

本章主要从投资效率的影响因素和独立董事对投资效率的影响两方面出

发，对国内外现有专家学者的相关研究进行了回顾和总结归纳，为本章对独立董事地理位置与企业投资效率的相关研究提供了理论基础和研究方法。

从投资效率影响因素的文献中可知，国内外学者对公司内部因素和公司外部因素进行了较为深入的分析，其中，公司内部因素对投资效率的影响是学者们研究最广泛且最深入的因素，而公司内部因素中公司内部治理也是学者们研究最为深入的选题之一，学者们普遍认为董事会治理及管理层行为是影响公司治理后果的重要影响因素，而投资效率是重要治理后果之一，这为本研究提供了充分的理论基础。

目前，理论界与实务界都越来越重视独立董事治理作用的发挥，独立董事治理的影响因素仍是研究的热点。公司独立董事对企业投资效率有着重要影响。而其中，独立董事的地理位置是影响因素之一。研究主要集中在独立董事的比例、独立董事的人口统计特性以及独立董事专业背景对投资效率的影响。然而，独立董事地理位置是影响独立董事履职的重要因素，将直接影响治理的效果。独立董事地理位置对盈余管理的影响亟待在中国情境下深入研究。

综上所述，本研究将在城市社会经济资源视角下，结合高铁开通和疫情的影响，研究独立董事地理位置与投资效率的关系，以期探究独立董事地理位置的治理后果，同时也丰富相关研究的经验证据。

6.3　理论分析与研究假设

投资效率是基于资源有限性理论和价值最大化，将企业的资源进行有效配置，从而获取正的收益，为企业价值增长带来动力。中国经济已经从高速发展时代转变为高质量发展时代，提升实体经济投资效率是实现稳步增长和促进经济高质量发展的重要途径（邱国庆等，2023）。但在企业实际经营过程中，仍存在着投资过度和投资不足的非效率投资问题，要想实现中国经济由高速增长阶段转为高质量增长阶段，仍要重视投资效率的提升（姚立杰等，2020）。由此可见，为了最大限度上避免企业的非效率投资，需要监管者对企业的投资行为进行有效监督，在中国特有社会关系中，独立董事作为公司治理机制重要组成部分，担任监督和问询的职责（邱静和范钦钦，2023）。2023 年 8 月 1 日，中国证监会发布《上市公司独立董事管理办法》，目的在于规范独立董事行为、提高独立董事治理作用。独立董事获取信息的难易程度及行使监督职能的成本会对其治理成果产生影响（牛建波和赵静，2012）。然而独立董事在履职的过程中，还会受到地理位置的影响，导致本地独立董事和异地独立董事的履职效果可能会有差异。基于此，本章认为本地独立董事和异地独立董事在履职方面主要有信息获取难易程度、履职成本的高低、独立性、异质性等方面的差异。

首先，从信息获取方面来看，本地独立董事更具有优势，有助于更好地监督企业的投资行为，从而提升企业的投资效率。独立董事本地任职由于具有地理邻近性，从而使其具备信息优势，相较于异地独立董事，在本地任职的独立董事获取信息更容易，其可以实时关注公司的最新动态，如财务报表、市场竞争力、政策变化等，更深入地了解公司的经营情况和发展现状，能够更好地评估公司的战略方向和投资决策质量，从而有助于独立董事更好地行使其监督职能，有助于提升企业的投资效率（Kang 和 Kim，2008）。周泽将和高雅（2019）也认为，独立董事本地任职因地理位置的临近可以获取更全面的信息，相较于异地独立董事可以更好地发挥监管作用。从某方面来说，社交网络也有助于信息和资源的广泛传播，并为决策者提供了经济决策所需的资讯、知识和策略性资源（陈运森，2012）。本地的独立董事在当地拥有广泛的社交网络。他们不仅可以通过各种公开途径（如上市公司的财务、分析师和社会媒体报道）来获取公司的公开信息，还可以利用自己的社交网络，从公司员工、客户、供应商和亲友等多个渠道获取关于公司运营情况的"软信息"，这些"软信息"对于发挥独立董事的监督作用是很有益的（Knyazeva 等，2011）。

其次，与异地独立董事相比，本地独立董事在履职的过程中会花费较少的时间成本，这也一定程度上提高了本地独立董事监管职能的有效性。独立董事本地任职有助于更好地参与企业各种会议并有助于实地考察，节省监管的时间成本，将更多的时间和精力投入对高管投资决策的监管，从而在一定程度上避免企业的非效率投资，最终达到提高履行监管职责的效果（全怡和陈冬华，2016）。此外，我国地域宽广，各地区的资源禀赋和政府监管政策有所不同，同时各地区也具有文化差异，因此，相较于异地独立董事，本地独立董事不会面临来自不同地区的政治、经济、文化、社会以及法律等方面的障碍，可以实现真正意义上的"零距离"交流，在进行监管和沟通时会较少出现沟通困难，也就不需要投入额外的精力来适应上市公司所在地的环境，由此可以更好地监管企业的投资决策，从而提升企业的投资效率（董红晔，2016；Li 和 Wu，2014）。

综上所述，相较于异地独立董事，本地独立董事在监管过程中可以获取更多的经营和投资决策方面的信息，同时在履职过程中也会花费更少的时间和精力，因此可以更好地监督企业的投资决策和投资过程，从而减少企业的非效率投资，提高企业的投资效率。由此，在一个企业中，若本地的独立董事占全部独立董事的比例越高，即独立董事本地率越高，越能提升企业的投资效率。基于此，本章提出如下研究假设：

H1a：独立董事本地率与企业投资效率呈正向关系。

然而，独立董事对企业投资行为的监管效果还取决于其独立性，相对于本地独立董事，异地独立董事在独立性方面更具有优势，其会更公正地监督企业的投资行为，从而抑制企业的非效率投资，提升企业投资效率。基于社会关系网络理论，地理位置的邻近性有助于独立董事与管理层在任职期间逐渐建立良好关系，这将使独立董事与管理层更有可能进入同一个社交圈，建立亲密的私人联系，从而可能存在独立董事与企业管理者串谋，或独立董事可能会从管理层那里得到好处，如在职消费、商业业务以及捐赠等，而导致其不能发挥监督职能（黄良杰，2010）。受关系效应的影响，本地任职削弱了独立董事对企业的监督效果，并提出这一关系效应会受到法律环境水平的制约，即本地任职会降低独立董事的异议行为，从而损害公司价值（周泽将等，2021）。异地独立董事由于地理位置上的距离，相对更容易保持独立性，地理距离减少了与公司管理层和主要股东之间的互动，降低了利益输送和勾结的可能性。这有助于异地独立董事在履行职责的过程中更客观、更公正地评价公司的经营状况和管理决策。相对于本地独立董事而言，异地独立董事由于空间上的距离不容易与管理层之间形成"裙带关系"，独立性更强，可以更好地行使监督职责（周军，2019）。总之，相较于本地独立董事，异地独立董事更具有独立性，其可以以更公正客观的态度监督企业的投资决策和投资行为，从而有效地抑制企业的非效率投资，提升企业的投资效率。

最后，独立董事的异质性也会影响其监管效果，相较于本地独立董事，异地独立董事更能发挥多元化监管的效果。相较于本地独立董事，异地独立董事使得监管变得多元化，从而有利于公司的投资决策（Bernile 等，2018）。这是因为异地独立董事可以通过丰富的观点、技能、背景和经验来改善决策过程（Lückerath-Rovers，2013），从而增强企业在不同环境中面对各种挑战和处理各种问题的能力（Ntim，2015）。同时陈旭等（2015）提出，独立董事的异质性越高，在战略制定、战略实施等方面越容易产生分歧，但分歧会使得团队形成适当的讨论，提升决策水平，使决策更加全面、透彻。由于地理因素的影响，独立董事的构成具有多样性，独立董事的异质性在一定程度上可以为公司提供更多元、更全面的建议，提高内部治理效率（Florida 等，2002）。异地独立董事由于其居住地与上市公司所在地的文化、制度等多方面的差异，相较于本地独立董事，其异质性更强，可以提供更多元、更全面的监管建议，从而有利于企业的投资决策，抑制非效率投资，从而提升投资效率。由此可见，相较于本地独立董事，异地独立董事在监管方面更能发挥异质性方面的优势，从而抑制企业的非效率投资，提升企业的投资效率。

综上所述，相较于本地独立董事，异地独立董事在履职时具有更高的独立性和异质性，其在监管企业的投资行为时可以秉持更多元化的视角和更公正的态度，因此有利于减少企业的非效率投资，提升企业的投资效率。由此，在一个企业中，若本地的独立董事占全部独立董事的比例越低，即独立董事本地率越低，越能提升企业的投资效率。基于此，本章提出如下研究假设：

H1b：独立董事本地率与企业投资效率呈负相关关系。

6.4 实证研究设计

6.4.1 样本选择

本章选取中国 A 股上市公司 2007—2021 年的数据作为样本，数据均来自 CSMAR 数据库及 Wind 数据库。在数据处理的过程中，剔除 ST、PT、*ST、金融行业以及相关数据缺失的上市公司。为避免极端异常值影响，对连续变量进行上下 1%和 99%的缩尾处理，最终本章总共得到 30151 个数据样本。数据处理与分析使用 Stata 16.0 完成。

6.4.2 变量定义

本章涉及的主要变量包括：

（1）被解释变量

本章研究独立董事地理位置对投资效率（*InvResid*）的影响。投资效率表现为企业当年的实际投资水平，具体定义为企业第 t 期的投资支出占企业总资产的比重。本章中衡量企业投资效率采用的是 Richardson（2006）的模型与方法，该模型首先估计出企业正的投资水平进而通过计算得出模型的回归残差，残差代表的是企业实际投资与期望投资额差额。

在该模型中，$Invest_{i,t}$ 表示公司 t 期的投资支出，具体定义为现金流量表中的构建固定资产、无形资产和其他长期资产所支付的现金-处置固定资产、无形资产和其他长期资产收回的现金净额+购买子公司及其他营业单位所支付的现金-处置子公司及其他营业单位所收到的现金-当期折旧费用，并用年初总资产进行标准化处理；$Growth_{i,t-1}$ 表示公司在第 $t-1$ 期的成长性水平，定义为托宾 Q

值；$Size_{i,t-1}$ 表示公司在第 $t-1$ 期的规模，定义为公司年末总资产的自然对数；$Lev_{i,t-1}$ 表示公司在第 $t-1$ 期的资产负债率，定义为公司年末总负债除以年末总资产；$Cash_{i,t-1}$ 表示公司在第 $t-1$ 期的现金持有水平，定义公司货币资金和短期投资之和除以年末总资产；$Age_{i,t-1}$ 表示公司在第 $t-1$ 期的上市年龄，定义为当前年度减去公司的上市年度加上 1 的自然对数；$R_{i,t-1}$ 表示公司在第 $t-1$ 期的年度超额回报率，定义为考虑现金红利再投资年度回报率减去市场年度回报率（流通市值加权）；$Invest_{i,t-1}$ 表示公司第 $t-1$ 期的投资支出。该模型的残差为正即代表企业投资过度水平，该数值越大说明投资过度越严重；残差为负代表企业投资不足。本章对计算得出的回归残差取绝对值，以衡量企业总体的投资效率水平，残差的绝对值越大，意味着非效率投资的程度越高，即投资效率越低。因而投资效率是一种负向指标。投资效率计算模型如（6.1）所示：

$$InvResid_{i,t} = \partial_0 + \partial_1 Growth_{i,t-1} + \partial_2 Size_{i,t-1} + \partial_3 Lev_{i,t-1} + \partial_4 Cash_{i,t-1} +$$
$$\partial_5 Age_{i,t-1} + \partial_6 R_{i,t-1} + \partial_7 Invest_{i,t-1} + \varepsilon_{i,t} \tag{6.1}$$

（2）解释变量

本章的解释变量为独立董事地理位置。为衡量独立董事地理位置，本章引入独立董事本地率这一变量（LR），即本地独立董事人数占所有独立董事人数的比例，该比率应介于 0—1，独立董事本地率数值越大，说明在独立董事中，本地独立董事的占比越大。

（3）控制变量

参照以往相关研究（陈运森和黄健峤，2019；陈志斌和汪官镇，2020；王雄元和徐晶，2022；黄炳艺和黄雨婷，2022），本章控制了可能会影响企业投资效率的公司特征和公司治理等方面的变量，具体包括：公司规模（Size），等于公司年末总资产（元）的自然对数；资产负债率（Lev），等于年末总负债与总资产的比值；上市年限（ListAge），等于公司上市年限加 1 的自然对数；产权性质（SOE），若为国有企业则取值为 1，否则取值为 0；成长性（Growth），等于营业收入的增长率；股权集中度（Top10），等于前十大股东持股比例之和；管理层持股比例（Mshare），等于年末管理层持股占公司总股份的比重；营运能力（ATO），采用总资产周转率作为衡量指标，总资产周转率＝营业收入/平均资产总额；是否亏损（*Loss*），若当年净利润小于0，*Loss* 取值为1，否则取值为0；两职合一（*Dual*），若董事长和总经理由一人担任，则取值为1，否则取值为0；董事会规模（*Board*），采用董事总人数的自然对数表示；现金流比率（*Cashflow*），等于经营活动净现金流与总资产之比。同时设置年度虚拟变量（*Year*）用以控制宏观环境变化的影响，公司处于当年取1，否则取0；设置行业虚拟变量（*Industry*）用以控制行业影响，行业变量基于证监会发布的《分类指引》进行分类，制造业取前两位编码，其他行业取第一位编码。本章主要变量的具体定义及度量详见表6-1。

表6-1   主要变量的具体定义及度量

变量类型	变量名称	变量符号	变量定义
被解释变量	投资效率	*InvResid*	回归模型残差的绝对值
解释变量	独立董事本地率	*LR*	本地独立董事人数占所有独立董事人数的比例
控制变量	公司规模	*Size*	公司年末总资产（元）的自然对数
	资产负债率	*Lev*	年末总负债与总资产的比值
	上市年限	*ListAge*	ln（当年年份-上市年份+1）
	产权性质	*SOE*	国有企业取值为1，否则为0
	成长性	*Growth*	营业收入的增长率
	股权集中度	*Top*10	前十大股东持股比例之和
	管理层持股比例	*Mshare*	年末管理层持股占公司总股份的比重
	营运能力	*ATO*	总资产周转率=营业收入/平均资产总额
	是否亏损	*Loss*	若当年净利润小于0，*Loss* 取1，否则取0
	两职合一	*Dual*	若董事长和总经理由一人担任，取值为1，否则取0
	董事会规模	*Board*	采用董事总人数的自然对数表示
	现金流比率	*Cashflow*	经营活动净现金流与总资产之比
固定变量	行业	*Industry*	行业按照2012年证监会发布的《分类指引》分类，制造业取前两位编码，其他行业取第一位编码
	年份	*Year*	用以控制宏观环境变化的影响，公司处于当年时取1，否则取0

6.4.3 研究模型

基于上述分析，同时借鉴以往文献，本章建立模型（6.2），以检验独立董事地理位置对投资效率的影响。

$$InvResid = \alpha_0 + \alpha_1 LR + \alpha_2 Controls + \sum Year + \sum Industry + \varepsilon \quad (6.2)$$

其中，$InvResid$ 为被解释变量，表示投资效率，为反向指标，LR 是独立董事的地理位置，当独立董事中所有的董事居住地和任职公司所在地一致时，LR 等于 1。依据假设 H1a，上市公司所聘独立董事的本地率系数 α_1 显著为负，说明相较于异地专业独立董事，本地独立董事更能抑制企业的非效率投资，从而提升投资效率，即独立董事本地率与企业投资效率呈正向关系；依据假设 H1b，上市公司所聘独立董事的本地率系数 α_1 显著为正，说明相较于本地独立董事，异地独立董事更能抑制企业的非效率投资，从而提升投资效率，即独立董事本地率与企业投资效率呈负相关关系。

6.5 实证结果讨论及分析

6.5.1 描述性统计分析

表 6-2 报告了主要变量的描述性统计结果。投资效率（$InvResid$）是本章的解释变量，其均值为 0.041，中位数为 0.027。独立董事本地率（LR）作为衡量本章解释变量独立董事地理位置的指标，其均值为 0.448，中位数为 0.333，表明有 44.8% 的样本公司聘请了本地的独立董事。

在控制变量方面，公司规模（$Size$）的均值为 22.24；资产负债率（Lev）的均值为 0.448；上市年限（$ListAge$）的均值为 2.300；产权性质（SOE）的均值为 0.400；成长性（*Growth*）的均值为 0.176；股权集中度（*Top*10）的均值为 0.563；管理层持股比例（*Mshare*）的均值为 0.104；营运能力（*ATO*），采用总资产周转率作为衡量指标，其均值为 0.660；是否亏损（*Loss*）的均值为 0.114；两职合一（*Dual*）的均值为 0.247；董事会规模（*Board*）的均值为 2.138；现金流比率（*Cashflow*）的均值为 0.048。

表 6-2　　　　　　　　　主要变量的描述性统计结果

变量	观测数	均值	标准差	最小值	P25	中位数	P75	最大值
InvResid	30151	0.041	0.052	0	0.012	0.027	0.050	0.770
LR	30151	0.448	0.397	0	0	0.333	0.750	1
Size	30151	22.24	1.277	19.34	21.34	22.07	22.97	26.50
Lev	30151	0.448	0.202	0.0460	0.291	0.446	0.600	0.927
ListAge	30151	2.300	0.640	1.099	1.792	2.398	2.833	3.401
SOE	30151	0.400	0.490	0	0	0	1	1
Growth	30151	0.176	0.432	−0.660	−0.0230	0.111	0.275	4.519
*Top*10	30151	0.563	0.150	0.187	0.455	0.567	0.673	0.902
Mshare	30151	0.104	0.174	0	0	0.00100	0.156	0.681
ATO	30151	0.660	0.459	0.0570	0.360	0.556	0.821	3.173
Loss	30151	0.114	0.318	0	0	0	0	1
Dual	30151	0.247	0.431	0	0	0	0	1
Board	30151	2.138	0.200	1.609	1.946	2.197	2.197	2.708
Cashflow	30151	0.048	0.070	−0.240	0.009	0.046	0.088	0.291

数据来源：作者根据 Stata 16.0 计算整理。

6.5.2　相关性分析

表 6-3 为本章主要变量的相关性分析结果。本章主要关注独立董事本地率（*LR*）与企业投资效率（*InvResid* 反向指标）之间的关系。表 6-3 中的相关性分析结果显示，本章的解释变量独立董事本地率（*LR*）与投资效率（*InvResid*）的

相关系数为 0.030，且在 1% 水平上显著，基于变量相关性分析结果初步推断独立
董事本地率与企业投资效率之间存在显著的负相关关系。在被解释变量与控制变
量的相关性方面，公司规模（Size）、资产负债率（Lev）、上市年限（ListAge）、
产权性质（SOE）、营运能力（ATO）、是否亏损（Loss）以及董事会规模（Board）
都与投资效率（InvResid）在 1% 水平上显著负相关，而成长性（Growth）、股权集
中度（Top10）、管理层持股比例（Mshare）、两职合一（Dual）以及现金流比率
（Cashflow）都与投资效率（InvResid）在 1% 水平上显著正相关。

表 6-3 同时也报告了本章选取的各控制变量之间的相关性关系，各控制变
量之间的相关性也较强，例如资产负债率（Lev）与公司规模（Size）的相关系
数为 0.446，两者在 1% 水平上显著正相关，此外，其他所有的控制变量都与公
司规模（Size）在 1% 水平上显著相关，相关性有正有负；而且其他所有的控制
变量都与资产负债率（Lev）、成长性（Growth）以及两职合一（Dual）在 1%
水平上显著相关，相关性有正有负。总体而言，本章控制变量之间的相关系数
都低于 0.6，说明不存在控制变量多重共线性的问题。

6.5.3 独立董事地理位置对投资效率的影响研究

（1）单变量分析

本章首先通过单变量分析检验独立董事地理位置与投资效率的关系，结果列
示于表 6-4 中。具体地，本章按照独立董事本地率（LR）是否高于同年度、同
行业所有样本公司的中位数将样本公司分为高本地率和低本地率两组，分别对两
组样本的投资效率（InvResid）进行均值差异检验和中位数差异检验。检验结果
如表 6-4 所示。高本地率样本组的样本量为 20231，其投资效率（InvResid）的
均值和中位数分别为 0.042 和 0.027；低本地率样本组的样本量为 9920，其投
资效率（InvResid）的均值和中位数分别为 0.040 和 0.026。由此可见，无论是
均值还是中位数，高本地率的数值都高于低本地率的数值，同时差异检验结果
显示，均值差异在 5% 水平上显著，验证了假设 H1a，而中位数差异则不显著，
这一结果与我们的预期基本一致。

表 6-3

主要变量的相关性分析结果

	Inv-Resid	LR	Size	Lev	ListAge	SOE	Growth	Top10	Mshare	ATO	Loss	Dual	Board	Cashflow
Inv-Resid	1	—	—	—	—	—	—	—	—	—	—	—	—	—
LR	-0.030***	1	—	—	—	—	—	—	—	—	—	—	—	—
Size	-0.066***	-0.030***	1	—	—	—	—	—	—	—	—	—	—	—
Lev	-0.054***	-0.005	0.446***	1	—	—	—	—	—	—	—	—	—	—
ListAge	-0.121***	-0.029***	0.347***	0.299***	1	—	—	—	—	—	—	—	—	—
SOE	-0.087***	0.081***	0.274***	0.255***	0.395***	1	—	—	—	—	—	—	—	—
Growth	0.262***	-0.022***	0.049***	0.031***	-0.064***	-0.052***	1	—	—	—	—	—	—	—
Top10	0.078***	0.012***	0.213***	-0.048***	-0.294***	0.018***	0.097***	1	—	—	—	—	—	—
Mshare	0.057***	0.051***	-0.255***	-0.284***	-0.537***	-0.462***	0.049***	0.164***	1	—	—	—	—	—
ATO	-0.035***	-0.013***	0.035***	0.136***	0.007	0.068***	0.122***	0.060***	-0.049***	1	—	—	—	—
Loss	-0.036***	-0.010	-0.076***	0.182***	0.081***	-0.002	-0.180***	-0.135***	-0.054***	-0.113***	1	—	—	—
Dual	0.042***	0.017	-0.123***	-0.116***	-0.209***	-0.283***	0.017	0.004	0.238***	-0.040***	0.009	1	—	—
Board	-0.026***	-0.053***	0.237***	0.155***	0.127***	0.272***	-0.010*	0.034***	-0.202***	0.041***	-0.042***	-0.185***	1	—
Cash-flow	0.023***	-0.043***	0.051***	-0.169***	-0.029***	0.003	0.029***	0.122***	0.012***	0.125***	-0.180***	-0.018***	0.052***	1

注：***、**、*分别代表在1%、5%和10%水平上显著。

数据来源：作者根据 Stata 16.0 计算整理。

表 6-4 独立董事本地率单变量分析

	低独立董事本地率组		高独立董事本地率组		差异检验	
	均值	中位数	均值	中位数	均值差异	中位数差异
InvResid	0.040	0.026	0.042	0.027	0.001***	0.371
样本观测	9920		20231		—	

注:***、**、*分别代表在1%、5%和10%水平上显著。

数据来源:作者根据 Stata 16.0 计算整理。

(2) 多元回归分析

由于单变量分析没有考虑其他因素对企业投资效率的影响,因此,本章继续采用多元回归分析的方法,在控制一系列可能影响企业投资效率的企业特征和企业治理类的变量后,探究独立董事地理位置对企业投资效率的影响。本章所采用的多元回归分析采用模型 (6.1),回归结果如表 6-5 所示。表 6-5 中的列 (4)显示了全样本下的独立董事地理位置对投资效率的影响的回归结果,可以看出,在控制其他变量后,独立董事本地率 (*LR*) 与企业投资效率 (*InvResid* 反向指标)在1%水平上显著负相关,相关系数为-0.003,由此验证了假设 H1a,即独立董事本地率与企业投资效率呈正向关系,其中的企业投资效率是一项负向指标。由此可见,独立董事本地率越高,越能抑制企业的非效率投资,从而提升企业的投资效率,主要原因是由于本地独立董事相对于异地独立董事具有地理位置上的优势,其可以获取更多关于企业经营和投资决策的信息,同时由于交通便利可以省去更多的时间和精力去进行监管,从而提升监管的效果,对投资决策作出一定程度的正向影响。

为进一步探讨独立董事任职的上市公司所在地的经济发达程度对企业投资效率的影响,本章将总体样本量依据经济发达程度将上市公司注册地分为社会经济资源丰富城市和社会经济资源匮乏城市两类分样本,其中社会经济资源丰富城市指的是直辖市、副省级省会、一般省会、计划单列市以及苏州,除此之外的城市归类为社会经济资源匮乏城市。表 6-5 中的列 (5) 和列 (6) 显示了社会经济资源丰富城市和社会经济资源匮乏城市的独立董事地理位置对投资效率的影响的回归结果,可以看出,在控制其他变量后,社

会经济资源丰富城市的样本中独立董事本地率（*LR*）与企业投资效率（*InvResid*
反向指标）在1%水平上显著负相关，相关系数为-0.004，即在社会经济资源
丰富城市的样本中，独立董事本地率越高，越能抑制企业的非效率投资，从
而提升企业的投资效率；而在社会经济资源匮乏城市的样本中独立董事本
地率与企业投资效率显著不相关，即独立董事本地任职与异地任职对投资
效率的影响无差异。

表6-5　　　　　　独立董事本地率与投资效率的多元回归分析结果

	（1）	（2）	（3）	（4）	（5）	（6）
	全样本	社会经济资源丰富城市	社会经济资源匮乏城市	全样本	社会经济资源丰富城市	社会经济资源匮乏城市
	InvResid	*InvResid*	*InvResid*	*InvResid*	*InvResid*	*InvResid*
LR	-0.003***	-0.005***	0.000	-0.003***	-0.004***	-0.001
	(-4.236)	(-4.163)	(0.157)	(-3.496)	(-3.441)	(-0.748)
Size	—	—	—	-0.001***	-0.001***	-0.000
	—	—	—	(-3.569)	(-3.895)	(-0.857)
Lev	—	—	—	0.003	0.002	0.006*
	—	—	—	(1.630)	(0.795)	(1.748)
ListAge	—	—	—	-0.004***	-0.004***	-0.006***
	—	—	—	(-6.232)	(-4.065)	(-5.259)
SOE	—	—	—	-0.007***	-0.007***	-0.007***
	—	—	—	(-10.071)	(-8.202)	(-5.702)
Growth	—	—	—	0.032***	0.031***	0.032***
	—	—	—	(15.118)	(11.161)	(10.735)
*Top*10	—	—	—	0.020***	0.021***	0.017***
	—	—	—	(8.465)	(6.947)	(4.528)
Mshare	—	—	—	-0.006**	-0.003	-0.010***
	—	—	—	(-2.537)	(-1.112)	(-2.899)

续 表

	（1）	（2）	（3）	（4）	（5）	（6）
	全样本	社会经济资源丰富城市	社会经济资源匮乏城市	全样本	社会经济资源丰富城市	社会经济资源匮乏城市
	InvResid	*InvResid*	*InvResid*	*InvResid*	*InvResid*	*InvResid*
ATO	—	—	—	-0.010***	-0.011***	-0.009***
	—	—	—	（-13.168）	（-10.773）	（-7.681）
Loss	—	—	—	0.002***	0.002	0.004**
	—	—	—	（2.651）	（1.374）	（2.455）
Dual	—	—	—	0.002***	0.002*	0.002
	—	—	—	（2.645）	（1.860）	（1.583）
Board	—	—	—	-0.005***	-0.006***	-0.003
	—	—	—	（-2.959）	（-2.769）	（-1.126）
Cashflow	—	—	—	0.003	-0.001	0.008
	—	—	—	（0.595）	（-0.216）	（1.115）
_cons	0.053***	0.052***	0.054***	0.087***	0.098***	0.070***
	（19.065）	（14.106）	（12.794）	（13.012）	（11.747）	（5.956）
Year	Yes	Yes	Yes	Yes	Yes	Yes
Industry	Yes	Yes	Yes	Yes	Yes	Yes
N	30151	18785	11366	30151	18785	11366
adj. R^2	0.034	0.042	0.021	0.121	0.130	0.107
F	29.231	21.288	8.740	43.277	29.827	14.222

注：***、**、*分别代表在1%、5%和10%水平上显著。

数据来源：作者根据 Stata 16.0 计算整理。

6.5.4　稳健性检验

为了检验上述多元回归结果的可靠性，本章从变更企业投资效率的度量方式、Heckman 两阶段回归和 PSM 倾向得分匹配法三方面进行稳健性检验。

（1）变更企业投资效率的度量方式

为了进一步保证企业投资效率测度的稳健性，本章另外构建了两个度量企业投资效率的指标进行投资效率的变量替换，从而对主假设重新进行检验。

首先，参考 Biddle 等（2009）的研究，我们使用企业投资对企业成长机会的回归模型来估计企业的投资效率，这里的成长机会用销售增长率来衡量。投资效率的度量模型如下所示：

$$ExtraInvResid_{i,\ t} = \partial_0 + \partial_1 SalesGrowth_{i,\ t-1} + \varepsilon_{i,\ t} \tag{6.3}$$

其中，$SalesGrowth$ 是销售收入增长率，为销售收入从第 $t-1$ 年到第 t 年变化的百分比。对上述投资效率衡量模型进行分年度和分行业估计，将得到的残差的绝对值作为投资效率的衡量指标。将 $ExtraInvResid$ 代替原始的企业投资效率（$InvResid$）进行回归，从而检验前文结果的稳健性。回归结果如下所示，列（1）说明在进行变量替换后，独立董事本地率（LR）与替换后的企业投资效率（$InvResid$）在1%水平上显著负相关，相关系数为-0.002；列（2）为在加入公司层面的控制变量后，独立董事地理位置（LR）与替换后的投资效率（$InvResid$）的回归结果，两者在1%水平上显著负相关，相关系数为-0.002，与未替换前的显著性一致。由此可以得出，替换投资效率后本地独立董事能够提升企业投资效率的结论仍然成立，即本章假设 H1a 仍然成立，从而也证实了前文结论的稳健性。

其次，由于投资与销售收入增长的关系可能受到销售收入增加或减少的影响，因此在上述替换变量建立的模型的基础上，本章进一步参考 Chen 等（2011）的研究，在模型（6.3）的基础上构建了一个分段线性回归模型，该模型如下所示：

$$ExtraInvResid_{i,\ t} = \partial_0 + \partial_1 NEG_{i,\ t-1} + \partial_2 SalesGrowth_{i,\ t-1} +$$
$$\partial_3 NEG \times SalesGrowth_{i,\ t-1} + \varepsilon_{i,\ t} \tag{6.4}$$

其中，$ExtraInvResid$ 表示企业的投资额。$SalesGrowth$ 是销售收入增长率，为销售收入从第 $t-1$ 年到第 t 年变化的百分比。NEG 为虚拟变量，如果销售收入减少则 NEG 取值为 1，即销售收入增长率为 0 时，NEG 取值为 1，否则为 0。同时，在模型中引入 NEG 与销售收入增长率（$SalesGrowth$）的交乘项。同样，对上述投资效率衡量模型进行分年度和分行业估计，将得到的残差的绝对值作为投资效率的衡量指标。将 *ExtraInvResid* 代替原始的企业投资效率进行回归，从而检验前文结果的稳健性。回归结果如表 6-6 所示，列（3）说明在进行变量替换后，独立董事本地率与替换后的企业投资效率在 5% 水平上显著负相关，相关系数为-0.002；列（4）为在加入公司层面的控制变量后，独立董事地理位置与替换后的投资效率的回归结果，两者在 5% 水平上显著负相关，相关系数为-0.001，与未替换前的显著性一致。由此可以得出，替换投资效率后本地独立董事能够抑制非效率投资从而提升企业投资效率的结论仍然成立，即本章假设 H1a 仍然成立，从而也证实了前文结论的稳健性。

表 6-6　　　　　　　　独立董事本地率与变更后的投资效率

	（1）	（2）	（3）	（4）
	Biddle 模型		Chen 模型	
	InvResid	*InvResid*	*InvResid*	*InvResid*
LR	−0.002***	−0.002***	−0.002**	−0.001**
	（−2.938）	（−2.615）	（−2.529）	（−2.241）
Size	—	−0.001***	—	−0.000
	—	（−3.254）	—	（−1.592）
Lev	—	0.019***	—	0.017***
	—	（12.096）	—	（11.335）
ListAge	—	−0.006***	—	−0.006***
	—	（−10.621）	—	（−11.337）
SOE	—	−0.001**	—	−0.001
	—	（−2.150）	—	（−1.538）
Growth	—	0.016***	—	0.015***
	—	（14.808）	—	（14.349）
Top10	—	0.005***	—	0.004*
	—	（2.809）	—	（1.943）

续　表

	（1）	（2）	（3）	（4）
	Biddle 模型		Chen 模型	
	InvResid	*InvResid*	*InvResid*	*InvResid*
Mshare	—	-0.006***	—	-0.005***
	—	(-3.623)	—	(-3.111)
ATO	—	-0.007***	—	-0.006***
	—	(-10.917)	—	(-9.490)
Loss	—	-0.000	—	-0.002**
	—	(-0.178)	—	(-2.106)
Dual	—	0.002***	—	0.002***
	—	(3.768)	—	(3.809)
Board	—	-0.005***	—	-0.004***
	—	(-3.495)	—	(-3.099)
Cashflow	—	0.027***	—	0.028***
	—	(7.289)	—	(7.552)
_cons	0.073***	0.101***	0.071***	0.090***
	(24.052)	(17.548)	(23.493)	(15.790)
Year	Yes	Yes	Yes	Yes
Industry	Yes	Yes	Yes	Yes
N	33403	33403	33403	33403
adj. R^2	0.055	0.091	0.054	0.090
F	59.580	55.365	60.237	55.217

注：***、**、*分别代表在1%、5%和10%水平上显著。

数据来源：作者根据 Stata 16.0 计算整理。

（2）Heckman 两阶段回归

对于独立董事地理位置与投资效率之间的内生性问题，本章采用两阶段回归法来进行稳健性检验。第一阶段，我们将变量独立董事本地率（*LR*），即独立董事的居住地与其任职的上市公司的办公地是否为同一地级市，将居住地和上市公司所在地为同一地级市的独立董事除以所有的独立董事人数，作为因变量进行 Probit 回归。特别地，我们将上市公司办公地的 *GDP* 的自然对数作为工具变量加入回归，因为经过我们对研究假设的检验，可以看出上市公司办公地的 *GDP* 水平与企业的独立董事的本地率之间是存在一定关系的，一般来讲，*GDP* 水平越高，企业聘请本地独立董事的可能性就越大，而 *GDP* 水平与企业投资效率（*InvResid*）之间并没有明显的相关性。通过上面这个回归，我们得到这一回归的逆米尔斯比率（*imr*），然后将其作为额外的控制变量进行回归。

表 6-7 给出了 Heckman 两阶段回归检验结果，从表中可以看出，在列（1）的第一阶段回归中，工具变量 *GDP* 与独立董事本地率（*LR*）在 1% 水平上显著正相关，相关系数为 0.681，说明工具变量是合理的；从第二阶段的回归结果中可以看出，独立董事本地率（*LR*）与企业投资效率（*InvResid*）在 10% 水平上显著负相关，说明在控制内生性问题后，与异地独立董事相比，本地独立董事更能抑制非效率投资，从而提升企业的投资效率。研究本章假设 H1a 成立，与主回归结果一致。

同时将总样本分为社会经济资源丰富城市和社会经济资源匮乏城市两个分样本，再次进行两阶段回归，分别得出社会经济资源丰富城市和社会经济资源匮乏城市的回归结果。对于社会经济资源丰富城市样本，在列（3）的第一阶段回归中，工具变量 *GDP* 与独立董事本地率（*LR*）在 1% 水平上显著正相关，相关系数为 0.352，说明工具变量是合理的；从第二阶段的回归结果中可以看出，独立董事本地率（*LR*）与企业投资效率（*InvResid*）在 5% 水平上显著负相关，说明在控制内生性问题后，与异地独立董事相比，本地独立董事更能抑制非效率投资，从而提升企业的投资效率，从而进一步验证了本章假设 H1a。对于社会经济资源匮乏城市样本，在列（5）的第一阶段回归中，工具变量 *GDP* 与独立董事本地率（*LR*）在 1% 水平上显著正相关，相关系数为 0.375，说明工具变量是合理的；从第二阶段的回归结果中可以看出，独立董事本地率（*LR*）与企业投资效率（*InvResid*）相关关系不显著。

表 6-7   Heckman 两阶段回归检验结果

	(1)	(2)	(3)	(4)	(5)	(6)
	全样本		社会经济资源丰富城市		社会经济资源匮乏城市	
	第一阶段	第二阶段	第一阶段	第二阶段	第一阶段	第二阶段
	$d1$	*InvResid*	$d1$	*InvResid*	$d1$	*InvResid*
LR	—	−0.002*	—	−0.003**	—	−0.001
	—	(−1.892)	—	(−2.411)	—	(−0.535)
GDP	0.681***	—	0.352***	—	0.375***	—
	(73.495)	—	(28.996)	—	(14.780)	—
Size	−0.063***	−0.001***	−0.062***	−0.001***	−0.034*	−0.001
	(−7.276)	(−3.623)	(−6.083)	(−3.879)	(−1.850)	(−1.006)
Lev	0.034	0.002	−0.034	−0.001	−0.295***	0.006*
	(0.653)	(0.992)	(−0.534)	(−0.295)	(−2.867)	(1.696)
ListAge	−0.061***	−0.005***	−0.090***	−0.004***	−0.221***	−0.006***
	(−3.423)	(−6.087)	(−4.218)	(−4.338)	(−5.965)	(−4.962)
SOE	0.434***	−0.007***	0.500***	−0.007***	0.073*	−0.006***
	(20.987)	(−9.493)	(19.874)	(−7.536)	(1.713)	(−5.473)
Growth	−0.027	0.031***	−0.036	0.031***	−0.035	0.032***
	(−1.360)	(15.069)	(−1.558)	(11.096)	(−0.889)	(10.581)
Top10	−0.254***	0.019***	−0.259***	0.019***	−0.829***	0.017***
	(−4.084)	(7.690)	(−3.406)	(5.991)	(−6.685)	(4.055)
Mshare	0.321***	−0.005**	0.377***	−0.002	0.187*	−0.010***
	(5.473)	(−2.324)	(5.075)	(−0.830)	(1.725)	(−2.703)
ATO	−0.102***	−0.010***	−0.087***	−0.011***	−0.053	−0.009***
	(−4.950)	(−13.134)	(−3.563)	(−10.623)	(−1.289)	(−7.760)
Loss	0.002	0.002**	0.018	0.001	−0.049	0.004**
	(0.085)	(2.575)	(0.534)	(1.192)	(−0.873)	(2.488)

续　表

	（1）	（2）	（3）	（4）	（5）	（6）
	全样本		社会经济资源丰富城市		社会经济资源匮乏城市	
	第一阶段	第二阶段	第一阶段	第二阶段	第一阶段	第二阶段
	$d1$	$InvResid$	$d1$	$InvResid$	$d1$	$InvResid$
Dual	−0.018	0.002**	0.036	0.001	−0.073*	0.002
	（−0.935）	（2.269）	（1.474）	（1.406）	（−1.945）	（1.528）
Board	−0.356***	−0.006***	−0.131**	−0.008***	−1.061***	−0.004
	（−8.143）	（−3.418）	（−2.550）	（−3.365）	（−11.665）	（−1.351）
Cashflow	−0.156	0.002	−0.062	−0.002	−0.076	0.008
	（−1.249）	（0.475）	（−0.414）	（−0.313）	（−0.308）	（1.071）
imr	—	0.002*	—	0.004**	—	0.001
	—	（1.648）	—	（2.067）	—	（0.660）
_cons	−2.986***	0.089***	−0.583**	0.101***	0.341	0.073***
	（−15.300）	（12.984）	（−2.430）	（11.757）	（0.815）	（6.022）
Year	Yes	Yes	Yes	Yes	Yes	Yes
Industry	Yes	Yes	Yes	Yes	Yes	Yes
N	30151	28984	18785	17827	11157	11157
adj. R^2	—	0.120	—	0.129	—	0.107
F	—	44.864	—	30.443	—	14.984

注：***、**、*分别代表在1%、5%和10%水平上显著。

数据来源：作者根据 Stata 16.0 计算整理。

（3）PSM 倾向得分匹配检验

为解决由于样本自选择导致的内生性问题，本章参考姚立杰等（2020）采取 PSM 倾向得分匹配法，对使用的样本依据独立董事地理位置按照年度行业均值进行分组处理，划分为较高组和较低组。以本章控制变量作为匹配依据，并采取近邻匹配法进行 1∶1 的比例匹配，使处理组与控制组除了在独立董事地理位置方面存在差异外，其他特征尽可能相似，确认通过平衡性检验后，匹配后的样本回归结果如表 6-8 所示。根据表 6-8 可知，独立董事本地率（LR）与企业投资效率（*InvResid* 反向指标）在 1%水平上显著负相关，验证了假设 H1a，即独立董事本地率（*LR*）与企业投资效率（*InvResid* 反向指标）呈正向关系。同时对社会经济资源丰富城市的样本进行倾向得分匹配，结果如列（2）所示，独立董事本地率（*LR*）与企业投资效率（*InvResid* 反向指标）在 1%水平上显著负相关，这表明与异地独立董事相比，本地独立董事可以抑制企业的非效率投资，进一步验证了独立董事本地率与投资效率呈正向关系，这一结果与主回归结果一致，从而也进一步验证了本章 H1a 的稳健性。

表 6-8　　　　　　　　　　PSM 平衡性检验结果

	(1)	(2)
	全样本	社会经济资源丰富城市
	InvResid	*InvResid*
LR	-0.003***	-0.004***
	(-3.348)	(-3.464)
Size	-0.001***	-0.001***
	(-3.512)	(-3.761)
Lev	0.003	0.001
	(1.235)	(0.571)
ListAge	-0.004***	-0.004***
	(-5.768)	(-4.237)
SOE	-0.007***	-0.007***
	(-9.842)	(-7.695)
Growth	0.032***	0.031***
	(14.763)	(9.566)
Top10	0.020***	0.021***
	(8.086)	(6.684)
Mshare	-0.006**	-0.004
	(-2.558)	(-1.158)

续　表

	（1）	（2）
	全样本	社会经济资源丰富城市
	InvResid	*InvResid*
ATO	−0.010***	−0.010***
	（−12.630）	（−9.844）
Loss	0.003***	0.002
	（2.734）	（1.350）
Dual	0.002**	0.002*
	（2.252）	（1.830）
Board	−0.005***	−0.006***
	（−2.719）	（−2.577）
Cashflow	0.003	−0.003
	（0.583）	（−0.559）
_cons	0.087***	0.097***
	（12.624）	（11.167）
Year	Yes	Yes
Industry	Yes	Yes
N	28365	17458
adj. R²	0.121	0.135
F	41.043	27.891

注：***、**、*分别代表在1%、5%和10%水平上显著。

数据来源：作者根据 Stata 16.0 计算整理。

6.6　进一步研究

为了进一步研究独立董事地理位置对企业投资效率的影响，在前文检验的基础上，引入疫情、高铁来探究其在独立董事地理位置对企业投资效率影响中的异质性作用。同时引入会计专业独立董事，探究会计专业独立董事对企业投资效率的影响，在此基础上，加入疫情、高铁、任期以及独立董事兼任的异质性回归分析，最后，将会计专业独立董事分为本省异地和外省异地两组分样本进行回归，探讨对企业投资效率的影响。

6.6.1 疫情发生前后的异质性分析

为了探究疫情是否会对独立董事地理位置与企业投资效率的关系产生异质性影响，本部分将整体样本划分为发生疫情前的样本和发生疫情后的样本，其中疫情发生后组的样本时间为 2020—2021 年，疫情发生前的样本时间为 2007—2019 年。对疫情发生后的样本和疫情发生前的样本进行回归，并基于城市社会经济资源视角，在全样本、社会经济资源丰富城市样本及社会经济资源匮乏城市样本下分别进行回归验证，回归结果如表 6-9 所示。

回归结果显示，在全样本下，疫情发生前组独立董事本地率（*LR*）与企业投资效率（*InvResid* 反向指标）在 5%水平上显著负相关，疫情发生后组独立董事本地率（*LR*）与企业投资效率（*InvResid* 反向指标）在 1%水平上显著负相关，相关系数分别为-0.003、-0.002，这表明相对于疫情发生后组，疫情发生前组独立董事本地率对企业投资效率的提升作用更显著。在社会经济资源丰富城市的样本下，疫情发生前组独立董事本地率（*LR*）与企业投资效率（*InvResid* 反向指标）在 1%水平上显著负相关，相关系数为-0.002，疫情发生后组独立董事本地率（*LR*）与企业投资效率（*InvResid* 反向指标）负相关关系不显著，这表明在社会经济资源丰富城市的样本中相对于疫情发生后组，疫情发生前组独立董事本地率对企业投资效率的提升作用更显著。在社会经济资源匮乏城市的样本下，疫情发生前组和疫情发生后组独立董事本地率与企业投资效率负相关关系都不显著。

本章认为疫情的发生使得本地独立董事的履职也变得不便利，监管成本上升，因此本地独立董事和异地独立董事在监管方面的差异变小，使本地独立董事提升投资效率的作用减弱。

表 6-9　　　　　　　　　　疫情发生前后的异质性分析

	(1)	(2)	(3)	(4)	(5)	(6)
	全样本		社会经济资源丰富城市		社会经济资源匮乏城市	
	疫情发生前	疫情发生后	疫情发生前	疫情发生后	疫情发生前	疫情发生后
	InvResid	*InvResid*	*InvResid*	*InvResid*	*InvResid*	*InvResid*
LR	−0.003**	−0.002***	−0.002	−0.004***	−0.004	−0.000
	(−2.358)	(−2.713)	(−1.239)	(−3.102)	(−1.056)	(−0.232)
Size	−0.001***	−0.001***	−0.002***	−0.001***	−0.000	−0.001
	(−2.912)	(−2.617)	(−4.049)	(−2.651)	(−0.053)	(−0.926)
Lev	0.008***	0.002	0.007**	0.000	0.010*	0.006*
	(2.615)	(0.910)	(2.055)	(0.108)	(1.697)	(1.654)
ListAge	−0.007***	−0.004***	−0.007***	−0.003**	−0.008***	−0.006***
	(−7.142)	(−4.332)	(−5.892)	(−2.444)	(−3.934)	(−4.436)
SOE	−0.004***	−0.008***	−0.004***	−0.008***	−0.004**	−0.007***
	(−3.837)	(−9.180)	(−3.196)	(−7.336)	(−2.016)	(−5.554)
Growth	0.022***	0.033***	0.019***	0.033***	0.028***	0.022***
	(9.970)	(13.836)	(7.566)	(9.152)	(6.334)	(8.665)
Top10	0.006*	0.023***	0.008*	0.024***	0.005	0.021***
	(1.742)	(8.105)	(1.767)	(6.388)	(0.659)	(5.008)
Mshare	−0.011***	−0.004	−0.013***	−0.000	−0.007	−0.010**
	(−3.449)	(−1.521)	(−3.597)	(−0.062)	(−1.133)	(−2.338)
ATO	−0.006***	−0.011***	−0.006***	−0.011***	−0.004	−0.010***
	(−3.978)	(−12.527)	(−4.546)	(−9.538)	(−1.257)	(−7.662)
Loss	−0.001	0.004***	−0.002*	0.003*	0.000	0.003
	(−1.108)	(3.160)	(−1.685)	(1.730)	(0.162)	(1.644)
Dual	0.003***	0.002*	0.003**	0.002	0.004*	0.001
	(3.011)	(1.799)	(2.265)	(1.300)	(1.769)	(1.127)

续　表

	（1）	（2）	（3）	（4）	（5）	（6）
	全样本		社会经济资源丰富城市		社会经济资源匮乏城市	
	疫情发生前	疫情发生后	疫情发生前	疫情发生后	疫情发生前	疫情发生后
	InvResid	*InvResid*	*InvResid*	*InvResid*	*InvResid*	*InvResid*
Board	−0.001	−0.006***	−0.002	−0.007***	−0.002	−0.004
	（−0.510）	（−2.904）	（−0.588）	（−2.654）	（−0.338）	（−1.380）
Cashflow	0.001	0.004	−0.005	−0.001	0.009	0.011
	（0.116）	（0.762）	（−0.577）	（−0.144）	（0.631）	（1.365）
_cons	0.099***	0.082***	0.111***	0.089***	0.067***	0.074***
	（9.106）	（10.203）	（9.426）	（8.845）	（3.035）	（5.678）
Year	Yes	Yes	Yes	Yes	Yes	Yes
Industry	Yes	Yes	Yes	Yes	Yes	Yes
N	6411	23740	4041	14744	2370	8996
adj. R²	0.100	0.121	0.108	0.139	0.078	0.095
F	20.957	34.156	18.776	23.142	11.747	——

注：***、**、*分别代表在1%、5%和10%水平上显著。

数据来源：作者根据 Stata 16.0 计算整理。

6.6.2　是否开通高铁的异质性分析

为了探究上市公司注册地高铁的开通是否会对独立董事地理位置与企业投资效率之间的关系产生异质性影响，本研究基于上市公司注册地是否开通高铁将样本分为开通高铁和未开通高铁这两组分样本，并基于城市社会经济资源视角，在全样本、社会经济资源丰富城市样本及社会经济资源匮乏城市样本下分别进行回归验证，回归结果如表6-10所示。

回归结果显示，在全样本下，开通高铁组独立董事本地率（*LR*）与企业投资效率（*InvResid* 反向指标）在1%水平上显著负相关，相关系数为−0.002，未开通高铁组独立董事本地率（*LR*）与企业投资效率（*InvResid* 反向指标）负相关关系不显著，这表明相对于未开通高铁组，开通高铁组独立董事本地率对企业投资效率的提升作用更显著。在社会经济资源丰富城市的样本下，开通高铁组独立董事本地率（*LR*）与企业投资效率（*InvResid* 反向指标）在 5%水平上显著负相关，未开通高铁组独立董事本地率（*LR*）与企业投资效率（*InvResid* 反向指标）在 1%水平上显著负相关，相关系数分别为-0.003 和-0.009，这表明在社会经济资源丰富城市的样本中相对于开通高铁组，未开通高铁组独立董事本地率对企业投资效率的提升作用更显著。在社会经济资源匮乏城市的样本下，开通高铁组与未开通高铁组独立董事本地率与企业投资效率的负相关关系均不显著，这表明在社会经济资源匮乏城市的样本中，开通高铁前组和开通高铁后组独立董事本地率对企业投资效率均没有提升作用。

表 6-10 是否开通高铁的异质性分析

	(1)	(2)	(3)	(4)	(5)	(6)
	全样本		社会经济资源丰富城市		社会经济资源匮乏城市	
	开通高铁	未开通高铁	开通高铁	未开通高铁	开通高铁	未开通高铁
	InvResid	*InvResid*	*InvResid*	*InvResid*	*InvResid*	*InvResid*
LR	-0.002***	-0.003	-0.003**	-0.009***	-0.003	0.003
	(-2.776)	(-1.376)	(-2.449)	(-2.677)	(-1.460)	(0.731)
Size	-0.001***	0.000	-0.002***	0.001	-0.000	-0.000
	(-3.754)	(0.137)	(-4.248)	(0.457)	(-0.556)	(-0.002)
Lev	0.003	0.005	0.002	0.000	0.006	0.009*
	(1.243)	(1.204)	(0.686)	(0.019)	(1.474)	(1.758)
ListAge	-0.004***	-0.004**	-0.003***	-0.005	-0.007***	-0.004*
	(-5.354)	(-2.416)	(-3.388)	(-1.569)	(-5.456)	(-1.893)
SOE	-0.008***	-0.005***	-0.008***	-0.004	-0.007***	-0.006***
	(-9.905)	(-3.367)	(-8.148)	(-1.451)	(-5.592)	(-2.872)
Growth	0.035***	0.021***	0.035***	0.014***	0.025***	0.019***
	(13.524)	(7.250)	(9.436)	(4.051)	(7.274)	(5.457)

续　表

	(1)	(2)	(3)	(4)	(5)	(6)
	全样本		社会经济资源丰富城市		社会经济资源匮乏城市	
	开通高铁	未开通高铁	开通高铁	未开通高铁	开通高铁	未开通高铁
	InvResid	*InvResid*	*InvResid*	*InvResid*	*InvResid*	*InvResid*
*Top*10	0.021***	0.022***	0.023***	0.020**	0.014***	0.025***
	(7.991)	(3.990)	(7.152)	(2.070)	(3.235)	(3.610)
Mshare	−0.005**	−0.014**	−0.004	−0.003	−0.008**	−0.014*
	(−2.248)	(−2.149)	(−1.276)	(−0.172)	(−2.021)	(−1.957)
ATO	−0.009***	−0.013***	−0.010***	−0.014***	−0.006***	−0.011***
	(−10.281)	(−8.685)	(−9.143)	(−5.594)	(−3.897)	(−6.621)
Loss	0.004***	−0.002	0.003**	−0.008**	0.003	−0.000
	(3.467)	(−1.206)	(2.400)	(−2.386)	(1.570)	(−0.185)
Dual	0.002**	0.003	0.002*	−0.001	0.001	0.004**
	(2.122)	(1.457)	(1.855)	(−0.212)	(0.917)	(1.967)
Board	−0.006***	−0.002	−0.007***	0.001	−0.005	−0.002
	(−3.216)	(−0.425)	(−2.947)	(0.103)	(−1.639)	(−0.512)
Cashflow	−0.000	0.014	−0.004	0.022	0.008	0.010
	(−0.078)	(1.407)	(−0.699)	(1.423)	(0.942)	(0.869)
_cons	0.094***	0.054***	0.106***	0.042	0.078***	0.054***
	(4.812)	(3.819)	(3.647)	(1.574)	(3.028)	(3.159)
Year	Yes	Yes	Yes	Yes	Yes	Yes
Industry	Yes	Yes	Yes	Yes	Yes	Yes
N	24231	5920	16580	2205	7651	3715
adj. R^2	0.135	0.073	0.154	0.064	0.102	0.087
F	35.231	7.419	26.270	3.506	—	—

注: ***、**、* 分别代表在1%、5%和10%水平上显著。

数据来源: 作者根据 Stata 16.0 计算整理。

6.6.3　会计专业独立董事地理位置对投资效率的影响研究

（1）模型设计

为了进一步探究本地独立董事与异地独立董事的治理效果，我们将加入新的自变量会计专业独立董事是否本地（*AL*）。陈健等（2022）、向锐和宋聪敏（2019）从专业背景和学历出发，实证证明当掌握财会专业知识的独立董事占比较高有助于提高企业投资效率。他们还发现财会背景独立董事大量的专业知识储备和崇高的道德感使他们相比其他董事在企业决策上有更加客观的判断。黎来芳等（2022）也认为独立董事能够缓解企业融资约束抑制投资不足，同时可以减少委托代理成本、提高信息披露质量、减少企业过度投资行为。具有会计专业背景的独立董事能凭借专业知识更好地识别复杂的投资项目，并且会计专业独立董事一般由高校学者和知名会计师事务所人员担任，拥有较高的名望，为了维护个人声誉会更加勤勉地工作，积极履行监督和咨询职能，因此，我们重点研究具有会计专业背景的独立董事对企业投资效率的影响。

为了研究会计专业独立董事地理位置对企业投资效率的影响，我们构建模型（6.5）。

$$InvResid = \alpha_0 + \alpha_1 AL + \alpha_2 Controls + \sum Year + \sum Industry + \varepsilon \quad (6.5)$$

解释变量为会计专业独立董事是否本地（*AL*），首先我们只保留存在一个会计专业独立董事的公司样本，若该名会计专业独立董事的居住地城市和上市公司的注册地城市一致，则会计专业独立董事是否本地（*AL*）取值为1，表示本地会计专业独立董事；若会计专业独立董事的居住地城市和上市公司的注册地城市不一致，则会计专业独立董事是否本地（*AL*）取值为0，表示异地会计专业独立董事。用会计专业独立董事是否本地（*AL*）替换模型（6.2）中的独立董事本地率（*LR*）进行回归分析。

被解释变量与控制变量与前文保持一致。

（2）多元回归分析

由于单变量分析没有考虑其他因素对企业投资效率的影响，因此，本章继续采用多元回归分析的方法，在控制一系列可能影响企业投资效率的企业特征和企业治理类的变量后，探究会计专业独立董事是否本地（AL）对企业投资效率（$InvResid$ 反向指标）的影响。本章所采用的多元回归分析模型详见前文的模型（6.5），回归结果如表6-11所示。表6-11中报告了会计专业独立董事是否本地（AL）对企业投资效率（$InvResid$ 反向指标）的影响。列（1）—列（3）为不加任何控制变量的单回归，且在此基础上，我们研究了在社会经济资源丰富城市样本与社会经济资源匮乏城市样本下会计专业独立董事是否本地（AL）对企业投资效率（$InvResid$ 反向指标）的影响。从列（1）可以看出，会计专业独立董事是否本地（AL）的回归系数为0.002，且在1%水平上显著为负，说明在全样本下，本地会计专业独立董事对投资效率的促进作用显著。列（2）表明，在社会经济资源丰富城市样本下，本地会计专业独立董事比异地会计专业独立董事对投资效率（$InvResid$）的影响更显著。列（3）表明，在社会经济资源匮乏城市的样本下，会计专业独立董事是否本地对企业投资效率没有显著影响。

列（4）—列（6）所示的是控制了所有公司特征变量以及行业和年度固定效应后的回归结果。从列（4）可以看出，在全样本下，会计专业独立董事是否本地（AL）的回归系数为-0.002，且在5%水平上显著为负，表明会计专业独立董事是否为本地（AL）能够促进企业投资效率的提高。列（5）与列（6）表明，在社会经济资源丰富城市样本下，会计专业独立董事是否本地（AL）与企业投资效率（$InvResid$ 反向指标）的回归系数在5%水平上显著为负，而在社会经济资源匮乏城市样本下，会计专业独立董事是否本地（AL）与企业投资效率（$InvResid$ 反向指标）的关系不显著。这说明相对于异地会计专业独立董事，本地会计专业独立董事对企业投资效率的促进作用更显著。

总体来看，表6-11中的回归结果说明会计专业独立董事是否本地（AL）对企业投资效率（$InvResid$ 反向指标）有显著为负的影响，且这一结果没有因为公司特征控制变量的加入而改变，由此表明本地的会计专业独立董事与企业投资效率的提高有显著的正向影响，且在社会经济资源丰富城市的样本下，本地会计专业独立董事对企业投资效率（$InvResid$ 反向指标）的影响在5%水平上显著，而在社会经济资源匮乏城市的样本下，本地会计专业独立董事与异地会计专业独立董事对于企业投资效率的影响不显著。这是因为本地会计专业独立董事特有的地理优势使其可以从更多的渠道获取公司公开或非公开信息，可以长期直接观察公司的运营情况等，有利于独立董事了解到企业内部真实的经营状况，且地理上的邻近性也避免了因远距离传递而导致的信息失真或者遗漏，提高了信息的质量与利用信息进行预测的精度（董红晔，2016；Li 和 Wu，2014）。这与已有的文献研究结果相一致。

表6-11　会计专业独立董事是否本地与投资效率的多元回归分析结果

	(1)	(2)	(3)	(4)	(5)	(6)
	未加入控制变量			加入控制变量		
	全样本	社会经济资源丰富城市	社会经济资源匮乏城市	全样本	社会经济资源丰富城市	社会经济资源匮乏城市
	InvResid	*InvResid*	*InvResid*	*InvResid*	*InvResid*	*InvResid*
AL	-0.002***	-0.003***	-0.001	-0.002**	-0.002**	-0.001
	(-2.915)	(-2.800)	(-0.413)	(-2.422)	(-2.359)	(-0.841)
Size	—	—	—	-0.001**	-0.001***	0.000
	—	—	—	(-2.020)	(-2.642)	(0.012)
Lev	—	—	—	0.002	-0.001	0.007*
	—	—	—	(0.706)	(-0.371)	(1.752)
ListAge	—	—	—	-0.005***	-0.004***	-0.006***
	—	—	—	(-5.178)	(-3.307)	(-4.560)
SOE	—	—	—	-0.008***	-0.009***	-0.007***
	—	—	—	(-9.076)	(-7.534)	(-5.454)
Growth	—	—	—	0.037***	0.037***	0.035***
	—	—	—	(13.323)	(10.015)	(9.356)

续　表

	(1)	(2)	(3)	(4)	(5)	(6)
	未加入控制变量			加入控制变量		
	全样本	社会经济资源丰富城市	社会经济资源匮乏城市	全样本	社会经济资源丰富城市	社会经济资源匮乏城市
	InvResid	*InvResid*	*InvResid*	*InvResid*	*InvResid*	*InvResid*
*Top*10	—	—	—	0.024***	0.026***	0.021***
	—	—	—	(8.211)	(6.665)	(4.481)
Mshare	—	—	—	-0.007**	-0.005	-0.010**
	—	—	—	(-2.572)	(-1.463)	(-2.570)
ATO	—	—	—	-0.011***	-0.012***	-0.011***
	—	—	—	(-12.401)	(-10.068)	(-7.146)
Loss	—	—	—	0.004***	0.004***	0.005***
	—	—	—	(3.777)	(2.687)	(2.626)
Dual	—	—	—	0.002**	0.002	0.002
	—	—	—	(2.259)	(1.523)	(1.328)
Board	—	—	—	-0.005**	-0.004	-0.006*
	—	—	—	(-2.284)	(-1.452)	(-1.923)
Cashflow	—	—	—	0.000	-0.002	0.004
	—	—	—	(0.087)	(-0.312)	(0.488)
_cons	0.054***	0.053***	0.052***	0.079***	0.091***	0.061***
	(16.126)	(11.438)	(11.031)	(9.556)	(8.851)	(4.211)
Year	Yes	Yes	Yes	Yes	Yes	Yes
Industry	Yes	Yes	Yes	Yes	Yes	Yes
N	23301	14414	8887	23301	14414	8887
adj. R^2	0.035	0.040	0.027	0.129	0.138	0.115
F	22.958	15.662	8.736	32.892	21.978	12.710

注：***、**、*分别代表在1%、5%和10%水平上显著。

数据来源：作者根据 Stata 16.0 计算整理。

（3）是否开通高铁的异质性分析

作为一种不可忽视的外部宏观环境影响因素，我们扩展研究了高铁开通带来的交通便利性对独立董事的治理效果。为探究高铁开通是否会对会计专业独立董事是否本地（*AL*）对企业投资效率（*InvResid* 反向指标）产生异质性影响，本章根据上市公司所在城市当年是否开通了高铁，将样本分为未开通高铁组和开通高铁组，根据模型（6.5）进行分组回归，结果如表 6-12 所示：

如列（1）所示，未开通高铁时，在全样本下，会计专业独立董事是否本地（*AL*）与企业投资效率（*InvResid* 反向指标）的关系不显著；如列（2）所示，在开通高铁时，会计专业独立董事是否本地（*AL*）与企业投资效率（*InvResid* 反向指标）在 5% 水平上显著负相关。这表明相对于未开通高铁组，在开通高铁组，会计专业独立董事是否本地（*AL*）对企业投资效率的影响更显著。在社会经济资源丰富城市的样本下，如列（3）所示，未开通高铁时，会计专业独立董事是否本地（*AL*）与企业投资效率的关系不显著；在开通高铁时，如列（4）所示，会计专业独立董事是否本地（*AL*）与企业投资效率（*InvResid* 反向指标）在 5% 水平上显著负相关。这表明在社会经济资源丰富城市样本下，相对于未开通高铁组，在开通高铁组，会计专业独立董事是否本地（*AL*）对企业投资效率（*InvResid* 反向指标）的影响更显著。如列（5）和列（6）所示，在社会经济资源匮乏城市的样本下，在开通高铁前后会计专业独立董事是否本地（*AL*）与企业投资效率的关系均不显著，说明在社会经济资源匮乏城市样本下，是否开通高铁对会计专业独立董事是否本地（*AL*）对企业投资效率没有显著影响。

表 6-12　　　　　　　　是否开通高铁的异质性分析

	(1)	(2)	(3)	(4)	(5)	(6)
	全样本		社会经济资源丰富城市		社会经济资源匮乏城市	
	未开通高铁	开通高铁	未开通高铁	开通高铁	未开通高铁	开通高铁
	InvResid	*InvResid*	*InvResid*	*InvResid*	*InvResid*	*InvResid*
AL	0.001	−0.002**	0.001	−0.002**	−0.002	−0.002
	(0.307)	(−2.377)	(0.276)	(−2.232)	(−0.754)	(−1.472)

续　表

	(1)	(2)	(3)	(4)	(5)	(6)
	全样本		社会经济资源丰富城市		社会经济资源匮乏城市	
	未开通高铁	开通高铁	未开通高铁	开通高铁	未开通高铁	开通高铁
	InvResid	*InvResid*	*InvResid*	*InvResid*	*InvResid*	*InvResid*
Size	0.000	-0.001***	0.001	-0.002***	-0.000	-0.000
	(0.226)	(-3.466)	(0.943)	(-4.060)	(-0.453)	(-0.196)
Lev	0.005	0.003	0.001	0.001	0.008	0.008*
	(1.051)	(1.319)	(0.095)	(0.424)	(1.267)	(1.667)
ListAge	-0.003	-0.004***	-0.005	-0.003***	-0.002	-0.007***
	(-1.522)	(-4.456)	(-1.262)	(-2.935)	(-0.746)	(-4.410)
SOE	-0.007***	-0.008***	-0.011***	-0.008***	-0.007***	-0.008***
	(-3.638)	(-8.451)	(-3.031)	(-7.099)	(-2.832)	(-4.980)
Growth	0.022***	0.037***	0.017***	0.037***	0.026***	0.037***
	(5.861)	(11.742)	(3.877)	(9.227)	(4.718)	(7.788)
Top10	0.028***	0.024***	0.026**	0.027***	0.030***	0.017***
	(4.315)	(7.554)	(2.227)	(6.706)	(3.783)	(3.193)
Mshare	-0.014*	-0.007**	-0.019	-0.006*	-0.012	-0.009**
	(-1.900)	(-2.464)	(-1.128)	(-1.785)	(-1.591)	(-1.990)
ATO	-0.013***	-0.010***	-0.016***	-0.010***	-0.012***	-0.008***
	(-7.654)	(-9.388)	(-5.201)	(-8.511)	(-5.343)	(-4.216)
Loss	-0.001	0.004***	-0.004	0.003**	0.001	0.007***
	(-0.349)	(3.607)	(-1.051)	(2.522)	(0.270)	(2.694)
Dual	0.003	0.001	-0.001	0.001	0.005*	0.001
	(1.419)	(1.629)	(-0.298)	(1.225)	(1.919)	(0.605)
Board	-0.001	-0.006***	0.003	-0.005**	-0.002	-0.007*
	(-0.235)	(-2.753)	(0.418)	(-2.054)	(-0.425)	(-1.940)
Cashflow	0.014	-0.003	0.026	-0.005	0.005	-0.000
	(1.168)	(-0.499)	(1.310)	(-0.711)	(0.388)	(-0.037)

续　表

	(1)	(2)	(3)	(4)	(5)	(6)
	全样本		社会经济资源丰富城市		社会经济资源匮乏城市	
	未开通高铁	开通高铁	未开通高铁	开通高铁	未开通高铁	开通高铁
	InvResid	*InvResid*	*InvResid*	*InvResid*	*InvResid*	*InvResid*
_cons	0.045**	0.111***	0.019	0.127***	0.056***	0.077*
	(2.510)	(3.521)	(0.583)	(3.147)	(2.636)	(1.697)
Year	Yes	Yes	Yes	Yes	Yes	Yes
Industry	Yes	Yes	Yes	Yes	Yes	Yes
N	4503	18417	1623	12519	2812	5898
adj. R^2	0.078	0.136	0.060	0.145	0.089	0.119
F	5.828	26.919	8.895	19.797	—	—

注：***、**、*分别代表在1%、5%和10%水平上显著。

数据来源：作者根据 Stata 16.0 计算整理。

（4）会计专业独立董事任期的异质性分析

为探究任期长短是否会对会计专业独立董事是否本地（AL）对企业投资效率产生异质性影响，本章根据会计专业独立董事任期时间长短，将样本分为较长任期组（任期>36个月）和较短任期组（任期≤36个月）。根据模型（6.5）进行分组回归，结果如表6-13所示：

在全样本下，如列（1）所示，任期大于36个月时，会计专业独立董事是否本地（AL）与企业投资效率（InvResid 反向指标）的关系不显著；如列（2）所示，在任期小于或等于36个月时，会计专业独立董事是否本地（AL）与企业投资效率（InvResid 反向指标）在10%水平上显著负相关。这表明相对于任期大于36个月组，在任期小于或等于36个月组，会计专业独立董事是否本地（AL）对企业投资效率的影响更显著。在社会经济资源丰富城市的样本下，如列（3）所示，任期大于36个月时，会计专业独立董事是否本地（AL）与企业投资效率的关系不显著；任期小于或等于36个月时，如列（4）所示，会计专业独立董事是否本地（AL）与企业投资效率（InvResid 反向指标）在5%水平上显著负相关。这表明在社会经济资源丰富城市样本下，相对于任期大于36

个月组，在任期小于或等于 36 个月组，会计专业独立董事是否本地（*AL*）对
企业投资效率的影响更显著。如列（5）和列（6）所示，在社会经济资源匮乏
城市样本下，在任期大于 36 个月和任期小于或等于 36 个月时会计专业独立董
事是否本地（*AL*）与企业投资效率的关系均不显著，说明在社会经济资源匮乏
城市样本下，任期的时间长短对会计专业独立董事是否本地（*AL*）对企业投
资效率的促进作用没有影响。

表 6-13 会计专业独立董事任期的异质性分析

	(1)	(2)	(3)	(4)	(5)	(6)
	全样本		社会经济资源丰富城市		社会经济资源匮乏城市	
	较长任期组	较短任期组	较长任期组	较短任期组	较长任期组	较短任期组
	InvResid	*InvResid*	*InvResid*	*InvResid*	*InvResid*	*InvResid*
AL	-0.001	-0.002*	-0.001	-0.003**	-0.002	-0.001
	(-1.345)	(-1.905)	(-0.720)	(-2.112)	(-1.358)	(-0.766)
Size	-0.002***	-0.001*	-0.002***	-0.001**	-0.000	-0.001
	(-2.964)	(-1.868)	(-3.347)	(-2.113)	(-0.428)	(-0.696)
Lev	0.005	0.003	0.000	0.003	0.013**	0.005
	(1.554)	(0.917)	(0.111)	(0.621)	(2.340)	(0.869)
ListAge	-0.006***	-0.003**	-0.006***	-0.002	-0.008***	-0.003*
	(-5.195)	(-2.163)	(-3.715)	(-1.467)	(-3.916)	(-1.858)
SOE	-0.007***	-0.008***	-0.008***	-0.009***	-0.007***	-0.006***
	(-5.741)	(-6.933)	(-4.672)	(-6.060)	(-3.781)	(-3.542)
Growth	0.032***	0.035***	0.032***	0.037***	0.034***	0.034***
	(8.181)	(10.185)	(5.960)	(7.735)	(6.737)	(6.847)
Top10	0.018***	0.028***	0.022***	0.028***	0.011	0.030***
	(4.009)	(7.688)	(3.682)	(5.685)	(1.619)	(5.065)
Mshare	-0.012***	-0.004	-0.013***	-0.001	-0.012**	-0.008
	(-3.471)	(-0.949)	(-2.906)	(-0.276)	(-2.084)	(-1.509)

续　表

	（1）	（2）	（3）	（4）	（5）	（6）
	全样本		社会经济资源丰富城市		社会经济资源匮乏城市	
	较长任期组	较短任期组	较长任期组	较短任期组	较长任期组	较短任期组
	InvResid	*InvResid*	*InvResid*	*InvResid*	*InvResid*	*InvResid*
ATO	-0.010^{***}	-0.011^{***}	-0.011^{***}	-0.011^{***}	-0.007^{***}	-0.012^{***}
	（−7.619）	（−9.366）	（−7.325）	（−6.995）	（−2.833）	（−6.498）
Loss	0.003^{*}	0.003^{**}	0.003	0.003	0.005	0.004^{*}
	（1.905）	（2.419）	（1.389）	（1.473）	（1.619）	（1.863）
Dual	0.002^{*}	0.001	0.001	0.001	0.003	0.001
	（1.784）	（1.231）	（0.677）	（0.901）	（1.593）	（0.664）
Board	−0.004	-0.006^{**}	−0.002	-0.006^{*}	-0.009^{**}	−0.003
	（−1.508）	（−2.054）	（−0.708）	（−1.764）	（−2.051）	（−0.779）
Cashflow	0.010	−0.005	0.007	−0.007	0.010	−0.001
	（1.154）	（−0.718）	（0.607）	（−0.844）	（0.794）	（−0.068）
_cons	0.098^{***}	0.081^{***}	0.110^{***}	0.093^{***}	0.074^{***}	0.066^{***}
	（8.605）	（7.304）	（7.728）	（6.869）	（3.830）	（3.308）
Year	Yes	Yes	Yes	Yes	Yes	Yes
Industry	Yes	Yes	Yes	Yes	Yes	Yes
N	9885	12967	6146	7996	3739	4971
adj. R^2	0.116	0.128	0.126	0.140	0.103	0.107
F	17.529	18.561	11.990	12.830	—	—

注：***、**、*分别代表在 1%、5%和 10%水平上显著。

数据来源：作者根据 Stata 16.0 计算整理。

（5）疫情发生前后的异质性分析

为探究疫情的发生是否会对会计专业独立董事是否本地（*AL*）对企业投资效率产生异质性影响，本章根据是否有疫情的发生，将样本分为疫情发生后组和疫情发生前组。根据模型（6.5）进行分组回归，结果如表 6-14 所示：

在全样本下，如列（1）所示，疫情发生后时，会计专业独立董事是否本地（*AL*）与企业投资效率（*InvResid* 反向指标）在 5% 水平上显著负相关；如列（2）所示，在疫情发生前时，会计专业独立董事是否本地（*AL*）与企业投资效率的关系不显著。这表明相对于疫情发生前，在疫情发生后组，会计专业独立董事是否本地（*AL*）对企业投资效率的影响更显著。在社会经济资源丰富城市的样本下，如列（3）所示，疫情发生后，会计专业独立董事是否本地（*AL*）与企业投资效率的关系不显著；疫情发生前，如列（4）所示，会计专业独立董事是否本地（*AL*）与企业投资效率（*InvResid* 反向指标）在 10% 水平上显著负相关。这表明在社会经济资源丰富城市样本下，相对于疫情发生后，在疫情发生前组，会计专业独立董事是否本地（*AL*）对企业投资效率的影响更显著。如列（5）和列（6）所示，在社会经济资源匮乏城市的样本下，不论疫情发生前后，会计专业独立董事是否本地（*AL*）与企业投资效率的关系均不显著，说明在社会经济资源匮乏城市样本下，疫情发生前后对会计专业独立董事是否本地（*AL*）对企业投资效率的影响并不显著。

表 6-14　　　　　　　　　　　疫情发生前后的异质性分析

	(1)	(2)	(3)	(4)	(5)	(6)
	全样本		社会经济资源丰富城市		社会经济资源匮乏城市	
	疫情发生后	疫情发生前	疫情发生后	疫情发生前	疫情发生后	疫情发生前
	InvResid	*InvResid*	*InvResid*	*InvResid*	*InvResid*	*InvResid*
AL	−0.003**	−0.001	−0.002	−0.002*	−0.003	−0.001
	(−2.531)	(−1.512)	(−1.360)	(−1.710)	(−1.247)	(−0.955)
Size	−0.001**	−0.001***	−0.002***	−0.002***	0.001	−0.001
	(−2.188)	(−2.866)	(−3.334)	(−2.884)	(0.603)	(−1.176)
Lev	0.006*	0.003	0.005	0.001	0.010	0.008*
	(1.863)	(1.186)	(1.127)	(0.314)	(1.505)	(1.687)
ListAge	−0.008***	−0.003***	−0.006***	−0.003**	−0.010***	−0.004***
	(−6.312)	(−3.196)	(−4.659)	(−2.105)	(−4.133)	(−2.652)

续　表

	(1)	(2)	(3)	(4)	(5)	(6)
	全样本		社会经济资源丰富城市		社会经济资源匮乏城市	
	疫情发生后	疫情发生前	疫情发生后	疫情发生前	疫情发生后	疫情发生前
	InvResid	*InvResid*	*InvResid*	*InvResid*	*InvResid*	*InvResid*
SOE	−0.004***	−0.008***	−0.005***	−0.009***	−0.002	−0.008***
	(−2.753)	(−8.339)	(−2.944)	(−6.901)	(−0.808)	(−5.152)
Growth	0.024***	0.036***	0.021***	0.037***	0.028***	0.034***
	(9.356)	(11.767)	(7.047)	(8.926)	(5.997)	(8.106)
Top10	0.007	0.028***	0.010**	0.029***	0.000	0.027***
	(1.606)	(8.264)	(1.962)	(6.366)	(0.002)	(5.256)
Mshare	−0.013***	−0.006*	−0.015***	−0.004	−0.011	−0.009**
	(−3.516)	(−1.838)	(−3.470)	(−0.977)	(−1.642)	(−1.989)
ATO	−0.005***	−0.012***	−0.007***	−0.012***	−0.002	−0.011***
	(−2.966)	(−11.576)	(−4.333)	(−9.106)	(−0.406)	(−7.292)
Loss	0.001	0.004***	−0.001	0.003*	0.003	0.005**
	(0.336)	(3.048)	(−0.413)	(1.952)	(0.946)	(2.329)
Dual	0.004***	0.001	0.002	0.001	0.005**	0.001
	(2.965)	(1.226)	(1.589)	(0.779)	(2.441)	(0.620)
Board	−0.002	−0.006**	−0.001	−0.005*	−0.006	−0.006
	(−0.733)	(−2.437)	(−0.226)	(−1.786)	(−1.127)	(−1.573)
Cashflow	0.004	0.002	0.004	−0.001	0.004	0.005
	(0.398)	(0.302)	(0.343)	(−0.119)	(0.257)	(0.574)
_cons	0.093***	0.086***	0.106***	0.094***	0.062**	0.074***
	(7.222)	(8.864)	(7.601)	(7.863)	(2.438)	(4.398)
Year	Yes	Yes	Yes	Yes	Yes	Yes
Industry	Yes	Yes	Yes	Yes	Yes	Yes
N	4935	17917	3090	11052	1845	6865
adj. R^2	0.103	0.123	0.109	0.134	0.090	0.106
F	16.431	26.327	15.011	17.578	10.778	10.621

注：***、**、*分别代表在 1%、5%和 10%水平上显著。

数据来源：作者根据 Stata 16.0 计算整理。

（6）会计专业独立董事是否兼任的异质性分析

为探究独立董事的兼任是否会对会计专业独立董事是否本地（AL）对企业投资效率产生异质性影响，本章根据会计专业独立董事兼任与否，将样本分为兼任组和非兼任组。根据模型（6.5）进行分组回归，结果如表6-15所示：

在全样本下，如列（1）所示，兼任时，会计专业独立董事是否本地（AL）与企业投资效率的关系不显著；如列（2）所示，非兼任时，会计专业独立董事是否本地（AL）与企业投资效率（InvResid 反向指标）在1%水平上显著负相关。这表明相对于兼任组，在非兼任组，会计专业独立董事是否本地（AL）对企业投资效率的影响更显著。在社会经济资源丰富城市样本下，如列（3）所示，兼任时，会计专业独立董事是否本地（AL）与企业投资效率的关系不显著；非兼任时，如列（4）所示，会计专业独立董事是否本地（AL）与企业投资效率（InvResid 反向指标）在1%水平上显著负相关。这表明在社会经济资源丰富城市样本下，相对于兼任组，在非兼任组，会计专业独立董事是否本地（AL）对企业投资效率的影响更显著。如列（5）和列（6）所示，在社会经济资源匮乏城市样本下，不论独立董事是否兼任，会计专业独立董事是否本地（AL）与企业投资效率的关系均不显著。

表6-15 会计专业独立董事兼任的异质性分析

	(1)	(2)	(3)	(4)	(5)	(6)
	全样本		社会经济资源丰富城市		社会经济资源匮乏城市	
	兼任组	非兼任组	兼任组	非兼任组	兼任组	非兼任组
	InvResid	*InvResid*	*InvResid*	*InvResid*	*InvResid*	*InvResid*
AL	−0.001	−0.003***	−0.001	−0.004***	−0.003	−0.002
	(−0.982)	(−2.982)	(−0.866)	(−2.584)	(−1.599)	(−1.365)
Size	−0.001	−0.002***	−0.001*	−0.003***	−0.000	−0.001
	(−1.390)	(−3.635)	(−1.821)	(−3.828)	(−0.112)	(−0.922)
Lev	0.003	0.005	−0.001	0.005	0.010**	0.007
	(0.881)	(1.510)	(−0.154)	(1.052)	(2.129)	(1.102)

续　表

	(1)	(2)	(3)	(4)	(5)	(6)
	全样本		社会经济资源丰富城市		社会经济资源匮乏城市	
	兼任组	非兼任组	兼任组	非兼任组	兼任组	非兼任组
	InvResid	*InvResid*	*InvResid*	*InvResid*	*InvResid*	*InvResid*
ListAge	-0.003***	-0.006***	-0.003**	-0.005***	-0.005***	-0.007***
	(-2.979)	(-4.197)	(-2.103)	(-2.676)	(-2.818)	(-3.076)
SOE	-0.007***	-0.008***	-0.008***	-0.008***	-0.005***	-0.009***
	(-6.545)	(-5.934)	(-6.045)	(-4.447)	(-3.276)	(-3.900)
Growth	0.036***	0.030***	0.038***	0.027***	0.032***	0.035***
	(10.305)	(8.193)	(7.978)	(6.163)	(8.180)	(5.396)
Top10	0.024***	0.023***	0.027***	0.023***	0.021***	0.023***
	(6.389)	(5.467)	(5.376)	(4.114)	(3.625)	(3.330)
Mshare	-0.001	-0.017***	-0.005	-0.009**	0.001	-0.024***
	(-0.409)	(-4.440)	(-1.018)	(-2.033)	(0.227)	(-4.091)
ATO	-0.010***	-0.012***	-0.011***	-0.012***	-0.009***	-0.011***
	(-8.178)	(-9.048)	(-6.896)	(-7.585)	(-4.458)	(-4.729)
Loss	0.005***	-0.000	0.004**	-0.001	0.008***	0.001
	(3.642)	(-0.149)	(2.374)	(-0.276)	(2.807)	(0.252)
Dual	0.002*	0.001	0.001	0.001	0.003	0.001
	(1.881)	(0.888)	(0.864)	(0.829)	(1.591)	(0.563)
Board	-0.008***	-0.002	-0.008**	-0.000	-0.006	-0.004
	(-2.844)	(-0.691)	(-2.437)	(-0.103)	(-1.480)	(-0.951)
Cashflow	0.007	-0.007	0.002	-0.008	0.016	-0.011
	(0.981)	(-0.889)	(0.267)	(-0.760)	(1.558)	(-0.818)
_cons	0.078***	0.109***	0.091***	0.123***	0.057***	0.085***
	(7.629)	(8.353)	(7.236)	(7.616)	(3.066)	(3.675)

续　表

	(1)	(2)	(3)	(4)	(5)	(6)
	全样本		社会经济资源丰富城市		社会经济资源匮乏城市	
	兼任组	非兼任组	兼任组	非兼任组	兼任组	非兼任组
	InvResid	*InvResid*	*InvResid*	*InvResid*	*InvResid*	*InvResid*
Year	Yes	Yes	Yes	Yes	Yes	Yes
Industry	Yes	Yes	Yes	Yes	Yes	Yes
N	13986	8866	8902	5240	5084	3626
adj. R^2	0.133	0.111	0.149	0.112	0.107	0.109
F	21.733	13.798	15.525	9.168	8.242	5.798

注：***、**、*分别代表在 1%、5%和 10%水平上显著。

数据来源：作者根据 Stata 16.0 计算整理。

（7）本省异地会计专业独立董事与外省异地会计专业独立董事回归分析

我们进一步探究本省异地的独立董事和外省异地的独立董事在治理效果上是否存在差别，若会计专业独立董事的居住地省份和上市公司的注册地省份一致且居住地城市和注册地城市不一致则该独立董事为本省异地独立董事，本省异地会计专业独立董事和外省异地会计专业独立董事（*Local*）取值为 1，表示本省异地会计专业独立董事；若会计专业独立董事的居住地省份和上市公司的注册地省份不一致则该独立董事为外省异地独立董事，本省异地会计专业独立董事和外省异地会计专业独立董事（*Local*）取值为 0，表示外省异地会计专业独立董事。我们用本省异地会计专业独立董事和外省异地会计专业独立董事（*Local*）代替模型（6.5）中的会计专业独立董事是否本地（*AL*）进行回归分析，结果如表 6-16 所示，在全样本与社会经济资源匮乏城市样本以及社会经济资源丰富城市样本下，本省异地会计专业独立董事和外省异地会计专业独立董事（*Local*）与企业投资效率的关系均不显著，说明在全样本与社会经济资源匮乏城市样本以及社会经济资源丰富城市样本下，本省异地会计专业独立董事和外省异地会计专业独立董事（*Local*）在企业投资效率方面的治理效果不存在明显差异。

表 6-16　本省异地会计专业独立董事与外省异地会计专业独立董事回归分析结果

	（1）	（2）	（3）
	全样本	社会经济资源匮乏城市	社会经济资源丰富城市
	InvResid	*InvResid*	*InvResid*
Local	0.001	0.000	-0.001
	（0.499）	（0.310）	（-0.204）
Size	-0.000	-0.001	-0.001
	（-0.780）	（-0.819）	（-1.238）
Lev	0.001	0.007	-0.001
	（0.379）	（1.478）	（-0.156）
ListAge	-0.003**	-0.005***	-0.000
	（-2.405）	（-3.174）	001）
SOE	-0.009***	-0.007***	-0.011***
	（-7.459）	（-4.929）	（-5.705）
Growth	0.041***	0.034***	0.044***
	（10.043）	（8.243）	（6.630）
Top10	0.026***	0.023***	0.033***
	（6.307）	（4.241）	（4.854）
Mshare	0.002	-0.005	0.009
	（0.356）	（-0.997）	（1.143）
ATO	-0.011***	-0.009***	-0.013***
	（-8.068）	（-5.478）	（-6.031）
Loss	0.007***	0.005**	0.007***
	（3.804）	（2.450）	（2.656）
Dual	0.002	0.001	0.002
	（1.392）	（0.787）	（1.038）

续　表

	（1）	（2）	（3）
	全样本	社会经济资源匮乏城市	社会经济资源丰富城市
	InvResid	*InvResid*	*InvResid*
Board	−0. 005	−0. 003	−0. 009 *
	（−1. 614）	（−0. 795）	（−1. 763）
Cashflow	0. 006	0. 001	0. 006
	（0. 769）	（0. 099）	（0. 487）
_cons	0. 063 ***	0. 061 ***	0. 086 ***
	（4. 983）	（3. 752）	（4. 555）
Year	Yes	Yes	Yes
Industry	Yes	Yes	Yes
N	11742	6979	4512
adj. R^2	0. 144	0. 109	0. 183
F	16. 589	10. 332	7. 918

注：***、**、* 分别代表在 1%、5% 和 10% 水平上显著。

数据来源：作者根据 Stata 16. 0 计算整理。

6. 7　本章研究结论

　　为探讨城市社会经济资源视角下独立董事地理位置对企业投资效率的影响，本章选取 2007—2021 年的中国 A 股上市公司 30151 条数据作为研究样本。实证检验发现如下：第一，在全样本下，独立董事本地率与企业投资效率（*InvResid* 反向指标）在 1% 水平上显著负相关，独立董事本地率越高，企业的非效率投资越少，企业的投资效率越高，即公司独立董事本地率对企业投资效率有显著的促进作用。第二，在社会经济资源丰富城市的样本下，独立董事本地率与企业投资效率（*InvResid* 反向指标）在 1% 水平上显著负相关，这说明在社会经济资

源丰富城市的样本下，独立董事本地率对企业投资效率的提升作用显著。在社会
经济资源匮乏城市的样本下，独立董事本地率与企业投资效率的相关关系不显
著，这说明在社会经济资源匮乏城市的样本下，独立董事本地率对企业投资效率
的提升作用不显著。第三，本章通过变更企业投资效率的度量方式进行了稳健性
检验，并采用了 Heckman 两阶段回归、PSM 倾向得分匹配法缓解潜在的内生性问
题，主要回归结果不变，即独立董事本地率越高，非投资效率越低的结果稳健，
验证了本地独立董事有助于促进投资效率的研究假设。第四，根据异质性分析可
知，在全样本下，相对于未开通高铁组，开通高铁组样本中，独立董事本地率对
企业投资效率的提升作用更显著。相对于疫情发生后组，疫情发生前组样本中，
独立董事本地率对企业投资效率的提升作用更加明显。第五，本章通过会计专业
独立董事地理位置对企业投资效率影响的研究发现，相较于异地会计专业独立董
事，本地会计专业独立董事对企业投资效率的促进作用更强，且在会计专业独立
董事开通高铁组、任期小于或等于 36 个月组、疫情发生后组和非兼任组，本地
会计专业独立董事对企业投资效率的促进作用更加显著。

本章研究可能的贡献在于：第一，本章所发现的独立董事本地率对于企业投资
效率的促进作用，对企业投资效率影响因素研究的现有文献进行了有益补充（姚立
杰等，2020；董红晔，2016；郑立东等，2013；Bhajat 和 Black，2000；Kang 和 Kim，
2008），从独立董事地理位置角度为促进企业投资效率提供了新思路。第二，本章
对独立董事地理位置的度量方式进行了改善和细化，独立董事是否本地的判断
精确到地级市，同时，考虑到独立董事地理位置的治理后果会受到高铁开通和
疫情发生的可能影响，本章进一步在此情境下实证检验了独立董事地理位置对
企业投资效率的影响，提供了独立董事地理位置治理后果的新经验证据，丰富
了独立董事地理位置相关的实证研究。第三，本章区分了社会经济资源丰富城
市和社会经济资源匮乏的城市，分别检验了两类城市上市公司独立董事地理位
置对企业投资效率的不同影响，检验发现在社会经济资源丰富城市的样本下，
独立董事本地率对企业投资效率的提升作用显著，在社会经济资源匮乏城市的
样本下，独立董事本地率对企业投资效率的提升作用不显著，本章所提供的实
证证据，有一定实践指导和决策参考意义。

第 7 章

城市社会经济资源视角下独立董事地理位置对企业风险承担的影响研究

7.1 引 言

企业的风险承担决策反映了企业在追求高额收益时对风险的态度，风险承担水平高意味着企业偏好于投资高风险高收益的项目（余明桂等，2013）。企业风险承担水平的高低关系到企业的可持续发展，风险承担水平的适当提高可以增加企业的投资回报，促进企业技术进步，提升企业的未来竞争实力。提高企业的风险承担水平也能够促进社会资本积累，增加社会财富，助力经济的持续增长（John 等，2008）。如何激励企业提升承担风险的意愿和能力在理论研究和实践方面都受到了广泛的关注。学者们研究发现，企业的风险承担行为和代理问题密切相关（胡国柳和胡珺，2017）。由于高风险项目的失败可能会危害管理者的声誉以及财富和职位安全，所以管理者往往具有风险规避倾向（宋建波等，2018）。

而独立董事作为现代公司内部治理机制的关键组成部分之一，承担着监督管理者、维护中小股东利益的重要责任（Fama 和 Jensen，1983）。独立董事的监督与咨询职能对提高风险承担水平有重要作用，一方面，独立董事可以监督与约束管理者的私利行为（Jiang 等，2016）；另一方面，独立董事可以凭借专业知识和个人资源为企业决策活动提供咨询（刘春等，2015）。现有文献主要研究了独立董事的占比、个人特征和专业背景对企业风险承担的影响，但学者们忽视了由于社会经济资源分布不均，我国上市公司中普遍存在从外省和外市聘请独立董事的现象（林雁等，2019），任职地点特征是影响独立董事治理作用发挥的重要因素，本地独立董事和异地独立董事在独立性、声誉、信息和精力等履职特征方面存在明显差异（罗进辉等，2017），但鲜有学者探讨独立董事地理位置对企业风险承担的影响。鉴于此，本章将在城市社会经济资源视角下，研究独立董事地理位置与企业风险承担水平的关系。

以 2007—2022 年 A 股上市公司为研究样本，采用独立董事本地率作为独立董事地理位置的代理变量，通过年度行业均值调整的 *ROA* 三期滚动标准差作为企业风险承担水平的代理变量，本章实证检验了独立董事本地率对企业风险承担水平的影响。实证研究发现：第一，在全样本下，独立董事本地率与企业风险承担水平在 1% 水平上显著负相关，表明独立董事本地率的提高会对公司的风险承担产生抑制作用。第二，在社会经济资源匮乏城市样本下，独立董事本地率与企业风险承担水平在 1 % 水平上显著负相关，这说明在社会经济资源匮乏城市的样本下，独立董事本地率对公司的风险承担水平有显著的抑制作用。在社会经济资源丰富城市样本下，独立董事本地率与企业风险承担水平没有显著的相关关系，说明在社会经济资源丰富城市的样本下，独立董事本地率对企业风险承担水平没有显著影响。第三，以变更企业风险承担水平的度量方式进行稳健性检验，并采用了 Heckman 两阶段回归、PSM 倾向得分匹配法缓解潜在的内生性问题后，主要回归结果保持不变，即独立董事本地率越高，越会抑制企业风险承担水平的结果稳健。第四，根据异质性分析可知，相比于未开通高铁组，开通高铁组样本中，独立董事本地率对企业风险承担水平的抑制作用更显著。第五，根据调节效应分析可知，独立董事兼任会削弱独立董事本地率对企业风险承担水平的抑制作用。第六，本章通过会计专业独立董事地理位置对企业风险承担水平影响的研究发现，相比于异地会计专业独立董事，本地会计专业独立董事对企业风险承担水平的抑制作用更强。此外，相比于任期大于 36 个月，会计专业独立董事任期小于 36 个月时，本地会计专业独立董事对企业风险承担水平的抑制作用更显著。相比于未开通高铁，高铁开通后，本地会计专业独立董事对风险承担水平的抑制作用更显著。兼任削弱了本地会计专业独立董事对企业风险承担水平的负向影响。第七，本省异地会计专业独立董事和外省异地会计专业独立董事对企业风险承担水平的影响没有显著差异。第八，社会经济资源丰富城市的上市公司的本地独立董事比社会经济资源匮乏城市的上市公司的本地独立董事更能提高风险承担水平；而社会经济资源匮乏城市的上市公司的异地独立董事比社会经济资源丰富城市的上市公司的异地独立董事更能提高企业风险承担水平。

本章的研究主要有以下贡献：第一，本章研究发现独立董事本地率对企业风险承担水平具有抑制作用，拓展了企业风险承担水平影响因素领域的研究（余明桂等，2013；胡国柳和胡珺，2017；邹美凤等，2021；Akbar 等，2017）。本章的结果表明独立董事地理位置是不应被忽视的重要影响因素，为提高上市公司的风险承担水平提供了新启示。第二，本章将独立董事地理位置的度量方式精确到地级市，揭示了本地独立董事和异地独立董事在改善企业风险承担方面的治理效果差异。同时，考虑到独立董事地理位置的治理后果会受到高铁开通和兼任情况的可能影响，本章进一步在此情境下实证检验了独立董事地理位置对企业风险承担水平的影响，提供了独立董事地理位置治理效果的新经验证据，丰富了有关独立董事地理位置治理效果的研究。第三，本章将独立董事对企业决策的影响置于宏观环境视角下来研究，检验了独立董事地理位置对企业风险承担的影响在社会经济资源丰富城市和社会经济资源匮乏城市间是否存在差异，发现独立董事本地率对企业风险承担水平的抑制作用在社会经济资源匮乏城市样本下显著，而在社会经济资源丰富城市样本下不显著。本章所提供的实证证据对我国企业有一定现实启示和决策参考意义。

本章的后续安排如下：第二部分为文献综述；第三部分为理论分析与研究假设；第四部分为实证研究设计；第五部分为实证结果讨论与分析；第六部分为进一步研究，第七部分为本章研究结论。

总体而言，本章的研究框架图如图 7-1 所示：

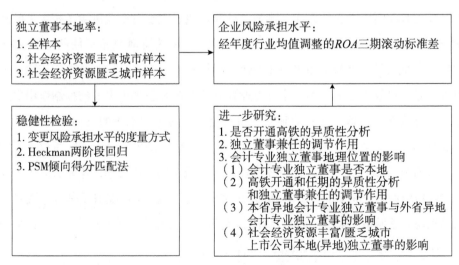

图 7-1　第 7 章研究框架

7.2 文献综述

本章的研究涉及企业风险承担水平与独立董事的治理作用，为了梳理相关研究进展，将与本章研究主题密切相关的文献划分为以下两类进行述评。

7.2.1 企业风险承担水平的影响因素

企业风险承担水平的影响因素是学术界研究的热点话题，取得了丰富的研究成果，现有研究可以从企业外部影响因素、内部影响因素和管理者个人特征这三个方面的影响因素展开。

（1）企业外部影响因素

有关企业风险承担水平的外部影响因素，大多聚焦在宏观环境制度和外部治理机制角度。外部环境对企业的生存发展至关重要，John 等（2008）发现良好的投资者保护可以约束管理层攫取私利的不端行为，减弱其风险厌恶心理，从而使企业的风险承担水平提高。而在债权人权利更强的环境中，为了避免违约，保证控制权安全，企业会降低风险承担水平（Acharya 等，2011）。在投资者情绪较高涨时，市场会对企业产生较为积极的评价，此时管理者更愿意承担风险（Habib 和 Hasan，2017）。从政策制度角度来看，制度的变动会影响企业的外部经营环境，管理者为了更好地应对未来的不确定情况，会调整风险投资策略，从而导致企业的风险承担水平发生变化。从正式制度方面来看，政策不确定性、货币政策和产业政策都会影响企业的风险承担行为。邹美凤等（2021）指出经济政策不确定性提高时，项目回报率的不确定性也会增加，企业会减少对高风险项目的投资，降低风险承担能力。绿色信贷政策能够提高银行的信贷供给意愿，激励企业进行绿色创新，从而提高绿色企业的风险承担水平（李俊成等，2023）。货币政策会影响银行的风险偏好和信贷供给，以及影响企业的融资成本与资产价值，导致企业的风险偏好发生变化。货币政策宽松时企业风险承担水平较高，货币政策紧缩时企业的风险承担水平下降（林朝颖等，2015）。企业风险承担具有较强的资源依赖性，产业政策会引导资源流向企业，帮助企业提高风险承担水平（张娆等，2019）。从非正式制度来看，文化差异、宗教信仰、社会网络等也会影响企业的风险承担决策。Li 等（2013）研究发现和谐主义文化会抑制企业的风险承担水平，个人主义指数与企业风险存在正相关关系。儒家也倡导个人与集体和谐相处，儒家文化蕴含着风险规避的思想，所以受儒家思想影响越大的企业越不会选择承担较高的风险（金智等，2017）。王菁华等（2017）发现宗教氛围越强，管理者会更加厌恶风险，企业文化也会更偏向保守，投资决策也将更加稳健。企业风险承担活动不仅与企业的风险偏好有关，也与企业的风险承担能力密切相关，风险投资具有较强的资源依赖性，社会网络作为一种非正式制度能够拓展企业的融资、投资和销售渠道，为企业配置风险投资所需的资源，增强企业的风险承担能力，进而提高企业的风险承担水平（张敏等，2015）。

从外部治理机制角度，已有文献大多从机构投资者、媒体评价、分析师关注以及银行贷款四个方面讨论了企业风险承担水平的影响因素。冀玛丽和杜晓荣（2017）认为机构投资者会较为积极地参与公司治理，机构投资者拥有较强的专业知识，并且能和管理层直接交流，有利于减轻委托代理冲突，因此机构投资者持股能提升企业的风险承担水平。学者们发现媒体关注有助于提高企业的风险承担水平，媒体报道会影响企业和管理者的声誉和形象，媒体的曝光还可能导致行政机构的介入，促使管理者适当增加对风险较大但有利于提高企业价值的项目的投资（李冬昕和宋乐，2016）。分析师是资本市场上重要的信息传递者，关于分析师是起到压力作用抑制风险承担水平，还是信息治理作用激励风险承担水平，学者们展开了研究，研究结果普遍支持了后者。分析师可以监督管理者的行为，并向外界传递收集到的信息，促使经理人减少损害企业价值的行为，分析师跟踪还可以提高股票定价效率，有利于投资者认可高风险、高价值的投资项目，高管将更为积极地承担风险（杨道广等，2019）。但若分析师间存在羊群行为，将降低分析师报告中的信息含量，企业和投资者间信息不对称程度的提高将加剧企业的融资约束和对管理者进行监督的难度，导致企业的风险承担能力和管理者的风险承担意愿降低，风险承担水平下降（申丹琳，2021）。然而不仅股东与管理者间的委托代理问题会影响企业的风险承担水平，股东与债权人间的代理冲突也会影响风险项目决策。为了获取更多收益，股东有动机用债权人的财富去冒险，投资高风险高收益项目，即使失败也只会承担有限责任，这种利益冲突会随着负债水平的上升而加剧，因此企业的银行贷款与风险承担水平存在正相关关系（郭瑾等，2017）。

（2）企业内部影响因素

有关企业风险承担水平的内部影响因素，大多集中在企业自身特征和内部治理因素。

企业自身特征角度，不同特征的企业间往往在风险承担水平上存在差异。现有研究主要关注了产权性质的不同，相比于非国有企业，国有企业的风险承担水平更低，国有企业肩负了社会目标，倾向于选择稳健的投资策略，国有企业管理层激励机制的不足也会导致管理者对风险项目的选择缺乏积极性（李文贵和余明桂，2012）。然而，国有资本参股民营企业却能提高民营企业的风险承担水平，国有企业参股有利于民营企业跟政府和银行建立良好关系，当国有资本使企业背负政治任务时，企业可以要求国有股东提供更多的资源，资源的支撑提高了企业的风险承担能力（张建宇和杨旭，2023）。除此之外，公司战略和生命周期的不同也会影响风险承担。采取差异化战略的企业比采取成本领先战略的企业风险承担水平更高，成本领先战略是防御型战略，而差异化战略会寻求新的进攻机会，加大研发创新投入，选择更多的高风险高收益项目。当企业处于成熟期时风险承担水平较高，随着一段时间的积累，成熟期的企业形成了一定程度的抗风险能力，会积极投资一些高风险项目来获得较高的收益（马宁和王雷，2018）。

关于企业内部治理因素对企业风险承担水平的作用，学者基于股东和管理者间的委托代理理论，主要探究了股权结构、管理者激励和董事会特征的影响效果。

从股权结构来看，关于股权集中度与风险承担水平的关系现有研究尚未达成一致结论。杨建君等（2015）发现股权集中度与企业自主创新这一风险承担行为存在倒 U 型关系，股权分散时经理人往往控制着企业的资源配置，经理人为了保护个人利益，不愿意开展自主创新。股权适度集中时，多个大股东的存在有利于分散风险，推动自主创新的实施。而股权高度集中时，控股股东会牟取私利，规避高风险项目。而多个大股东的存在可以监督控制股东的风险规避行为，迫使控股股东为了控制权安全而积极承担风险（冯晓晴和文雯，2020）。但 Attig 等（2013）却发现股权集中度与风险承担水平正相关，控股股东可以起到监督作用。在股东行为方面，学者发现大股东股权质押会引发非效率投资，从而提高企业的风险承担水平（顾海峰和刘子栋，2021）。

在管理者激励方面，股权激励可以使管理者共享公司利润，薪酬与股价挂钩能增强管理者的风险容忍水平，股权激励还能降低管理者与股东间的信息不对称，约束管理者的风险规避，从而促进风险承担水平的提高（冷雪蕊等，2022）。除了股权激励还有薪酬激励，董维维和潘金晶（2020）发现内部薪酬差距较大时，高管往往已经具有确定的收益，他们会倾向于把握已有的收益，厌恶风险。而当高管薪酬高于行业平均标准时，满足感会激励高管努力工作，提高企业的风险承担水平。除此之外，企业的风险承担水平还与董监高责任保险的认购有关，责任保险的风险对冲机制降低了管理者的执业风险，激励管理者减少风险规避（胡国柳和胡珺，2017）。

在董事会特征方面，现有研究主要关注了董事会规模、董事会成员人口统计学特征等因素的影响。关于董事会规模对风险承担水平的影响，苏坤（2016）指出，规模较大的群体在决策上更难达成一致，董事会规模越大，高风险决策越难通过多数成员的一致认可，不利于提高企业的风险承担。郑晓倩（2015）也发现董事会规模与企业风险承担水平负相关，董事会成员会互相搭便车，对经理人的监督减少。该学者还发现，独立董事占比越多，越能提高董事会的监督与咨询效率，提高企业的风险承担水平。关于董事会成员人口统计学特征的影响，张俊芝和谷彬彬（2020）发现，女性比男性更厌恶风险，女性董事越多，企业风险承担能力越弱；董事平均年龄越大，也相对更加保守，不利于提升风险承担水平；具有政治背景的董事积累了丰富的人际关系，便利了企业与政府的沟通，增强了企业的风险承担能力。

（3）管理者个人特征

众多学者从管理者异质性视角出发，运用高层梯队理论，研究了管理者对企业风险承担的影响。研究表明，管理者效应直接影响到企业风险承担水平（吕文栋等，2015）。通过进一步研究则发现，企业风险承担水平上升往往与管理者对公司的投资经营等事项的不同抉择行为有关，这些行为都是与管理者自身偏好有关。管理层的自身偏好主要受其性别、个人经历、风险偏好等特征的影响。因此，本章主要将管理者特征分为管理者个人特征和管理者风险偏好两个方面，来总结其对企业风险承担水平的影响。

管理者个人特征与风险承担水平。管理者个人特征会对企业决策产生影响（Hambrick 和 Mason，1984）。首席执行官的任期越长，选择规避风险的可能性越小，所任职企业的风险承担水平越高（Chen 和 Zheng，2012）。李彬等（2017）通过研究发现，相较于男性担任首席执行官的企业，女性在担任首席执行官时，容易展现出胆大心细、雷厉风行的气质，其任职的公司呈现出更高的风险承担水平。海外留学或工作经验可以丰富高管的认知和信息获取渠道，使管理者更加熟悉与风险相关的信息，从而可以提升企业风险承担水平，并且具有海外留学和工作背景的管理者占比越大，对企业风险承担水平的提升效果越显著（宋建波等，2018）。王积田和张雍（2023）也认为学习过金融知识、具有海外留学或工作经历的管理者在企业内部进行决策时，能够有效降低风险厌恶程度。周泽将等（2018）的实证结果显示，独立董事之间存在一些政治职位上的关联，容易催生一些"人情世故"的产生，从而会提高企业的风险承担水平。企业的高层管理者（例如董事长、总经理）通过多年工作经历积攒下的社会资源、人际关系网络，能够在公司实施各种投资、融资经营活动时提供可靠的便利信息以及所需要的资源，从而促进了企业的风险承担（张敏等，2015）。Hirshleifer 等（2012）认为，过度自信的管理者通常会倾向于关注具有创新性的项目，而创新项目更具有未知性和挑战性，投资风险相对更高，从而提升企业的风险承担水平。但也有研究学者持相反观点，他们提出谦卑型管理者为高管团队提供了更加灵活的未来视角，并带领团队以更加积极、自信和乐观的态度迎接未来的不确定性（Luthans 和 Youssef，2004）。基于社会信息加工理论，现有研究指出谦卑型管理者能够使自己所带领的高管团队更具适应性，更好地面对风险和失败（Lengnick Hall 等，2011）。何瑛等（2019）指出，首席执行官拥有丰富的职业经历会积累一定的人际关系和工作经验，可以更好地应对从业过程中遇到的风险，从而可以提升公司整体的风险承担水平。雷星晖等（2023）认为谦卑型管理者能够增强高管团队的风险承担意愿。

管理者风险偏好与风险承担水平。从管理者的角度出发，自身未来的职业发展规划和利害关系与所在公司的投资风险之间存在较大的冲突。因为企业在进行新的投资行为时，不仅需要管理者付出时间和精力，也需要其承担一定的责任和风险，随着企业不断发生新的投资行为，并且这些行为存在着越来越高的风险时，管理者就会感受到急剧的薪酬降低危机并且会担心未来的职业发展情况（Chakraborty 等，2007）。所以在综合考虑了自身职业发展和薪金的情况下，管理者会更倾向于风险规避，从而抑制企业的风险承担（张洪辉，2016；朱晓琳和方拥军，2018）。叶建宏（2017）认为，公司的核心管理层在接受长期、严格的军事训练过后，会在制定战略决策时表现得更为果敢，更倾向于选择风险偏好型的管理战略，从而促进企业的风险承担。

管理者在选择让企业承担风险的过程中，通常需要考量企业的资金储备和整体经营情况。基于资源基础理论，企业具有财务柔性时，内部充足的资金储备能为管理者制定战略决策给予强有力的支持。如果企业的内部资金储备水平高于行业平均值时，企业现金持有竞争效应将会发挥更强的作用，从而提升管理层选择进行风险投资的意愿（刘嫦等，2020）。如果公司的某个风险投资活动面临失败，在财务柔性储备发挥作用的情况下，公司仍然能够维持正常的经营活动，不至于产生较大的资金流断裂，一定程度上可以有效缓解管理者的风险厌恶倾向（肖明和李松，2016），管理者更有信心去促进企业的风险承担。

因此，具有较高财务柔性时，企业的资金储备支撑就会更有力，缓解管理层的风险厌恶情绪，管理者的投资积极性和风险投资决策意愿就会更强，企业风险承担水平会随之提升。

7.2.2　独立董事对企业风险承担水平的影响

独立董事主要具有监督与咨询的作用，独立董事需要协助管理者对企业的经营投资行为进行战略决策。而独立董事的职业素质和从业经历的不同会对其履行职能的效果产生直接的影响。企业在风险承担的过程中会很依赖信息的广泛获取，独立董事的风险识别和判断能力能为企业提供一些建设性的投资意见，独立董事对企业风险承担水平的重要性不言而喻。独立董事的专业素养和执业经验主要受独立董事个人特征、财务背景、兼任上市公司数量、薪酬激励和本地任职这几方面因素的影响。综上，本章总结归纳了从上述因素出发，独立董事对企业风险承担水平的影响的相关文献。

（1）独立董事个人特征对企业风险承担水平的影响

①学历特征。信号传递理论认为，企业对应聘者的能力认定主要取决于其学历，通常情况下，应聘者具有较高学历，相应地其能力也会比较高，从而企业愿意提供更高的报酬（汤二子，2012）。与此同时，一般来说，独立董事学历越高，本职工作的薪金越高，社会地位和声誉也越高，进一步地，想要维系稳定收入、地位以及良好声誉的动机越强，更倾向于规避风险，明哲保身。

②年龄特征。现有研究主要分为两种观点，一种观点称，年龄越大的独立董事经验越多，对新事物、新知识的接受程度越低，但他们更看重自己的市场声誉，冒风险的机会成本也就越高。同时，独立董事的年龄越大，其风险厌恶效应越强。另一观点则认为，随着年龄的增加，独立董事的人力资本也在不断地叠加，能够积累更为丰富的社会资源，这样有利于促进企业的风险承担水平（李四海等，2015）。

③声誉特征。在从业过程中，独立董事的市场竞争力主要受到声誉机制的影响，所以其更倾向于规避风险。我国上市公司更愿意聘用业界专家大拿、学

术成果颇丰的大学教授等享有且注重良好声誉的群体出任独立董事,在担任独立董事的工作中声誉受损,也会间接影响到其本职工作(杜剑和于芝麦,2019)。只有在市场上享有高声誉,独立董事才能长久地获取薪金报酬,上市公司一般极少会聘任受过监管处罚的人士担任独立董事(辛清泉等,2013)。与此同时,按照《关于在上市公司建立独立董事制度的指导意见》的规定,独立董事连任时间不得超过六年。因此,基于对自己良好声誉的维系,独立董事在履职过程中通常更倾向于风险规避。

此外,独立董事网络使企业更容易获取交易信息,从而更容易有效规避风险。吴超和施建军(2018)认为,独立董事的社会网络在企业进行决策时可以提供更多的信息,不利于提高企业的风险承担水平。

(2)具有财务背景的独立董事对企业风险承担水平的影响

即使管理层通常较为熟悉企业经营、投资和融资活动,但是他们在进行战略决策时,容易存在惯性思维和惯性行为,所以聘任独立董事不仅能为经营投资决策提供更加独特且客观的建议,还能因其具有独立性而提高对企业的监督有效性。具有财务相关专业背景的独立董事对管理层决策的监督会更有效,减少代理问题,同时会更容易获取企业交易风险的相关信息,可以为企业带来资源效应,从而提升企业风险承担水平。Harris 和 Raviv(2008)认为,在企业进行一些复杂交易时,具备财务专业知识的独立董事知道怎样快速、高效、便捷地获取所需要的信息,从而甄别出企业面临的风险,另外,拥有财务背景的独立董事因为掌握专业知识,能够更准确地识别出对企业经营投资有利的因素。董事会要想对企业投资融资经营等项目提出建议,大都需要具有财务相关的专业知识的董事完成,有财务背景的独立董事所占比例越高,企业代理问题越能被更好地解决,从而提升管理者的风险承担意愿,促进企业的风险承担(王晓丹,2021)。车菲等(2020)认为,引入拥有金融背景的独立董事会产生资源效应,从而促进企业的风险承担,并且在地理位置不同的情况下效果有差异。

(3)独立董事兼任上市公司数量对企业风险承担水平的影响

由于成为独立董事对其专业水准以及社会地位的要求普遍较高,所以独立

城市社会经济资源视角下独立董事地理位置对企业风险承担的影响研究

董事通常是一种较为稀缺的社会资源，同时具有多重身份的现象也较为常见。现有研究对于兼任多家公司的独立董事能够促进企业价值提升的观点还是有所存疑的，由于一个人只有有限的时间和精力，并不一定能很好地兼顾监督多家企业的职责与义务。Core 等（1999）的实证分析结果表明，一家企业的独立董事兼任了多重身份，那么这家企业的经理人所获取的薪金报酬往往超过了合理范围，说明兼任多家上市公司的独立董事通常不太能履行好对管理层应尽的监督义务。Shivdasani 和 Yermack（1999）通过实证分析得出结论，兼任独立董事占比越大，企业代理成本也越高。我国的法律文件中也规定了独立董事原则上最多只能在 5 家上市公司兼任。独立董事兼职数量过多是导致其缺席董事会、无法勤勉尽责履行其职责的重要原因之一（彭文革和邱永红，2007）。王晓丹（2021）认为，独立董事的工作性质决定了其在履行职责时必须收集、分析大量与企业及行业有关的信息。而一个人的时间与精力是有限度的，所以当兼职工作越来越多时，独立董事投入的时间和精力也就越多，以确保其实现有效监督。当兼职数量超过所能承受的合理范围后，难免会顾此失彼，对管理层监督的有效性就会大打折扣，同时管理层的风险规避行为得不到较好的约束，从而抑制了企业的风险承担水平。

（4）独立董事薪酬激励对企业风险承担水平的影响

按照风险和收益对等的原则，决策时承担更高风险往往会相应地要求更高的报酬，独立董事薪酬有所增加，相应地就会提升其承担风险的意愿，从而更好地发挥其监督和咨询职能，更加支持管理层增加资本支出和风险投资的决策行为，从而使企业价值创造能力不断提高，进而提高企业的风险承担水平（周泽将等，2018）。纪亚方（2021）认为合理设计独立董事薪酬激励机制可以优化董事会的咨询与监督职能，进而提升独立董事个人履职成效，一定程度上规避了管理层和股东之间存在的代理冲突，使管理者的目光能够放长远，从而提升企业风险承担水平。

（5）独立董事本地任职对企业风险承担水平的影响

独立董事地理位置对公司治理有着举足轻重的影响。Knyazeva 等（2011）指出，本地任职的独立董事履行职责的成本更低，对管理层的约束监督能力越高，其公司治理能力越高。Masulis 等（2012）认为，独立董事与上市公司的地理位置越近，更方便及时得到更为全面的信息，有利于企业有效识别面临的风险；Alam 等（2014）也认为，本地任职的独立董事更容易与公司高管建立亲密关系，更可能获取公司一些重要的、真实的内部信息，从而促进独立董事更有效地履行监督职能。也有部分学者持相反观点，本地独立董事与管理层之间更为频繁、紧密甚至"友好"的沟通交流会使管理层有机会买通本地独立董事。Landier 等（2006）通过研究总结出了总部跟分部之间的距离远近对其管理层和雇员之间关系的影响。越靠近企业总部的分部，越不容易发生解聘或者裁员，所以，地理位置相近可能会导致本地独立董事工作效率下降。地理位置上的距离相近使本地独立董事的独立性更差（汪青松和罗娜，2022），独立董事的独立性会对监督效果产生直接影响，从而对管理层不能形成有效制约与监督，而企业风险承担水平主要由管理层主动选择高风险高收益项目的意愿和企业的资源获取能力决定（吴粒等，2023）。但是，国内对独立董事的相关研究大多是将其地理位置作为控制变量，如胡奕明和唐松莲（2008），并且国内学者对于独立董事本地任职对企业风险承担水平的直接影响效果的研究较少，亟待探究，所以本章主要针对独立董事本地任职对于企业风险承担水平的影响的研究有一定的理论和实践意义。

7.2.3 文献述评

本章主要从企业风险承担水平的影响因素、独立董事对企业风险承担水平的影响两方面出发，对国内外现有专家学者的相关研究进行了回顾和总结归纳，为本章对独立董事地理位置与企业风险承担的相关研究提供了理论基础和研究方法。

根据整理影响企业风险承担水平影响因素的相关文献可知，国内外学者从企业内外部治理机制和管理者特征角度进行了较为深入的分析，支持了风险承担活动的委托代理动机和资源依赖效应，为本章提供了充分的理论支持。但是大多文献都是从单一视角研究企业风险承担水平的影响因素，少有将企业外部环境和内部治理相结合的全面细致分析。

关于独立董事对企业风险承担水平的影响，现有研究表明独立董事能在企业的风险承担决策中发挥治理作用，其作用发挥的不同主要与独立董事个人特征、财务背景、兼任上市公司数量、薪酬激励等方面有关，然而，鲜有学者对独立董事地理位置对企业风险承担水平的影响进行研究。

综上所述，本章将在城市社会经济资源视角下，研究独立董事地理位置对企业风险承担水平的影响，以期能够更加全面客观地评价独立董事地理位置的治理后果，同时也丰富了相关研究的经验证据和实证支撑。

7.3　理论分析与研究假设

企业风险承担体现企业追求高额利润时愿意为之付出代价和承担风险的倾向，主要表现为高管在决策中选择高风险、高收益投资项目的偏好。适度提高风险承担水平有助于企业充分利用投资机会，取得更高的投资回报，提升长期竞争实力。高管作为企业风险承担活动的决策者，高管自身承担风险的意愿会影响其决策倾向和选择进而影响到企业的风险承担水平。已有研究发现，委托代理冲突是影响企业风险承担的重要因素（胡国柳和胡珺，2017）。根据委托代理理论，企业经营者在决策时往往从个人利益最大化出发，而非股东和企业价值最大化。管理层为了避免因风险投资失败而导致个人财产赔偿、解雇风险、职业生涯和声誉损失等，可能会放弃风险较高但净现值为正的投资项目（李小荣和张瑞君，2014；Sapra 等，2014），将不利于提升企业价值。独立董事制度引入的关键原因之一就是解决委托代理问题，现在独立董事已经成为一种不可或缺的公司治理机制，发挥着越来越重要的监督和咨询作用，对公司决策的影响力与日俱增。独立董事会对高管为了个人私利而进行风险规避的机会主义行为进行监督，同时，风险承担决策具有较强的资源依赖性，独立董事也可以凭借丰富的专业知识和拥有的关系与资源在高管进行投资决策时提供建议，帮助高管解决部分后顾之忧，这都将对企业的风险承担行为产生影响。然而我国上市公司中广泛存在聘任外市或者外省独立董事的现象，本地独立董事和异地独立董事在履职效果上存在较大差异，可能会对企业的风险承担产生不同程度的影响。

独立董事的专业性、独立性、声誉等方面是影响其履职效果的重要因素。相比于异地独立董事，本地独立董事更容易获取到公司的相关信息，也由于地理位置的临近性，本地独立董事的时间成本低，有更多的精力可以投入工作（黄芳等，2016）。但本地独立董事的独立性和声誉激励可能会弱于异地独立董事，即使具有信息和精力优势也难以充分发挥监督管理者和保护中小股东的作用。

首先，从独立董事独立性角度而言，本地独立董事相对于异地独立董事来说，独立性更差，导致企业的风险承担水平更低。代理理论认为，独立董事更具有独立性、客观性和专业性，能够减轻股东与代理人之间的利益冲突（Fama，1980；Fama 和 Jensen，1983），所以作为外部人士的独立董事在公司治理中也扮演着举足轻重的角色。近些年来，学者们进一步深耕于探究不同背景的人在担任独立董事时，在公司治理中发挥着怎样不同的作用，所以，独立董事的背景特征逐渐成为其相关研究的关注点（刘琳晨等，2019）。

而本章则是从独立董事地理位置这一背景特征展开分析论述，正如地理经济学理论所阐述的，个体的抉择行为会直接受到空间距离的影响。与此同时，在我国悠长的历史文化长河中，与人交往看重"缘分"，强调"以礼待人""情面难却"，所以在这种文化环境的催生下，关系、人情和面子等要素在企业制定战略决策和进行日常的经营投资活动时，就会显得至关重要（孙亮和刘春，2014；罗进辉等，2017），由于地理位置的邻近性，本地独立董事在文化观念与处事方式上跟管理层可能存在诸多相似之处，与此同时，本地独立董事更可能与管理层存在私交联系，处在同一个"圈子"里，这类独立董事会碍于私交关系和所谓的"面子"，更有动机在对管理层履行监督职能时"友善宽容"一些，对于管理层的决策行为持质疑态度的可能性低一些。然而，地理位置的不同在异地独立董事与企业管理层之间加了一道硬性的阻隔，在一定程度上降低了异地独立董事与管理层"合谋"的概率。所以，跟异地独立董事相比，本地独立董事更容易与管理层形成"裙带关系"，从而更容易对其履行职责的独立性产生挑战。基于此，地理位置上的距离相近使本地独立董事的独立性更差，而独立性是独立董事制度的灵魂与核心（汪青松和罗娜，2022），独立董事的独立性会对监督效果产生直接影响。而风险承担水平主要由管理层主动选择高风险、高收益项目的意愿和企业的资源获取能力来决定（吴粒等，2023）。在独立董事独立性较差、无法发挥出较好的监督职能时，管理层的个人意愿就会成为主导企业的决策行为的重要因素，这种情况下，独立董事不能很好地约束管理层的风险规避行为，从而抑制企业的风险承担。

其次，在声誉角度，相比于本地独立董事，异地独立董事既有居住地城市的声誉约束，又有任职公司注册地的声誉激励，可能会更加勤勉积极地工作。亚当·斯密认为声誉是一种可以使契约得以实施的保障机制，具有隐性激励作用。除了避免受到法律法规的处罚，薪酬和声誉也是激励独立董事履职的关键因素。独立董事往往具有较高的社会地位和较强的专业知识，获取薪酬的渠道也较多，因此薪金可能不是他们担任独立董事的主要吸引力，精神上的追求和声誉上的积累也许是主要的动力（全怡和郭卿，2017）。担任独立董事之后，他们也会注重维护和提升自己拥有的声誉。一方面，维护和提升自己的声誉有助于帮助独立董事获得更好的职业发展和个人价值实现。独立董事的声誉会向外界传递有关独立董事专业能力和勤勉尽职程度的信号，良好的声誉能给独立董事带来更高的心理满足感，并且独立董事的人力资本价值会受到声誉的影响，比如声誉往往决定着独立董事在市场上获取收益的能力和未来获得更多更佳职位选择的可能性（Fama 和 Jensen，1983）。另一方面，独立董事声誉受损的成本较高。独立董事大多是相关领域的知名专家学者，专家声誉的积累本就来之不易，又由于社会影响力较高，一旦不尽职使声誉受损将引发较为广泛的不良反应，导致被解雇和诉讼危机等较高昂的成本。因此，相较于一般人，独立董事会更加珍惜和爱护自己的声誉。声誉会影响独立董事的心理和收益，独立董事对声誉的需要和追求会激发其内心产生积极的动机，影响独立董事的行为，声誉主要是指自我认知和他人评价的"声望和名誉"（宁向东等，2012），为了避免声誉下降，独立董事会努力工作，积极履行监督和咨询职能，如提高董事会出席率、在董事会会议中发表不一致的意见、为企业提供关系资源等，让股东等利益相关者感知到自己恪尽职守，提升自己在他人心中的信任度。已有学者研究发现，声誉可以激励独立董事抑制大股东攫取私利的行为、改善内部控制质量、减少股价崩盘风险等（Du 等，2015；廖方楠等，2021；杜剑和于芝麦，2019），说明声誉动机确实可以帮助独立董事发挥治理作用。

企业提高风险承担水平意味着面临较大的风险，管理层为了自身地位的安全可能会采取短视行为，放弃对高风险、高收益项目的投资，不利于提升企业的绩效，而企业业绩差或者管理层的机会主义行为被发现都会传递出独立董事治理能力不足的信号，损害独立董事的声誉。因此，为了避免声誉受损，独立董事会更加主动和细致地掌握与公司经营决策相关的信息，当企业在进行风险项目决策时，独立董事会制约管理层的风险规避行为，发挥治理能力减轻信息不对称，提出异议或者甚至以主动离职作为抗议，这会向外界传递不良信号，增加管理者机会主义行为的成本，促使管理层提高风险投资意识。同时，独立董事可以利用个人专业知识和资源帮助管理层进行风险决策，增加风险决策的成功率，也有利于提高企业的风险承担水平。而相比于本地独立董事，异地独立董事不仅拥有居住地的声誉，还要注意在任职公司注册地的声誉，在异地公司任职未能勤勉尽责使声誉下降，信息传递到市场上还可能会影响其在居住地的声誉和事业发展，声誉受损成本更高。在双重声誉的激励下，异地独立董事可能会更加努力工作，对管理层的监督和约束作用更强，提供决策建议时更加积极，从而更有利于提高企业的风险承担水平。

除此之外，决策团队的风险认知对风险项目的决策也有着重要的影响，风格保守的决策者往往不愿意选择高风险的投资项目。根据高层梯队理论，高管性别和年龄等人口统计学特征以及教育背景、职业背景等背景特征不同，会导致其在认知能力、价值观、风险偏好等特质方面存在差异，这些特质会影响他们的战略与决策选择（Hambrick 和 Mason，1984）。文化背景对独立董事的行为也有重要影响，最终影响董事会整体的决策和治理效应，如具有海外经历的独立董事受海外资本市场法律文化的影响，对中小股东的保护意识更强，会积极推荐水平高的审计师，提高了审计质量（高凤莲等，2020）。本地独立董事、本地其他董事会成员和高管长期处在同一种文化环境下，思维方式容易被固化，在面对不确定性和风险较高的项目决策时容易陷入保守僵化（苏忠秦和葛彪，2022）。异地独立董事的加入能为董事会带来不同的地域文化，增加了董事会的文化多样性。受到不同文化的影响，本地独立董事和异地独立董事会在价值观念、思维模式和工作方法等方面存在明显的异质性。而单一环境下的认识是有局限性的，不同文化背景的成员组成的异质性团队能够减轻单个成员的认知局限性，提高团队整体的决策效率，异地独立董事增加了团队的异质性元素，有助于为董事会带来新的观念和见解。Vermeulen 和 Barkema（2001）指出文化差异可以推动相互学习和创新产出，独立董事不同地域文化的"学习互补"有利于提升企业的资源整合能力，改进风险认知，进而促进企业风险承担水平的提高。

综上而言，相比于异地独立董事，本地独立董事可能会存在更为严重的独立性问题，声誉激励作用也较弱，并且难以提出新的认知，导致在提高企业风险承担方面的监督和咨询作用较弱。据此，本章提出如下假设：

H1：独立董事本地率与企业风险承担水平呈负相关关系。

7.4 实证研究设计

7.4.1 样本选择与数据来源

本章以中国 A 股非金融类上市公司 2007—2022 年的数据为研究样本，本

章研究所需的上市公司的注册地、独立董事的居住地以及高铁开通信息均通过
手工收集、整理得来，其他数据均来源于 CSMAR 数据库、Wind 数据库。本章
按照下列标准对初始样本进行了筛选：一是剔除 ST 以及 PT 上市公司样本；二
是剔除金融行业上市公司样本，因为金融行业的公司与其他行业的公司存在明
显差异；三是剔除相关变量中缺失的观测值。同时，为了消除异常值的影响，
本章对所有连续变量进行了 1% 和 99% 的缩尾处理。经过上述处理后，最终本
章得到了 2007—2022 年共 32394 个有效观测值。数据分析处理工作使用软件
Stata 16.0 完成。

7.4.2　变量定义

（1）被解释变量

被解释变量 *Risk*1 代表企业的风险承担水平，借鉴余明桂等（2013）以及
何瑛等（2019）的研究，本章采用盈余波动性即企业在观测时段内的 *ROA* 波
动程度来衡量企业的风险承担水平。*ROA* 使用息税前利润除以年末总资产度
量，然后对 *ROA* 采用行业年度平均值进行调整，以缓解行业及周期的影响。具
体采用下列公式进行计算，以每三年（第 t 年至第 $t+2$ 年）作为一个观测时段，
得出经行业调整后的 *ROA*（*Adj_ROA*）的标准差。*ROA* 波动性越大代表企业风
险承担水平越高。

$$Adj\_ROA_{i,t} = \frac{EBIT_{i,t}}{Asset_{i,t}} - \frac{1}{X}\sum_{K=1}^{X}\frac{EBIT_{i,t}}{Asset_{i,t}} \tag{7.1}$$

$$Risk1_{i,t} = \sqrt{\frac{1}{T-1}\sum_{t=1}^{T}\left(Adj\_ROA_{i,t} - \frac{1}{T}\sum_{t=1}^{T}Adj\_ROA_{i,t}\right)^2} \mid T = 3 \tag{7.2}$$

（2）解释变量

解释变量为独立董事本地率（*LR*），为该公司当年聘请本地独立董事占当
年聘请全部独立董事的比例。若独立董事的居住地城市和上市公司的注册地城
市一致，则该独立董事为本地独立董事。若独立董事的居住地城市和上市公司
的注册地城市不一致，则该独立董事为异地独立董事。

（3）控制变量

借鉴何瑛等（2019）、周泽将等（2019）以及马永强和邱煜（2019）的研究，本章控制了可能会影响企业风险承担水平的公司特征和公司治理方面的变量。公司特征方面的变量包括：公司规模（Size），用年末总资产的自然对数衡量；资产负债率（Lev），等于年末总负债除以年末总资产；总资产净利润率（ROA），等于净利润除以总资产平均余额；现金流比率（Cashflow），等于经营活动产生的现金流量净额除以总资产；固定资产占比（FIXED），为固定资产净额与总资产的比值；产权性质（SOE），国有控股企业取值为1，其他为0；营业收入增长率（Growth），等于公司当年营业收入对比前一年度营业收入的增长率；公司成立年限（FirmAge），为公司当年距公司成立年度的年数加1后取自然对数。公司治理方面的变量包括：董事会规模（Board），等于董事会人数的自然对数；两职合一（Dual），董事长与总经理是同一个人取1，否则为0；第一大股东持股比例（Top1），等于第一大股东持股数量除以总股数；管理层持股比例（Mshare），等于管理层持股数量除以总股本；管理层前三名薪酬（TMTPay1），等于上市公司前三名高管薪酬总额的自然对数。此外，本章还设置了行业（Industry）和年度（Year）虚拟变量，用于控制年度和上市公司所在行业的影响。本章主要变量的具体定义及度量详见表7-1。

表7-1　　　　　　　　　　　主要变量具体定义及度量

变量类型	变量名称	变量符号	变量定义
被解释变量	风险承担水平	Risk1	每三年中经行业年度调整的ROA（息税前利润/总资产）的标准差
解释变量	独立董事本地率	LR	本地独立董事数量/独立董事总数
控制变量	公司规模	Size	年末总资产的自然对数
	资产负债率	Lev	年末总负债/年末总资产
	总资产净利润率	ROA	净利润/总资产平均余额
	现金流比率	Cashflow	经营活动现金流量净额/总资产
	固定资产占比	FIXED	固定资产净额/总资产
	产权性质	SOE	国有控股企业取值为1，其他为0

续　表

变量类型	变量名称	变量符号	变量定义
控制变量	公司成立年限	*FirmAge*	公司当年距公司成立年度的年数加1后取自然对数
	营业收入增长率	*Growth*	本年营业收入/上一年营业收入-1
	董事会规模	*Board*	董事会人数的自然对数
	第一大股东持股比例	*Top*1	第一大股东持股数量除以总股数
	管理层前三名薪酬	*TMTPay*1	上市公司前三名高管薪酬总额的自然对数
	管理层持股比例	*Mshare*	管理层持股数量/总股本
	两职合一	*Dual*	总经理和董事长由同一人兼任取1，否则取0
固定变量	行业	*Industry*	证监会2012年行业分类制造业取两位代码，其他行业用大类
	年份	*Year*	年份

7.4.3　研究模型

为了检验假设 H1，本章借鉴何瑛等（2019）的研究，建立模型（7.3），研究独立董事的地理位置是否会影响企业的风险承担：

$$Risk1_{i,\,t} = \beta_0 + \beta_1 LR_{i,\,t} + \beta_2 Controls_{i,\,t} + \varepsilon_{i,\,t} \tag{7.3}$$

其中，*Risk*1 为被解释变量，表示企业的风险承担水平。*LR* 为解释变量，表示独立董事的本地率。*Controls* 代表所有的控制变量：公司规模（*Size*）、资产负债率（*Lev*）、总资产净利润率（*ROA*）、现金流比率（*Cashflow*）、固定资产占比（*FIXED*）、产权性质（*SOE*）、公司成立年限（*FirmAge*）、营业收入增长率（*Growth*）、董事会规模（*Board*）、第一大股东持股比例（*Top*1）、管理层持股比例（*Mshare*）、两职合一（*Dual*）以及管理层前三名薪酬（*TMTPay*1）。变量的具体定义见表7-1。若 *LR* 的系数 β_1 显著小于0，证明独立董事本地率与企业风险承担水平负相关，从而支持了本章假设 H1。

7.5　实证结果讨论与分析

7.5.1　描述性统计

表 7-2 列示了本章主要变量的描述性统计结果。被解释变量企业风险承担水平（*Risk*1）的均值为 0.032，最小值为 0.001，最大值为 0.308，极值之间相差较大，说明不同公司的风险承担水平存在较大差异。解释变量独立董事本地率（*LR*）的均值为 0.449，表明公司聘任的独立董事中本地独立董事平均占比为 45%。

在控制变量中，公司规模（*Size*）的均值为 22.05、资产负债率（*Lev*）的均值为 0.423、总资产净利润率（*ROA*）均值为 0.044、现金流比率（*Cashflow*）的均值为 0.047、固定资产占比（*FIXED*）的平均值为 0.217、董事会规模（*Board*）平均值为 2.137、两职合一（*Dual*）均值为 0.272（即有 27.2%的样本公司董事长和总经理由同一人担任）、第一大股东持股比例（*Top*1）的平均值为 0.347、产权性质（SOE）均值为 0.363（即国有企业占总样本比例为 36.3%）、公司成立年限（*FirmAge*）的平均值为 2.809、管理层持股比例（*Mshare*）的平均值为 0.133、管理层前三名薪酬（*TMTPay*1）的平均值为 14.37、营业收入增长率（*Growth*）的平均值为 0.174。

表 7-2　　　　　　　　　　主要变量的描述性统计

变量	观测数	均值	标准差	最小值	P25	中位数	P75	最大值
*Risk*1	32394	0.032	0.040	0.001	0.010	0.019	0.037	0.308
LR	32394	0.449	0.395	0	0	0.333	0.750	1
Size	32394	22.05	1.269	19.38	21.12	21.86	22.77	26.37

续　表

变量	观测数	均值	标准差	最小值	P25	中位数	P75	最大值
Lev	32394	0.423	0.208	0.027	0.256	0.416	0.581	0.925
ROA	32394	0.044	0.065	−0.382	0.016	0.042	0.075	0.244
Cashflow	32394	0.047	0.071	−0.224	0.008	0.047	0.088	0.283
FIXED	32394	0.217	0.163	0.002	0.090	0.184	0.310	0.770
Board	32394	2.137	0.198	1.609	1.946	2.197	2.197	2.708
Dual	32394	0.272	0.445	0	0	0	1	1
*Top*1	32394	0.347	0.148	0.083	0.231	0.326	0.449	0.758
SOE	32394	0.363	0.481	0	0	0	1	1
FirmAge	32394	2.809	0.373	1.099	2.565	2.833	3.091	3.555
Mshare	32394	0.133	0.200	0	0	0.003	0.244	0.706
*TMTPay*1	32394	14.37	0.741	11.90	13.90	14.37	14.82	16.77
Growth	32394	0.174	0.411	−0.654	−0.020	0.111	0.274	3.894

数据来源：作者根据 Stata 16.0 计算整理。

7.5.2　相关性分析

表 7-3 列示了本章主要变量的相关性分析结果。本章主要关注的是独立董事本地率（*LR*）对企业风险承担水平（*Risk*1）的影响，根据相关性分析的结果，独立董事本地率（*LR*）与企业风险承担水平（*Risk*1）的相关系数为−0.038，且在 1% 水平上显著，假设 H1 初步得到验证。此外，多个控制变量与企业风险承担水平（*Risk*1）也存在显著的相关关系，例如，公司规模（*Size*）越大、总资产净利润率（*ROA*）越高、现金流比率（*Cashflow*）越高、固定资产占比（*FIXED*）越大、董事会规模（*Board*）越大、第一大股东持股比例（*Top*1）越高、管理层前三名薪酬（*TMTPay*1）越高、营业收入增长率（*Growth*）越高以及产权性质（*SOE*）为国有企业时，企业的风险承担水平（*Risk*1）越低。而资产负债率（*Lev*）越高、公司成立年限（*FirmAge*）越长、管理层持股比例（*Mshare*）越高、以及两职合一（*Dual*）为总经理和董事长由同一人兼任时，企业风险承担水平（*Risk*1）越高。

表 7-3 也列示了控制变量之间的相关性，公司特征相关变量之间相关性也

表 7-3　主要变量的相关性分析结果

	Risk1	LR	Size	Lev	ROA	Cashflow	FIXED	
Risk1	1	—	—	—	—	—	—	—
LR	-0.038***	1	—	—	—	—	—	—
Size	-0.099***	-0.029***	1	—	—	—	—	—
Lev	0.015***	-0.00600	0.494***	1	—	—	—	—
ROA	-0.327***	-0.00100	-0.046***	-0.385***	1	—	—	—
Cashflow	-0.069***	-0.039***	0.051***	-0.152***	0.350***	1	—	—
FIXED	-0.042***	-0.113***	0.099***	0.114***	-0.110***	0.235***	1	—
Board	-0.090***	-0.053***	0.243***	0.164***	0.00100	0.039***	0.164***	—
Dual	0.044***	0.00900	-0.162***	-0.160***	0.064***	-0.015	-0.117***	—
Top1	-0.149***	0.059***	0.175***	0.048***	0.132***	0.081***	0.085***	—
SOE	-0.122***	0.084***	0.324***	0.304***	-0.114***	0.012**	0.230***	—
FirmAge	0.071***	-0.00500	0.211***	0.165***	-0.143***	0.019***	-0.011	—
Mshare	0.013	0.045*	-0.328***	-0.349***	0.201***	-0.004	-0.192***	—
TMTPay1	-0.020**	0.012*	0.458***	0.059***	0.161***	0.150***	-0.148***	—
Growth	-0.037***	-0.020***	0.039***	0.034***	0.235***	0.017***	-0.070***	—
Board	1	—	—	—	—	—	—	—
Dual	-0.179***	1	—	—	—	—	—	—

续　表

	Risk1	LR	Size	Lev	ROA	Cashflow	FIXED	
Top1	0.015***	-0.044***	1	—	—	—	—	—
SOE	0.272***	-0.295***	0.219***	1	—	—	—	—
FirmAge	-0.013**	-0.070***	-0.136***	0.103***	1	—	—	—
Mshare	-0.208***	0.262***	-0.088***	-0.478***	-0.206***	1	—	—
TMTPay1	0.046***	0.00800	-0.031***	-0.067***	0.243***	-0.027***	1	—
Growth	-0.00600	0.018***	0.016***	-0.054***	-0.077***	0.054***	0.018***	1

注：***、**、* 分别代表 1%、5%和10%显著性水平。

数据来源：作者根据 Stata 16.0 计算整理。

较强, 比如公司规模 (*Size*) 和资产负债率 (*Lev*) 在 1% 水平上显著正相关, 相关系数为 0.494。公司规模 (*Size*) 和董事会规模 (*Board*) 也在 1% 水平上显著正相关, 相关系数为 0.243。现金流比率 (*Cashflow*) 和总资产净利润率 (*ROA*) 显著正相关, 相关系数为 0.350。管理层持股比例 (*Mshare*) 与公司产权性质 (*SOE*) 显著负相关。总之, 控制变量间的相关系数均小于 0.5, 表明不存在严重的多重共线性问题。

7.5.3 回归分析

(1) 单变量分析

表 7-4 报告了独立董事本地率对企业风险承担影响的单变量分析结果。具体来看, 按照独立董事本地率 (*LR*) 是否高于同年度同行业所有样本公司的均值, 将样本公司分为高本地率和低本地率两组, 分别对两组样本的风险承担水平 (*Risk*1) 进行均值差异检验和中位数差异检验。表 7-4 的检验结果显示, 在本地率较高的公司中风险承担水平 (*Risk*1) 的均值为 0.031, 中位数为 0.019。在本地率较低公司中企业风险承担水平 (*Risk*1) 的均值为 0.033, 中位数为 0.020。独立董事本地率较高组公司的风险承担水平 (*Risk*1) 均值和中位数均低于独立董事本地率较低组, 且差异检验结果显示, 均值差异和中位数差异都在 1% 水平上显著。因此, 单变量分析结果显示, 独立董事本地率较高的公司的风险承担水平显著低于独立董事本地率较低的公司, 与研究假设 H1 的预期一致。

表 7-4　　　　　　　　独立董事本地率单变量分析结果

—	高本地率组		低本地率组		差异检验	
—	均值	中位数	均值	中位数	均值差异	中位数差异
*Risk*1	0.031	0.019	0.033	0.020	0.002***	18.539***

注: ***、**、* 分别代表在 1%、5% 和 10% 水平上显著。

数据来源: 作者根据 Stata 16.0 计算整理。

(2) 多元回归分析

由于单变量分析无法控制其他影响企业风险承担水平的潜在因素, 因此, 本章继续采用多元回归分析的方法, 在控制一系列可能会对企业风险承担产生影响的因素后，检验独立董事本地率对企业风险承担水平的影响。此外，我们将样本分为了社会经济资源丰富城市样本组和社会经济资源匮乏城市样本组进行分组回归，各直辖市、普通省会、副省级省会、计划单列市和经济强市苏州市归类为社会经济资源丰富城市，地级市和省直辖县市级归类为社会经济资源匮乏城市。表7-5报告了模型（7.3）的回归结果。

列（1）—列（3）是未加入控制变量的回归结果：列（1）以全部上市公司为样本，独立董事本地率（*LR*）与企业风险承担水平（*Risk*1）在1%水平上显著负相关；列（2）•以社会经济资源丰富城市的上市公司为样本，独立董事本地率（*LR*）与企业风险承担水平（*Risk*1）在1%水平上显著负相关。列（3）以社会经济资源匮乏城市的上市公司为样本，独立董事本地率（*LR*）与企业风险承担（*Risk*1）在5%水平上显著负相关。结果表明，无论是在全样本、社会经济资源丰富城市样本还是在社会经济资源匮乏城市样本下，独立董事本地率（*LR*）的提高都会降低企业的风险承担水平（*Risk*1）。

列（4）—列（6）是加入控制变量的回归结果，控制变量包括：公司规模（*Size*）、资产负债率（*Lev*）、总资产净利润率（*ROA*）、现金流比率（*Cashflow*）、固定资产占比（*FIXED*）、产权性质（*SOE*）、公司成立年限（*FirmAge*）、营业收入增长率（*Growth*）、董事会规模（*Board*）、第一大股东持股比例（*Top*1）、管理层持股比例（*Mshare*）、两职合一（*Dual*）以及管理层前三名薪酬（*TMTPay*1）。如回归结果所示，列（4）全样本下，独立董事本地率（*LR*）与企业风险承担水平（*Risk*1）在1%水平上显著负相关，表明独立董事本地率（*LR*）的提高会对企业的风险承担水平（*Risk*1）产生抑制作用；列（5）以社会经济资源丰富城市上市公司为样本，独立董事本地率（*LR*）与企业风险承担水平（*Risk*1）没有显著的相关关系。表明在社会经济资源丰富城市样本下，独立董事本地率（*LR*）对企业风险承担水平（*Risk*1）没有显著影响。列（6）以社会经济资源匮乏城市上市公司为样本，独立董事本地率（*LR*）与企业风险承担水平（*Risk*1）在1%水平上显著负相关，表明在社会经济资源匮乏城市样本下，独立董事本地率（*LR*）抑制了企业风险承担水平（*Risk*1）的提高。综合而言，独立董事本地率（*LR*）对企业风险承担水平（*Risk*1）具有显著的负向影响，独立董事本地率（*LR*）会降低

城市社会经济资源视角下独立董事地理位置对企业风险承担的影响研究

企业的风险承担水平（$Risk1$），支持了本章的研究假设 H1。

表 7-5　　　　独立董事本地率与企业风险承担水平的多元回归分析结果

	（1）	（2）	（3）	（4）	（5）	（6）
	全样本	社会经济资源丰富城市	社会经济资源匮乏城市	全样本	社会经济资源丰富城市	社会经济资源匮乏城市
	$Risk1$	$Risk1$	$Risk1$	$Risk1$	$Risk1$	$Risk1$
LR	-0.004***	-0.003***	-0.003**	-0.003***	-0.001	-0.004***
	(-6.556)	(-3.310)	(-2.375)	(-5.269)	(-1.287)	(-3.471)
Size	—	—	—	-0.003***	-0.002***	-0.003***
	—	—	—	(-9.754)	(-7.290)	(-6.995)
Lev	—	—	—	-0.003	-0.007***	0.005*
	—	—	—	(-1.614)	(-3.483)	(1.817)
ROA	—	—	—	-0.236***	-0.239***	-0.231***
	—	—	—	(-32.348)	(-26.379)	(-19.173)
Cashflow	—	—	—	0.033***	0.025***	0.043***
	—	—	—	(8.605)	(5.468)	(6.398)
FIXED	—	—	—	-0.014***	-0.013***	-0.015***
	—	—	—	(-9.248)	(-7.065)	(-5.491)
Board	—	—	—	-0.006***	-0.007***	-0.002
	—	—	—	(-4.931)	(-5.201)	(-1.121)
Dual	—	—	—	0.001	0.001**	-0.000
	—	—	—	(1.558)	(1.999)	(-0.382)
Top1	—	—	—	-0.014***	-0.014***	-0.012***
	—	—	—	(-9.796)	(-8.225)	(-5.134)
SOE	—	—	—	-0.007***	-0.008***	-0.007***
	—	—	—	(-14.996)	(-12.647)	(-8.487)
FirmAge	—	—	—	0.001	0.001*	-0.001
	—	—	—	(1.081)	(1.930)	(-0.901)

	(1)	(2)	(3)	(4)	(5)	(6)
	全样本	社会经济资源丰富城市	社会经济资源匮乏城市	全样本	社会经济资源丰富城市	社会经济资源匮乏城市
	*Risk*1	*Risk*1	*Risk*1	*Risk*1	*Risk*1	*Risk*1
Mshare	—	—	—	−0.004***	−0.004**	−0.007***
	—	—	—	(−3.479)	(−2.528)	(−3.099)
*TMTPay*1	—	—	—	0.001***	0.002***	0.001**
	—	—	—	(3.688)	(3.250)	(2.282)
Growth	—	—	—	0.004***	0.003***	0.006***
	—	—	—	(5.745)	(3.574)	(4.444)
_cons	0.050***	0.040***	0.059***	0.116***	0.100***	0.136***
	(23.269)	(16.554)	(16.960)	(19.257)	(13.214)	(13.158)
Year	Yes	Yes	Yes	Yes	Yes	Yes
Industry	Yes	Yes	Yes	Yes	Yes	Yes
N	32394	20183	12211	32394	20183	12211
adj. R^2	0.062	0.067	0.070	0.199	0.212	0.197

注：***、**、*分别代表在1%、5%和10%水平上显著。

数据来源：作者根据 Stata 16.0 计算整理。

7.5.4　稳健性检验

为了检验上述回归结果的可靠性，本章将从以下几个方面进行稳健性检验：

（1）变更企业风险承担水平的度量方式

在此，本章将变更企业风险承担水平的度量方法，对主假设重新进行检验。借鉴何瑛等（2019）的研究，用经年度行业均值调整的 *ROA* 三期滚动极差（*Risk*2）作为企业风险承担水平的代理变量，根据表 7-6 列（1）—列（3）的回归结果可知，未加入控制变量时，独立董事本地率（*LR*）与企业风险承担水平（*Risk*2）显著负相关。加入控制变量后，在全样本和社会经济资源匮乏城市样本下，独立董事本地率（LR）与企业风险承担水平（Risk2）在 1% 水平上显著负相关；在社会经济资源丰富城市样本下，独立董事本地率（LR）与企业风险承担水平（Risk2）的关系不显著。这与主检验的结果基本一致，即变更企业风险承担度量方法并不影响前文的检验结果，表明独立董事本地率（LR）对企业风险承担水平（Risk2）有显著为负的影响，独立董事本地率（LR）对风险承担水平（Risk2）具有抑制作用。

表 7-6   独立董事本地率与企业风险承担水平的多元回归分析结果

	(1)	(2)	(3)	(4)	(5)	(6)
	全样本	社会经济资源丰富城市	社会经济资源匮乏城市	全样本	社会经济资源丰富城市	社会经济资源匮乏城市
	Risk2	Risk2	Risk2	Risk2	Risk2	Risk2
LR	-0.007^{***}	-0.005^{***}	-0.005^{**}	-0.005^{***}	-0.002	-0.008^{***}
	(-6.598)	(-3.342)	(-2.308)	(-5.302)	(-1.307)	(-3.415)
Size	—	—	—	-0.005^{***}	-0.004^{***}	-0.007^{***}
	—	—	—	(-9.959)	(-7.499)	(-7.079)
Lev	—	—	—	-0.004	-0.012^{***}	0.010^{*}
	—	—	—	(-1.466)	(-3.322)	(1.858)
ROA	—	—	—	-0.439^{***}	-0.444^{***}	-0.429^{***}
	—	—	—	(-32.318)	(-26.370)	(-19.135)
Cashflow	—	—	—	0.061^{***}	0.047^{***}	0.079^{***}
	—	—	—	(8.576)	(5.460)	(6.366)
FIXED	—	—	—	-0.026^{***}	-0.024^{***}	-0.027^{***}
	—	—	—	(-9.034)	(-6.893)	(-5.391)
Board	—	—	—	-0.010^{***}	-0.013^{***}	-0.004
	—	—	—	(-4.844)	(-5.152)	(-1.048)
Dual	—	—	—	0.001	0.002^{**}	-0.001
	—	—	—	(1.514)	(1.988)	(-0.438)

续　表

	(1)	(2)	(3)	(4)	(5)	(6)
	全样本	社会经济资源丰富城市	社会经济资源匮乏城市	全样本	社会经济资源丰富城市	社会经济资源匮乏城市
	Risk2	Risk2	Risk2	Risk2	Risk2	Risk2
Top1	—	—	—	-0.025***	-0.027***	-0.022***
	—	—	—	(-9.705)	(-8.222)	(-4.984)
SOE	—	—	—	-0.014***	-0.015***	-0.013***
	—	—	—	(-15.077)	(-12.719)	(-8.529)
FirmAge	—	—	—	0.001	0.003*	-0.002
	—	—	—	(1.120)	(1.924)	(-0.829)
Mshare	—	—	—	-0.008***	-0.007**	-0.012***
	—	—	—	(-3.420)	(-2.446)	(-3.090)
TMTPay1	—	—	—	0.003***	0.003***	0.003**
	—	—	—	(3.729)	(3.316)	(2.299)
Growth	—	—	—	0.008***	0.005***	0.011***
	—	—	—	(5.618)	(3.477)	(4.365)
_cons	0.095***	0.076***	0.113***	0.218***	0.188***	0.256***
	(23.520)	(16.734)	(17.154)	(19.492)	(13.404)	(13.270)
Year	Yes	Yes	Yes	Yes	Yes	Yes
Industry	Yes	Yes	Yes	Yes	Yes	Yes
N	32394	20183	12211	32394	20183	12211
adj. R^2	0.063	0.068	0.070	0.200	0.214	0.197

注：***、**、*分别代表在1%、5%和10%水平上显著。

数据来源：作者根据 Stata 16.0 计算整理。

（2）Heckman 两阶段回归

对于独立董事本地率与企业风险承担之间的内生性问题，本章采用 Heckman 两阶段回归方法来进行稳健性检验。第一阶段，将 d1 即独立董事本地率（LR）是否高于年度行业均值作为因变量进行 Probit 回归。特别地，本章将上市公司办

公地 *GDP* 水平的自然对数作为工具变量加入回归之中，因为上市公司办公地的 *GDP* 水平与企业的独立董事的本地率之间是存在一定关系的。一般来讲，*GDP* 水平越高，企业聘请本地独立董事的可能性就越大，而 *GDP* 水平与企业风险承担之间并没有明显的相关性。通过第一阶段的回归，本章得到这一回归的逆米尔斯比率（*imr*），然后将其作为额外的控制变量加入模型（7.3）中进行回归。

两阶段回归结果见表 7-7。根据第一阶段的回归结果，即列（1）和列（3），工具变量 *GDP* 与 *d*1 在 1% 水平上显著正相关，说明工具变量是合理的。由第二阶段回归的结果可以看出，无论是全样本还是社会经济资源匮乏城市的样本，独立董事本地率（*LR*）与企业风险承担水平（*Risk*1）在 1% 水平上显著负相关，说明在控制内生性问题后，研究结论并没有发生改变，独立董事本地率（*LR*）越高越会抑制企业的风险承担水平（*Risk*1）。

表 7-7　　　　　　　　　　Heckman 两阶段回归检验结果

	（1）	（2）	（3）	（4）
	全样本		社会经济资源匮乏城市	
	一阶段	二阶段	一阶段	二阶段
	*d*1	*Risk*1	*d*1	*Risk*1
LR	—	-0.002***	—	-0.004***
	—	(-3.517)	—	(-2.850)
GDP	0.700***	—	0.405***	—
	(75.143)	—	(23.235)	—
Size	-0.033***	-0.003***	-0.061***	-0.004***
	(-3.660)	(-9.893)	(-3.966)	(-7.400)
Lev	-0.026	-0.003*	-0.076	0.005*
	(-0.490)	(-1.658)	(-0.909)	(1.720)
ROA	0.220	-0.237***	0.046	-0.232***
	(1.452)	(-32.368)	(0.191)	(-19.172)

城市社会经济资源
对独立董事治理的影响机理研究

续　表

	(1)	(2)	(3)	(4)
	全样本		社会经济资源匮乏城市	
	一阶段	二阶段	一阶段	二阶段
	$d1$	$Risk1$	$d1$	$Risk1$
Cashflow	−0.124	0.033***	−0.201	0.043***
	(−0.981)	(8.585)	(−0.989)	(6.403)
FIXED	0.067	−0.015***	0.531***	−0.014***
	(1.093)	(−9.423)	(5.619)	(−5.027)
Board	−0.343***	−0.006***	−0.119*	−0.003
	(−8.014)	(−5.142)	(−1.710)	(−1.333)
Dual	−0.038**	0.001	−0.037	−0.000
	(−2.100)	(1.594)	(−1.319)	(−0.472)
Top1	0.104*	−0.013***	−0.018	−0.012***
	(1.839)	(−9.590)	(−0.191)	(−5.139)
SOE	0.387***	−0.007***	−0.056*	−0.007***
	(18.929)	(−14.081)	(−1.725)	(−8.693)
FirmAge	−0.005	0.001	0.170***	−0.000
	(−0.178)	(1.083)	(4.015)	(−0.292)
Mshare	0.178***	−0.004***	0.451***	−0.005**
	(3.773)	(−3.171)	(6.232)	(−2.201)
TMTPay1	−0.192***	0.001***	−0.108***	0.001**
	(−13.561)	(3.753)	(−5.061)	(1.986)
Growth	−0.053***	0.004***	−0.089***	0.006***
	(−2.693)	(5.696)	(−2.681)	(4.241)
imr	—	0.001**	—	0.004**
	—	(2.261)	—	(2.392)
_cons	−1.553***	0.115***	−0.203	0.138***
	(−6.891)	(18.965)	(−0.553)	(13.384)

续　表

	(1)	(2)	(3)	(4)
	全样本		社会经济资源匮乏城市	
	一阶段	二阶段	一阶段	二阶段
	$d1$	$Risk1$	$d1$	$Risk1$
Year	Yes	Yes	Yes	Yes
Industry	Yes	Yes	Yes	Yes
N	32394	32394	12189	12189
adj. R^2	—	0.199	—	0.195

注: ***、**、* 分别表示在1%、5%和10%水平上显著。

数据来源: 作者根据 Stata 16.0 计算整理。

（3）PSM 倾向得分匹配法

为解决由于样本自选择导致的内生性问题，本章参考苏忠秦和葛彪（2022）的研究采取倾向得分匹配法，对使用的样本依据独立董事本地率（LR）的年度行业均值进行分组处理，划分为独立董事本地率较高组和较低组。并以本章控制变量作为匹配依据，采用邻近匹配法，按照 1∶1 的比例进行样本配对，使处理组和控制组除了独立董事本地率（LR）存在差异外，其他特征尽可能相似，确认通过平衡性检验后，匹配后的样本回归结果如表 7-8 所示，独立董事本地率（LR）与企业风险承担水平（$Risk1$）在 1% 水平上显著负相关，与前文的研究结果基本保持一致。假设 H1 的结果稳健。

表 7-8　　　　　　　　　PSM 倾向得分匹配结果

	$Risk1$
LR	−0.003***
	(−3.979)
Size	−0.002***
	(−6.623)

续 表

	Risk1
Lev	−0.005**
	(−2.146)
ROA	−0.248***
	(−24.692)
Cashflow	0.032***
	(6.155)
FIXED	−0.016***
	(−7.428)
Board	−0.006***
	(−3.966)
Dual	0.001
	(1.550)
Top1	−0.013***
	(−6.997)
SOE	−0.007***
	(−10.680)
FirmAge	−0.000
	(−0.264)
Mshare	−0.004**
	(−2.144)
TMTPay1	0.002***
	(3.214)
Growth	0.005***
	(4.763)
_cons	0.112***
	(13.245)

续　表

	Risk1
Year	Yes
Industry	Yes
N	17249
adj. R²	0.207

注：***、**、*分别表示在 1%、5% 和 10% 水平上显著。

数据来源：作者根据 Stata 16.0 计算整理。

7.6　进一步研究

7.6.1　是否开通高铁的异质性分析

高铁的开通便利了不同城市之间人与人的交往，提高了信息传递的效率，为探究高铁开通是否会对独立董事本地率与企业风险承担水平间的关系产生异质性影响，本章根据上市公司所在城市当年是否开通了高铁，将样本分为开通高铁组和未开通高铁组，采用模型（7.3）进行分组回归，表 7-9 的结果显示：

在全样本下，如列（1）所示，未开通高铁组，独立董事本地率（LR）与企业风险承担（Risk1）的关系不显著；在开通高铁组，如列（2）所示，独立董事本地率（LR）与企业风险承担（Risk1）在 1% 水平上显著负相关。这表明相对于未开通高铁组，在开通高铁组，独立董事本地率（LR）对企业风险承担水平（Risk1）的负向影响更显著。在社会经济资源丰富城市样本下，如列（3）所示，未开通高铁时，独立董事本地率（LR）与企业风险承担（Risk1）的关系不显著；在开通高铁后，如列（4）所示，独立董事本地率（LR）与企业风险承担（Risk1）在 10% 水平上显著负相关。这表明在社会经济资源丰富城市样本下，相对于未开通高铁组，在开通高铁组，独立董事本地率（*LR*）对企业风险承担水平（*Risk*1）的负向影响更显著。在社会经济资源匮乏城市的样本下，在开通高铁和未开通高铁时独立董事本地率（*LR*）与企业风险承担水平（*Risk*1）均在5%水平上显著负相关，且两组间的系数差异没有通过组间差异检验，说明在社会经济资源匮乏城市样本下，是否开通高铁对独立董事本地率（*LR*）与企业风险承担水平（*Risk*1）间的关系没有显著影响。

在全样本下，在开通高铁组，独立董事本地率（*LR*）对企业风险承担水平（*Risk*1）的负向影响更显著，可能的原因是由于地理距离的存在，异地独立董事受到信息传递不畅和工作精力不足的困扰，而高铁的开通能够降低信息的获取成本（李欣泽等，2017），也为异地独立董事到公司调研提供了出行便利，有利于异地独立董事发挥监督职能（张洪辉和平帆，2019）。开通高铁后异地独立董事具有更大的优势，此时本地独立董事越多越不利于企业提高风险承担水平，因此，相比于未开通高铁，在高铁开通后，独立董事本地率（*LR*）对企业风险承担水平（*Risk*1）的负向影响更显著。

表7-9 是否开通高铁的异质性分析

	(1)	(2)	(3)	(4)	(5)	(6)
	全样本		社会经济资源丰富城市		社会经济资源匮乏城市	
	未开通高铁	开通高铁	未开通高铁	开通高铁	未开通高铁	开通高铁
	*Risk*1	*Risk*1	*Risk*1	*Risk*1	*Risk*1	*Risk*1
LR	−0.001	−0.003***	0.002	−0.001*	−0.004**	−0.004**
	(−0.793)	(−4.450)	(1.145)	(−1.662)	(−2.175)	(−2.547)
Size	−0.003***	−0.003***	−0.002**	−0.002***	−0.003***	−0.004***
	(−5.155)	(−8.653)	(−2.571)	(−6.962)	(−4.389)	(−6.003)
Lev	0.006**	−0.004**	0.000	−0.008***	0.008**	0.006
	(1.977)	(−2.046)	(0.064)	(−3.604)	(2.162)	(1.505)
ROA	−0.128***	−0.259***	−0.127***	−0.252***	−0.129***	−0.270***
	(−8.299)	(−32.129)	(−5.237)	(−26.242)	(−6.408)	(−19.000)

续　表

	(1)	(2)	(3)	(4)	(5)	(6)
	全样本		社会经济资源丰富城市		社会经济资源匮乏城市	
	未开通高铁	开通高铁	未开通高铁	开通高铁	未开通高铁	开通高铁
	*Risk*1	*Risk*1	*Risk*1	*Risk*1	*Risk*1	*Risk*1
Cashflow	0.015**	0.037***	0.006	0.029***	0.023**	0.051***
	(2.387)	(8.064)	(0.616)	(5.685)	(2.548)	(5.410)
FIXED	−0.001	−0.018***	0.001	−0.016***	−0.001	−0.022***
	(−0.257)	(−9.838)	(0.283)	(−7.493)	(−0.250)	(−5.901)
Board	−0.005**	−0.006***	−0.009***	−0.007***	−0.003	−0.002
	(−2.343)	(−4.186)	(−3.020)	(−4.470)	(−0.878)	(−0.764)
Dual	0.000	0.001	0.001	0.001*	0.000	−0.001
	(0.435)	(1.212)	(0.356)	(1.804)	(0.134)	(−0.640)
*Top*1	−0.008***	−0.015***	−0.006	−0.015***	−0.010***	−0.013***
	(−3.307)	(−8.852)	(−1.642)	(−8.006)	(−2.877)	(−4.100)
SOE	−0.004***	−0.009***	−0.005***	−0.008***	−0.003**	−0.010***
	(−3.942)	(−14.767)	(−3.783)	(−11.961)	(−2.547)	(−8.486)
FirmAge	0.001	0.001	0.001	0.002**	0.002	−0.002
	(1.083)	(1.117)	(0.796)	(2.111)	(1.118)	(−1.252)
Mshare	−0.010***	−0.004**	−0.010***	−0.004**	−0.009***	−0.006**
	(−4.166)	(−2.422)	(−2.582)	(−2.226)	(−3.228)	(−1.979)
*TMTPay*1	0.001	0.001***	0.001	0.002***	0.001	0.002*
	(1.094)	(3.062)	(0.719)	(2.849)	(0.936)	(1.862)
Growth	−0.001	0.006***	−0.001	0.004***	−0.002	0.011***
	(−1.586)	(6.326)	(−0.775)	(3.845)	(−1.436)	(5.163)
_cons	0.108***	0.108***	0.087***	0.083***	0.115***	0.160***
	(9.926)	(11.146)	(4.971)	(9.365)	(7.987)	(8.176)
Year	Yes	Yes	Yes	Yes	Yes	Yes
Industry	Yes	Yes	Yes	Yes	Yes	Yes
N	6964	25430	2633	17550	4331	7880
adj. R^2	0.122	0.218	0.122	0.224	0.130	0.230

注：***、**、*分别代表在1%、5%和10%水平上显著。

数据来源：作者根据 Stata 16.0 计算整理。

7.6.2 独立董事兼任的调节效应分析

为了研究兼任对独立董事本地率与企业风险承担间关系的影响，我们将兼任率（*Ptime*）以及独立董事地理位置（*LR*）与兼任率（*Ptime*）的交乘项（*LR×Ptime*）加入模型（7.3）进行回归，独立董事的兼任率（*Ptime*）用存在兼任情况的独立董事人数除以独立董事总人数衡量。回归结果如表 7-10 所示，在全样本下，交乘项 *LR×Ptime* 的系数为正，且在 10% 水平上显著，这表明兼任会削弱独立董事本地率（*LR*）对企业风险承担水平（*Risk*1）的负向影响。在社会经济资源丰富城市样本下以及社会经济资源匮乏城市样本下，*LR×Ptime* 的系数均不显著，表明在社会经济资源丰富城市和社会经济资源匮乏城市样本下，兼任对独立董事本地率（*LR*）与企业风险承担水平（*Risk*1）间的关系没有显著影响。

全样本下，兼任会削弱独立董事本地率（*LR*）对企业风险承担水平（*Risk*1）的负向影响，可能的原因如下：忙碌假说认为，由于时间和精力有限，兼任会制约独立董事监督职能的发挥（王兵，2007）。兼任会使异地独立董事在时间和精力上的不足更加突出，难以比本地独立董事发挥更强的治理作用，因此兼任会削弱独立董事本地率（*LR*）对企业风险承担水平（*Risk*1）的负向影响。

表 7-10   **独立董事兼任的调节效应分析**

	（1）	（2）	（3）
	全样本	社会经济资源丰富城市	社会经济资源匮乏城市
	*Risk*1	*Risk*1	*Risk*1
LR	-0.004^{***}	-0.002	-0.005^{***}
	(-4.529)	(-1.496)	(-2.920)
LR×Ptime	0.003^{*}	0.002	0.002
	(1.844)	(0.930)	(0.617)

续　表

	（1）	（2）	（3）
	全样本	社会经济资源丰富城市	社会经济资源匮乏城市
	Risk1	Risk1	Risk1
Ptime	−0.001	−0.000	−0.001
	（−0.775）	（−0.201）	（−0.660）
Size	−0.003***	−0.002***	−0.003***
	（−9.822）	（−7.371）	（−6.982）
Lev	−0.003	−0.007***	0.005*
	（−1.626）	（−3.495）	（1.819）
ROA	−0.236***	−0.239***	−0.231***
	（−32.346）	（−26.379）	（−19.173）
Cashflow	0.033***	0.025***	0.043***
	（8.595）	（5.452）	（6.404）
FIXED	−0.014***	−0.013***	−0.015***
	（−9.238）	（−7.061）	（−5.502）
Board	−0.006***	−0.007***	−0.002
	（−4.875）	（−5.144）	（−1.106）
Dual	0.001	0.001**	−0.000
	（1.558）	（2.007）	（−0.391）
Top1	−0.014***	−0.014***	−0.012***
	（−9.763）	（−8.205）	（−5.103）
SOE	−0.007***	−0.008***	−0.007***
	（−15.051）	（−12.669）	（−8.492）
FirmAge	0.001	0.001*	−0.001
	（1.127）	（1.953）	（−0.895）
Mshare	−0.004***	−0.004**	−0.007***
	（−3.454）	（−2.487）	（−3.110）

续　表

	(1)	(2)	(3)
	全样本	社会经济资源丰富城市	社会经济资源匮乏城市
	*Risk*1	*Risk*1	*Risk*1
*TMTPay*1	0.001***	0.002***	0.002**
	(3.694)	(3.245)	(2.310)
Growth	0.004***	0.003***	0.006***
	(5.749)	(3.573)	(4.450)
_cons	0.117***	0.101***	0.136***
	(19.372)	(13.312)	(13.172)
Year	Yes	Yes	Yes
Industry	Yes	Yes	Yes
N	32394	20183	12211
adj. R^2	0.199	0.212	0.197

注：***、**、*分别代表在1%、5%和10%水平上显著。
数据来源：作者根据 Stata 16.0 计算整理。

7.6.3　会计专业独立董事地理位置对企业风险承担的影响研究

　　为了进一步探究本地独立董事与异地独立董事的治理效果，我们将加入新的自变量——会计专业独立董事的地理位置（*AL*）。独立董事的专业背景对其履行咨询与监督职能的有效性有着至关重要的影响，已有的研究也表明了财务独立董事在公司治理中占据举足轻重的地位（Xie 等，2003；王兵，2007）。我国《上市公司治理准则》（2002）首次就各专门委员会做出相关规定：审计委员会中至少应有一名独立董事是会计专业人士。具有财务背景的独立董事的地理位置也对公司治理的效果有着较为显著的影响。王莉民等（2020）的研究得出，本地财务独立董事相对于非本地财务独立董事具有更高的治理效率。而本章则是主要针对企业风险承担水平来展开相关研究，具有会计专业背景的独立董事能凭借专业知识更好地识别复杂投资项目的风险信息，并且会计专业独立董事一般由高校学者和知名会计师事务所人员担任，拥有较高的名望，为了维护个人声誉会更加勤勉地工作，积极履行监督和咨询职能，因此，我们重点研究会计专业独立董事地理位置对企业风险承担水平的影响。

为了研究会计专业独立董事地理位置对企业风险承担水平的影响，我们构建模型（7.4）：

$$Risk1_{i,\,t} = \beta_0 + \beta_1 AL_{i,\,t} + \beta_2 Controls_{i,\,t} + \varepsilon_{i,\,t} \tag{7.4}$$

其中，模型（7.4）左边的被解释变量为企业的风险承担水平（$Risk1$），由企业每三年中经行业年度调整的资产收益率（息税前利润/总资产）的标准差度量，解释变量为会计专业独立董事的地理位置（AL），首先我们只保留存在一个会计专业独立董事的公司样本，若该名会计专业独立董事的居住地城市和上市公司的注册地城市一致，则 AL 取值为 1，表示本地任职的会计专业独立董事；若会计专业独立董事的居住地城市和上市公司的注册地城市不一致，则 AL 取值为 0，表示异地任职的会计专业独立董事。为排除其他公司特征对企业风险承担水平的影响，加入的控制变量包括：公司规模（$Size$），用年末总资产的自然对数衡量；资产负债率（Lev），等于年末总负债除以年末总资产；总资产净利润率（ROA），等于净利润除以总资产平均余额；现金流比率（$Cashflow$），等于经营活动产生的现金流量净额除以总资产；固定资产占比（$FIXED$），为固定资产净额与总资产的比值；产权性质（SOE），国有控股企业取值为 1，其他为 0；营业收入增长率（$Growth$），等于公司当年营业收入对比前一年度营业收入的增长率；公司成立年限（$FirmAge$），为公司当年距公司成立年度的年数加 1 后取自然对数；董事会规模（$Board$），等于董事会人数的自然对数；两职合一（$Dual$），总经理和董事长是同一个人取 1，否则为 0；第一大股东持股比例（$Top1$），等于第一大股东持股数量除以总股数；管理层持股比例（$Mshare$），等于管理层持股数量除以总股本；管理层前三名薪酬（$TMTPay1$），等于上市公司前三名高管薪酬总额的自然对数。此外，本章还设置了行业（$Industry$）和年度（$Year$）虚拟变量，用于控制年度和上市公司所在行业的影响。

（1）多元回归分析

本章继续采用多元回归分析的方法，在控制一系列可能会对企业风险承担水平产生影响的因素后，检验会计专业独立董事是否本地任职对企业风险承担水平的影响。表7-11报告了模型（7.4）的回归结果。列（1）—列（3）是没有加入控制变量的回归结果，列（4）—列（6）是加入控制变量后的回归结果，不论是全样本还是社会经济资源丰富或是匮乏城市，加入控制变量与未加入控制变量时的回归结果都是保持一致的。列（4）以全部上市公司为样本，会计专业独立董事地理位置（AL）与企业风险承担水平（Risk1）在1%水平上显著负相关，说明会计专业独立董事地理位置（AL）对企业风险承担水平（Risk1）起抑制作用；列（5）以社会经济资源丰富城市的上市公司作为回归样本，会计专业独立董事地理位置（AL）与企业风险承担水平（Risk1）则没有显著的相关关系。列（6）以社会经济资源匮乏城市的上市公司作为回归样本，会计专业独立董事地理位置（AL）与企业风险承担水平（Risk1）在1%水平上显著负相关。对于社会经济资源丰富城市上市公司样本，会计专业独立董事是否本地任职（AL）与企业风险承担水平（Risk1）没有显著的相关关系，可能是因为社会经济资源丰富城市的公司会计专业独立董事资源较匮乏地区更为丰富，就近聘请本地会计专业独立董事是相对容易的且符合一般逻辑，所以在这种情况下聘请异地会计专业独立董事便是管理层主动弱化监督的选择，存在异地会计专业独立董事与管理层合谋的现象，降低了异地独立董事的监督能力。综合而言，会计专业独立董事本地任职对企业风险承担水平（Risk1）具有显著的负向影响，本地会计专业独立董事会抑制企业的风险承担水平（Risk1），从会计专业独立董事这一细化角度进一步支持了本章的研究假设H1。

表 7-11　会计专业独立董事地理位置与企业风险承担水平的多元回归分析结果

	(1)	(2)	(3)	(4)	(5)	(6)
	全样本	社会经济资源丰富城市	社会经济资源匮乏城市	全样本	社会经济资源丰富城市	社会经济资源匮乏城市
	$Risk1$	$Risk1$	$Risk1$	$Risk1$	$Risk1$	$Risk1$
AL	-0.002^{***}	0.000	-0.004^{***}	-0.001^{***}	0.001	-0.004^{***}
	(-3.749)	(0.104)	(-4.663)	(-2.911)	(1.395)	(-4.948)

续　表

	（1）	（2）	（3）	（4）	（5）	（6）
	全样本	社会经济资源丰富城市	社会经济资源匮乏城市	全样本	社会经济资源丰富城市	社会经济资源匮乏城市
	Risk1	Risk1	Risk1	Risk1	Risk1	Risk1
Size	—	—	—	-0.003***	-0.002***	-0.004***
	—	—	—	(-9.220)	(-6.456)	(-6.818)
Lev	—	—	—	-0.003	-0.007***	0.006*
	—	—	—	(-1.355)	(-3.043)	(1.747)
ROA	—	—	—	-0.232***	-0.238***	-0.223***
	—	—	—	(-27.546)	(-22.791)	(-15.784)
Cashflow	—	—	—	0.031***	0.025***	0.040***
	—	—	—	(7.038)	(4.642)	(5.244)
FIXED	—	—	—	-0.016***	-0.014***	-0.018***
	—	—	—	(-8.816)	(-6.405)	(-5.777)
Board	—	—	—	-0.006***	-0.006***	-0.005**
	—	—	—	(-4.356)	(-3.986)	(-2.230)
Dual	—	—	—	0.001**	0.002***	-0.001
	—	—	—	(2.210)	(2.899)	(-0.570)
Top1	—	—	—	-0.013***	-0.014***	-0.011***
	—	—	—	(-8.119)	(-7.061)	(-4.069)
SOE	—	—	—	-0.007***	-0.008***	-0.007***
	—	—	—	(-13.031)	(-11.093)	(-7.114)
FirmAge	—	—	—	0.000	0.001	-0.001
	—	—	—	(0.137)	(1.078)	(-1.053)
Mshare	—	—	—	-0.005***	-0.004**	-0.007***
	—	—	—	(-3.705)	(-2.391)	(-3.171)
TMTPay1	—	—	—	0.002***	0.002***	0.002***
	—	—	—	(3.787)	(2.716)	(3.075)

续　表

	（1）	（2）	（3）	（4）	（5）	（6）
	全样本	社会经济资源丰富城市	社会经济资源匮乏城市	全样本	社会经济资源丰富城市	社会经济资源匮乏城市
	*Risk*1	*Risk*1	*Risk*1	*Risk*1	*Risk*1	*Risk*1
Growth	—	—	—	0.004***	0.003***	0.006***
	—	—	—	(4.781)	(3.069)	(3.571)
_cons	0.050***	0.039***	0.058***	0.118***	0.100***	0.139***
	(19.776)	(13.912)	(14.750)	(16.604)	(11.346)	(11.286)
Year	Yes	Yes	Yes	Yes	Yes	Yes
Industry	Yes	Yes	Yes	Yes	Yes	Yes
N	24880	15410	9470	24880	15410	9470
adj. R^2	0.060	0.068	0.055	0.193	0.210	0.178

注：***、**、*分别代表在1%、5%和10%水平上显著。

数据来源：作者根据 Stata 16.0 计算整理。

（2）会计专业独立董事任期的异质性分析

从城市社会经济资源视角切入，为探究在会计专业独立董事任期不同的企业中，会计专业独立董事地理位置（*AL*）对于企业风险承担水平（*Risk*1）是否会产生异质性影响，本章根据上市公司会计专业独立董事的任期是否大于36个月，分为较长任期和较短任期两个样本组，采用模型（7.4）进行分组回归。回归结果如表7-12所示。

在全样本下，任期大于36个月时，会计专业独立董事地理位置（*AL*）与企业风险承担水平（*Risk*1）之间的关系不显著，任期小于36个月时，会计专业独立董事地理位置（*AL*）与企业风险承担水平（*Risk*1）在5%水平上显著负相关，这表明，相对于较长任期组，会计专业独立董事地理位置（*AL*）对企业风险承担水平（*Risk*1）的负向影响在较短任期组更加显著。而在社会经济资源丰富城市样本下，较长任期组和较短任期组的回归结果都不显著，在社会经济资源匮乏城市样本下，则是在1%水平上都显著，两者的回归结果在较长任期组和较短任期组并无差异，说明任期不会对会计专业独立董事地理位置（*AL*）

与企业风险承担水平（Risk1）的关系产生异质性影响。

任期越长，异地任职的会计专业独立董事对公司的了解越深入，与管理层的接触也会越多，可能会降低其独立性，影响其治理作用的发挥（罗进辉等，2017；汪青松和罗娜，2022）。短任期时异地会计专业独立董事更具独立性优势，因此，相较于异地会计专业独立董事，本地会计专业独立董事对企业风险承担水平（Risk1）的负向影响在较短任期组更加显著。

表 7-12　　　　　　　会计专业独立董事任期的异质性分析

	(1)	(2)	(3)	(4)	(5)	(6)
	全样本		社会经济资源丰富城市		社会经济资源匮乏城市	
	较长任期组	较短任期组	较长任期组	较短任期组	较长任期组	较短任期组
	Risk1	Risk1	Risk1	Risk1	Risk1	Risk1
AL	-0.001	-0.001^{**}	0.001	0.001	-0.004^{***}	-0.004^{***}
	(-1.478)	(-2.322)	(1.440)	(0.954)	(-3.012)	(-3.492)
Size	-0.002^{***}	-0.003^{***}	-0.002^{***}	-0.002^{***}	-0.003^{***}	-0.004^{***}
	(-5.577)	(-7.091)	(-4.498)	(-4.303)	(-3.752)	(-6.578)
Lev	-0.003	-0.002	-0.001	-0.010^{***}	-0.003	0.011^{***}
	(-0.945)	(-0.880)	(-0.436)	(-3.516)	(-0.707)	(3.210)
ROA	-0.210^{***}	-0.246^{***}	-0.212^{***}	-0.254^{***}	-0.213^{***}	-0.228^{***}
	(-15.832)	(-22.644)	(-13.466)	(-18.662)	(-17.940)	(-22.600)
Cashflow	0.031^{***}	0.031^{***}	0.022^{***}	0.026^{***}	0.041^{***}	0.039^{***}
	(4.430)	(5.491)	(2.582)	(3.890)	(4.065)	(4.698)
FIXED	-0.007^{***}	-0.022^{***}	-0.004	-0.021^{***}	-0.011^{**}	-0.023^{***}
	(-2.708)	(-9.160)	(-1.291)	(-7.241)	(-2.316)	(-5.618)
Board	-0.009^{***}	-0.004^{**}	-0.010^{***}	-0.005^{**}	-0.009^{***}	-0.003
	(-4.114)	(-2.331)	(-3.649)	(-2.210)	(-2.646)	(-1.167)
Dual	0.001	0.002^{**}	0.002^{*}	0.002^{**}	-0.002^{*}	0.000
	(0.641)	(2.135)	(1.656)	(2.232)	(-1.817)	(0.405)

续　表

	(1)	(2)	(3)	(4)	(5)	(6)
	全样本		社会经济资源丰富城市		社会经济资源匮乏城市	
	较长任期组	较短任期组	较长任期组	较短任期组	较长任期组	较短任期组
	$Risk1$	$Risk1$	$Risk1$	$Risk1$	$Risk1$	$Risk1$
$Top1$	-0.013^{***}	-0.013^{***}	-0.012^{***}	-0.016^{***}	-0.015^{***}	-0.009^{**}
	(-5.647)	(-6.049)	(-3.946)	(-5.941)	(-3.452)	(-2.308)
SOE	-0.005^{***}	-0.009^{***}	-0.007^{***}	-0.009^{***}	-0.004^{**}	-0.009^{***}
	(-6.635)	(-11.440)	(-6.642)	(-9.014)	(-2.447)	(-6.288)
$FirmAge$	0.000	-0.000	0.000	0.001	-0.001	-0.002
	(0.334)	(-0.046)	(0.332)	(1.203)	(-0.424)	(-0.958)
$Mshare$	-0.000	-0.008^{***}	0.002	-0.008^{***}	-0.004	-0.009^{***}
	(-0.034)	(-4.571)	(0.656)	(-3.418)	(-1.240)	(-3.145)
$TMTPay1$	0.002^{***}	0.002^{***}	0.002^{**}	0.001	0.002	0.003^{***}
	(2.583)	(2.692)	(2.365)	(1.388)	(1.619)	(2.914)
$Growth$	0.002	0.005^{***}	0.002	0.003^{***}	0.003	0.007^{***}
	(1.642)	(4.525)	(1.097)	(2.967)	(1.591)	(5.074)
$\_cons$	0.111^{***}	0.122^{***}	0.095^{***}	0.103^{***}	0.136^{***}	0.139^{***}
	(10.883)	(12.544)	(7.316)	(8.663)	(7.844)	(9.293)
$Year$	Yes	Yes	Yes	Yes	Yes	Yes
$Industry$	Yes	Yes	Yes	Yes	Yes	Yes
N	9973	14907	6161	9249	3692	5778
$adj. R^2$	0.172	0.207	0.183	0.228	0.179	0.181

注：***、**、*分别代表在1%、5%和10%水平上显著。

数据来源：作者根据 Stata 16.0 计算整理。

（3）是否开通高铁的异质性分析

从城市社会经济资源视角切入，为探究在上市公司所在地高铁开通情况不同的企业中，会计专业独立董事地理位置对于企业风险承担水平是否会产生异质性影响，本章根据上市公司所在城市当年是否已开通了高铁分为开通高铁组和未开通高铁组，采用模型（7.4）进行分组回归，回归结果如表 7-13 所示。

对于全样本，上市公司所在地未开通高铁时，会计专业独立董事的地理位置（AL）对企业风险承担水平（Risk1）没有显著影响，如列（1）所示，而在开通高铁后，会计专业独立董事的地理位置（AL）与企业风险承担水平（Risk1）在 5% 水平上显著负相关，如列（2）所示，这表明，相对于未开通高铁组，高铁开通组的会计专业独立董事地理位置（AL）对企业风险承担（Risk1）的影响更显著。社会经济资源丰富城市的样本组的回归结果显示，在开通高铁前后会计专业独立董事地理位置（AL）与企业风险承担水平（Risk1）均没有显著的相关关系。针对社会经济资源匮乏城市的样本组，在开通高铁前后会计专业独立董事地理位置（AL）与企业风险承担水平（Risk1）均存在显著的负向关系，组间系数差异都没有通过检验，说明高铁是否开通不会影响会计专业独立董事地理位置（AL）与企业风险承担水平（Risk1）的关系。

高铁开通可以降低会计专业独立董事异地工作的成本与信息不对称的程度，有助于提升异地会计专业独立董事履行监督和咨询职能的有效性，提升异地会计专业独立董事的治理作用，从而提高企业的风险承担水平（董红晔，2016；周军等，2019）。与前文主回归一样，考虑到开通高铁后异地独立董事具有更大的优势，本地独立董事越多越不利于企业提高风险承担水平，进一步地，我们合理推断这也同样适用于会计专业独立董事。

表 7-13 是否开通高铁的异质性分析

	(1)	(2)	(3)	(4)	(5)	(6)
	全样本		社会经济资源丰富城市		社会经济资源匮乏城市	
	未开通高铁	开通高铁	未开通高铁	开通高铁	未开通高铁	开通高铁
	$Risk1$	$Risk1$	$Risk1$	$Risk1$	$Risk1$	$Risk1$
AL	-0.001	-0.001**	0.000	0.001	-0.003***	-0.005***
	(-1.298)	(-2.170)	(0.144)	(1.533)	(-2.691)	(-4.227)
$Size$	-0.002***	-0.003***	-0.001	-0.002***	-0.003***	-0.004***
	(-4.615)	(-8.235)	(-1.534)	(-6.421)	(-4.345)	(-5.640)

续　表

	(1)	(2)	(3)	(4)	(5)	(6)
	全样本		社会经济资源丰富城市		社会经济资源匮乏城市	
	未开通高铁	开通高铁	未开通高铁	开通高铁	未开通高铁	开通高铁
	*Risk*1	*Risk*1	*Risk*1	*Risk*1	*Risk*1	*Risk*1
Lev	0.004	−0.004*	−0.003	−0.007***	0.008*	0.007
	(1.360)	(−1.737)	(−0.587)	(−3.069)	(1.785)	(1.384)
ROA	−0.132***	−0.253***	−0.147***	−0.248***	−0.124***	−0.261***
	(−7.454)	(−27.067)	(−5.276)	(−22.376)	(−5.380)	(−15.342)
Cashflow	0.014*	0.035***	0.003	0.029***	0.022**	0.047***
	(1.935)	(6.602)	(0.310)	(4.861)	(2.308)	(4.337)
FIXED	−0.004	−0.019***	0.002	−0.016***	−0.005	−0.024***
	(−1.222)	(−8.841)	(0.461)	(−6.758)	(−1.209)	(−5.611)
Board	−0.006**	−0.006***	−0.007*	−0.006***	−0.005	−0.005*
	(−2.215)	(−3.670)	(−1.929)	(−3.549)	(−1.569)	(−1.782)
Dual	0.000	0.001*	0.003	0.002**	−0.001	−0.001
	(0.373)	(1.929)	(1.227)	(2.539)	(−0.405)	(−0.693)
*Top*1	−0.009***	−0.014***	−0.006	−0.015***	−0.011***	−0.011***
	(−3.294)	(−7.200)	(−1.339)	(−6.868)	(−2.870)	(−3.162)
SOE	−0.003***	−0.009***	−0.006***	−0.008***	−0.002*	−0.010***
	(−3.225)	(−13.066)	(−3.263)	(−10.483)	(−1.709)	(−7.766)
FirmAge	0.001	0.000	0.001	0.001	0.001	−0.002
	(0.517)	(0.205)	(0.690)	(1.166)	(0.459)	(−1.132)
Mshare	−0.012***	−0.004**	−0.009**	−0.004**	−0.012***	−0.006*
	(−4.916)	(−2.462)	(−2.151)	(−1.993)	(−4.187)	(−1.918)
*TMTPay*1	0.001	0.002***	−0.000	0.002***	0.002*	0.002**
	(1.279)	(3.316)	(−0.261)	(2.970)	(1.676)	(2.232)
Growth	−0.001	0.005***	−0.001	0.003***	−0.001	0.010***
	(−1.156)	(5.207)	(−0.340)	(3.291)	(−1.058)	(4.082)

续　表

	(1)	(2)	(3)	(4)	(5)	(6)
	全样本		社会经济资源丰富城市		社会经济资源匮乏城市	
	未开通高铁	开通高铁	未开通高铁	开通高铁	未开通高铁	开通高铁
	$Risk1$	$Risk1$	$Risk1$	$Risk1$	$Risk1$	$Risk1$
_cons	0.108***	0.098***	0.092***	0.078***	0.114***	0.145***
	(8.514)	(10.893)	(4.219)	(7.975)	(7.050)	(7.021)
Year	Yes	Yes	Yes	Yes	Yes	Yes
Industry	Yes	Yes	Yes	Yes	Yes	Yes
N	5328	19552	1979	13431	3349	6121
adj. R^2	0.123	0.209	0.143	0.219	0.119	0.205

注：***、**、*分别代表在1%、5%和10%水平上显著。

数据来源：作者根据 Stata 16.0 计算整理。

（4）会计专业独立董事兼任的调节作用

为了研究兼任的调节作用，我们引入会计专业独立董事兼任（Ptime）这一调节变量，用会计专业独立董事是否兼任其他上市公司职务来衡量。我们将会计专业独立董事兼任（Ptime）以及会计专业独立董事的地理位置（AL）与会计专业独立董事兼任（Ptime）的交乘项（AL×Ptime）加入模型（7.4）进行回归，结果如表 7-14 所示，全样本下，交乘项 AL×Ptime 的系数为正，且在5%水平上显著，如列（2）所示，说明兼任会削弱会计专业独立董事地理位置（AL）对企业风险承担水平（Risk1）的负向影响。而针对社会经济资源丰富城市样本组，交乘项 AL×Ptime 的系数为负但不显著，如列（4）所示，针对社会经济资源匮乏城市样本组，交乘项 AL×Ptime 的系数为正但不显著，如列（6）所示。在社会经济资源丰富城市样本和社会经济资源匮乏城市样本下，兼任对会计专业独立董事地理位置（AL）与企业风险承担水平（Risk1）的关系没有显著影响。

兼任之所以会削弱会计专业独立董事地理位置对企业风险承担水平的负向影响，是因为独立董事的工作性质决定了其在履行职责时必须收集、分析大量与企业及行业有关的信息。而一个人的时间与精力是有限度的，当兼任工作越来越多时，独立董事投入的时间和精力也就越多，以确保其实现有效监督，所以兼任会加剧异地独立董事在时间和精力上的问题，使异地独立董事的监督和咨询作用被削弱（马玥，2021；王晓丹，2021），我们合理推断这也同样适用于会计专业独立董事。

表 7-14　　　　　　　会计专业独立董事兼任的调节效应分析

	（1）	（2）	（3）	（4）	（5）	（6）
	全样本		社会经济资源丰富城市		社会经济资源匮乏城市	
	Risk1	Risk1	Risk1	Risk1	Risk1	Risk1
AL	−0.001***	−0.001***	0.001	0.001	−0.005***	−0.005***
	（−2.938）	（−2.929）	（1.399）	（1.407）	（−5.766）	（−4.885）
Ptime	−0.000**	−0.000**	−0.000	0.000	−0.001***	−0.001***
	（−2.377）	（−2.434）	（−0.138）	（0.107）	（−4.541）	（−4.218）
AL×Ptime	—	0.001**	—	−0.000	—	0.001
	—	（2.288）	—	（−0.573）	—	（1.382）
Size	−0.003***	−0.003***	−0.002***	−0.002***	−0.004***	−0.004***
	（−9.190）	（−9.220）	（−6.458）	（−6.433）	（−6.725）	（−6.731）
Lev	−0.003	−0.003	−0.007***	−0.007***	0.006*	0.006*
	（−1.349）	（−1.352）	（−3.043）	（−3.043）	（1.735）	（1.748）
ROA	−0.232***	−0.232***	−0.238***	−0.238***	−0.222***	−0.222***
	（−27.556）	（−27.544）	（−22.794）	（−22.788）	（−15.755）	（−15.747）
Cashflow	0.031***	0.031***	0.025***	0.025***	0.041***	0.041***
	（7.083）	（7.086）	（4.644）	（4.648）	（5.360）	（5.370）
FIXED	−0.016***	−0.016***	−0.014***	−0.014***	−0.018***	−0.018***
	（−8.864）	（−8.882）	（−6.407）	（−6.398）	（−5.870）	（−5.909）
Board	−0.006***	−0.006***	−0.006***	−0.006***	−0.005**	−0.005**
	（−4.293）	（−4.290）	（−3.983）	（−3.980）	（−2.087）	（−2.057）

续　表

	(1)	(2)	(3)	(4)	(5)	(6)
	全样本		社会经济资源丰富城市		社会经济资源匮乏城市	
	Risk1	Risk1	Risk1	Risk1	Risk1	Risk1
Dual	0.001**	0.001**	0.002***	0.002***	−0.001	−0.001
	(2.207)	(2.207)	(2.897)	(2.899)	(−0.572)	(−0.561)
Top1	−0.013***	−0.013***	−0.014***	−0.014***	−0.011***	−0.011***
	(−8.101)	(−8.094)	(−7.062)	(−7.062)	(−3.955)	(−3.937)
SOE	−0.007***	−0.007***	−0.008***	−0.008***	−0.007***	−0.007***
	(−12.975)	(−12.983)	(−11.092)	(−11.091)	(−6.957)	(−6.936)
FirmAge	0.000	0.000	0.001	0.001	−0.001	−0.001
	(0.097)	(0.103)	(1.078)	(1.071)	(−1.246)	(−1.225)
Mshare	−0.005***	−0.005***	−0.004**	−0.004**	−0.007***	−0.007***
	(−3.718)	(−3.733)	(−2.392)	(−2.390)	(−3.157)	(−3.170)
TMTPay1	0.002***	0.002***	0.002***	0.002***	0.002***	0.002***
	(3.908)	(3.920)	(2.718)	(2.695)	(3.241)	(3.235)
Growth	0.004***	0.004***	0.003***	0.003***	0.006***	0.006***
	(4.796)	(4.777)	(3.069)	(3.074)	(3.562)	(3.567)
_cons	0.117***	0.117***	0.100***	0.100***	0.137***	0.137***
	(16.502)	(16.529)	(11.336)	(11.331)	(11.134)	(11.128)
Year	Yes	Yes	Yes	Yes	Yes	Yes
Industry	Yes	Yes	Yes	Yes	Yes	Yes
N	24880	24880	15410	15410	9470	9470
adj. R^2	0.193	0.193	0.210	0.210	0.179	0.179

注：***、**、*分别代表在1%、5%和10%水平上显著。

数据来源：作者根据 Stata 16.0 计算整理。

（5）本省异地会计专业独立董事与外省异地会计专业独立董事回归分析

我们进一步探究本省异地的独立董事和外省异地的独立董事在治理效果上是否存在差别，若会计专业独立董事的居住地省份和上市公司的注册地省份一致且居住地城市和注册地城市不一致则该独立董事为本省异地独立董事，$Local$ 取值为 1，表示本省异地会计专业独立董事；若会计专业独立董事的居住地城市省份和上市公司的注册地省份不一致则该独立董事为外省异地独立董事，$Local$ 取值为 0，表示外省异地会计专业独立董事。我们用 $Local$ 代替模型（7.4）中的会计专业独立董事地理位置（AL）进行回归分析，结果如表 7-15 所示，无论是在全样本组、社会经济资源丰富城市还是在社会经济资源匮乏城市的样本组，$Local$ 的回归系数均不显著，说明本省异地会计专业独立董事和外省异地会计专业独立董事在企业风险承担方面的治理效果不存在明显差异。

表 7-15　本省异地会计专业独立董事与外省异地会计专业独立董事回归分析结果

	（1）	（2）	（3）
	全样本	社会经济资源丰富城市	社会经济资源匮乏城市
	$Risk1$	$Risk1$	$Risk1$
$Local$	0.001	−0.001	−0.001
	(1.035)	(−0.884)	(−0.907)
$Size$	−0.004***	−0.004***	−0.004***
	(−8.760)	(−7.591)	(−5.775)
Lev	0.004	0.005	0.004
	(1.422)	(1.178)	(1.090)
ROA	−0.217***	−0.203***	−0.228***
	(−18.044)	(−10.390)	(−15.029)
$Cashflow$	0.025***	0.008	0.037***
	(3.957)	(0.795)	(4.354)
$FIXED$	−0.017***	−0.016***	−0.018***
	(−6.548)	(−4.221)	(−5.286)
$Board$	−0.003	−0.005	−0.002
	(−1.409)	(−1.510)	(−0.823)

续　表

	（1）	（2）	（3）
	全样本	社会经济资源丰富城市	社会经济资源匮乏城市
	$Risk1$	$Risk1$	$Risk1$
Dual	0.000	0.000	0.000
	（0.282）	（0.308）	（0.199）
Top1	−0.010***	−0.010***	−0.009***
	（−4.261）	（−2.862）	（−2.910）
SOE	−0.008***	−0.008***	−0.008***
	（−9.832）	（−6.459）	（−7.300）
FirmAge	−0.000	0.001	−0.001
	（−0.051）	（0.858）	（−0.755）
Mshare	−0.009***	−0.010***	−0.009***
	（−4.243）	（−2.987）	（−3.200）
TMTPay1	0.002***	0.002**	0.002**
	（2.734）	（2.416）	（2.395）
Growth	0.004***	0.002*	0.005***
	（3.562）	（1.758）	（3.069）
_cons	0.136***	0.121***	0.137***
	（13.099）	（8.123）	（9.564）
Year	Yes	Yes	Yes
Industry	Yes	Yes	Yes
N	12365	4860	7505
adj. R^2	0.186	0.201	0.186

注：***、**、*分别代表在1%、5%和10%水平上显著。

数据来源：作者根据 Stata 16.0 计算整理。

（6）社会经济资源丰富城市上市公司的会计专业独立董事与社会经济资源匮乏城市上市公司的会计专业独立董事回归分析

在此，我们探究社会经济资源丰富城市和社会经济资源匮乏城市的上市公司中的会计专业独立董事是否存在差异。首先，我们聚焦于本地会计专业独立董事，只保留本地会计专业独立董事样本（$AL=1$），若本地独立董事来自社会经济资源匮乏城市上市公司则 $Local1$ 取值为 1，来自社会经济资源丰富城市上市公司则 $Local1$ 取值为 0。同时，我们也探讨了来自社会经济资源丰富城市上市公司的异地独立董事和来自社会经济资源匮乏城市上市公司的异地独立董事的治理作用的差别，只保留异地会计专业独立董事样本（$AL=0$），若异地独立董事来自社会经济资源匮乏城市上市公司则 $Local2$ 取值为 1，来自社会经济资源丰富城市上市公司则 $Local2$ 取值为 0。分别用 $Local1$ 和 $Local2$ 替代模型（7.4）中的 AL 进行回归，结果见表 7-16。

根据列（1）的回归结果，本地会计专业独立董事位置（$Local1$）与企业风险承担水平（$Risk1$）在 1% 水平上显著负相关，表明社会经济资源丰富城市上市公司的本地会计专业独立董事比社会经济资源匮乏城市上市公司的本地会计专业独立董事更能提高企业风险承担水平。根据列（2）的回归结果，异地会计专业独立董事位置（$Local2$）与企业风险承担水平（$Risk1$）在 1% 水平上显著正相关，表明社会经济资源匮乏城市上市公司的异地会计专业独立董事比社会经济资源丰富城市上市公司的异地会计专业独立董事更能提高企业风险承担水平。

表 7-16　　社会经济资源丰富城市会计专业独立董事与社会经济资源
匮乏城市会计专业独立董事回归分析结果

	(1)	(2)
	$Risk1$	$Risk1$
$Local1$	-0.003^{***}	—
	(-3.580)	—
$Local2$	—	0.004^{***}
	—	(5.195)
$Size$	-0.002^{***}	-0.004^{***}
	(-3.987)	(-8.824)

续　表

	（1）	（2）
	*Risk*1	*Risk*1
Lev	−0.008***	0.005*
	（−3.277）	（1.681）
ROA	−0.243***	−0.218***
	（−21.180）	（−17.945）
Cashflow	0.035***	0.028***
	（5.995）	（4.435）
FIXED	−0.012***	−0.019***
	（−5.014）	（−7.269）
Board	−0.008***	−0.002
	（−4.672）	（−1.239）
Dual	0.002***	0.000
	（2.799）	（0.512）
*Top*1	−0.017***	−0.009***
	（−7.864）	（−4.009）
SOE	−0.007***	−0.008***
	（−8.655）	（−9.571）
FirmAge	−0.000	−0.000
	（−0.028）	（−0.117）
Mshare	−0.002	−0.009***
	（−1.023）	（−4.225）
*TMTPay*1	0.001**	0.002***
	（2.243）	（3.319）
Growth	0.003***	0.003***
	（2.920）	（3.480）
_cons	0.099***	0.129***
	（10.082）	（12.457）

	（1）	（2）
	*Risk*1	*Risk*1
Year	Yes	Yes
Industry	Yes	Yes
N	12529	12372
adj. R^2	0.206	0.189

注:***、**、*分别代表在 1%、5%和 10%水平上显著。

数据来源: 作者根据 Stata 16.0 计算整理。

7.7　本章研究结论

　　为探讨城市社会经济资源视角下独立董事地理位置对企业风险承担的影响,本章以 2007—2022 年中国资本市场 A 股非金融类上市公司为研究样本。实证检验发现如下:第一,在全样本下,独立董事本地率与企业风险承担水平在 1%水平上显著负相关,表明独立董事本地率的提高会对公司的风险承担产生抑制作用。第二,在社会经济资源匮乏城市样本下,独立董事本地率与企业风险承担水平在 1%水平上显著负相关,这说明在社会经济资源匮乏城市的样本下,独立董事本地率对企业风险承担水平有显著的抑制作用。在社会经济资源丰富城市样本下,独立董事本地率与企业风险承担水平没有显著的相关关系,说明在社会经济资源丰富城市的样本下,独立董事本地率对企业风险承担水平没有显著影响。第三,在变更企业风险承担水平的度量方式进行稳健性检验,并使用 Heckman 两阶段回归和 PSM 倾向得分匹配法缓解可能的内生性问题后,主要回归结果保持不变,即独立董事本地率越高,越会抑制企业风险承担水平的结果稳健。第四,根据异质性分析可知,相较于未开通高铁组,开通高铁组样本中，独立董事本地率对企业风险承担水平的抑制作用更显著。第五，根据调节效应分析可知，独立董事兼任会削弱独立董事本地率对企业风险承担水平的抑制作用。第六，本章通过会计专业独立董事地理位置对企业风险承担水平影响的研究发现，相较于异地会计专业独立董事，本地会计专业独立董事对企业风险承担水平的抑制作用更强。此外，相较于任期大于 36 个月，会计专业独立董事任期小于 36 个月时，本地会计专业独立董事对企业风险承担水平的抑制作用更显著。相较于开通高铁前，高铁开通后本地会计专业独立董事对企业风险承担水平的抑制作用更显著。兼任削弱了本地会计专业独立董事对企业风险承担水平的负向影响。第七，本省异地会计专业独立董事和外省异地会计专业独立董事对企业风险承担水平的影响没有显著差异。第八，社会经济资源丰富城市的上市公司的本地独立董事比社会经济资源匮乏城市的上市公司的本地独立董事更能提高企业风险承担水平；而社会经济资源匮乏城市的上市公司的异地独立董事比社会经济资源丰富城市的上市公司的异地独立董事更能提高企业风险承担水平。

本章的研究贡献在于：第一，本章研究发现独立董事本地率对企业风险承担水平具有抑制作用，拓展了企业风险承担水平影响因素领域的研究（余明桂等，2013；胡国柳和胡珺，2017；邹美凤等，2021；Akbar 等，2017）。本章的结果表明独立董事地理位置是不应被忽视的重要影响因素，为提高上市公司的风险承担水平提供了新启示。第二，本章将独立董事地理位置的度量方式精确到地级市，揭示了本地独立董事和异地独立董事在提高企业风险承担水平方面的治理效果差异。同时，考虑到独立董事地理位置的治理后果会受到高铁开通和兼任情况的影响，本章进一步在此情境下实证检验了独立董事地理位置对企业风险承担水平的影响，提供了独立董事地理位置治理效果的新经验证据，丰富了有关独立董事地理位置治理效果的研究。第三，本章将独立董事对企业决策的影响置于宏观环境视角下来研究，检验了独立董事地理位置对企业风险承担水平的影响在社会经济资源丰富城市和社会经济资源匮乏城市间是否存在差异，发现独立董事本地率对企业风险承担水平的抑制作用在社会经济资源匮乏城市样本下显著，而在社会经济资源丰富城市样本下不显著。本章所提供的实证证据对我国企业有一定现实启示和决策参考意义。

第 8 章

结

论

8.1　研究结果

————————●————————————————————●————————

　　本研究从城市社会经济资源对公司独立董事选聘的影响出发，首先检验了城市社会经济资源对独立董事地理位置的影响及治理后果，然后从盈余管理、股价崩盘风险、分析师预测、投资效率和企业风险承担水平五个治理后果切入，从城市社会经济资源的视角，分别检验了独立董事地理位置对盈余管理、股价崩盘风险、分析师预测、投资效率和企业风险承担水平的影响。本研究发现：

　　第一，相较于社会经济资源匮乏城市，社会经济资源丰富城市的上市公司独立董事本地率会更高。社会经济资源匮乏城市的上市公司不得不选聘更多的异地独立董事。在会计专业的独立董事的样本中，该结论依然成立。社会经济资源丰富城市的上市公司相对于社会经济资源匮乏城市的上市公司会有更高的盈余质量，上市公司股价崩盘的风险将更低，分析师在进行分析预测时将拥有更小的误差，有更高的有效投资效率，同时，社会经济资源匮乏城市的上市公司相较于社会经济资源丰富城市的上市公司将拥有更高的风险承担水平。

　　第二，在全样本下，独立董事本地率越高，应计盈余管理、真实盈余管理越小，即公司独立董事本地率对公司盈余质量有显著的正向影响。在社会经济资源匮乏城市的样本下，独立董事本地率对公司盈余质量有显著的促进作用。在社会经济资源丰富城市的样本下，独立董事本地率对真实盈余管理有显著的抑制作用，而对应计盈余管理无显著影响。

　　第三，在全样本下，独立董事本地率对公司的股价崩盘风险有显著的抑制作用。在社会经济资源丰富城市的样本下，独立董事本地率对公司股价崩盘风险有显著的抑制作用。在社会经济资源匮乏城市的样本下，独立董事本地率对公司股价崩盘风险的抑制作用不明显。

第四，在全样本下，独立董事本地率越高，分析师预测误差、分析师预测分歧度越小，即公司独立董事本地率对分析师预测质量有显著的正向影响。在社会经济资源丰富城市的样本下，独立董事本地率对分析师预测质量有显著的促进作用。在社会经济资源匮乏城市的样本下，独立董事本地率与分析师预测质量的相关关系不显著。

第五，在全样本下，独立董事本地率越高，企业的非效率投资越少，企业的投资效率越高，即公司独立董事本地率对企业投资效率有显著的促进作用。在社会经济资源丰富城市的样本下，独立董事本地率对企业投资效率的提升作用显著。在社会经济资源匮乏城市的样本下，独立董事本地率与企业投资效率的相关关系不显著。

第六，在全样本下，独立董事本地率的提高会对企业的风险承担产生抑制作用。在社会经济资源匮乏城市样本下，独立董事本地率对企业风险承担水平有显著的抑制作用。在社会经济资源丰富城市样本下，独立董事本地率与企业风险承担水平没有显著的相关关系。

8.2 研究局限与未来研究方向

本研究存在以下局限：

首先，本研究对城市社会经济资源的度量方法存在局限。本研究主要以城市行政级别和城市 GDP 来衡量城市社会经济资源的丰富程度，计量基础可能不够严谨，同时采用城市社会经济资源的度量方法比较单一，且仅针对城市社会经济资源的整体情况进行了检验，没有进一步按照城市社会经济资源的具体项目分类检验其治理后果，也缺少对城市社会经济资源更为深入的剖析和讨论。

其次，研究结果可能受到内生性问题的影响。由于独立董事地理位置可能并不是外生的，有可能取决于公司行业特征、未知的内部治理问题等因素，所以研究结果可能是公司内在其他因素导致的。虽然在实证研究中参考以往文献控制了诸多可能的影响因素，并采用 Heckman 两阶段回归、PSM 倾向得分匹配法缓解潜在的内生性问题，但可能仍无法完全排除潜在的内生性问题。

此外，本研究对独立董事地理位置影响治理后果的路径分析存在不足。本研究在理论分析部分提出了独立董事信息获取、履职精力和时间等潜在路径，但由于基于上市公司数据进行大样本研究，无法通过公开渠道获取独立董事精力与时间等个人数据，在实证分析中缺少针对理论层面潜在路径的检验。

针对目前的研究局限，在未来的研究中可以做以下改进：首先，针对城市社会经济资源的度量，未来我们可以通过地方政府的工作报告、城市发展研究报告和城市新闻报道等渠道，运用文本分析等工具广泛收集城市社会经济资源的状况，综合各方面情况评价城市社会经济资源状况，生成相应的城市社会经济资源指数，再进行具体的检验；同时，将城市社会经济资源指数细分为社会资源指数、文化资源指数和经济资源指数等多个分项，分析不同分项指数的治理后果是否存在差异。其次，对于存在的内生性问题，我们可以利用外生变量的冲击或寻找更合适的工具变量和模型，进行新的检验，缓解可能存在的内生性问题。此外，我们还可以跟相关监管部门和行业协会进行项目合作，利用合适的机会对独立董事进行访谈和问卷调查，以获取与潜在路径相关的独立董事个人信息，更好地研究独立董事治理作用发挥的潜在路径。

8.3　研究启示

本研究的启示如下：第一，社会经济资源丰富城市的上市公司主要聘请本地独立董事，社会经济资源匮乏城市的上市公司不得不以聘请异地独立董事为主。然而，整体而言，本地独立董事有着更好的治理效果。从长远看，社会经济资源匮乏城市应积极培育本地合格独立董事人才，利用本地独立董事在信息获取与履职成本上的优势，更好地提升本地企业的治理水平。第二，相对于异地独立董事，本地独立董事更能抑制企业盈余管理、降低企业股价崩盘风险、提高分析师预测水平、提升企业投资效率和降低企业风险承担水平。本地独立董事和异地独立董事的治理效果在实证检验中存在明显差异，独立董事地理位置信息符合会计信息的相关性原则，上市公司适当披露独立董事地理位置信息将有利于投资者进行合理的投资决策。同时，上市公司在聘请独立董事时，地理位置邻近性应是一个需要考虑的重要因素。第三，上市公司所在城市的社会经济资源状况是影响独立董事治理的重要外部环境因素，是独立董事治理实证模型中不可或缺的重要自变量，该变量的遗漏将造成较为严重的"内生性"问题。

参考文献

［1］白晓宇．上市公司信息披露政策对分析师预测的多重影响研究［J］．金融研究，2009（04）：92-112.

［2］蔡春，唐凯桃，薛小荣．会计专业独董的兼职席位、事务所经历与真实盈余管理［J］．管理科学，2017，30（04）：30-47.

［3］曹春方，林雁．异地独董、履职职能与公司过度投资［J］．南开管理评论，2017，20（01）：16-29，131.

［4］曹丰，张雪燕．新秀独立董事与股价崩盘风险［J］．管理评论，2023，35（08）：268-282.

［5］曹洋，林树．会计专业人士担任独董的效果研究［J］．山西财经大学学报，2011，33（02）：109-116.

［6］车菲，蒋艳，金思瑶．独立董事薪酬、金融背景与企业风险承担［J］．财会月刊，2020（11）：127-135.

［7］陈传明，孙俊华．企业家人口背景特征与多元化战略选择——基于中国上市公司面板数据的实证研究［J］．管理世界，2008（05）：124-133，187-188.

［8］陈德球，陈运森．政策不确定性与上市公司盈余管理［J］．经济研究，2018，53（06）：97-111.

［9］陈冬华，相加凤．独立董事只能连任 6 年合理吗？——基于我国 A 股上市公司的实证研究［J］．管理世界，2017（05）：144-157.

［10］陈冬华，范从来，沈永建．高管与员工：激励有效性之比较与互动
［J］．管理世界，2015（05）：160-171.

［11］陈汉文，廖方楠，韩洪灵．独立董事联结与内部控制对盈余管理的
治理效应［J］．经济管理，2019，41（05）：171-191.

［12］陈述，游家兴，朱书谊．地方政府工作目标完成度与公司盈余管
理——基于政府工作报告文本分析的视角［J］．会计研究，2022（06）：32-42.

［13］陈旭，黄当，邹薇．独立董事异质性与商业银行经营绩效实证研究
［J］．湖南科技大学学报（社会科学版），2015，18（02）：72-77.

［14］陈运森，黄健峤．股票市场开放与企业投资效率——基于"沪港通"
的准自然实验［J］．金融研究，2019（08）：151-170.

［15］陈运森，谢德仁．网络位置、独立董事治理与投资效率［J］．管理
世界，2011（07）：113-127.

［16］陈运森．独立董事的网络特征与公司代理成本［J］．经济管理，
2012，34（10）：67-76.

［17］陈运森．独立董事网络中心度与公司信息披露质量［J］．审计研
究，2012（05）：92-100.

［18］陈志斌，汪官镇．CEO 自由裁量权与企业投资效率［J］．会计研究，
2020（12）：85-98.

［19］程柯，陈志斌，赵卫斌．产权性质、独立董事机制与投资效率——来
自中国 A 股非金融类上市公司的经验证据［J］．技术经济，2012，31（03）：
103-109.

［20］程小可，郑立东，姚立杰．内部控制能否抑制真实活动盈余管
理？——兼与应计盈余管理之比较［J］．中国软科学，2013（03）：120-131.

［21］醋卫华，李培功．媒体监督公司治理的实证研究［J］．南开管理评
论，2012，15（01）：33-42.

［22］崔凯，孙慧琳．对我国独立董事选任机制的思考［J］．中国行政管
理，2005（07）：57-59.

［23］戴亦一，陈冠霖，潘健平．独立董事辞职、政治关系与公司治理缺

陷［J］．会计研究，2014（11）：16-23，96.

［24］邓文文．资本结构、董事会独立性与企业业绩——基于 A 股上市公司的实证研究［J］．财会通讯，2015（06）：25-28.

［25］董必荣，徐怀宁，王菁华．企业数字化战略承诺与股价崩盘风险［J］．会计研究，2022（09）：112-126.

［26］董红晔．财务背景独立董事的地理邻近性与股价崩盘风险［J］．山西财经大学学报，2016，38（03）：113-124.

［27］董维维，潘金晶．高管薪酬差距、产权性质与企业风险承担关系研究［J］．预测，2020，39（06）：25-31.

［28］杜剑，于芝麦．学术型独立董事的声誉与比例对公司股价崩盘风险的影响［J］．改革，2019（03）：118-127.

［29］杜瑞，李延喜．企业研发活动与盈余管理——微观企业对宏观产业政策的适应性行为［J］．科研管理，2018，39（03）：122-131.

［30］杜兴强，赖少娟，裴红梅．女性高管总能抑制盈余管理吗？——基于中国资本市场的经验证据［J］．会计研究，2017（01）：39-45，95.

［31］杜兴强，殷敬伟，赖少娟．论资排辈、CEO 任期与独立董事的异议行为［J］．中国工业经济，2017（12）：151-169.

［32］杜兴强，周泽将．高管变更、继任来源与盈余管理［J］．当代经济科学，2010，32（01）：23-33，125.

［33］杜勇，张欢，陈建英．CEO 海外经历与企业盈余管理［J］．会计研究，2018（02）：27-33.

［34］樊纲，王小鲁，张立文，等．中国各地区市场化相对进程报告［J］．经济研究，2003（03）：9-18，89.

［35］范经华，张雅曼，刘启亮．内部控制、审计师行业专长、应计与真实盈余管理［J］．会计研究，2013（04）：81-88，96.

［36］方红星，金玉娜．高质量内部控制能抑制盈余管理吗？——基于自愿性内部控制鉴证报告的经验研究［J］．会计研究，2011（08）：53-60，96.

［37］方军雄．我国上市公司信息披露透明度与证券分析师预测［J］．金

融研究，2007（06）：136-148.

［38］冯晓晴，文雯．多个大股东与企业风险承担［J］．中南财经政法大学学报，2020（02）：25-36.

［39］付颖赫．内部控制和媒体关注对企业盈余管理的影响［J］．山西财经大学学报，2015，37（S1）：96-97.

［40］傅代国，夏常源．网络位置、独立董事治理与盈余质量［J］．审计与经济研究，2014，29（02）：67-75，84.

［41］傅颀，邓川．高管控制权、薪酬与盈余管理［J］．财经论丛，2013（04）：66-72.

［42］高凤莲，董必荣，王杰，等．独立董事背景特征与审计质量的实证研究［J］．审计与经济研究，2020，35（02）：27-39.

［43］高凤莲，王志强．独立董事个人社会资本异质性的治理效应研究［J］．中国工业经济，2016（03）：146-160.

［44］高塬，马连福．高管薪酬监督博弈与独立董事有效性研究［J］．运筹与管理，2022，31（09）：176-182.

［45］龚光明，王京京．财务专家型独立董事能有效抑制盈余管理吗？——来自深市2003-2011年的经验证据［J］．华东经济管理，2013，27（12）：1-10.

［46］顾奋玲，马一先，许晨曦．信息驱动还是竞争合谋：连锁股东与企业股价崩盘风险［J］．会计研究，2022（07）：141-153.

［47］顾海峰，刘子栋．大股东股权质押、非效率投资与企业风险承担——基于中国A股上市公司的证据［J］．科学决策，2021（11）：1-17.

［48］顾海峰，张晶．控股股东股权质押是否会影响企业投资效率？——基于中国A股上市公司的证据［J］．湖南大学学报（社会科学版），2023，37（03）：41-53.

［49］官峰，李颖琦，何开刚．分析师留学经历与盈利预测质量［J］．会计研究，2020（01）：100-109.

［50］郭瑾，刘志远，彭涛．银行贷款对企业风险承担的影响：推动还是

抑制？[J]．会计研究，2017（02）：42-48，96.

[51] 郭兆颖．内部控制缺陷、会计稳健性与盈余管理关系研究［J］．预测，2020，39（03）：58-64.

[52] 郝颖，李俊仪，魏紫，等．行业专家独董能提高企业资本配置效率吗——基于 A 股上市公司的实证检验［J］．会计研究，2022（05）：65-76.

[53] 何威风，陈莉萍，刘巍．业绩考核制度会影响企业盈余管理行为吗［J］．南开管理评论，2019，22（01）：17-30.

[54] 何威风，刘巍．公司为什么选择法律背景的独立董事？［J］．会计研究，2017（04）：45-51，95.

[55] 何熙琼，尹长萍．企业战略差异度能否影响分析师盈余预测——基于中国证券市场的实证研究［J］．南开管理评论，2018，21（02）：149-159.

[56] 何瑛，于文蕾，杨棉之．CEO 复合型职业经历、企业风险承担与企业价值［J］．中国工业经济，2019（09）：155-173.

[57] 胡晨．声誉视角下独立董事与公司价值间的作用机理研究［J］．财会通讯，2018（36）：56-59.

[58] 胡国柳，胡珺．董事高管责任保险与企业风险承担：理论路径与经验证据［J］．会计研究，2017（05）：40-46，96.

[59] 胡明霞．管理层权力、内部控制质量与盈余管理［J］．重庆大学学报（社会科学版），2018，24（02）：66-76.

[60] 胡曲应，卢晓明．上市公司内部控制与盈余管理的相关性研究［J］．统计与决策，2016（12）：166-169.

[61] 胡诗阳，陆正飞．非执行董事对过度投资的抑制作用研究——来自中国 A 股上市公司的经验证据［J］．会计研究，2015（11）：41-48，96.

[62] 胡奕明，唐松莲．独立董事与上市公司盈余信息质量［J］．管理世界，2008（09）：149-160.

[63] 胡元木，纪端．董事技术专长、创新效率与企业绩效［J］．南开管理评论，2017，20（03）：40-52.

[64] 胡元木，刘佩，纪端．技术独立董事能有效抑制真实盈余管理

吗?——基于可操控 R&D 费用视角 [J].会计研究,2016 (03):29-35,95.

[65] 胡元木.技术独立董事可以提高 R&D 产出效率吗?——来自中国证券市场的研究 [J].南开管理评论,2012,15 (02):136-142.

[66] 胡振华,邹维嘉.职业背景对独立董事选择性监督的影响研究——来自银行背景独立董事的经验证据 [J].金融与经济,2017 (10):29-37.

[67] 黄炳艺,黄雨婷.职工董事影响企业投资效率吗——基于中国资本市场的经验证据 [J].会计研究,2022 (05):77-91.

[68] 黄芳,李高奎,郭耕愚.独立董事本地化能提高公司盈余质量吗?——来自 2010—2013 年 A 股上市公司经验证据 [J].经济与管理,2016,30 (05):85-91.

[69] 黄海杰,吕长江,丁慧.独立董事声誉与盈余质量——会计专业独董的视角 [J].管理世界,2016 (03):128-143,188.

[70] 黄华,何威风,吴玉宇.央企董事会试点与上市公司盈余管理行为 [J].会计研究,2020 (07):90-103.

[71] 黄炯.金融投资促进实体经济发展的意义与对策 [J].山西财经大学学报,2023,45 (S2):31-33.

[72] 黄俊,陈良银,陈信元.科创板注册制改革与公司盈余管理 [J].会计研究,2023 (02):42-51.

[73] 黄良杰.制约企业投资效率的因素 [J].经济导刊,2010 (09):26-27.

[74] 黄梅,夏新平.操纵性应计利润模型检测盈余管理能力的实证分析 [J].南开管理评论,2009,12 (05):136-143.

[75] 黄世忠,周守华,叶丰滢,等.重大突发公共卫生事件下的企业财务业绩确认问题研究——以新冠疫情为背景的折旧问题理论分析 [J].会计研究,2021 (03):3-10.

[76] 纪亚方.独立董事薪酬激励对企业风险承担水平的影响研究 [D].北京:首都经济贸易大学,2021.

[77] 冀玛丽,杜晓荣.终极控制人性质、异质机构投资者持股与企业风

险承担 [J] . 企业经济, 2017, 36 (03): 117-123.

[78] 江伟. 市场化程度、行业竞争与管理者薪酬增长 [J] . 南开管理评论, 2011, 14 (05): 58-67.

[79] 江媛, 王治. 董事会报告可读性、制度环境与分析师预测——来自我国上市公司的经验证据 [J] . 财经理论与实践, 2019, 40 (3): 88-93.

[80] 姜付秀, 黄磊, 张敏. 产品市场竞争、公司治理与代理成本 [J] . 世界经济, 2009, 32 (10): 46-59.

[81] 姜付秀, 伊志宏, 苏飞, 等. 管理者背景特征与企业过度投资行为 [J] . 管理世界, 2009 (01): 130-139.

[82] 姜付秀, 朱冰, 唐凝. CEO 和 CFO 任期交错是否可以降低盈余管理? [J] . 管理世界, 2013 (01): 158-167.

[83] 姜怀宇, 徐效坡, 李铁立. 1990 年代以来中国人才分布的空间变动分析 [J] . 经济地理, 2005 (05): 702-706.

[84] 蒋涛, 刘梦宁. 市场化进程下高管薪酬契约的业绩指标选择 [J] . 管理评论, 2022, 34 (02): 241-255.

[85] 焦小静. 独立董事职业背景多元化与资本结构动态调整 [J] . 会计之友, 2021 (13): 106-112.

[86] 金智, 徐慧, 马永强. 儒家文化与公司风险承担 [J] . 世界经济, 2017, 40 (11): 170-192.

[87] 靳毓. 税收政策影响企业投资行为的研究综述 [J] . 北京工商大学学报 (社会科学版), 2019, 34 (01): 103-111.

[88] 雷光勇, 范蕾. 市场化程度、内部人侵占与审计监督 [J] . 财贸经济, 2009 (05): 61-67.

[89] 雷英, 吴建友, 孙红. 内部控制审计对会计盈余质量的影响——基于沪市 A 股上市公司的实证分析 [J] . 会计研究, 2013 (11): 75-81, 96.

[90] 冷雪蕊, 陈鹏程, 林璐璐. 股权激励及其契约要素与企业风险承担 [J] . 金融理论与实践, 2022 (07): 84-97.

[91] 黎来芳, 薛菲, 许少山. 学者型独立董事影响企业投资效率吗?——

来自中国上市公司的经验证据 [J]．科学决策，2022 (03)：1-31．

[92] 黎伟，叶显，常曦．财政科技支出、地方政府行为与企业非效率投资 [J]．中国科技论坛，2021 (06)：54-65．

[93] 黎文靖，路晓燕．地区环境，第一大股东与会计信息质量——来自中国证券市场的经验证据 [J]．经济与管理研究，2007 (12)：66-71．

[94] 黎文靖，郑曼妮．实质性创新还是策略性创新？——宏观产业政策对微观企业创新的影响 [J]．经济研究，2016，51 (04)：60-73．

[95] 李彬，郭菊娥，苏坤．企业风险承担：女儿不如男吗？——基于CEO性别的分析 [J]．预测，2017，36 (03)：21-27，35．

[96] 李冬昕，宋乐．媒体的治理效应、投资者保护与企业风险承担 [J]．审计与经济研究，2016，31 (03)：83-91．

[97] 李海舰，魏恒．重构独立董事制度 [J]．中国工业经济，2006 (04)：88-97．

[98] 李俊成，彭俞超，王文蔚．绿色信贷政策能否促进绿色企业发展？——基于风险承担的视角 [J]．金融研究，2023 (03)：112-130．

[99] 李丽丹，龙文滨，胡珺，等．省域边界、信息成本与股价崩盘风险 [J]．会计研究，2022 (07)：154-170．

[100] 李梅，蔡昌，倪筱楠．大股东减持、分析师关注与公司盈余管理 [J]．山西财经大学学报，2021，43 (09)：111-126．

[101] 李明娟，孙琦．会计背景独立董事监督效果的实证研究——基于会计信息质量的视角 [J]．会计之友，2017 (03)：67-71．

[102] 李青原，蒋倩倩．税收征管与盈余管理——基于"所得税分享改革"准自然试验 [J]．经济评论，2020 (05)：3-16．

[103] 李维安，徐建．董事会独立性、总经理继任与战略变化幅度——独立董事有效性的实证研究 [J]．南开管理评论，2014，17 (01)：4-13．

[104] 李文贵，余明桂．所有权性质、市场化进程与企业风险承担 [J]．中国工业经济，2012 (12)：115-127．

[105] 李小荣，刘行．CEO vs CFO：性别与股价崩盘风险 [J]．世界经

济，2012，35（12）：102-129.

[106] 李小荣，张瑞君. 股权激励影响风险承担：代理成本还是风险规避？[J]. 会计研究，2014（01）：57-63，95.

[107] 李欣泽，纪小乐，周灵灵. 高铁能改善企业资源配置吗？——来自中国工业企业数据库和高铁地理数据的微观证据[J]. 经济评论，2017（06）：3-21.

[108] 李旭. 公司信息披露和分析师预测——基于上市公司数据[J]. 财会通讯，2014（12）：64-67.

[109] 李延喜，包世泽，高锐，等. 薪酬激励、董事会监管与上市公司盈余管理[J]. 南开管理评论，2007（06）：55-61.

[110] 李延喜，董文辰. 委托代理冲突、公司治理机制与上市公司盈余管理[J]. 大连理工大学学报（社会科学版），2009，30（03）：1-7.

[111] 李焰，秦义虎，张肖飞. 企业产权、管理者背景特征与投资效率[J]. 管理世界，2011（01）：135-144.

[112] 李媛媛，李冬伟. 内部控制信息披露对盈余管理的影响——基于制造业上市公司的实证研究[J]. 江西社会科学，2019，39（10）：223-230.

[113] 李增福，骆展聪，杜玲，等. "信息机制"还是"成本机制"？——大数据税收征管何以提高了企业盈余质量[J]. 会计研究，2021（07）：56-68.

[114] 李志辉，杨思静，孟焰. 独立董事兼任：声誉抑或忙碌——基于债券市场的经验证据[J]. 审计研究，2017（05）：96-103.

[115] 梁权熙，曾海舰. 独立董事制度改革、独立董事的独立性与股价崩盘风险[J]. 管理世界，2016（03）：144-159.

[116] 梁上坤，徐灿宇，王瑞华. 董事会断裂带与公司股价崩盘风险[J]. 中国工业经济，2020（03）：155-173.

[117] 廖方楠，韩洪灵，陈丽蓉. 独立董事连锁对内部控制的影响机理：基于声誉效应与学习效应的实证研究[J]. 管理工程学报，2021，35（02）：101-112.

[118] 林朝颖，黄志刚，杨广青，等. 基于企业微观的货币政策风险承担

渠道理论研究［J］．国际金融研究，2015（06）：21-32.

［119］林雁，曹春方．两权分离下的异地独立董事聘任［J］．管理评论，2019，31（03）：211-226.

［120］林雁，谢抒桑，刘宝华．异地独董与公司创新投入——基于董事会文化多样性视角的考察［J］．管理科学，2019，32（04）：76-89.

［121］林永坚，王志强，李茂良．高管变更与盈余管理——基于应计项目操控与真实活动操控的实证研究［J］．南开管理评论，2013，16（01）：4-14，23.

［122］刘斌，黄坤，酒莉莉．独立董事连锁能够提高会计信息可比性吗？［J］．会计研究，2019（04）：36-42.

［123］刘嫦，孙洪锋，李丽丹．财务柔性是否强化了公司的成本粘性？［J］．中央财经大学学报，2020（08）：61-72.

［124］刘超，徐丹丹，郑忱阳．国有企业双重目标与投资效率改进——基于独立董事网络和国企混改视角［J］．经济体制改革，2020（01）：111-118.

［125］刘诚，杨继东，周斯洁．社会关系、独立董事任命与董事会独立性［J］．世界经济，2012，35（12）：83-101.

［126］刘春，李善民，孙亮．独立董事具有咨询功能吗？——异地独董在异地并购中功能的经验研究［J］．管理世界，2015（03）：124-136，188.

［127］刘春，孙亮．薪酬差距与企业绩效：来自国企上市公司的经验证据［J］．南开管理评论，2010，13（02）：30-39，51.

［128］刘根霞．独立董事特征、成本粘性与企业会计信息透明度［J］．财会通讯，2021（20）：65-69.

［129］刘浩，唐松，楼俊．独立董事：监督还是咨询？——银行背景独立董事对企业信贷融资影响研究［J］．管理世界，2012（01）：141-156，169.

［130］刘琳晨，陈暮紫，吴武清．独立董事的高管背景与"独立性"——基于董事会投票的经验证据［J］．南开经济研究，2019（06）：199-218.

［131］刘孟飞．高管团队内部薪酬差距、管理者权力与银行风险承担［J］．经济体制改革，2022（04）：120-128.

［132］刘艳霞，祁怀锦．管理者自信会影响投资效率吗——兼论融资融券

制度的公司外部治理效应 [J] . 会计研究, 2019 (04): 43-49.

[133] 刘永泽, 高嵩. 信息披露质量、分析师行业专长与预测准确性——来自我国深市 A 股的经验证据 [J] . 会计研究, 2014 (12): 60-65, 96.

[134] 刘志彪, 孔令池. 从分割走向整合: 推进国内统一大市场建设的阻力与对策 [J] . 中国工业经济, 2021 (08): 20-36.

[135] 刘治彦, 付晓东. 中国城市经济发展评价与展望 [J] . 城市发展研究, 2010, 17 (08): 37-44.

[136] 刘中燕. 技术独董、经济政策不确定性与企业创新产出 [J] . 南京审计大学学报, 2021, 18 (04): 61-70.

[137] 柳光强, 王迪. 政府会计监督如何影响盈余管理——基于财政部会计信息质量随机检查的准自然实验 [J] . 管理世界, 2021, 37 (05): 157-169, 12.

[138] 鲁乔杉, 李秉祥, 张涛, 等. 独立董事关系网络与 MD&A 文本信息惯性披露——基于程度中心度和结构洞视角 [J] . 会计研究, 2022 (09): 39-51.

[139] 陆瑶, 施新政, 刘璐瑶. 劳动力保护与盈余管理——基于最低工资政策变动的实证分析 [J] . 管理世界, 2017 (03): 146-158.

[140] 路军伟, 韩菲, 石昕. 高管薪酬激励、管理层持股与盈余管理偏好——基于对盈余管理方式的全景式考察 [J] . 山西财经大学学报, 2015, 37 (11): 89-103.

[141] 罗斌元, 梁丽娟, 王豪. 税收政策、投资者情绪与企业投资效率 [J] . 税收经济研究, 2019, 24 (06): 46-59.

[142] 罗宏, 曾永良, 宛玲羽. 薪酬攀比、盈余管理与高管薪酬操纵 [J] . 南开管理评论, 2016, 19 (02): 19-31, 74.

[143] 罗进辉, 黄泽悦, 朱军. 独立董事地理距离对公司代理成本的影响 [J] . 中国工业经济, 2017 (08): 100-119.

[144] 罗进辉, 向元高, 林筱勋. 本地独立董事监督了吗? ——基于国有企业高管薪酬视角的考察 [J] . 会计研究, 2018 (07): 57-63.

［145］罗进辉. 独立董事的明星效应：基于高管薪酬－业绩敏感性的考察
［J］. 南开管理评论，2014，17（03）：62-73.

［146］罗劲博. 内部控制、社会信任与企业生产效率［J］. 会计与经济
研究，2017，31（03）：72-91.

［147］罗栈心，陆正飞，伍利娜."退而不休"的独立董事发挥余热了
吗？——审计委员会中退休独立董事对盈余质量的影响研究［J］. 会计与经济
研究，2020，34（01）：3-20.

［148］吕文栋，刘巍，何威风. 管理者异质性与企业风险承担［J］. 中
国软科学，2015（12）：120-133.

［149］马慧，陈胜蓝. 企业数字化转型、坏消息隐藏与股价崩盘风险［J］.
会计研究，2022（10）：31-44.

［150］马宁，王雷. 企业生命周期、竞争战略与风险承担［J］. 当代财
经，2018（05）：70-80.

［151］马如静，蒙小兰，唐雪松. 独立董事兼职席位的信号功能——来自
IPO 市场的证据［J］. 南开管理评论，2015，18（04）：82-95.

［152］马永强，邱煜.CEO 贫困出身、薪酬激励与企业风险承担［J］. 经
济与管理研究，2019，40（01）：97-114.

［153］马玥. 独立董事同业兼任的公司治理效应研究——来自上市公司
盈余质量的经验证据［J］. 云南大学学报（社会科学版），2021，20（06）：
116-125.

［154］毛建辉. 独立董事声誉能抑制大股东掏空行为吗？——基于中小板
的经验数据［J］. 南京审计大学学报，2018，15（05）：66-74.

［155］孟焰，赖建阳. 董事来源异质性对风险承担的影响研究［J］. 会
计研究，2019（07）：35-42.

［156］宁向东，崔弼洙，张颖. 基于声誉的独立董事行为研究［J］. 清
华大学学报（哲学社会科学版），2012，27（01）：129-136，161.

［157］牛建波，赵静. 信息成本、环境不确定性与独立董事溢价［J］.
南开管理评论，2012，15（02）：70-80.

［158］潘扬，张文龙．独立董事网络影响公司资本结构吗？——基于同伴效应的理论分析与实证检验［J］．济南大学学报（社会科学版），2023，33（02）：90-111.

［159］彭文革，邱永红．从证券交易所的视角看独立董事制度的完善［J］．证券市场导报，2007（02）：36-43.

［160］彭真明，李静．独立董事与我国公司治理结构［J］．武汉大学学报（社会科学版），2003（03）：272-277.

［161］彭正银，廖天野．连锁董事治理效应的实证分析——基于内在机理视角的探讨［J］．南开管理评论，2008（01）：99-105.

［162］邱国庆，李星如，马妍妮．税收征管数字化何以赋能实体经济投资效率提升？［J］．江南大学学报（人文社会科学版），2023，22（05）：25-39.

［163］邱静，范钦钦．独立董事社会资本与企业数字化转型："资源依赖"还是"资源诅咒"［J］．商业研究，2023（03）：136-145.

［164］邱语，张卫国．高铁网络对劳动力空间错配的影响研究［J］．西南大学学报（社会科学版），2023，49（06）：200-215.

［165］权小锋，吴世农，文芳．管理层权力、私有收益与薪酬操纵［J］．经济研究，2010，45（11）：73-87.

［166］权小锋，吴世农．媒体关注的治理效应及其治理机制研究［J］．财贸经济，2012（05）：59-67.

［167］全怡，陈冬华．多席位独立董事的精力分配与治理效应——基于声誉与距离的角度［J］．会计研究，2016（12）：29-36，95.

［168］全怡，郭卿．"追名"还是"逐利"：独立董事履职动机之探究［J］．管理科学，2017，30（04）：3-16.

［169］全怡，李四海，梁上坤．异地上市公司的政治资源获取：基于聘请北京独立董事的考察［J］．会计研究，2017（11）：58-64，97.

［170］任英华，刘宇钊，胡宗义，等．大数据发展、知识产权保护对企业绿色技术创新的影响［J］．中国人口·资源与环境，2023，33（07）：157-167.

［171］申晨．独立董事政治关联与企业环境信息披露——来自中国工业

上市公司的经验证据［J］.中山大学学报（社会科学版），2023，63（02）：194-206.

［172］申丹琳.分析师羊群行为与企业风险承担［J］.中南财经政法大学学报，2021（01）：34-44，159.

［173］申富平，韩巧艳，赵红梅.我国上市公司独立董事制度实施现状分析——以河北、浙江、云南和甘肃省为例［J］.审计研究，2007（03）：53-57.

［174］沈华玉，吴晓晖，吴世农.控股股东控制权与股价崩盘风险："利益协同"还是"隧道"效应？［J］.经济管理，2017，39（04）：65-83

［175］石贝贝，陈乾，杨晓彤.财务背景的CEO"保守"吗？——基于企业创新的视角［J］.经济与管理研究，2019，40（11）：129-144.

［176］石桂峰，苏力勇，齐伟山.财务分析师盈余预测精确度决定因素的实证分析［J］.财经研究，2007（05）：62-71.

［177］舒家先，唐璟宜.金融异质性对中国对外直接投资效率影响研究——基于随机前沿引力模型［J］.财贸研究，2019，30（05）：59-69.

［178］宋建波，文雯，王德宏，等.管理层权力、内外部监督与企业风险承担［J］.经济理论与经济管理，2018（06）：96-112.

［179］宋献中，胡珺，李四海.社会责任信息披露与股价崩盘风险——基于信息效应与声誉保险效应的路径分析［J］.金融研究，2017（04）：161-175.

［180］苏坤.CEO背景特征对公司风险承担的影响研究［J］.当代经济管理，2016，38（11）：18-25.

［181］苏文兵，吕晶晶，王蓉蓉.CEO变更、继任来源与盈余管理［J］.财经论丛，2013（05）：73-80.

［182］苏文兵，施建军，杨惠.CFO变更与盈余管理——来自中国沪市A股公司的经验证据［J］.经济与管理研究，2010（02）：93-101.

［183］苏治，魏紫.企业无形资产资本化与分析师盈余预测：理论分析与实证检验［J］.会计研究，2013（07）：70-76，97.

［184］苏忠秦，葛彪.外地CEO与企业风险承担：外来的和尚好念经？

［J］．证券市场导报，2022（09）：23-36.

［185］孙光国，陈思阳．董事在关联行业任职能够降低企业经营风险吗——基于产业链信息溢出的经验证据［J］．会计研究，2022（11）：87-101.

［186］孙光国，刘爽，赵健宇．大股东控制、机构投资者持股与盈余管理［J］．南开管理评论，2015，18（05）：75-84.

［187］孙健，王百强，曹丰，等．公司战略影响盈余管理吗？［J］．管理世界，2016（03）：160-169.

［188］孙亮，刘春．公司为什么聘请异地独立董事？［J］．管理世界，2014（09）：131-142，188.

［189］孙亮，刘春．民营企业因何引入国有股东？——来自向下调整盈余的证据［J］．财经研究，2021，47（08）：109-122.

［190］孙雪娇，翟淑萍，于苏．大数据税收征管如何影响企业盈余管理？——基于"金税三期"准自然实验的证据［J］．会计研究，2021（01）：67-81.

［191］孙懿珊，孟祥烨，程儒雅，等．独立董事网络提高了企业价值吗？——兼论调节效应与中介效应的实证分析［J］．中国注册会计师，2022（12）：26-32.

［192］谭建华，丁红燕，谭志东．高铁开通与企业创新——基于高铁开通的准自然实验［J］．山西财经大学学报，2019，41（03）：60-70.

［193］谭劲松，冯飞鹏，徐伟航．产业政策与企业研发投资［J］．会计研究，2017（10）：58-64，97.

［194］汤泰劼，马新啸，宋献中．财务报告重述与金融市场稳定——基于股价崩盘风险的视角［J］．会计研究，2021（11）：31-43.

［195］唐雪松，马畅．独立董事背景特征、辞职行为与企业价值［J］．会计与经济研究，2012，26（04）：3-13.

［196］滕飞，辛宇，舒情，等．股价崩盘风险时的政府"扶持之手"——基于政府补助及产权性质视角的考察［J］．会计研究，2020（06）：49-60.

［197］田利辉，王可第．社会责任信息披露的"掩饰效应"和上市公司崩

盘风险——来自中国股票市场的 DID-PSM 分析［J］. 管理世界，2017（11）：146-157.

［198］佟岩，徐峰. 我国上市公司内部控制效率与盈余质量的动态依存关系研究［J］. 中国软科学，2013（02）：111-122.

［199］万红波，陈婷. 独立董事财务背景与公司风险承受能力的相关性［J］. 财会月刊，2012（18）：46-48.

［200］万宇洵，肖秀芬. 高管身份特征对盈余质量影响的实证研究［J］. 财经理论与实践，2012，33（06）：57-60.

［201］汪青松，罗娜. 独董独立性谜题与机制独立性再造［J］. 证券市场导报，2022（03）：43-51.

［202］王兵. 独立董事监督了吗？——基于中国上市公司盈余质量的视角［J］. 金融研究，2007（01）：109-121.

［203］王昌锐，倪娟. 股权结构、董事会特征与盈余管理［J］. 安徽大学学报（哲学社会科学版），2012，36（01）：141-149.

［204］王成方，叶若慧，鲍宗客. 两职合一、大股东控制与投资效率［J］. 科研管理，2020，41（10）：185-192.

［205］王崇锋，王世杰. 地理邻近性视角下独立董事网络结构特征对企业投资效率的影响研究［J］. 工业技术经济，2023，42（02）：96-105.

［206］王德宏，宋建波，李洋. 签字审计师之间的校友关系对审计质量的影响研究［J］. 会计与经济研究，2017（05）：76-88.

［207］王德宏，孙亚婕. 有效激励还是激励扭曲：员工持股计划对股价崩盘风险的影响［J］. 金融评论，2023，15（05）：77-102，126.

［208］王凤华，张晓明. 独立董事对上市公司关联交易盈余管理行为制约研究［J］. 软科学，2010，24（06）：115-119.

［209］王福胜，王也，刘仕煜. 网络媒体报道对盈余管理的影响研究——基于投资者异常关注视角的考察［J］. 南开管理评论，2021，24（05）：116-129.

［210］王化成，曹丰，高升好，等. 投资者保护与股价崩盘风险［J］. 财贸经济，2014（10）：73-82.

［211］王积田，张雍．财务柔性、高管团队背景特征对企业风险承担水平影响研究［J］．西南大学学报（自然科学版），2023，45（05）：134-144.

［212］王建新．公司治理结构、盈余管理动机与长期资产减值转回——来自我国上市公司的经验证据［J］．会计研究，2007（05）：60-66，96.

［213］王金玲．性别与社会研究的新进展［J］．山西师大学报（社会科学版），2005（04）：64-68.

［214］王菁华，茅宁，王杉．宗教传统会促进企业风险承担吗？——基于组织成熟度的调节作用检验［J］．商业经济与管理，2017（09）：34-45.

［215］王凯，武立东，许金花．专业背景独立董事对上市公司大股东掏空行为的监督功能［J］．经济管理，2016，38（11）：72-91.

［216］王克敏，王志超．高管控制权、报酬与盈余管理——基于中国上市公司的实证研究［J］．管理世界，2007（07）：111-119.

［217］王莉民，张岑，卢果．本地财务独董治理效率研究—基于信息成本的视角［J］．南昌大学学报（理科版），2020，44（01）：92-102.

［218］王文甫，张南，岳超云．中国财政政策冲击的识别与效应——符号约束方法下的SVAR分析［J］．财经研究，2015，41（06）：70-81.

［219］王晓丹．财务独立董事对企业风险承担水平的影响研究［J］．财会通讯，2021（06）：51-55.

［220］王晓亮，田昆儒，蒋勇．金融生态环境与政府投融资平台企业投资效率研究［J］．会计研究，2019（06）：13-19.

［221］王雄元，徐晶．放松市场准入管制提高了企业投资效率吗？——基于"市场准入负面清单"试点的准自然实验［J］．金融研究，2022（09）：169-187.

［222］王玉涛，王彦超．业绩预告信息对分析师预测行为有影响吗［J］．金融研究，2012（06）：193-206.

［223］王钰，胡海青，张琅．知识产权保护、社会网络及新创企业创新绩效［J］．管理评论，2021，33（03）：129-137.

［224］王臻，杨昕．独立董事特征与上市公司信息披露质量的关系——以

深证 A 股上市公司为例 ［J］. 上海经济研究, 2010 (05)：54-63.

［225］吴超, 施建军. 结构洞特征、独立董事治理与企业风险承担 ［J］. 商业经济与管理, 2018 (05)：40-49, 61.

［226］吴超鹏, 薛南枝, 张琦, 等. 家族主义文化、"去家族化"治理改革与公司绩效 ［J］. 经济研究, 2019, 54 (02)：182-198.

［227］吴粒, 王迪, 袁知柱. 董事网络位置、社会信任与企业风险承担 ［J］. 东北大学学报 (自然科学版), 2023, 44 (07)：1057-1064.

［228］吴先聪, 管巍. "名人独董"、管理层权力与股价崩盘风险 ［J］. 现代财经 (天津财经大学学报), 2020, 40 (01)：98-113.

［229］吴益兵. 内部控制的盈余管理抑制效应研究 ［J］. 厦门大学学报 (哲学社会科学版), 2012 (02)：79-86.

［230］武咏晶, 施先旺. 管理层讨论与分析语调对分析师预测准确度的影响 ［J］. 财会通讯, 2020 (24)：16-20.

［231］夏常源, 贾凡胜. 控股股东股权质押与股价崩盘："实际伤害"还是"情绪宣泄"［J］. 南开管理评论, 2019, 22 (05)：165-177.

［232］夏立军, 陈信元. 市场化进程、国企改革策略与公司治理结构的内生决定 ［J］. 经济研究, 2007 (07)：82-95, 136.

［233］夏立军, 鹿小楠. 上市公司盈余管理与信息披露质量相关性研究 ［J］. 当代经济管理, 2005 (05)：147-152, 160.

［234］向锐, 宋聪敏. 学者型独董与公司盈余质量——基于中国上市公司的经验数据 ［J］. 会计研究, 2019 (07)：27-34.

［235］向锐. 财务独立董事特征与会计稳健性 ［J］. 山西财经大学学报, 2014, 36 (06)：102-112.

［236］肖明, 李松. 货币政策、财务柔性与投资-现金流敏感性 ［J］. 东北大学学报 (社会科学版), 2016, 18 (04)：350-355, 435.

［237］谢德仁, 林乐, 陈运森. 薪酬委员会独立性与更高的经理人报酬—业绩敏感度——基于薪酬辩护假说的分析和检验 ［J］. 管理世界, 2012 (01)：121-140, 188.

[238] 谢德仁，林乐．管理层语调能预示公司未来业绩吗？——基于我国上市公司年度业绩说明会的文本分析 ［J］．会计研究，2015（02）：20-27，93.

[239] 谢德仁，郑登津，崔宸瑜．控股股东股权质押是潜在的"地雷"吗？——基于股价崩盘风险视角的研究 ［J］．管理世界，2016（05）：128-140，188.

[240] 谢盛纹，廖佳．财务重述、管理层权力与股价崩盘风险：来自中国证券市场的经验证据 ［J］．财经理论与实践，2017，38（01）：80-87.

[241] 谢绚丽，赵胜利．中小企业的董事会结构与战略选择——基于中国企业的实证研究 ［J］．管理世界，2011（01）：101-111，188.

[242] 辛清泉，黄曼丽，易浩然．上市公司虚假陈述与独立董事监管处罚——基于独立董事个体视角的分析 ［J］．管理世界，2013（05）：131-143，175，188.

[243] 邢秋航，韩晓梅．独立董事影响审计师选择吗？——基于董事网络视角的考察 ［J］．会计研究，2018（07）：79-85.

[244] 熊婷，程博．高管团队薪酬差距与企业过度投资 ［J］．软科学，2017，31（01）：101-104.

[245] 徐飞，花冯涛，李强谊．投资者理性预期、流动性约束与股价崩盘传染研究 ［J］．金融研究，2019（06）：169-187.

[246] 徐建玲，刘洋，周志远．学者型独立董事对企业投资效率抑制还是促进？［J］．会计之友，2023（04）：80-88.

[247] 徐经长，柯劲婧，何乐伟．新收入准则能否提高会计信息质量？——基于分析师预测视角的研究 ［J］．会计研究，2022（09）：3-20.

[248] 徐晓俊．独立董事制度会影响股价崩盘风险吗——基于独立性和专业性视角的研究 ［J］．会计之友，2020（08）：95-103.

[249] 许年行，于上尧，伊志宏．机构投资者羊群行为与股价崩盘风险 ［J］．管理世界，2013（07）：31-43.

[250] 闫焕民，魏珊珊，张亮．公司战略与盈余管理路径选择——兼论审

计治理效应 [J]. 管理评论, 2020, 32 (06): 292-306.

[251] 闫丽娟, 何玉润, 张嘉硕. 强制性分红: 压力下移与盈余管理——基于央企控股上市公司的经验证据 [J]. 会计研究, 2020 (02): 60-73.

[252] 杨道广, 王金妹, 龚子良, 等. 分析师在企业风险承担中的作用: 治理抑或压力 [J]. 北京工商大学学报 (社会科学版), 2019, 34 (01): 20-30.

[253] 杨建君, 王婷, 刘林波. 股权集中度与企业自主创新行为: 基于行为动机视角 [J]. 管理科学, 2015, 28 (02): 1-11.

[254] 杨棉之, 赵鑫, 张伟华. 机构投资者异质性、卖空机制与股价崩盘风险——来自中国上市公司的经验证据 [J]. 会计研究, 2020 (07): 167-180.

[255] 杨七中, 马蓓丽. 内部控制与盈余管理方式选择 [J]. 会计与经济研究, 2014, 28 (03): 80-91.

[256] 杨青, 吉赟, 王亚男. 高铁能提升分析师盈余预测的准确度吗?——来自上市公司的证据 [J]. 金融研究, 2019 (03): 168-118.

[257] 杨清香, 张翼, 张亮. 董事会特征与盈余管理的实证研究——来自中国上市公司的经验证据 [J]. 中国软科学, 2008 (11): 133-140.

[258] 杨威, 冯璐, 宋敏, 等. 锚定比率可以衡量股价高估吗?——基于崩盘风险视角的经验证据 [J]. 管理世界, 2020, 36 (01): 167-186, 241.

[259] 杨薇, 徐茗丽, 孔东民. 企业内部薪酬差距与盈余管理 [J]. 中山大学学报 (社会科学版), 2019, 59 (01): 177-187.

[260] 杨志强, 王华. 公司内部薪酬差距、股权集中度与盈余管理行为——基于高管团队内和高管与员工之间薪酬的比较分析 [J]. 会计研究, 2014 (06): 57-65, 97.

[261] 姚宏, 贾娓, 郝小玉, 等. 产品市场竞争、董事会结构变化与盈余管理 [J]. 管理评论, 2018, 30 (04): 194-205.

[262] 姚立杰, 陈雪颖, 周颖, 等. 管理层能力与投资效率 [J]. 会计研究, 2020 (04): 100-118.

[263] 姚禄仕, 颜磊. 企业声誉和券商声誉对分析师预测准确度的影响研

究 [J]. 会计之友, 2017 (09): 59-64.

[264] 姚曦, 杨兴全. 市场化进程、财务报告质量与投资现金流敏感性探讨 [J]. 现代财经 (天津财经大学学报), 2012, 32 (04): 77-89.

[265] 叶德珠, 潘爽, 林正鑫. 高铁开通能否降低企业代理成本——基于异地独立董事的视角 [J]. 金融监管研究, 2020 (08): 51-68.

[266] 叶建芳, 李丹蒙, 章斌颖. 内部控制缺陷及其修正对盈余管理的影响 [J]. 审计研究, 2012 (06): 50-59, 70.

[267] 叶建宏. 核心高管参军经历对企业风险承担的影响 [J]. 金融论坛, 2017, 22 (09): 68-80.

[268] 叶康涛, 董雪雁, 崔倚青. 企业战略定位与会计盈余管理行为选择 [J]. 会计研究, 2015 (10): 23-29, 96.

[269] 叶康涛, 刘行. 税收征管、所得税成本与盈余管理 [J]. 管理世界, 2011 (05): 140-148.

[270] 叶康涛, 陆正飞, 张志华. 独立董事能否抑制大股东的"掏空"? [J]. 经济研究, 2007 (04): 101-111.

[271] 叶康涛, 祝继高, 陆正飞, 等. 独立董事的独立性: 基于董事会投票的证据 [J]. 经济研究, 2011, 46 (01): 126-139.

[272] 伊志宏, 王皓, 陈钦源. 企业对外担保与股价崩盘风险——基于 A 股上市公司的经验证据 [J]. 会计研究, 2021 (04): 157-177.

[273] 易玄, 谢钟灵. 独立董事网络位置、制度环境与股价崩盘风险 [J]. 财会月刊, 2019 (11): 17-26.

[274] 应益华, 章云君. 分析师预测准确度影响因素的研究——基于深交所数据 [J]. 财务与金融, 2014 (02): 91-95.

[275] 于雪航, 方军雄. 股票随意停牌与证券分析师预测 [J]. 会计研究, 2022 (07): 123-140.

[276] 于忠泊, 田高良, 齐保垒, 等. 媒体关注的公司治理机制——基于盈余管理视角的考察 [J]. 管理世界, 2011 (09): 127-140.

[277] 余峰燕, 郝项超. 具有行政背景的独立董事影响公司财务信息质量

么?——基于国有控股上市公司的实证分析［J］.南开经济研究,2011(01):120-131.

［278］余明桂,李文贵,潘红波.管理者过度自信与企业风险承担［J］.金融研究,2013(01):149-163.

［279］余怒涛,张华玉,李文文.非控股大股东退出威胁究竟威胁了谁?——基于企业投资效率的分析［J］.中央财经大学学报,2021(02):55-72.

［280］余泳泽,夏龙龙,段胜岚.市场监管与企业成长——基于行政处罚数据的经验分析［J］.中国工业经济,2023(08):118-136.

［281］喻均林,何瑞铧.财务独立董事完全本地化真能改善公司盈余质量吗?——基于应计与真实盈余管理的比较视角［J］.财会通讯,2020(10):76-82.

［282］袁蓉丽,李瑞敬,孙健.董事的信息技术背景能抑制盈余管理吗［J］.南开管理评论,2021,24(03):139-151.

［283］袁振超,代冰彬.会计信息可比性与股价崩盘风险［J］.财务研究,2017(03):65-75.

［284］原东良,周建.地理距离对独立董事履职有效性的影响——基于监督和咨询职能的双重视角［J］.经济与管理研究,2021,42(02):122-144.

［285］张爱美,李夏冰,金杰,等.环境规制、代理成本与公司绩效——来自化工行业上市公司的经验证据［J］.会计研究,2021(08):83-93.

［286］张斌,姚志远,张嘉熠.多元化经营、行业专长型独立董事与企业绩效——基于A股制造业上市公司［J］.会计之友,2022(20):66-71.

［287］张成思,孙宇辰,阮睿.宏观经济感知、货币政策与微观企业投融资行为［J］.经济研究,2021,56(10):39-55.

［288］张海龙,李秉祥.经理管理防御对企业过度投资行为影响的实证研究——来自我国制造业上市公司的经验证据［J］.管理评论,2010,22(07):82-89.

［289］张洪辉,平帆,章琳一.独立董事地理距离与财务报告质量——来自上市公司的经验证据［J］.审计研究,2019(01):81-90.

［290］张洪辉，平帆．独立董事地理距离、高铁开通与财务重述［J］．会计与经济研究，2019，33（05）：21-37.

［291］张洪辉，章琳一．产权差异、晋升激励与企业风险承担［J］．经济管理，2016，38（05）：110-121.

［292］张建宇，杨旭．国有资本参股能提升民营企业风险承担水平吗［J］．广东财经大学学报，2023，38（01）：75-87.

［293］张俊芝，谷杉杉．董事特征与企业风险承担能力——基于董事网络的中介效应［J］．财经问题研究，2020（09）：70-77.

［294］张敏，童丽静，许浩然．社会网络与企业风险承担——基于我国上市公司的经验证据［J］．管理世界，2015（11）：161-175.

［295］张娆，路继业，姬东骅．产业政策能否促进企业风险承担？［J］．会计研究，2019（07）：3-11.

［296］张新民，张婷婷，陈德球．产业政策、融资约束与企业投资效率［J］．会计研究，2017（04）：12-18，95.

［297］张长征，方卉．控制股东掠夺行为是股价崩盘的推手？——基于创业板上市公司股价崩盘风险的实证检验［J］．投资研究，2018，37（09）：136-146.

［298］赵静，黄敬昌，刘峰．高铁开通与股价崩盘风险［J］．管理世界，2018，34（01）：157-168，192.

［299］赵林，李竹梅．独立董事"标签特征"抑制了大股东掏空吗？——基于区域研究［J］．财会通讯，2020（06）：44-50.

［300］郑春美，李文耀．基于会计监管的中国独立董事制度有效性实证研究［J］．管理世界，2011（03）：184-185.

［301］郑春美，伍光磊，温桂荣．ESG框架下财会背景独立董事履职能否改善会计信息质量？——基于内部控制有效性的视角［J］．财经理论与实践，2021，42（06）：89-95.

［302］郑立东，程小可，姚立杰．独立董事背景特征与企业投资效率——"帮助之手"抑或"抑制之手"？［J］．经济与管理研究，2013（08）：5-14..

［303］郑珊珊．管理层权力强度、内外部监督与股价崩盘风险［J］．广东财经大学学报，2019，34（04）：72-86.

［304］郑田丹，付文林，莫东序．财政政策与企业投资效率——基于不同金融化水平的比较分析［J］．财政研究，2018（09）：65-80.

［305］郑晓倩．董事会特征与企业风险承担实证研究［J］．金融经济学研究，2015，30（03）：107-118.

［306］郑亚丽，蔡祥．什么影响了证券分析师盈利预测的准确度？——来自中国上市公司的经验证据［J］．中大管理研究，2008（03）：19-37.

［307］郑志刚，阙铄，黄继承．独立董事兼职：是能者多劳还是疲于奔命［J］．世界经济，2017，40（02）：153-178.

［308］钟静芳．新租赁准则对企业盈余管理的影响——基于新华百货的案例分析［J］．财政监督，2023（16）：89-94.

［309］周冬华，赵玉洁．公司治理结构、盈余管理动机与可供出售金融资产处置［J］．江西财经大学学报，2014（01）：70-81.

［310］周晖，马瑞，朱久华．中国国有控股上市公司高管薪酬激励与盈余管理［J］．财经理论与实践，2010，31（04）：48-52.

［311］周建，李小青．董事会认知异质性对企业创新战略影响的实证研究［J］．管理科学，2012，25（06）：1-12.

［312］周建，潘玲玲，余江龙．独立董事关系网络位置对管理层报告信息含量的影响［J］．软科学，2023，37（11）：8-15.

［313］周军，郝玲玲，杨茗．独立董事交通便利性与盈余质量——异地会计专业独董的视角［J］．会计研究，2019（06）：65-71.

［314］周军．独立董事性别、地理位置与股价崩盘——基于会计专业独董的视角［J］．中南财经政法大学学报，2019（03）：35-45.

［315］周军．会计专业独立董事选聘与盈余管理——基于人才资源的视角［J］．北京工商大学学报（社会科学版），2019，34（04）：74-86.

［316］周美华，林斌，罗劲博，等．CEO组织认同能抑制盈余管理吗——来自中国上市公司调查问卷的证据［J］．南开管理评论，2018，21（04）：93-108.

［317］周晓苏，陈沉，王磊．高管薪酬激励与机会主义效应的盈余管理——基于会计稳健性视角的经验证据［J］．山西财经大学学报，2016，38（02）：88-99.

［318］周泽将，高雅．独立董事本地任职抑制了大股东掏空吗？［J］．中央财经大学学报，2019（07）：103-114.

［319］周泽将，雷玲，杜兴强．本地任职与独立董事异议行为：监督效应vs.关系效应［J］．南开管理评论，2021，24（02）：83-95.

［320］周泽将，罗进辉，李雪．民营企业身份认同与风险承担水平［J］．管理世界，2019，35（11）：193-208.

［321］周泽将，马静，耿玥．任职地点影响了独立董事治理功能的发挥吗？——基于盈余管理视角的经验证据［J］．会计与经济研究，2017，31（05）：38-51.

［322］周泽将，马静，刘中燕．独立董事政治关联会增加企业风险承担水平吗？［J］．财经研究，2018，44（08）：141-153.

［323］朱红军．大股东变更与高级管理人员更换：经营业绩的作用［J］．会计研究，2002（09）：31-40，65.

［324］朱晓琳，方拥军．CEO权力、高管团队薪酬差距与企业风险承担［J］．经济经纬，2018，35（01）：100-107.

［325］朱艳．董事会组成影响公司绩效吗？——基于家族企业的实证［J］．财会通讯，2019（08）：46-49.

［326］祝小溪．股价崩盘风险文献述评与展望［J］．财会研究，2020（10）：71-77.

［327］邹美凤，张信东，申亚静．经济政策不确定性、内部控制与企业风险承担［J］．统计与决策，2021，37（05）：169-173.

扫码查看英文参考文献